LA JUSTICIA
NO ES IGUAL PARA TODOS

Montse Suárez

LA JUSTICIA NO ES IGUAL PARA TODOS

In dubio, pro rico

la esfera de los libros

Primera edición: octubre de 2013

Avenida de Alfonso XIII, 1, bajos
28002 Madrid
Tel.: 91 296 02 00 • Fax: 91 296 02 06
www.esferalibros.com

Fotografías de interior: Chema Barroso
ISBN: 978-84-9970-902-4
Depósito legal: M. 20.276-2013
Fotocomposición: J. A. Diseño Editorial, S.L.
Impresión: Unigraf
Encuadernación: Unigraf
Impreso en España-*Printed in Spain*

Índice

A mis padres, que tanto han hecho por mí.
A mi pareja, porque los que de corazón se quieren
con el corazón se hablan.

«Menos mal hacen los delincuentes que un mal juez».
«Donde hay poca justicia es un peligro tener razón».

Francisco de Quevedo

Prefacio

El rey marca las líneas rojas

Palacio de La Zarzuela. Calle de Agustina Fierra, número 5, de Madrid. Jueves 22 de diciembre de 2011. Durante la tarde.

La maquilladora de Televisión Española se afanó por tapar al rey el hematoma que tenía en la cara, resultado del golpe con una puerta que Su Majestad sufrió un mes antes y que todavía le duraba. La empleada del ente público se mostró satisfecha con su trabajo. Con la capa de maquillaje, el cardenal casi no se notaba.

Todo estaba listo en el Salón de Audiencias del palacio de La Zarzuela, donde se iba a grabar el discurso que se emitiría dos días después, a las nueve de la noche del 24 de diciembre. La estancia, preparada para la ocasión como un plató de televisión, resultaba mejor iluminada que los años precedentes. A la derecha de la butaca donde debía sentarse el rey se colocó la bandera de España. A la izquierda, el tradicional nacimiento y un árbol de Navidad, decorado en tonos grises. El rojo del año anterior, el último de la etapa Zapatero, quedaba lejos. La fotografía que podía verse, como muestra de normalidad democrática, era la de don Juan Carlos con el jefe del ejecutivo entrante y el saliente.

Aquel 22 de diciembre fue un día intenso en La Zarzuela. Allí mismo, por la mañana, había jurado su cargo el presidente del Gobierno, Mariano Rajoy, con la mano izquierda sobre la Biblia y la derecha sobre la Constitución. Por la tarde, el nuevo jefe del ejecutivo —el sexto de la democracia— volvió a palacio para que el rey fuese el primero en conocer la lista de ministros de su gabinete. La expectación era máxima, aunque ese día, sin embargo, casi toda España estaba pendiente de la Lotería de Navidad.

—¿Te ha tocado algo? —preguntó don Juan Carlos a la maquilladora con su habitual campechanería.

—Ni un duro, señor. El gordo ha caído este año en Huesca.

—A mí tampoco —respondió el monarca.

La grabación del mensaje de Navidad se retrasó aquel año. No se hizo a mediados de diciembre como es habitual, sino dos días antes de Nochebuena, a la espera de que Rajoy tomase posesión del cargo y pudiese revisar el contenido del discurso. Aquel día, mientras en las redacciones de los periódicos se esperaba la composición del nuevo gobierno con avidez y prisas por el inminente cierre de la primera edición, Su Majestad estaba preparado para iniciar la grabación tras quedar listo el trabajo de la maquilladora, las pertinentes pruebas de vídeo y audio y hasta el equipo que por primera vez iba a traducir el discurso al idioma de signos, en atención a una petición que dirigió la Confederación Estatal de Personas Sordas a La Zarzuela.

Todos en aquel salón eran conscientes de que el éxito de audiencia del mensaje navideño estaba asegurado gracias a Iñaki Urdangarin y su presunta trama de corrupción, evasión de impuestos, falsedad documental y demás delitos que vieron la luz las semanas precedentes. Estaba claro que el rey iba a hablar de la galopante crisis económica, pero ¿diría algo sobre la corrupción? Era una pregunta recurrente en las tertulias políticas durante aquellas fechas y los periodistas no paraban de cruzar apuestas sobre la cuestión.

Como en los años precedentes, el monarca se dirigió a la cámara sentado en una silla con las piernas cruzadas y las manos entrelazadas por los dedos. Según dicen los expertos, son dos maneras que indican situación de estar a la defensiva, sobre todo la primera, aunque también al entrelazar las manos puede querer transmitir, en este caso, autoridad y unidad. La silla estaba frente a la cámara y el rey habló a los españoles mirando a sus ojos, tratando de inspirar confianza. El discurso fue más largo de lo habitual. Duró un total de trece minutos y cincuenta y cinco segundos. El minuto de oro llegó a la mitad del mensaje, entre el siete y el ocho.

—Me preocupa también enormemente la desconfianza que parece estar extendiéndose en algunos sectores de la opinión pública respecto a la credibilidad y prestigio de algunas de nuestras instituciones. Necesitamos rigor, seriedad y ejemplaridad en todos los sentidos. Todos, sobre todo las personas con responsabilidades públicas, tenemos el deber de observar un comportamiento adecuado, un comportamiento ejemplar.

Las imágenes fueron acompañadas de un cambio de plano y varios gestos expresivos por parte de don Juan Carlos. El monarca quería mostrar contundencia en su mensaje.

—Cuando se producen conductas irregulares que no se ajustan a la legalidad o a la ética, es natural que la sociedad reaccione. Afortunadamente vivimos en un Estado de Derecho y cualquier actuación censurable deberá ser juzgada y sancionada con arreglo a la ley. La justicia es igual para todos.

Su Majestad el rey acababa de pronunciar la frase que al día siguiente fue portada en todos los periódicos. El tiro de cámara cambió para que se pudiera ver a través de una parte del ventanal el jardín de La Zarzuela.

—No debemos, sin embargo, generalizar los comportamientos individuales so pena de cometer una gran injusticia con la inmensa mayoría de servidores públicos y también de empresarios o trabajadores del sector privado que desarrollan su labor de forma ejemplar y honesta. De lo contrario, se podría causar un grave daño a instituciones y organizaciones que son necesarias para la vertebración de nuestra sociedad.

Pese a la expectación creada, el mensaje navideño de 2011 del rey tuvo un éxito relativo en audiencia. Los resultados elaborados por Barlovento, a partir de los datos reunidos con Kantar Media, reflejaron que el discurso, retransmitido por treinta cadenas de televisión, fue seguido en total por 7.165.000 espectadores, un 64,2 por ciento de cuota de pantalla, algo más que en 2010 (7.120.000, con un 65,6 por ciento de *share*). Según el estudio de Barlovento, 8.579.000 conectaron en algún momento —al menos un minuto— con alguno de los canales que retransmitía el mensaje de Navidad de don Juan Carlos. La audiencia media registrada quedó lejos de las cifras de la década de 1990 o de los primeros 2000, cuando los nuevos medios (Internet y móviles) influían menos a la hora de informar.

Todos los periódicos del 26 de diciembre, sin excepción, recogieron el mensaje navideño como la noticia del día. «La justicia es igual para todos» y «cualquier actuación censurable deberá ser juzgada y sancionada» fueron las frases que los diarios destacaron en su portada. *El País* puso en su editorial el dedo en la llaga: «El tradicional mensaje navideño del rey a los españoles había producido este año una expectación generalizada. Se esperaba que hiciera alguna referencia, aunque fuera indirecta y genérica, al problema creado en la familia real por Iñaki Urdangarin. El rey dedicó la parte central de su discurso al escándalo de su yerno, al que no citó expresamente. Si bien la Corona sigue contando con el afecto mayoritario de los españoles, episodios como el protagonizado por el marido de la infanta Cristina es de los que contribuyen a que haya perdido puntos en su valoración por la ciudadanía en los últimos tiempos. En relación con la conducta "no ejemplar" de Urdangarin, la censura pública de su conducta y el compromiso de una mayor transparencia en la gestión de los dineros públicos que el rey y su familia reciben de los Presupuestos del Estado, constituye una reacción valiente, no habitual en otras instituciones del Estado. Lo que hay que exigir a la justicia es que determine cuanto antes los cargos que tiene contra Urdangarin, pues la demora actual favorece juicios prematuros difícilmente compatibles con el derecho a que no se le considere culpable mientras no sea juzgado».

El Mundo alabó la postura del monarca de reivindicar el listón de la ética, al tiempo que descalificaba la actitud del duque de Palma: «La valentía del rey de utilizar su mensaje de Nochebuena a los españoles para fijar su postura en relación al comportamiento de su yerno ha sido muy bien acogida por los ciudadanos. En primer lugar asume que ha habido irregularidades; no es algo de lo que hable como hipótesis o simple conjetura. Pero además reivindica el listón de la ética, lo que le permite hablar con autoridad de un caso no juzgado, sin necesidad por tanto de tener que esperar a que se pronuncien los tribunales. Por último, el rey avala la reacción social contra la conducta irregular de Urdangarin, algo que tiene especial valor para los medios que hemos denunciado el caso, más aún por cuanto el duque de Palma arremetió contra el papel de la prensa en su comunicado oficial de descarga».

Como era previsible, *ABC* elevó el tono del elogio. Eso sí, al igual que hizo don Juan Carlos, evitó citar el nombre de Iñaki Urdangarin. «El mensaje de Su Majestad el rey —señaló en su editorial principal— fue seguido con respeto y afecto en millones de hogares. Como siempre, el rey de todos los españoles mostró una actitud ejemplar a la hora de cumplir las funciones que la Constitución le atribuye. Se trata, en efecto, de sumar voluntades y acercar posiciones, lejos del sectarismo y el particularismo que tanto daño causan a la convivencia democrática. Don Juan Carlos afrontó con la gravedad y mesura habituales el desprestigio de algunas instituciones ante la opinión pública. Exigió a todos "rigor, seriedad y ejemplaridad" y un comportamiento adecuado, con una referencia precisa a los problemas que afectan a un miembro de la familia real. Frente a quienes intentan sacar provecho de la confusión, los ciudadanos saben distinguir lo esencial de lo accesorio. El primero de los españoles ha sabido ejercer de nuevo su alta magistratura con la hondura y el patriotismo que deben prevalecer en una situación que exige la unidad de todos, porque España lo merece y lo necesita». *La Razón* prefirió centrar su editorial en las menciones del monarca a la crisis económica y su apelación al diálogo, a trabajar sumando voluntades y a continuar en el proyecto de una Europa fuerte. El periódico de Planeta solo dedicó un pequeño párrafo al escándalo que afecta al yerno del jefe del Estado: «En momentos de dificultad en el seno de la familia real se mostró especialmente preocupado por la desconfianza que parece estar extendiéndose sobre la credibilidad y el prestigio de algunas de nuestras instituciones».

Casi todas las columnas de opinión giraron también en torno al mensaje navideño de don Juan Carlos. Victoria Prego sentenció en *El Mundo* que el rey dejó muy claro que su yerno no podrá refugiarse en ningún tipo de amparo por parte de la Corona, mientras Manuel Ventero, en el mismo diario, señalaba: «No abordar el turbio asunto de Iñaki Urdangarin habría sido un error mayúsculo que ni el rey ni la institución se podían permitir». Ignacio

Camacho sentenció desde las páginas de *ABC* que corresponde al gobierno la responsabilidad de coser con hilo invisible la Corona al tejido institucional español. Félix Madero, en la línea elogiosa del periódico monárquico, escribió: «La noche del 24 me pareció más rey que nunca. Y también más humano. Y también más padre, y también más justo». Por su parte, José María Marco concluyó en *La Razón* que «todo lo que la familia real se exija, lo recibirá del cariño de sus compatriotas». Carmen Enríquez destacó también en el periódico de Planeta que Su Majestad el rey no había dejado lugar a dudas en su sentencia de que «la justicia es igual para todos».

Una vez más los columnistas y editorialistas de los medios de comunicación van por un lado y los ciudadanos de a pie por otro. Así lo demostró una encuesta publicada por *El Mundo* diez días después. Según ese sondeo de Sigma Dos, una amplísima mayoría de los españoles —nada menos que el 80,9 por ciento— no se mostró de acuerdo con la frase estelar del rey durante su discurso de Navidad: «La justicia es igual para todos». Solo el 14,9 por ciento de los encuestados compartió el diagnóstico de que los españoles somos iguales ante la ley. Durante ese discurso el rey no aludió directamente a su yerno, pero sí hizo una serie de comentarios sobre la «ejemplaridad» debida de las instituciones públicas que los españoles interpretaron como referidos a Urdangarin. El 68 por ciento consideró que esas alusiones eran «adecuadas», frente a un 7,7 por ciento que opinó lo contrario.

Más de un año después, en concreto el 13 de mayo de 2013 —tras conocerse que la Audiencia Provincial de Palma había enmendado la plana al juez Castro con su decisión de *desimputar* a la infanta—, otro sondeo similar de Sigma Dos para *El Mundo* reflejaba que el 89 por ciento de los españoles se mostraba convencido de que la justicia no estaba siendo igual para todos. Además, el 81 por ciento de los encuestados se mostró contrario a que se hubiera suspendido la imputación a doña Cristina.

Balones fuera en Telecinco

Plató de Telecinco. Carretera de Fuencarral a Alcobendas, número 4, en Madrid. Sábado 25 de febrero de 2012. Durante la noche.

Sentada en la fila cero, entre el público, esperaba mi turno de intervención en *El gran debate*, emitido por la cadena Telecinco en horario de *prime time* los sábados por la noche. Acudí al programa para tratar el caso Nóos, acompañada por el jefe de seguridad de Manos Limpias, Fernando Martínez Dalmau, y por expreso deseo de Miguel Bernard, secretario general del *sindicato*, que meses antes contactó conmigo para proponerme que ejerciese la portavocía de su organización y las relaciones con la prensa. Tras una breve intervención inicial —en la que acusé a los tertulianos de Telecinco de echar balones fuera en la responsabilidad de la Corona ante el caso Urdangarin—, a las once y dos minutos el conductor del programa, Jordi González, se acercó a mí.

—Permítame —me dijo—, Maria Antonia Iglesias quiere dirigirse a usted. No tiene inconveniente, ¿verdad?

—Por supuesto —contesté.

—María Antonia, adelante.

—Me escandaliza que usted, que es abogada, no tenga la delicadeza de añadir «presuntamente» en todas sus afirmaciones —me dijo la periodista, otrora máxima responsable de los Servicios Informativos de Televisión Española en la última etapa de Felipe González como presidente del Gobierno.

—He hablado de presunción de inocencia en todas mis intervenciones —le respondí.

—Su objetivo —replicó con vehemencia— es tirar por elevación para que se impute a la infanta Cristina y después al rey. Porque usted pertenece a un sindicato de extrema derecha, como es Manos Limpias. Y usted sabe que la ultraderecha odia al rey desde el 23-F o antes. Porque el rey es un demócrata y ustedes no lo tragan. Le puedo dar nombres y apellidos.

—Yo soy abogada y mi cliente es Manos Limpias. ¿Va a seguir usted desacreditando a mi cliente?

—El sindicato Manos Limpias, aparte de la demagogia de representar los intereses de los dineros públicos, ¿por qué tira por elevación? ¿Hasta dónde quieren llegar ustedes y qué quieren ganar?

—Le contesto brevemente. ¿Usted sabe lo que es una acusación popular?

—Sí, claro.

—Este procedimiento no lo ha empezado Manos Limpias. En este sumario están personados la Fiscalía, que acusa; la Abogacía del Estado, que acusa; y mi cliente Manos Limpias, que acusa. Dicho lo cual, su discurso de que este sindicato ha iniciado el procedimiento se cae por su propio peso.

—Ustedes lo que quieren es tirar por elevación contra la infanta.

—Vaya usted al Ministerio del Interior y consulte los Estatutos de Manos Limpias y verá que el objeto estatutario es ir contra la corrupción. ¿Qué ocurre? ¿Que como la corrupción puede salpicar a la monarquía, a la Casa del Rey, no tenemos que personarnos en este procedimiento?

—Ustedes son agitadores profesionales y lo que digan los Estatutos me da igual.

—Yo lo único que sé es que la infanta no es solo un ama de casa. No se dedica a hacer la comida y cuidar a los niños. Tiene una cualificación profesional importante y está preparada. Es la secretaria de una mercantil y la legislación exige una serie de condiciones a la secretaria de una mercantil, entre ellas redactar el acta de todos los acuerdos de la Junta Directiva, elevarla al notario y leerla en todos los Consejos. Si como ha dicho el señor Urdangarin, su mujer tenía un mero puesto nominativo en la sociedad, estaremos hablando de una testaferro, una mujer de paja...

Me interrumpió el presentador para dar paso a un corte publicitario de cuatro minutos.

El interés informativo de la presencia de Manos Limpias en aquel debate fue que días antes —en concreto el 14 de febrero—, el colectivo de funcionarios había presentado un escrito ante el Juzgado número 3 de Palma de Mallorca en el que solicitó al juez José Castro que llamase a declarar como imputada a la infanta al entender que presuntamente existían fundamentos indiciarios sólidos de ser conocedora directa y beneficiaria de las actividades delictivas de su marido, Ignacio Urdangarin. El juez pudo proceder a la imputación de oficio y el fiscal pudo solicitarla, pero ni el uno ni el otro estaban por la labor de dar el paso todavía. Conscientes de los desperfectos que ocasionarían a la Corona, decidieron ser cautelosos y esperar. Les preocupaban las consecuencias institucionales y temían que una instancia judicial superior revocase su decisión y les dejara en evidencia. La intención de Manos Limpias era forzar la situación para que el juez y el fiscal se pronunciasen al respecto. Si no lo hacían de oficio, que no lo iban a hacer, tendrían que hacerlo a petición de una de las partes.

A la vuelta de la publicidad, se dirigió a mí otro de los tertulianos presentes en el debate, el periodista José María Carrascal.

—Quiero contestar a Montse Suárez y replicar a lo que ha dicho de que echamos balones fuera y defendemos a la monarquía. En absoluto. Yo defiendo a la justicia. Si usted dice que está el fiscal que acusa, está el abogado del Estado que acusa, déjenlos ustedes y esperemos a que hable el juez. Eso es lo único que pido.

—El juez ya está hablando.

—Lo que echo en falta en España es una justicia no solo independiente de los partidos políticos, sino de la opinión pública. No creo que la monarquía se vaya a tambalear por el hecho de que uno de sus miembros sea imputado y condenado. Diría incluso más, conociendo como conozco al pueblo español con mis más de ochenta años, creo que la familia real saldría reforzada si uno de los miembros fuese condenado. Sería la mejor demostración de que la Corona sabe resistir esa prueba. Se habla de que hay ovejas negras en todas las familias y la familia real es una más de las que hay en España.

—El éxito en este caso sería que todos fuéramos iguales ante la ley. Si el juez Castro valora en la infanta lo que otros magistrados han considerado para otras mujeres, como Isabel Pantoja, Maite Zaldívar o las esposas de los implicados en el caso Pretoria... Si realmente valora lo mismo aplicando la ley y el sentido común, tendremos a la infanta declarando como imputada.

—Y no pasaría nada. No pasaría nada.

Aquel sábado 25 de febrero de 2012 fue una jornada dura e intensa. La actualidad informativa tuvo su epicentro a primera hora de la mañana en los juzgados de Palma de Mallorca. La ciudad isleña vivió ese día una situación sin precedentes. Cuatrocientos periodistas acreditados de setenta medios de comunicación, doscientos manifestantes, ciento cincuenta policías desplegados en la zona y un imputado —Iñaki Urdangarin— que declaraba ante el juez Castro. Exactamente a las 8:49 horas de la mañana el duque de Palma llegó en coche hasta la puerta del juzgado. Fue en ese momento cuando el vehículo recibió varios impactos de huevo. Su abogado, Mario Pascual Vives, le esperaba desde unos minutos antes. Vestido con pantalón gris y americana azul marino, el duque de Palma recorrió a paso rápido los treinta y cinco metros que le separaban de la puerta del juzgado mientras a lo lejos se oían los gritos de algunas personas que aprovecharon su presencia y la de los numerosos medios de comunicación para escenificar sus protestas. Antes de entrar, Urdangarin se dirigió a los periodistas acreditados para defender su inocencia:

—Buenos días a todos. Comparezco hoy para demostrar mi inocencia, mi honor, mi actividad profesional. Durante estos años he ejercido mis responsabilidades y he tomado decisiones de forma correcta y con total transparencia Mi intención en el día de hoy es aclarar la verdad de los hechos y estoy convencido de que la declaración de hoy contribuirá a demostrarlo. Muchísimas gracias a todos, muchísimas gracias por su atención.

Tras sus breves palabras, el duque de Palma entró en los juzgados. Fuera, los dos centenares de manifestantes no pararon de mostrar su indignación. Era la primera vez en la historia de España que un miembro de la familia real acudía a una sede judicial a declarar como imputado.

El retraso en la imputación de Urdangarin y la revelación de diligencias secretas —filtraciones a la prensa— fueron, durante aquellas semanas, notorias anomalías del proceso que, junto a errores propios, contribuyeron a un juicio paralelo demoledor para el esposo de la infanta Cristina, aprovechado por los pescadores en río revuelto para dañar la imagen de la Corona. Urdangarin, presionado o no por la Casa del Rey, fue consciente de esa situación y no eludió el trato con la prensa. Era necesario que corrigiera su pasada actitud escapista, con lo que solo consiguió añadir sospechas sobre su persona. En su declaración ante el juez Castro el yerno del rey se desvinculó por completo de la gestión de la entidad y dijo ignorar las irregularidades detectadas. Urdangarin vino a decir que él era solo una figura decorativa, que el administrador de las sociedades era Diego Torres y que, por lo tanto, no conocía cómo se gestionaban. Pero era sabido que fue Urdangarin quien actuó de gancho para conseguir fondos públicos, que sacó dinero de las sociedades a discreción y que, al menos en un caso, tuvo que saber a la fuerza que había ganado un concurso amañado, como fue el patrocinio de un equipo ciclista que se fraguó en el palacio de Marivent tras una partida de pádel. Además reconoció ante el juez que en marzo de 2006 la Casa del Rey le pidió que abandonara sus negocios con las administraciones públicas, al tiempo que descargaba de toda responsabilidad a la infanta Cristina, de la que dijo que su papel en las empresas investigadas era meramente testimonial.

La sensación que flotaba en el ambiente durante aquel día era que la sentencia contra Urdangarin y su esposa ya había sido dictada tanto en la calle como en los platós de televisión. Una encuesta de Sigma Dos dada a conocer esa noche en *El gran debate* así lo atestiguaba. Según ese sondeo, el 64,1 por ciento de los españoles consideraba que la infanta Cristina debía ser imputada, ya que no era ajena a las presuntas irregularidades en los negocios de su marido. Solo el 15,4 por ciento de los encuestados sostenía que era inocente.

A la mañana siguiente del debate en Telecinco, el domingo 26 de febrero, recibí llamadas de felicitación por parte del secretario general y el coordinador de Manos Limpias, Miguel Bernad y Pablo Cañete, respectivamente. Tan entusiasmados estaban con mi intervención que, aunque era domingo, incluyeron un vídeo resumen del programa en la página web oficial del sindicato.

Más de un año después —en concreto, el 3 de abril de 2013—, el juez Castro aseguró en un auto que decidió imputar a la infanta Cristina antes de finalizar la instrucción, dado que, en caso contrario, habría dejado que «se perpetúe la incógnita» de su supuesta implicación en esa causa, lo que, en su opinión, sería un «cierre en falso en descrédito de la máxima de que la justicia es igual para todos y una clara contradicción a la práctica cotidiana de los juzgados y tribunales que en casos similares es muy escasamente probable que prescindieran del trámite». De ese modo el juez de Palma parafraseó al rey, sin citarlo, al emplear la misma frase que pronunció el monarca cuando se refirió al caso Urdangarin en su mensaje de Navidad de 2011.

Represalias en el BBVA

Sede social del Banco Bilbao Vizcaya Argentaria, paseo de la Castellana, número 81 (Madrid). Lunes 27 de febrero de 2012. Al mediodía.

La Torre del Banco de Bilbao es un edificio diseñado por el arquitecto español Sáenz de Oiza, ganador de un concurso restringido a una serie de profesionales prestigiosos para la construcción de la sede social de la entidad bancaria en el centro financiero de Azca, en Madrid. Construida entre los años 1978 y 1981, se trata de una torre de planta rectangular, de 107 metros de altura (treinta plantas) y un llamativo color ocre, cada vez más intenso, consecuencia de la oxidación del acero de su fachada.

Fría como el acero me quedé yo con lo ocurrido aquel lunes 27 de febrero. Eran las 12 de la mañana aproximadamente, cuando subí en uno de los ocho ascensores de la planta baja dirección a la undécima del edificio, donde se encuentra la Asesoría Jurídica Contenciosa del BBVA, departamento de dicha entidad para el cual prestaba mis servicios profesionales como letrada externa desde 2005. El motivo de ir esa mañana a *la torre,* como coloquialmente se la llama, no obedecía a ninguna causa especial, sino a la regularidad con la que despachaba los asuntos ante mis inmediatos superiores. Especial sí lo fue, pero por otro motivo. Desde el inicio del trayecto hasta la undécima planta, los empleados de los distintos departamentos con los que me crucé me mostraban con sonrisas de complicidad la aceptación y acierto de mi intervención en *El gran debate* de dos días antes, sin duda se sentían representados en aquel programa televisivo que tantas fichas de mi vida laboral movería sin yo poderlo prever entonces. Ya arriba, los compañeros departimos sobre los pormenores del sábado anterior. Todos vieron la intervención. Todos menos uno: la persona que tan solo unas horas después tuvo que tomar la decisión irrevocable de resolver ipso facto mi contrato mercantil de colaboración jurídica externa con el BBVA «por órdenes de esas que no se fundamentan ni se cuestionan, sino simplemente se ejecutan», como me dijo siete horas después en la puerta de mi despacho profesional el jefe de la Asesoría Jurídica Contenciosa del banco, acompañado por una de las abogadas del departamento para *suavizar* el momento.

El *suave momento* me fue adelantado a las siete de la tarde, mediante llamada telefónica a mi número de móvil por parte del alto ejecutivo del BBVA. La conversación telefónica fue corta pero precisa y, sobre todo, directa.

—Montse, he recibido una llamada. Tengo que decirte algo muy delicado. El banco piensa que después de tu intervención del sábado en Telecinco, no es conveniente que sigas trabajando como letrada externa para el BBVA.

—Pero, ¿qué he hecho yo?

—¿A qué hora terminas de trabajar?

—Estoy acabando un recurso... Por favor, dime que esto es una broma...

—¿A qué hora puedo pasarme por tu despacho y lo hablamos?

—Sobre las nueve, si te viene bien. Pero, por favor, dime qué está pasando, porque no lo entiendo.

A las 21 horas bajé al portal del despacho. Mi cara un poema. Decidimos ir a tomar algo en una de las terrazas de la Plaza de la Independencia. Pedimos unos refrescos. Hacía bueno, pese a los rigores del mes de febrero. Allí, en una mesa al lado de una estufa de terraza, sobraban las palabras. Estaba todo sentenciado. Lo único que salía de mis labios era preguntarme qué iba a hacer a partir de entonces, al perder el único ingreso mensual fijo que tenía desde hacía cinco años. El mensaje que recibía de los dos compañeros era: «Saldrás de esta… Eres buena abogada». Transcurrían los minutos y nadie se atrevía a materializar el mal trance. Tras casi un cuarto de hora lleno de frases hechas y silencios incómodos, el jefe de la Asesoría Jurídica pidió a la abogada acompañante que le entregase uno documento que guardaba en su bolso. Me lo pasó y lo firmé. El escrito era la resolución por ambas partes del contrato de colaboración mercantil. «Sin nada mas que pedirse o exigirse las partes». Fría frase. Fría como el acero de la Torre del Banco de Bilbao.

Durante meses le di vueltas a las consecuencias y los responsables de aquellas *órdenes* que «no se fundamentan ni se cuestionan, sino simplemente se ejecutan». No me podía quitar de la cabeza las buenas relaciones entre altos cargos del banco y las más altas instancias del país.

Capítulo I

LOS MÉTODOS DE MANOS LIMPIAS

Denuncia contra el juez Castro y el fiscal Horrach

Juzgado de Instrucción número 3 de Palma de Mallorca. Vía Alemania, número 5-2. Martes 7 de febrero de 2012. Durante la mañana.

Aquella iba a ser una semana clave en la instrucción judicial del caso Nóos, con el inicio de los interrogatorios a los imputados. Fijado el calendario de declaraciones, el sábado 11 de febrero les tocaba el turno a Diego Torres y su esposa. Cuatro días antes de esa cita en los juzgados de Palma, el magistrado José Castro firmó una providencia en la que acordó tener por parte en la causa al procurador Santiago Carrión Ferrer, en nombre y representación del sindicato Manos Limpias, asistido por la letrada Virginia López Negrete, en calidad de ejerciente de la acusación popular. Según pude comprobar *in situ* aquel día, la alegría en el colectivo de funcionarios era plena, ya que se había filtrado la noticia con anterioridad a la notificación de dicha providencia a las partes. Después de varios intentos frustrados, Manos Limpias iba a participar —por fin— en la instrucción del proceso (pieza separada número 25 del sumario Palma Arena) que comenzaría en breve en Palma de Mallorca, para delimitar las responsabilidades de Iñaki Urdangarin por sus presuntas actividades delictivas a través del

Instituto Nóos. Y lo que era casi tan importante para un *sindicato* que solía tener por aquel tiempo las arcas vacías: el juez no exigía la prestación de fianza que por regla general se impone a todas las acusaciones populares que se personan en cualquier procedimiento y que, dada la trascendencia mediática del asunto, lo previsible era que se hubiera exigido como a cualquiera y además por importe nada nimio. Así las cosas, la suerte se ponía de cara y la personación del colectivo de funcionarios en la causa como acusación popular permitiría tener acceso a todas las diligencias judiciales que se practicasen a partir de entonces, entre ellas la declaración como imputado del propio Urdangarin, prevista para dieciocho días después, o la de su exsocio Diego Torres, ese mismo sábado.

Manos Limpias es una organización peculiar. Fundada el 3 de abril de 1995 con el lema «Allí donde exista un delito, debe haber alguien capaz de denunciarlo» —la famosa cita del fiscal anticorrupción italiano Antonio di Pietro—, se define a sí misma unas veces como sindicato y otras como colectivo de funcionarios públicos. La verdad es que no es ni una cosa ni la otra. Se trata de una organización que dice luchar por «la defensa del orden constitucional de nuestro país frente a los movimientos separatistas que pretenden disgregarlo» y cuya actividad judicial se desarrolla a través de despachos de abogados que colaboran *desinteresadamente*. La etiqueta de ultraderecha le viene por el pasado de su secretario general, Miguel Bernad, un letrado del Ayuntamiento de Madrid que entró en política de la mano de Blas Piñar y que llegó a ser, entre 1985 y 1993, secretario general de Fuerza Nueva, aquel partido nostálgico del franquismo. El colectivo cuenta, según dicen sus dirigentes, con 5.800 afiliados que, a través de una cuota de sesenta euros anuales, financian —junto con donaciones de sus simpatizantes— a la organización de funcionarios.

Otra de las peculiaridades del sindicato, según reflejan documentos en la Oficina de Depósito de Estatutos dependiente del Ministerio de Empleo y Seguridad Social, es que desde 1995 y hasta la actualidad están depositadas solo dos actas del colectivo ampliando el objeto estatutario. Ninguna de ellas referida a las celebraciones de la Asamblea General que, con presencia de todos los afiliados del colectivo, debería celebrarse —según reza el artículo 17 de sus Estatutos— con carácter anual y cada cuatro años para renovación de cargos. Ha sido ahora, con ocasión de recabar la información para escribir esta obra, cuando he constatado que Miguel Bernad ha certificado en cada procedimiento penal que ostentaba el cargo de secretario general del sindicato, cuando el mismo no consta vigente por los trámites administrativos exigidos.

Mi primer contacto con Manos Limpias tuvo lugar en primavera de 2011. Yo entonces era tertuliana de diversos programas de Intereconomía Televisión, como *El gato al agua*, *Dando caña* y *Más se perdió en Cuba*. Fue un día de marzo, al terminar mi asistencia al debate de este último espacio televisivo, cuando me entrevisté con Miguel Bernad y el director técnico y jefe de seguridad del *colectivo*, Fernando Martínez Dalmau. Tras elogiar mi trabajo como abogada y tertuliana en televisión, el secretario general del sindicato me propuso empezar a colaborar con ellos. Acepté y a los pocos días pusieron a mi disposición un fajo de tarjetas de visita en el que, bajo el logotipo de Manos Limpias, se podía leer: «Montserrat Suárez Abad. Directora de los Servicios Jurídicos. Letrada». Con acierto por mi parte, nunca hice uso ni privado ni público de las mismas, ya que dicho cargo no existe según los Estatutos de Manos Limpias, quedando limitada mi colaboración a letrada de determinados asuntos judiciales y portavoz en medios de comunicación.

La actividad de Manos Limpias ha recibido numerosas críticas a lo largo de todos los años que lleva funcionando, precisamente por instrumentalizar políticamente los casos en los que se ha personado como acusación popular. A nadie se le escapa la importancia de la acusación popular en la defensa del principio de legalidad. Y en este punto hay que subrayar el papel esencial que ha ejercicio Manos Limpias en determinados casos de corrupción, en los que el Ministerio Fiscal tenía problemas para conseguir una condena justa y donde las pruebas del sumario no eran lo suficientemente contundentes para que el tribunal dictase una sentencia condenatoria contra los autores. Por eso no tuve problemas para aceptar a Manos Limpias como uno de mis clientes. Lo que se me escapaba en aquella época es que el verdadero objetivo del sindicato es alcanzar notoriedad con el fin de hacerse con los pingües beneficios que supone ejercer las acciones colectivas en representación de un número grande de afectados, como es el caso, entre otros, del asunto de las preferentes o la estafa de Forum y Afinsa.

Desde que estalló el caso Urdangarin y precisamente por ese interés de notoriedad, el sindicato hizo todo lo que estuvo en su mano para entrar en el procedimiento que instruía el juez José Castro en Palma de Mallorca. Y no las tenía todas consigo de que fuera a lograrlo. En diciembre de 2010 había intentado cazar al representante del Ministerio Fiscal en el escándalo Nóos, Pedro Horrach, acusándole de un delito de fraude fiscal perpetrado diez años antes. Según un escrito remitido a la Agencia Estatal de la Administración Tributaria —que reproducía una investigación periodística que el diario *La Gaceta de los Negocios* publicó días antes—, el colectivo de funcionarios denunció irregularidades cometidas por Horrach y su mujer, Ana Zacher, en la compra en el año 1999 de un sobreático de 217 metros cuadrados, rodeados de otros 318,96 de terrazas. En total, 536,96 metros cuadrados más una plaza de garaje ubicados en un edificio de la avenida de Picasso, en Palma de Mallorca, con jardín, piscina comunitaria y vistas a la bahía de Palma. Según la denuncia de Manos Limpias, lo escrituraron en el Registro de la Propiedad por 240.404,84 euros (unos 40 millones de pesetas). Sin embargo, el banco que otorgó al matrimonio la hipoteca de compra tasó el ático en 332.234,29 euros (55.279.135 pesetas). O lo que es lo mismo, la entidad bancaria valoró el ático 91.829,45 euros por encima del precio que Horrach declaró en documento público. Manos Limpias se hizo eco también de que en 1999 Pedro Horrach ocupaba una plaza como fiscal de tercera categoría en la Fiscalía del Tribunal Superior de Justicia de Baleares. De acuerdo con la legislación vigente su sueldo debía rondar los 1.202,02 euros. Su mujer, funcionaria del grupo A del Cuerpo Superior de Técnicos de Prisiones, percibía un salario de 949,75 euros, sin contar con los complementos. En 2006, siempre según la información de *La Gaceta* recogida por Manos Limpias, el fiscal anticorrupción y su esposa adquirieron otra propiedad, esta vez un chalé de 118 metros cuadrados levantado en una parcela de 395, localizado también en la isla, en la urbanización Son Bauló, en Can Picafort, a cuatrocientos metros de la costa. El matrimonio le otorgó un valor en escritura pública de 180.000 euros. El mismo día el BBVA le concedió una hipoteca por el cien por cien del precio. De nuevo la entidad bancaria estableció su valor en 313.000 euros, casi el doble del precio que hizo constar el matrimonio en el registro. Sus sueldos, eso sí, eran algo superiores a los que percibían cuando compraron el ático: el de Horrach, ascendido en la carrera fiscal, rondaba los 4.000 euros. Su mujer, nombrada jefe del Servicio de Juego de la Consejería de Interior del gobierno balear, percibía en torno a los 1.800 euros, según la Confederación Española de Organizaciones de Empresarios del Juego del Bingo. Por segunda vez en seis años, al tributar conforme a lo consignado en documento público, el fiscal anticorrupción pudo dejar de pagar a Hacienda 8.006 euros, según el periódico de Intereconomía. En total, el matrimonio se ahorró en impuestos 28.153 euros (4.684.265 pesetas) en los pagos por ambos inmuebles. En abril de 2009 el fiscal vendió el chalé. Conforme a lo aportado al registro, la transacción se cerró por 300.000 euros. Un precio muy bajo si se tiene en cuenta que el Deutsche Bank, concesionario de otra hipoteca a los nuevos compradores, tasó el inmueble en 434.439 euros. En 2010, aún sin recuperarse el mercado inmobiliario, viviendas similares situadas en Can Picafort se vendieron por 600.000 euros, según los cálculos de *La Gaceta*.

Para su denuncia, Manos Limpias adjuntó como pruebas las notas registrales del ático y el chalet y de la tasación bancaria, que posiblemente les pasaron los redactores del periódico que por aquella fechas dirigía Carlos Dávila. Con ello el sindicato denunció que los hechos eran constitutivos de una infracción tributaria muy grave, dada la cuantía de lo presuntamente defraudado. Además el colectivo de funcionarios envió otro escrito, esta vez a la Fiscalía General del Estado, en el que denunció a Horrach por negociar la compra de un hotel, cuyo precio estaba fijado en 570.000 dólares, en la península de Los Santos de Panamá; y la adquisición de una fábrica de alimentos en el distrito comercial Ramos Mejía de la ciudad de Buenos Aires, con un precio de 69.000 dólares. Lo más grave del asunto, según Manos Limpias, fue que la tramitación para la compra de ambos negocios se efectuó utilizando el IP (dirección desde la que opera un ordenador) del Ministerio de Justicia. Como prueba de lo dicho se adjuntaron los correos electrónicos procedentes del ordenador del denunciado. «Es evidente y manifiesto —señaló el sindicato en su escrito de denuncia— que la dignidad del Ministerio Público ha quedado en entredicho. Los máximos garantes del Estado de Derecho para la defensa de la legalidad y del interés público general han producido un escándalo público en la persona del denunciado. En un momento en que la sociedad está escandalizada por actuaciones, que día a día surgen a la luz pública, de casos de corrupción política, el que ahora un miembro destacado del Ministerio Público se vea inmerso en un comportamiento presuntamente irregular e ilegal, debe tener por parte de su máximo superior jerárquico (el fiscal general del Estado) una respuesta inmediata y ejemplarizante, en el sentido de que todos los ciudadanos con independencia de su cargo y categoría somos iguales ante la ley. Además, en este caso se da la circunstancia de que el denunciado ha actuado de acusación del Ministerio Público en uno de los mayores escándalos de corrupción en las Islas Baleares». El colectivo de funcionarios se refería al caso Palma Arena, matriz del escándalo Nóos. En virtud de todo ello, el sindicato pidió al fiscal general del Estado que admitiese la denuncia y abriera el correspondiente expediente disciplinario y sancionador. A comienzos de aquel año 2010 el nombre de Horrach, junto al del también fiscal Joan Carrau, adquirió notoriedad mediática por su participación en el caso Palma Arena y su celo profesional en torno a Jaume Matas, para el que solicitó tres millones de euros de fianza carcelaria, que el expresidente balear debía conseguir en veinticuatro horas si quería evitar el ingreso en prisión preventiva. El objetivo de Intereconomía y Manos Limpias era sacar al fiscal Pedro Horrach de la instrucción del sumario del Palma Arena.

El diario *El País* hacía hincapié a principios de abril de 2013 en que «la familia paterna de Horrach es rica: tiene y gestiona hoteles en Mallorca y en otras zonas del sur de Europa». «Sus padres —añadió— estarían más tranquilos si el incisivo fiscal se dedicara a los negocios familiares. Sobre todo habrían evitado invectivas de clanes mafiosos políticos de Mallorca a los que Pedro Horrach investigó y acusó en otras causas en el pasado». ¿Qué sentido tenía entonces sacar a relucir el sueldo del fiscal y su mujer como hicieron Intereconomía y el sindicato de Miguel Bernad en sus denuncias de fraude fiscal? La verdad es que ninguno.

Un mes después del primer ataque de Manos Limpias contra Horrach, el sindicato volvió a la carga. El 7 de enero de 2011 se lanzó a desprestigiar a Juan Carrau, fiscal jefe Anticorrupción de Baleares; Adrián Salazar, fiscal Antidroga de Baleares; y el juez José Castro. De nuevo utilizó una investigación periodística que el diario *La Gaceta* publicó la víspera para denunciar a los tres citados ante la Agencia Estatal Administrativa Tributaria por presunto delito de fraude a la Hacienda Pública. Según el periódico de Intereconomía, Adrián Salazar declaró un chalé y su parcela en la urbanización Nova Santa Ponsa de Calviá (Mallorca) en 500.000 euros cuando un banco lo tasó, a efectos de concesión de hipoteca, en 1.436.000 euros. Por su parte, Juan Carrau fue denunciado por escriturar un sobreático con un coste de 54.000 euros cuando había sido valorado en 117.500 euros. Por último, José Castro escrituró su vivienda y un solar del barrio de El Molar (Mallorca) por 163.625 euros. Un año después el banco cifró dicha propiedad en 329.007 euros. Para Manos Limpias, y a tenor de lo preceptuado en el artículo 184 de la Ley General Tributaria, hubo una infracción de ocultación de datos con importes falsos. Según los artículos 191, 192 y 200 de la misma norma, se trata de infracciones muy graves, dada la cuantía de lo presuntamente defraudado. El sindicato de Bernad también presentó denuncia ante la Fiscalía General del Estado contra Juan Carrau y Adrián Salazar por los presuntos delitos de fraude a la Hacienda Pública y falsedad documental y por falta administrativa muy grave al haber incurrido, según Manos Limpias, en una conducta irregular que compromete la dignidad de la función fiscal.

Los escritos de Manos Limpias fueron archivados meses después sin que comportasen reproche penal alguno para los denunciados. Mallorca entera y las islas cercanas sospecharon que todo había sido una estratagema para quitar de en medio al juez y los fiscales de Palma encargados de aclarar el caso Palma Arena. Pocos meses después —en concreto el 8 de noviembre de 2011—, estalló en los medios de comunicación el caso Urdangarin. Ese día Horrach dirigió el registro en las oficinas de la red de sociedades vinculadas al Instituto Nóos de Barcelona. La policía también rastreó el domicilio de Diego Torres y recogió en las sedes de la Consejería de Presidencia de la Generalitat Valenciana y de la Ciudad de las Artes y las Ciencias documentación sobre los contratos firmados con el Instituto Nóos. Según reflejó el juez en su auto filtrado a la prensa, Anticorrupción investigaba al duque de Palma y a Torres por supuestos delitos de falsedad documental, prevaricación, fraude a la administración y malversación de caudales públicos en dos convenios suscritos en 2005 y 2006 entre el *govern* balear, presidido entonces por Jaume Matas, y el Instituto Nóos por un valor de 2,3 millones de euros.

Obviando sus querellas anteriores contra el juez y los fiscales, Manos Limpias se volcó para entrar como fuese en la instrucción del caso Nóos. La primera actuación del sindicato fue dirigir una carta —firmada por Miguel Bernad— al presidente de Telefónica, César Alierta, solicitando que suspendiera cautelarmente del cargo de consejero a Iñaki Urdangarin en aras «a que el escándalo de corrupción en el que está presuntamente implicado el yerno del rey ha tenido una repercusión social de tal magnitud que puede lesionar la imagen de la compañía». Bernad apeló a los estatutos y reglamento de Telefónica, según los cuales los miembros del Consejo de Administración deben tener «un comportamiento y una conducta intachable». La segunda actuación, pocos días después, consistió en intentar que al duque de Palma le retirasen el pasaporte diplomático del que disponía al amparo del real decreto 1123/2008, de 4 de julio, por ser cónyuge de un miembro de la familia real. Según ese real decreto, el pasaporte diplomático es un documento especial de viaje expedido para facilitar a sus titulares el ejercicio de la acción exterior del Estado. Son titulares directos del derecho a poseer pasaporte diplomático el rey y la familia real. La concesión del pasaporte diplomático incluye siempre al cónyuge. En un escrito remitido al Ministerio de Asuntos Exteriores, Manos Limpias reclamó la retirada del pasaporte por el hecho de que «se ha producido un uso indebido, un abuso e, incluso, una utilización para fines ilícitos».

Lo que más polémica levantó fue el intento de Manos Limpias de arrebatar la instrucción del caso Nóos al juez Castro y al fiscal Horrach para llevarla a la Audiencia Nacional, al igual que pretendió hacer Jaume Matas con la causa sobre el Palma Arena. El sindicato se dirigió al Juzgado Central de Instrucción de la Audiencia Nacional que por turno correspondiera «por ser el competente para la instrucción de los presuntos delitos al haberse producido los hechos en varias comunidades autónomas y al haberse evadido presuntamente capital a paraísos fiscales, todo ello a tenor de lo preceptuado en el artículo 65 de la Ley Orgánica del Poder Judicial». En el escrito presentado en la Audiencia Nacional, Manos Limpias argumentó que la sociedad española ha tenido conocimiento de una *notitia criminis*, que ha causado un enorme estado de alarma social y que «ha lesionado la imagen de la Jefatura del Estado en la figura de la institución monárquica, así como una grave lesión para las arcas de la administración pública». «Nos referimos —se señalaba en la denuncia— al escándalo punitivo protagonizado por Ignacio Urdangarin Liebaert y su socio Diego Torres Pérez y Miguel Tejeiro Losada, como contable y secretario del entramado de las sociedades mercantiles. De la operación conocida como Operación Palma Arena y que se instruye en el Juzgado de Instrucción número 3 de Palma de Mallorca, se ha formalizado una pieza separada, denominada Operación Babel. La base de la querella se fundamenta en la obtención de subvenciones públicas a la ONG Instituto Nóos, fundada en el año 1999, y a la Fundación Deporte, Cultura e Integración Social, y que posteriormente eran desviadas a sociedades mercantiles patrimoniales de los querellados, con evidente fraude. Utilizaban Nóos y la Fundación Deporte, Cultura e Integración Social, y su posicionamiento dentro de la institución monárquica, para conseguir las referidas subvenciones públicas con evidente favoritismo, tráfico de influencias y estafa. Se evaden fondos a paraísos fiscales, tales como Belice, Luxemburgo y Reino Unido, lo cual incide en un delito de evasión de capitales. Urdangarin pedía a empresas privadas un canon anual con una cantidad fija con el fin de lograr una cartera de clientela asociada permanente». El sindicato se limitó a reproducir lo que hasta entonces había publicado la prensa mediante filtraciones del sumario que se instruía en Palma de Mallorca para concluir que los hechos descritos constituyen delitos de estafa, tráfico de influencias, falsedad, delito contra la Hacienda Publica y seguridad social, evasión de capital a paraísos fiscales, delito societario, apropiación indebida, defraudaciones y maquinaciones para alterar el precio de las cosas y administración desleal.

Eduardo Inda y Esteban Urreiztieta relatan en su obra *Urdangarin. Un conseguidor en la corte del rey Juan Carlos* (publicado por La Esfera de los Libros en 2012) que el duque de Palma se mostraba satisfecho con la denuncia contra él. «"El recurso de Manos Limpias está muy bien fundamentado y lo van a aceptar", se sonreía

Urdangarin, que vislumbraba, por fin, la luz al final del túnel y dejaba entrever su complicidad con esa organización, a la que presentaba falsamente como un submarino introducido por él en el procedimiento. El duque estaba seguro de que la Casa Real movería los recursos adecuados y de que el juez Moreno asumiría las competencias y aparcaría el asunto. Su íntima convicción era la de que La Zarzuela no iba a permitir que el caso llegase a mayores. Un íntimo amigo suyo desvelaba entonces que el marido de la infanta Cristina estaba "muy tranquilo" porque sabía que aparecería "un ángel salvador" que le libraría de aquel embrollo y que este procedería de la Casa Real. Pasaron los días y las semanas, y Castro y Horrach, como era lógico, se opusieron a perder aquel asunto, hasta que se acabó pronunciando la Audiencia Nacional», narran Inda y Urreiztieta en su libro.

En efecto, el 20 de enero de 2010 el juez de la Audiencia Nacional Ismael Moreno se cargó de un plumazo la pretensión de Manos Limpias de apartar al juez y al fiscal de Palma. El magistrado archivó la querella contra el duque de Palma al reiterar que no era el competente para investigar los hechos. El tirón de orejas del juez al sindicato de funcionarios fue grande. Moreno sostuvo en su auto que los hechos denunciados por Manos Limpias ya fueron objeto de instrucción en su mismo juzgado cuando tramitó la petición del expresidente del gobierno autonómico de Baleares, Jaume Matas, para que la Audiencia Nacional asumiera la competencia, y que desestimó quince días antes. Además, según Moreno, no constan datos suficientes como para concluir que el caso afectara a una «generalidad de personas». De hecho, reprodujo la misma resolución del 5 de enero, si bien hizo referencia a otros argumentos mencionados por Manos Limpias relativos a un convenio firmado con el Ayuntamiento de Madrid y a los pagos que supuestamente hizo Nóos a la Sociedad General de Autores, entre 2005 y 2008, por un importe total de 401.843,32 euros. «En modo alguno puede admitirse que varios órganos judiciales conozcan de unos mismos hechos», ya que ante el primer caso —el del Consistorio de la capital— recordó al sindicato que ya lo denunció en los juzgados de instrucción de Madrid y, ante el segundo, que la Audiencia Nacional ya investiga las actividades «presuntamente delictivas de los órganos de dirección» de la SGAE.

En cuanto a las actividades del Instituto Nóos, el juez de la Audiencia Nacional precisó que es objeto de instrucción en la pieza separada del caso Palma Arena y ya se investiga en el Juzgado de Instrucción número 3 de Palma. Como ya hiciera en el auto en el que desestimó la solicitud de la defensa de Matas, Ismael Moreno calificó de obvio que unas «defraudaciones de las características aquí investigadas —Anticorrupción sostenía entonces que Urdangarin y su socio Torres obtuvieron de Nóos unos ingresos de 5,8 millones de euros— NO TIENEN LA ENTIDAD Y SIGNIFICACIÓN SUFICIENTE —el propio juez lo escribió en mayúsculas en el auto— para conmover la seguridad del tráfico mercantil». Destacó también que la cifra presuntamente defraudada no es «significativa, impactante o de enorme envergadura» como para afectar a la economía nacional. También rechazó el supuesto de que la Audiencia Nacional era la adecuada para asumir la competencia. Y, pese a que los hechos afectan a varios perjudicados en más de una audiencia —el supuesto desvío de dinero público se produjo en Baleares y en la Comunidad Valenciana, ya que sus gobiernos firmaron convenios con el organismo investigado—, «no constan mínimamente acreditados datos suficientes como para poder llegar a la conclusión» de que este caso afecta a una *generalidad de personas*.

Así las cosas —con la negativa de Telefónica a suspender cautelarmente del cargo de consejero a Iñaki Urdangarin, el no del

Ministerio de Asuntos Exteriores a retirarle el pasaporte diplomático, el fracaso en su intento de llevar el caso Nóos a la Audiencia Nacional, el auto del juez Moreno (que era un auténtico varapalo a las argumentaciones jurídicas del sindicato)—, la decisión de aceptar a Manos Limpias como acusación popular en el procedimiento que se instruye en Palma de Mallorca por parte del magistrado José Castro, al que habían intentado apartar de la operación Palma Arena con una denuncia por fraude a Hacienda, fue acogida por el colectivo que dirige Miguel Bernad con una alegría desbordada.

Y encima se personaban sin tener que abonar fianza, requisito este que, como ya se ha adelantado, exige la generalidad de los jueces cuando cualquier persona o entidad ejercita la acusación popular en un proceso de su competencia. Por si las moscas y ante la posibilidad de que la Audiencia Nacional aceptase su querella contra Urdangarin, los letrados del sindicato se encargaron de recopilar jurisprudencia para argumentar que no «procede fijar fianza cuando el procedimiento se ha iniciado, como es el caso que nos ocupa, donde el Juzgado de Instrucción número 3 de Palma de Mallorca y la Fiscalía Anticorrupción están ya personados en la denominada pieza separada de la denominada Operación Babel». La carambola se dio por la concatenación de los hechos relatados.

Presiones de la Casa del Rey

Sede de Manos Limpias. Calle de Ferraz, número 13, 1º-B, en Madrid. Martes 14 de febrero de 2012. Al final de la tarde.

Miguel Bernad, secretario general del sindicato de funcionarios, dio por finalizada la lectura del escrito que tenía entre las manos. Sabía que aquel documento iba a ser un punto de inflexión en la instrucción del caso Nóos y, por supuesto, se convertiría en portada de todos los periódicos cuando se diese a conocer. El documento empezaba así: «Al Juzgado de Instrucción nº 3 de Palma de Mallorca. Don Santiago Carrión Ferrer, procurador de los Juzgados y Tribunales, en nombre y representación del sindicato de colectivo público Manos Limpias, conforme tengo acreditado en el procedimiento de Diligencias Previas número 2677/08, en la pieza separada número 25 que ante ese juzgado se sigue, ante el mismo comparezco, y como mejor proceda en derecho, respetuosamente, digo: Que después de un análisis exhaustivo de todos los tomos y documentación anexa que hasta el día conforman la pieza separada número 25, en las diligencias anteriormente referenciadas de los informes de la AEAT, de la Brigada de Delitos Económicos y Fiscales (UDEF), de la Unidad de Delincuencia Económico Fiscal y de la Brigada de Blanqueo de Capitales, junto con las declaraciones de todos los que hasta el momento han depuesto en la causa, tanto en vía policial como judicial, entendemos que ha quedado más que acreditado de la tan prolija documentación no puede otra cosa que desprenderse la presunta implicación en varios de los hechos enjuiciados en calidad de presunta cooperadora necesaria, presunta cómplice y presunta encubridora de doña Cristina de Borbón y Grecia». La bomba informativa quedaba ahí escrita. «Manos Limpias pide la imputación de la infanta» era el titular.

Para el sindicato las diligencias practicadas pusieron de manifiesto que la infanta manejó abiertamente dinero procedente de las sociedades mercantiles defraudadoras, así como la existencia de la caja única de la unidad familiar, donde obviamente se ingresaban recursos económicos provenientes de las empresas mercantiles que se utilizaban en la trama. Un dinero que, según el sindicato de funcionarios, se invirtió presuntamente en arreglos particulares de su vivienda en Pedralbes. «Doña Cristina de Borbón y Grecia es mayor de edad, titulada superior, concretamente licenciada en Ciencias Políticas, donde como es sabido se estudian asignaturas de Derecho, y no puede alegar desconocimiento o falta de formación. En las tarjetas de visita, exhibidas por el imputado Ignacio Urdangarin para facilitar el acceso, en condiciones de privilegio, figuraba el nombre de la infanta juntamente con el nombre del secretario de las infantas, Carlos García Revenga. La intermediación del asesor externo de la Casa Real, José Manuel Romero, para paralizar y alertar de las actividades delictivas del imputado Ignacio Urdangarin, era igualmente conocida por la infanta. El traslado a Washington del imputado Ignacio Urdangarin y doña Cristina de Borbón con la cobertura del empleo en Telefónica de España en calidad de consejero, no viene sino a constatar que las actividades delictivas implicaban a ambos. Incluso hasta en la contratación fraudulenta del servicio doméstico existía una complicidad y una cooperación necesaria entre el imputado Ignacio Urdangarin y doña Cristina de Borbón», detalló el colectivo anticorrupción que dirige Miguel Bernad para dejar claro que la infanta estaba metida de lleno en el escándalo del Instituto Nóos.

Además el sindicato hacía mención al artículo 14 de la Constitución —«Los españoles son iguales ante la ley, sin que pueda prevalecer discriminación alguna por razón de nacimiento, raza, sexo, religión u opinión o cualquier otra condición o circunstancia personal o social»— para argumentar que dicho precepto «debe tener su máximo exponente y reflejarse en la imputación a un miembro de la familia real, si de los hechos analizados se constata ha podido participar en los hechos presuntamente delictivos de su consorte, el imputado Ignacio Urdangarin». Como colofón, Manos Limpias se hacía eco del discurso del jefe del Estado a todos los españoles el 24 de diciembre de 2011: «Cualquier actuación censurable deberá ser juzgada y sancionada. La ley es igual para todos».

El escrito termina con la firma del procurador mencionado y de la abogada Virginia López Negrete.

Llegados a este punto hay que desvelar, como detalle curioso, un correo electrónico enviado por López Negrete al entonces coordinador general de Manos Limpias, Pablo Cañete, en el que la abogada muestra su disconformidad con el escrito que acababa de firmar. El *e-mail* dice así: «Buenas tardes, Pablo. Siguiendo vuestras instrucciones [...]. Adjunto te remito el escrito sellado de esta mañana. Como te comenté, en contra de mi opinión jurídica y la de todos los medios de comunicación con los que he sondeado este tema [...]. Quedo a la espera de tu llamada prometida esta mañana. Un saludo. Virginia López Negrete». ¿Desde cuándo una acusación popular *sondea* entre periodistas los pasos a seguir en el procedimiento judicial en el que está personada? El correo electrónico que reproduzco me fue facilitado por el propio Pablo Cañete, quien, además, me autorizó a su difusión.

Me consta que Miguel Bernad no estaba del todo satisfecho con el trabajo de López Negrete y así nos lo hizo saber tanto a mí como al resto de abogados colaboradores y cargos del sindicato. El motivo fundamental era que Virginia López Negrete recibió instrucciones concretas que incluso le fueron entregadas por escrito: debía formular a Urdangarin las veintiún preguntas que le habían sido redactadas para que aquel las contestara en su declaración como imputado del día 25 de febrero de 2012; y tras el término de su declaración, según turno de las partes, debía solicitar medidas cautelares contra él, entre ellas la retirada del pasaporte diplomático. Nada de ello hizo. Es más, el secretario general de Manos Limpias propuso que, a partir de ese momento, fuera yo quien llevase la representación del sindicato en la causa que se instruía en Palma. Rechacé la oferta por dos motivos: el primero, porque había firmado un recurso de reforma como abogada del entonces imputado y posterior testigo Antonio Ballabriga (lo hice antes de que Manos Limpias estuviera personada en la causa) y, aunque había cedido la venia a su abogado en la causa, José Zaforteza, el 9 de febrero de 2012, por exceso de celo, no quería que ese hecho pudiera interpretarse como un posible conflicto de intereses; y el segundo, porque mantenía la esperanza de recuperar mi puesto de letrada externa en el BBVA. No obstante, hice saber a Bernad mi disposición a representar al colectivo de funcionarios en todos aquellos debates en medios de comunicación que quisieran contar con mi presencia, algo que el número uno de Manos Limpias aceptó.

Desde mi conocimiento a distancia de la instrucción del caso Nóos que se sigue en Palma, también me consta que no es cierta la afirmación que Inda y Urreiztieta hacen en su libro de que el escrito de Manos Limpias sobre la petición para imputar a la infanta podría deberse a que el sindicato fue un «submarino» de Iñaki Urdangarin. Cuentan los dos periodistas de *El Mundo* que «frente a quienes, desde el seno de la organización, justificaban el paso [de presentar el escrito sobre la imputación de doña Cristina] en aras de que se hiciera justicia, el entorno de Urdangarin llegó a especular con que la decisión de Manos Limpias estaba impulsada por el duque». Y continuaba: «Como si consiguiendo involucrar a su mujer en el procedimiento se garantizase la implicación de la Casa Real en la solución», sostienen Inda y Urreiztieta en *Urdangarin, un conseguidor en la corte del rey Juan Carlos*.

También me consta que la Casa del Rey estaba ya involucrada al máximo en el asunto. Es más, cabe destacar la celebración de dos comidas que tuvieron lugar en Madrid a petición de *emisarios* de La Zarzuela, en las que estos pidieron reiteradamente a los representantes de Manos Limpias que retiraran el escrito de imputación de la infanta. La primera de esas comidas tuvo lugar en un restaurante en la sierra y asistieron, por un lado, Miguel Bernad y Fernando Martínez Dalmau, en representación de Manos Limpias, y por otro el juez decano de Madrid, José Luis González Armengol, el jefe de seguridad de los Juzgados de Plaza de Castilla y su segundo (estos dos no como escoltas, sino como comensales). Después de unos preliminares intrascendentes, Armengol planteó durante el almuerzo la posibilidad de que el sindicato valorase la posibilidad de retirar el escrito de imputación. «Vosotros sabéis como abogados —la verdad es que ninguno de los dos lo es en ejercicio— que se tendría que probar económicamente la relación directa entre Iñaki Urdangarin, el Instituto Nóos y la mercantil Aizoon. Además hay que pedir algún informe de IRPF y de Hacienda. No solo hay que decir las cosas. Hay que probarlas», vino a decir Armengol en aquella comida, que se desarrolló en un tono cordial. El juez decano se interesó por saber quién daba a conocer la estrategia del sindicato a los medios de comunicación y los altos cargos de Manos Limpias dieron mi nombre. En este punto Armengol avisó —siempre en un tono de cordialidad— que había que tener cuidado con lo que se decía a la prensa, al tiempo que reiteraba el mensaje de que no vale solo con lanzar acusaciones y que estas deben ser acompañadas de pruebas.

Bernad hizo hincapié en que se había pedido un informe a la Agencia Española de la Administración Tributaria y se comprometió a revisar ese documento «con mucho cuidado». Llegados a este punto de la conversación, los representantes de Manos Limpias hicieron saber al juez decano de Madrid que se habían producido *represalias* tras la iniciativa del sindicato de pedir la imputación de doña Cristina. Armengol se interesó por el asunto y los altos cargos del sindicato le relataron que una colaboradora —en referencia a mí— había perdido su puesto de letrada externa del BBVA por unas declaraciones en un debate en televisión. Como dato anecdótico, cabe decir que el jefe de seguridad de Plaza de Castilla llegó a ofrecer a los dirigentes de Manos Limpias que si estaban interesados en algún sumario de los que se tramitan en el juzgado, él podía conseguirlo. Bernad y Dalmau rechazaron cortésmente la oferta.

A los pocos días tuvo lugar la segunda comida. José Manuel Romero Moreno, conde de Fontao y marqués de San Saturnino, fue quien invitó a comer a los dos representantes del colectivo de funcionarios. Durante el almuerzo —no tan cordial como el anterior— el abogado personal del rey desde el año 1993 pidió a Bernad y Dalmau que se abstuvieran de reclamar tanto la imputación de la infanta como la de él. Además trató de convencerles de que el caso Nóos era una cuestión de negocios entre Iñaki Urdangarin y Diego Torres, los cuales no tenían nada que ver ni con doña Cristina ni con él. También hizo hincapié en que esos negocios podrían conllevar una irregularidad económica, pero nunca un delito. Bernad replicó que Manos Limpias tenía muy claro el asunto: se debía pedir perdón públicamente y devolver hasta el último euro defraudado. Asimismo el secretario general del sindicato recordó que una persona —en referencia a mí— había perdido su puesto de trabajo, a lo que el conde de Fontao respondió no saber nada de la cuestión. «De todas formas tomo nota de eso y, por favor, mayor discreción en la prensa», vino a decir el abogado del rey. La comida terminó ahí. Antes de la despedida el conde de Fontao dejó abierta la posibilidad de que otro almuerzo similar pudiera tener lugar en fechas posteriores.

Pocos días después de aquella comida, la periodista Paloma Barrientos desveló en un programa de televisión la posibilidad de que Manos Limpias estuviera sufriendo algún tipo de presión. Ahí quedó la cosa y no se registraron más almuerzos con el conde de Fontao. Lo que sí hubo fueron varias conversaciones telefónicas.

Las primeras de esas llamadas fueron un tanto conciliadoras, no así la última de ellas, en la que el letrado externo de la Casa del Rey dijo que no accedía ni mucho menos a lo solicitado por Manos Limpias, que no entendía ni siquiera los argumentos del sindicato, que los representantes del colectivo estaban absolutamente equivocados y que la cuestión podría darse la vuelta y volverse en su contra. Aquella fue la última conversación telefónica entre emisarios de la Casa del Rey y los representantes de Manos Limpias. No hubo más llamadas

Unas semanas después tanto la sede del colectivo de funcionarios, en la calle de Ferraz, como mi propio despacho profesional fueron visitados por inspectores para realizar sendas inspecciones laborales. Al mismo tiempo el diario *El País* publicó el 12 de marzo de 2012 que el secretario general de Manos Limpias había sido imputado en el Juzgado de Instrucción número 3 de Madrid tras una investigación por estafa y coacción. La causa había derivado de una querella presentada por el constructor Manuel Núñez, condenado en el denominado caso Totana. La acusación que realizó el constructor contra Bernad fue la siguiente: «Se puede constatar la contratación del sindicato Manos Limpias a fin de que presionase a mi representado para que pagase el dinero que de forma fraudulenta pretendía el querellado [Emiliano Ovide, presunto comisionista]. Aportamos las escuchas telefónicas transcritas por la Guardia Civil, que no tienen desperdicio y es evidente la comisión de los delitos que ahora denunciamos». Núñez sostuvo que Ovide, que afloró en la investigación judicial como intermediario en la captación de comisiones pero no fue llevado a juicio, le manifestó que «se podía hacer un convenio urbanístico con el Ayuntamiento de Totana, pero para ello era preciso pagarle al alcalde y a políticos de la Comunidad de Murcia un dinero». En las grabaciones se pudo oír la siguiente conversación:

Ovide: Se va a ir el tío [Morales] con una cantidad de quince a dieciocho millones de euros para Brasil, así que imagínate.

Bernad: ¡Puag! Pues en todo caso le preparamos la denuncia, que la firma el sindicato.

Ovide: Ya vemos la estrategia que conviene para paralizar su actuación o para que negocie, lo que sea [...]. Es una gestión que yo he hecho allí con Inmonuar [firma de Núñez], que es un pelotazo, que ha hecho una opción de compra por dos millones que al aprobarse el plan tras venderlo genera una plusvalía de trescientos millones.

Bernad: Pues nos metemos a fondo con ello si tú le puedes sacar lo que sea o negociar...

Según *El País* Bernad llegó a plantear por teléfono enviar una carta al Ayuntamiento de Totana para «ponerles nerviosos».

Como un aviso para navegantes, el sindicato Manos Limpias respondió al ataque del periódico de Prisa filtrando a *La Gaceta* parte de las conversaciones que mantenía con los *emisarios* de Zarzuela. El diario de Intereconomía se encargó de denunciar —el 19 de marzo de 2012— que el colectivo de Miguel Bernad estaba recibiendo presiones. «La Casa del Rey ha reclamado a Manos Limpias que retire su acusación contra Iñaki Urdangarin, imputado por varios presuntos delitos contra la Hacienda Pública, blanqueo de capitales, malversación de caudales públicos, falsedad documental, entre otros, por la gestión de Nóos y la creación de un entramado de empresas satélite como la Fundación Deporte Cultura e Integración Social», denunció *La Gaceta* citando fuentes jurídicas. Según ese periódico, «Zarzuela ha utilizado una vía indirecta para dirigirse a la acusación popular con el fin de que renuncie a su personación en el Juzgado de Instrucción de Palma de Mallorca», en referencia velada al conde de Fontao. «Y es que el colectivo de funcionarios públicos —prosiguió *La Gaceta*— considera que está sufriendo una fuerte campaña de desprestigio desde que está ejerciendo la acusación en este asunto. Todo un envite para apartar a una acusación independiente que puede ser incómoda para los intereses de un miembro de la familia real. Este periódico se puso ayer en contacto con los Servicios de Prensa de Zarzuela y señalaron, como es habitual en estos casos, que ni confirman ni desmienten. Es más, concretamente afirmaron: "La Casa del Rey no tiene nada que declarar en este asunto". De lo que no cabe la menor duda es de las más que probables presiones que se están produciendo en este asunto mediático. La acusación popular también pidió al juez Castro que citara como imputada a la infanta Cristina al haber indicios suficientes de que participara como encubridora o cooperadora necesaria de los beneficios de las actividades procedentes del Instituto Nóos. Por si fuera poco, hace unos días el mismo sindicato presentó un escrito en el juzgado por el que pedía que se citaran como testigos al secretario de las infantas, Carlos García Revenga; a la secretaria del duque de Palma, Julita Cuquerella, y al conde de Fontao, para arrojar luz en este turbio asunto. En este punto el juez solamente accedió a citar a Cuquerella».

Manos Limpias quería saber cuál fue el papel exacto del asesor externo de la Casa Real desde 1993 y las instrucciones exactas que transmitió al duque de Palma, según reflejó en el escrito que presentó ante el juzgado de José Castro el 5 de marzo de 2012. Por último *La Gaceta* se hizo eco de la información de *El País* publicada días antes. «La campaña de desprestigio hacia Manos Limpias —subrayó el diario de Intereconomía— ha podido comenzar ya. La semana pasada el diario *El País* publicaba en una misma página una noticia sobre Urdangarin vinculada a otra información titulada "El líder de Manos Limpias, imputado por coacción y estafa". Cuando los hechos que dieron lugar a esta causa judicial ocurrieron hace más de cuatro años. Un sinsentido que el diario de Prisa saque ahora a relucir dicha información para desprestigiar a Manos Limpias».

Finalmente, el 5 de marzo, el juez José Castro rechazó citar como imputada a la infanta en el caso Urdangarin, tal y como había solicitado el colectivo Manos Limpias. El titular del Juzgado de Instrucción número 3 de Palma dictó un auto en el que desestimaba la petición, a la que se había opuesto la Fiscalía Anticorrupción al considerar que no bastaba para su citación el hecho de que la infanta formase parte de la Junta Directiva del Instituto Nóos que presidía Urdangarin y que poseyera el 50 por ciento y fuera la secretaria del Consejo de Administración de una de las sociedades instrumentales a las que se desviaron fondos públicos, Aizoon. Castro estimó que «no existen indicios» de que «conociese la conducta supuestamente ilícita de su marido». El juez señaló que imputar a la infanta Cristina y citarla a declarar «carecería de sentido y solo conduciría a estigmatizar gratuitamente a una persona, lo que no es de recibo». Acogerse a sagrado bajo ese «no estigmatizar» traslada a la opinión pública la percepción de que ser imputado es algo oprobioso, cuando no es así. La imputación, en muchos casos, permite que el ciudadano pueda defenderse ante la justicia y no seguir sometido al «juicio mediático» sin poder explicarse. Pero lo realmente grave del auto de Castro, es que dio la sensación de que hay dos clases de ciudadanos, dos castas perfectamente diferenciadas: los que pueden ser estigmatizados y los que no. La justicia, una vez más, no es igual para todos.

Chantaje a altos ejecutivos bancarios

Junta General de Accionistas del BBVA. Palacio Euskalduna, avenida de Abandoibarra, número 4 (Bilbao). Viernes 14 de marzo de 2013. Durante la tarde.

La abogada de Manos Limpias Virginia López Negrete pidió la palabra en el turno destinado a los accionistas de BBVA. Su intención era dar a conocer a la Junta el escrito que el día anterior había presentado en el Juzgado de Instrucción número 3 de Palma, en el que pedía que se reabriera la causa contra el director del Área de Responsabilidad Social Corporativa del banco, Antonio Ballabriga, como responsable de la organización de los llamados Juegos Europeos. Según la abogada de Manos Limpias, Ballabriga fue «la persona que se reunía, en nombre del Instituto Nóos, con los políticos valencianos, quien gestionaba el cobro de las facturas, quien proponía el plan de negocio y su ejecución, quien orquestaba, en definitiva, en nombre del Instituto Nóos, todo el tema de los Juegos Europeos». Nunca antes de aquella fecha Manos Limpias había ido contra Ballabriga. La letrada de la acusación popular no había pedido todavía la imputación del alto cargo del banco, pero amenazaba con hacerlo y así lo anunció a la Junta de Accionistas del BBVA.

Además López Negrete se encargó de denunciar una irregularidad que, en su opinión, se había registrado durante el proceso que afectaba a Ballabriga, primero como imputado y luego como testigo. Según dijo, la abogada que aparece como firmante del primer recurso de reforma presentado en nombre de Ballabriga intentó con posterioridad presentarse como representante de la acusación popular que lleva Manos Limpias en este proceso. De hecho, según dijo la letrada, llegó incluso a suplantar en diversos medios de comunicación —Telecinco entre ellos— a la auténtica y única abogada de Manos Limpias en este procedimiento, es decir, ella, la propia Virginia López Negrete. «En otras palabras —subrayó—, se dio la paradoja de que la abogada defensora de Ballabriga en este procedimiento pudo convertirse en la representante de su acusación». A renglón seguido preguntó: «¿Se trata de una simple paradoja o un diseño elaborado por un Departamento de Comunicación más atrevido que efectivo?»

No estuve en aquella Junta del BBVA, primero porque no soy accionista del banco y, segundo, porque no mantengo ninguna relación con esa entidad después de que esta decidiese dar por rescindido mi contrato como asesora legal externa el 27 de febrero de 2012. Días después tuve noticias de aquel ataque de López Negrete contra mí, en el que me acusaba básicamente de suplantación en medios informativos y de un conflicto de intereses por firmar un recurso de reforma de un imputado mientras colaboraba con Manos Limpias. Falso de toda falsedad. En primer lugar, durante más de un año acudí a los debates de televisión por expreso deseo y autorización del secretario general del sindicato, Miguel Bernad, que me designó para ello con el objetivo de dar voz al colectivo de funcionarios públicos en los medios de comunicación. Así quedó demostrado en la página web de Manos Limpias, en la que se incluyeron los vídeos de mis intervenciones. En segundo lugar, no hubo conflicto de intereses, porque Bernad conocía que yo había firmado el recurso de reforma en representación de Antonio Ballabriga. Se lo conté cuando me propuso ejercer la acusación popular en el caso Nóos en nombre de Manos Limpias, como ha quedado explicado en páginas anteriores. En cualquier caso, no cabía conflicto de intereses debido a que Manos Limpias ni siquiera había solicitado la imputación de Ballabriga. Así me lo hizo saber el propio Bernad en su afán por convencerme de que aceptase su propuesta, que rechacé por una cuestión de ética profesional. Por si eso fuera poco, el escrito fue firmado el 13 de enero, casi un mes antes de que el juez Castro acordase la personación del colectivo de funcionarios como acusación popular en el procedimiento que se sigue en Palma.

A Antonio Ballabriga le conocí tres años antes de que estallara el caso Nóos, al llevar un asunto jurídico privado de su familia. Y me volvió a contratar a finales de diciembre de 2011 para llevar su defensa, después de que su nombre apareciese en el procedimiento de Nóos y poco antes de que resultara imputado. Cuando adquirió tal condición recurrí el auto de imputación por falta de motivación del objeto por el que se iba a producir su declaración. Fue un mero trámite, ya que el recurso se desestimó, manteniéndose por tanto el día de la citación. Fue en ese momento cuando Ballabriga me comunicó que prefería que su defensa la llevase un letrado de Palma de Mallorca. Por esa razón cedí la venia al letrado José Zaforteza, que a partir de ese momento se encargó de diseñar la estrategia más acorde con los intereses de su cliente, la cual yo desconocía. Es más, esa cesión de venia tuvo lugar el mismo día —7 de febrero de 2012— que el juez Castro acordó la personación de Manos Limpias en el procedimiento de la capital balear. Excuso decir que en ningún momento tuve a mi disposición la causa judicial, ya que cuando se notificó la citación de Ballabriga —amén de que dicha resolución fue conjunta, junto con más citaciones— no vino acompañada del procedimiento ni de copia de diligencia alguna. Así las cosas, el alto cargo del BBVA declaró por primera vez como imputado el 14 de abril de 2012. Su abogado pidió la retirada de tal condición, algo que el juez instructor aceptó el 18 de octubre de aquel año.

Volvamos al Palacio Euskalduna de Bilbao aquel viernes 15 de marzo de 2013. ¿Qué hacía la abogada que ejerce la acusación popular en el caso Nóos hablando del asunto ante la Junta de Accionistas del BBVA? ¿Cuál era su propósito? ¿A qué motivos obedecía su estrategia? Las respuestas a esas preguntas están en una fotografía que fue subida a las redes sociales ese mismo día por uno de sus protagonistas. En la instantánea se puede ver a López Negrete acompañada por Luis Pineda Salido en la puerta de entrada del salón donde se celebró la Junta. Pero ¿quién es Luis Pineda Salido?

Cabe decir, en primer lugar, que es el actual presidente de Ausbanc. Yo le conocí bien. No en vano trabajé para Ausbanc durante casi diez años, de 1996 a 2006. Es más, mi calvario en la asociación comenzó cuando apoyé al delegado en Baleares, Carlos Hernández Guarch, ante las amenazas de muerte, injurias y calumnias que le dirigió el presidente. Luis Pineda nunca me lo perdonó, como se verá en páginas posteriores. Tengo conocimientos suficientes, como es obvio, para detallar su forma de ser y sus métodos. En aras a la objetividad he preferido hacer una recopilación de artículos de prensa con el objetivo de que el lector tenga una idea clara de quién es Luis Pineda. Como se puede comprobar, en el listado aparecen todo tipo de periódicos. Desde los generalistas hasta los económicos. De la prensa de izquierdas a la de derechas. De *El País* al *ABC*, pasando por *El Mundo*... Lo que demuestra la unanimidad de criterio sobre el controvertido personaje.

Las primeras noticias sobre él las encontramos en los diarios *El País* y *ABC* de fecha 27 de febrero de 1983. El día anterior funcionarios de la Brigada Regional de Información detuvieron a siete individuos, militantes de la organización ultraderechista Frente de la Juventud, como presuntos participantes en los sucesos ocurridos el 23 de febrero en la calle de Fuencarral, de Madrid. Aquel día un grupo de jóvenes protagonizó diversos asaltos con lanzamiento de cócteles molotov y objetos contundentes para conmemorar el primer aniversario del fallido golpe de Estado del 23 de febrero. Uno de los detenidos —a los que se les aplicó la ley antiterrorista— fue Luis Pineda Salido, alias «Luispi», *de dieciocho* años de edad y jefe nacional del Frente de la Juventud.

El diario *El Economista* publicó en 2007 que el 6 de marzo de 1980, según consta probado en la sentencia a la que tuvo acceso ese periódico, Luis Pineda y varios compañeros más se dirigieron al domicilio de María Ignacia López del Soto, marquesa de San

Eduardo, situado en el barrio de Salamanca, y llamaron a la puerta. Tanto Pineda como varios de sus acompañantes portaban armas de fuego. Cuando la sirvienta abrió, redujeron a todas las personas que había en la vivienda y exigieron a la marquesa que les entregara dinero. Esta se abalanzó contra uno de los intrusos y fue golpeada en la cara con una pistola. Al final el grupo consiguió que la señora les firmara un cheque por valor de 85.000 pesetas que hicieron efectivo en una entidad bancaria de la misma calle del domicilio. Además, antes de marcharse del piso amordazaron a las cuatro personas que acompañaban a la marquesa y robaron 27.900 pesetas y un DNI. En el armario de la dueña de la casa rasgaron con navajas varios abrigos de piel, produciendo en dichas prendas, siempre según consta en la sentencia, desperfectos ascendentes a unas 400.000 pesetas. Luis Pineda fue condenado como responsable en concepto de autor de un delito de robo, con intimidación en las personas, uso de armas en casa habitada y utilización de violencia para obligar a suscribir y entregar un talón. En la fecha en la que se cometió el robo, a Luis Pineda le faltaban solo unos meses para cumplir dieciocho años, por lo que el tribunal aplicó el atenuante de minoría de edad. No obstante, no se libró de ser condenado a la pena de tres meses de arresto mayor y a que pagara solidariamente junto a otro de los acusados en concepto de responsabilidad civil más de medio millón de pesetas a la marquesa de San Eduardo.

Años después, en concreto el 28 de junio de 2007, *El Mundo* se hizo eco de un informe enviado por la Agencia Tributaria a la Audiencia Nacional que reveló el hecho de que la Asociación de Usuarios de Banca (Ausbanc), que ya presidía Luis Pineda, cobró 2,45 millones de euros de Forum Filatélico y Afinsa. En mayo de 2006 se había producido la intervención judicial de ambas sociedades filatélicas por presunta estafa, que dejó más de 400.000 afectados. El documento de la AEAT formó parte del proceso abierto por los Juzgados Centrales de Instrucción número 1 y 5 de Madrid, tras una querella presentada por el bufete Osorio & Asociados por estafa. Finalmente la Audiencia Nacional decidió apartar a Ausbanc como acusación popular por fraude procesal. Los jueces entendieron que la acción de la asociación de consumidores en la Audiencia Nacional, después de haber defendido públicamente la legalidad de las dos empresas, no se correspondía con «el contenido y la finalidad propios de una acusación en un proceso penal».

El 11 de julio de aquel año *El País* publicó que Ausbanc había recibido 347.000 euros de seis entidades financieras como patrocinio de un acto realizado en Salamanca en septiembre de 2005. El Santander pagó graciosamente 208.800 euros, cantidad que le daba derecho a acudir a las jornadas y a la cena de gala, así como a dar un discurso en el ayuntamiento y a que su logo apareciera en todo lo relacionado con el acto. Cuatro días después, con el título «Las dos caras de Ausbanc», el periódico de Prisa publicó el siguiente perfil: «Defender a los consumidores puede ser un negocio muy lucrativo. Y Luis Pineda lo sabe bien. Hace más de veinte años que se inventó Ausbanc, una asociación de usuarios de banca que ha sacado los colores a las entidades por cobrar comisiones injustificadas, hipotecas caras, etcétera. Sin embargo, también le ha permitido levantar una red de empresas con la que el año pasado movió unos quince millones de euros. Algunos le acusan de utilizar sus publicaciones para captar dinero de la banca, bajo la amenaza de sacar sus trapos sucios si no pasan por caja. Pineda dice que no coacciona a nadie, que todos se anuncian voluntariamente. Un juzgado ha revelado que Ausbanc cobró 347.000 euros del Santander y cinco entidades más por un acto en Salamanca. [...] Emilio Botín, presidente del Santander, bajó las escaleras de la Audiencia Nacional con cierto aire despistado. Tenía delante una veintena de fotógrafos y periodistas esperándole. Había declarado ante el juez por las indemnizaciones millonarias pagadas a los exdirectivos José María Amusátegui y Ángel Corcóstegui. No era un trago fácil y parecía un poco apurado; pero, de repente, entre los periodistas alguien dio un paso adelante y se abrazó al presidente del banco. Era Luis Pineda. Botín cambió el semblante y Pineda alabó su gestión ante los periodistas, que se quedaron desconcertados. [...] Según sus cifras, entre Ausbanc Consumo y Ausbanc Empresas tiene 352.146 asociados, sumando los individuales y los colectivos. Cobra 60 euros por inscripción y 15 euros al mes por asociado, "aunque hacemos precio especial cuando llegan por una crisis concreta", apunta. Ha conseguido grandes logros para todos los ciudadanos, entre los que destaca el fin del redondeo al alza de las hipotecas; que se conozcan previamente las comisiones de los cajeros automáticos y la creación de un registro de seguros de vida de los fallecidos. Lo curioso del caso es que esas victorias las ha logrado con denuncias y presiones a los bancos y cajas de ahorros, de los que recibe fuertes ingresos publicitarios en sus revistas y semanarios (también les cobra por organizar eventos y elaborar informes). [...] Los ejecutivos de la banca se quejan de las enormes cantidades de dinero que se ven "obligados" a destinar a las publicaciones de Ausbanc. Se habla de cifras que van desde los 400.000 euros hasta los 60.000, dependiendo del tamaño. Dicen que lo hacen bajo la presión del poder de Pineda. Sin embargo, nadie (excepto Credit Services) lo denuncia porque dicen dudar de que sea ilícito».

El 1 de octubre de 2007 *El Economista* informó de que la Audiencia Nacional acordó que Ausbanc fuera expulsada definitivamente del «caso de los sellos» como acusación popular por fraude procesal. La resolución se fundamentó en el hecho de que la asociación que preside Pineda adoptó en todo el proceso «una actitud ambigua», ejerciendo la acción popular pero defendiendo también los intereses de Forum. El 1 de agosto de 2008 *Cinco Días* dio cuenta de que el Supremo había ratificado la expulsión de Ausbanc como acusación en el citado escándalo.

Una semana después *El Mundo* publicó una información firmada por Esteban Urreiztieta en la que se hacía eco de una querella criminal contra Luis Pineda por parte del delegado de Ausbanc en Baleares. ¿El motivo? Amenazas de muerte, injurias y calumnias. La denuncia la suscribió Carlos Hernández Guarch, conjuntamente con el letrado de esta organización en las islas, Jaime Juan Saurina. Ambos imputaron a Pineda la intención de acabar con sus vidas contratando para tal cometido a «unos mafiosos». Hernández Guarch y Saurina vertebraron sus acusaciones en una serie de grabaciones telefónicas que, siempre según los denunciantes, se produjeron inmediatamente después de que el primero comunicara a su máximo responsable, en torno al 25 de junio, su deseo de abandonar Ausbanc. A partir de esa primera conversación tuvieron lugar «diversos intentos por parte de Pineda para que Hernández Guarch permaneciese en la organización con las condiciones modificadas unilateralmente». Tras no alcanzar un acuerdo, el jefe de la entidad tentó sin éxito a Saurina para sustituir a su compañero. Lejos de aceptar la oferta, el letrado optó también por dejar su plaza en la organización. A lo largo de esas conversaciones telefónicas Pineda le espetó al hasta entonces abogado de Ausbanc en Baleares: «Te juro por mis hijos y por mi vida que como un solo socio de Ausbanc en un periodo de seis meses se pase con vosotros o me juguéis una, por mi vida... las querellas criminales y lo que cojones haga falta. Y estoy incluyendo todo lo que sea capaz en mi vida. Todo, ¿eh? Y cuando digo todo es lo peor que estás pensando». A lo que añadió: «Como queráis robarle a Ausbanc su conocimiento, su formación, sus socios... Os juro que acabo con vosotros. Por mis huevos y con mi vida». La conversación fue subiendo de tono hasta que el presidente de Ausbanc, tal y como rezaba la trascripción de las cintas, revela «estar dispuesto a pagar a mafiosos». «Ten mucho cuidado con hacer una asociación, esto no es solamente legal, te estoy hablando de tema físico, de tema físico, ¿eh? Mucho cuidado porque os estáis jugando la puta vida».

Días después, el presidente de Ausbanc afirmó a *El Mundo*: «Reconozco que se me fue la pinza, pero cuando hablo dentro de mi casa soy muy brusco y no mido mis palabras. Es verdad que tuve una conversación muy tensa, en la que no me acuerdo exactamente lo que dije, pero luego pedí perdón: verbalmente y por carta. Lo que me ocurrió fue un arrebato de ira... No sé si divina o diabólica. Fui brusco en las formas pero no en las intenciones, pero en cualquier caso me arrepiento de lo que hice».

El 1 de diciembre de 2010 *El Economista* informó de que la Audiencia Nacional había desestimado el recurso de apelación presentado por Ausbanc contra una sentencia que le excluía del Registro de Asociaciones de Consumidores y Usuarios. Según se explicó en la sentencia fechada en octubre de aquel año, el Instituto Nacional del Consumo expulsó en 2005 a Ausbanc del registro tras comprobar que realizaba publicidad comercial. Perder la condición de asociación de consumidores implica también dejar de tener derecho a representar como tal a los consumidores y a ejercer las correspondientes acciones en defensa de los mismos. Asimismo impide percibir las ayudas y subvenciones públicas destinadas a estas asociaciones y la pertenencia al Consejo de Consumidores y Usuarios, que permite la participación en órganos consultivos de las administraciones públicas de ámbito estatal.

A Pineda le favoreció la llegada del PP al poder. Tres meses después de que la ministra de Sanidad, Ana Mato, tomara posesión de su cargo, Ausbanc fue readmitida en el Registro de Asociaciones de Consumidores. De golpe y porrazo la asociación de Pineda volvió a recibir subvenciones. El 24 de enero de 2013 el Ministerio de Sanidad concedió a Ausbanc 112.350 euros para programas de información sobre las participaciones preferentes. Es necesario recordar que Manos Limpias ejerce la acusación popular en las actuaciones sobre el caso Gürtel, mientras la ministra de Sanidad es investigada por los regalos que recibió de la trama de Correa.

La Junta General del BBVA del 15 de marzo de 2013 puso negro sobre blanco la alianza entre Virginia López Negrete y Luis Pineda. Se trata de una alianza de intereses, porque Manos Limpias aporta algo que Ausbanc no tiene y viceversa. El sindicato no dispone de dinero, mientras Luis Pineda, sí. Ausbanc no puede ejercer como acusación popular, mientras Manos Limpias, sí. Todo un matrimonio de conveniencia.

En aquella Junta del BBVA Luis Pineda también pidió el uso de la palabra en el turno destinado a preguntas de los accionistas. El presidente de Ausbanc aprovechó la oportunidad —como suele hacer desde que asiste a este tipo de actos— para criticar varios aspectos del banco y su gestión. Su intervención fue tan larga que, tras varios avisos fallidos, le cortaron el sonido del micrófono. Poco después toma la palabra otro accionista para responderle: «Quiero denunciar a los falsos accionistas. Señor Pineda, sin anestesia, es usted un cara», le dijo tras enumerar una a una las distintas condenas contra el que se dice representante y defensor de los consumidores, incluida la de intento de secuestro a mano armada. Ya en el turno de respuestas, Francisco González, el presidente del BBVA, en contestación a otro accionista, respondió a Pineda: «No estamos dispuestos a dejarnos chantajear». Lo dijo en referencia a la negativa del banco a insertar publicidad en determinadas publicaciones de la organización que preside Luis Pineda Salido.

Tres semanas antes de aquella Junta de Accionistas, el fiscal Horrach solicitó al juez Castro que citase a Antonio Ballabriga a declarar como testigo para que aclarase dos asuntos relacionados con uno de los correos aportados por Diego Torres. Castro aceptó la petición del Ministerio Fiscal y acordó que la comparecencia del director del Área de Responsabilidad Social Corporativa del BBVA se produjese el 19 de marzo en Madrid. José Zaforteza, abogado de Ballabriga, intentó tranquilizar a su cliente con el argumento de que iba a acudir como testigo y que el fiscal le preguntaría por un par de cuestiones que necesitaban ser explicadas. La víspera de que tuviera lugar la citación, Zaforteza se entrevistó con Horrach para contarle lo acontecido en la Junta de Accionistas de cuatro días antes. Le hizo saber lo afirmado por López Negrete y su pretensión de pedir una nueva imputación para Ballabriga, así como las acusaciones lanzadas contra mí sobre la supuesta suplantación y el presunto conflicto de intereses. El fiscal tomó nota de la cuestión.

La copia de la declaración de Ballabriga no deja lugar a dudas de que el juez conocía el asunto. Aquello fue un tirón de orejas en toda regla de Castro a López Negrete. El magistrado no permitió en ningún momento que la abogada que ejerce la acusación popular en el caso Nóos me involucrase en el caso, por no ser una cuestión que tuviera relación con el procedimiento:

Virginia López Negrete: Usted, cuando fue imputado por primera vez en este procedimiento, vino personado de un letrado, al que supongo le daría un poder especial. ¿Es así?

[Un inciso para comentar que a la abogada de la acusación popular le traicionó el subconsciente. Habló de una primera imputación, como si después de esa existieran otras más. Y no hubo tal. Era lo que ella quería, como pidió días después de esa declaración].

Antonio Ballabriga: Yo contraté los servicios de una letrada que no es el letrado que me ha seguido posteriormente. Yo contraté los servicios cuando aparecieron los correos publicados. Yo todavía no estaba imputado y, de hecho, solicité siguiendo el consejo de esta letrada declarar en el caso. Se presentó un escrito al respecto, para proyectar declarar, para decir que no tenía nada que ocultar. Un tiempo más tarde, no recuerdo exactamente si... Un mes y medio después se me imputó en la causa y yo decidí que no me sentía cómodo con la defensa que me habían propuesto hasta ese momento. Gestioné un cambio de letrado y, a partir de ahí, en la declaración del mes de abril, me acompañó José Zaforteza como letrado. Esos son los hechos.

V. L. N.: Yo le preguntaba que esa primera letrada que usted tuvo, usted le daría un poder especial, supongo.

A. B.: Sí, sí. Claro. Seguro.

V. L. N.: Le habrá revocado usted ese poder a esa letrada notarialmente.

A. B.: No me ocupé yo de esos trámites. Le pedí a mi abogado, el señor Zaforteza, que hablara con esta letrada y que hiciera todos los trámites oportunos para que él siguiera con el proceso, en la causa. Entonces, yo desconozco...

V. L. N.: Respecto al poder, ¿ha ido usted a alguna notaría a revocar expresamente el poder a esta letrada?

A. B.: No, yo no he ido a ninguna notaría. Entendí que estaba en manos de mi abogado el proceso.

V. L. N.: Dice usted que esta letrada se la propusieron. ¿Quién se la propuso?

Juez José Castro: Letrada, ¿esto es necesario?

V. L. N.: Sí, señoría.

J. C.: ¿Por qué?

V. L. N.: Porque... Como hemos expuesto en nuestro escrito de reapertura del procedimiento para el señor Ballabriga... Vale...

Esta señora… Y ahora le voy a interrogar sobre ello, realmente. Primero… Bueno, quiero que me conteste él. ¿Quién le propuso la letrada? Y en segundo lugar, señoría...

J. C.: Señora letrada, ¿a dónde nos conduce esto?

V. L. N.: Para esta acusación, señoría…

J. C.: No, señora letrada. Esas preguntas se desestiman.

V. L. N.: Vale, fenomenal. ¿Ha vuelto usted a ver al señor Ayuso?

A. B.: En un evento público hace unos meses.

V. L. N.: Vale. No hay más preguntas, señoría.

Mientras ese interrogatorio tenía lugar en el Juzgado de Instrucción número 3 de Palma de Mallorca y en días sucesivos, Luis Pineda lanzaba los siguientes mensajes en Twitter: «BBVA con Ballabriga, Ayuso, Puyol y otros cuantos que aparecerán *pringao* hasta las cachas en Caso Nóos/Urdangarin, corrupción alto nivel»; «@pedroj_ramirez bien descrito el Caso Noos y su vertiente Ayuso. Te falta saber quien fue la abogada de Ballabriga en primer escrito. Alucina»; «La monarquía tiene un problema de credibilidad. BBVA, Ayuso, Ballabriga: Caso Noos. Abogada suplantadora pagada por el BBVA»; «@garcía_abadillo Ayuso de jefe de Prensa de la Casa Real. Ballabriga en BBVA y abogada suplantadora paseándose por vuestras teles»; y «Si la Corona une su suerte y futuro a su defensa por Francisco González BBVA (Ayuso, Ballabriga, Zaforteza, Suárez Abad)… Finito. Adiós».

Citó mi nombre y le respondí a través de la red social: «Ese *tweet* y otro anterior, como otras muchas cosas, lo vas a tener que probar delante de un juez». A partir de ahí, durante horas, Pineda empezó a bombardear mi página de Twitter con ladridos en forma de mensajes: «No sé a qué te refieres: Mal anda BBVA y Javier Puyol [director de la Asesoría Contenciosa Corporativa del banco] si tú eres su ariete contra mí. Ya no estás en el Candelabro. El dicho de tu dicho es mi dicho»; «Qué tal tu amigo Carlos [Hernández Guarch, exdelegado de Ausbanc en Baleares, anteriormente citado]? En el lodazal... Levantaste la mano y eso no está bien. Escogiste mal. Como él. Pronto condenado»; «En fin, tú has empezado en Twitter. Así que quede claro para todos quien empezó esta guerra. Y amenazando con juicios»; «No sabes medir. Y tus consejeros no velan por ti. Pide perdón y, quizá, termine esto antes de empezar. Te he perdonado mucho»; «Para aprender, ve esta noche a las 22:25 Intereconomía con Eduardo García Serrano. Verás a tu jefe, ex, y quizá recapacites»; «Virginia López Negrete es una magnífica abogada y compañera. Pregunta a Puyol cómo lo hizo en la Junta del BBVA»; «Medita, Montse. Me voy a jugar al tenis»; «Has meditado?»; «Yo lo pruebo todo ante los jueces. Cláusula Suelo ilegal BBVA (tus señoritos). Swap nulos. Preferentes Bankia, etc...»; «Tú lo pruebas ante los jueces o solo con tu verbo en las teles? Es cierto que usas bien la boca y la lengua y expresas mucho». «Te queda muy grande esto. Me parece a mí. Ni CNI ni tonterías. Estoy de vuelta».

Tal como me avisó, tuve que soportar sus ataques por televisión. Fue en el transcurso de una entrevista en el programa *Sin tapujos*, que presenta y dirige Eduardo García Serrano en Intereconomía TV. Aquel espacio tuvo una audiencia media de 132.000 espectadores, lo que le supuso un *share* del 0,7 por ciento.

Luis Pineda Salido: El BBVA contrató una abogada para que defendiera a Antonio Ballabriga, que trabaja en el banco. Esta abogada, que conoce muy bien esta cadena, se hizo pasar por abogada de la acusación. Pero vamos a ver, ¿cómo es posible eso?

Eduardo García Serrano: ¿Jugó a dos barajas?

LPS: Si yo soy la abogada de un señor imputado en el caso Nóos y luego salgo en las televisiones diciendo que soy la abogada de la acusación de Manos Limpias... ¿Cómo puede ser tan atrevida?

EGS: Verde y con asas.

LPS: Porque a lo mejor el director de los servicios jurídicos del BBVA, al que conozco, le dijo: «A la carga, dijo Vargas». Y lo que intentaron fue echar a la abogada de verdad, que es Virginia López Negrete, una magnifica compañera que trabaja muchísimo, que cobra poco o nada, que se deja el alma y que veía en televisión que una... señora o lo que fuera o fuese decía que era la abogada de la acusación. O sea, que yo llevo doce horas en un juzgado, no he dormido para prepararme mi vista y sale «esta» de guapa diciendo que soy yo. Y dices: ¿hasta qué punto puede llegar uno por un plató? Hombre, es *El Gran Hermano* y te asustas, pero es que aquí había algo detrás. Es que «esa» no quería «chupar» plató. Es que era la abogada del imputado del BBVA. Y el director de comunicación anterior está en Casa Real. Todo huele a podrido. Todo.

Ante esa cascada de improperios y vejaciones hacia mi persona, me obligué a contenerme y no contesté. Eso sí, intenté atar cabos con esa referencia que Pineda hizo al Centro Nacional de Inteligencia. Me acordé de que algún compañero de tertulia en 13TV me había comentado que Virginia López Negrete lanzaba el infundio de que yo pertenecía al CNI. No le di crédito en su día. En ese momento, tras el rebuzno del presidente de Ausbanc, me lo creí.

Pero sigamos con el relato. El 2 de abril de 2013, López Negrete presentó el escrito de nueva imputación a Ballabriga con el que había amenazado a la Junta de Accionistas del BBVA: «Como consecuencia de la declaración como testigo del señor Ballabriga y de los nuevos correos aportados en la causa por el señor Diego Torres, que afectan a dicho testigo, venimos a realizar las siguientes manifestaciones en aras a tener en cuenta antes del pronunciamiento solicitado por esta acusación de la reapertura de la causa en calidad de imputado del señor Ballabriga, así como a solicitar la práctica de nuevos medios de prueba. [...] En lo que se refiere a la declaración que como testigo prestó el señor Ballabriga el pasado día 19 de marzo en Madrid, esta acusación quiere poner de manifiesto la mala fe con la que el señor Ballabriga ha actuado en la presente causa. Y decimos mala fe porque en un primer momento dice que se ofrece a declarar voluntariamente para ayudar a la justicia en todo lo que sea necesario, pero cuando es imputado no duda en recurrir tal decisión. Posteriormente, cuando acude al juzgado como imputado resulta que miente (como ha podido comprobarse no con la prueba documental obrante en la causa, sino después de su segunda declaración, en este caso como testigo), con un descaro y una arrogancia y jactancia impropios de alguien que alardea de querer colaborar con el esclarecimiento de los hechos. [...] El señor Ballabriga admitió abiertamente que había mentido en todo lo que había dicho en su declaración como imputado y que lo único que valía es lo que manifestaba como testigo. ¡¡¡Valiente alarde de fatuidad!!! Cierto es que tiene derecho, pero cierto es también un respeto al tribunal y a los miembros del mismo».

El juez Castro dictó un auto el 16 de mayo de 2013 en el que además de no aceptar la nueva imputación de Ballabriga que pedía Manos Limpias censuró el «vaivén procesal» que pretendía la acusación popular ejercida por López Negrete. «Ciertamente —subrayó el magistrado en su auto—, en la organización, desarrollo y ejecución de los distintos eventos que están bajo investigación en la presente pieza por su propia naturaleza han intervenido una diversidad de personas, cuya cualificación va desde aquellos que realizaron labores puramente materiales bajo la dependencia de otros, pasando por los más cualificados que pudieran gozar de cierto margen de autonomía, hasta llegar a quienes, sin formar parte de los núcleos de decisión de los titulares de esta ni tampoco como asesores o colaboradores obviamente conocedores de la ilicitud de lo que se tratara, pudieran situarse más próximos a ellos. Sobre la evidencia de que cualquier persona que haya entrado en contacto con los eventos que son objeto de instrucción no habrá de resultar imputada, obligado es llevar a cabo una labor de selección en la que es natural que cuanto más se descienda en esa escala piramidal más fácil se tendrá descartar la imputación y, *sensu contrario*, cuanto más nos acerquemos a los núcleos de poder más complejo se hará discernir quien habrá de ser imputado y más sensibles serán quienes resulten serlo o quienes así lo pretendieran a sentirse comparativamente agraviados. Siendo el sobreseimiento declarado respecto a don Antonio Ballabriga Torreguitart el provisional, nada impediría que pudiera recobrar su estatus de imputado, pero este vaivén procesal solo resultaría procedente si surgieran nuevos datos que así lo avalaran, lo que por el momento no se da y sin que cualquier discrepancia entre lo que el señor Ballabriga haya manifestado con ocasión de sus últimas declaraciones, primero como imputado y luego como testigo y por este orden, sea determinante en la medida que como imputado no puede reprochársele que ejerciera los derechos que como tal tenía a su alcance, no accediendo por el momento a las diligencias interesadas».

Me consta que con ocasión de unas declaraciones en los juzgados de Barcelona, López Negrete intentó predisponer al juez Castro, al fiscal Horrach y al letrado Zaforteza en mi contra, sin ningún éxito, según me confirmaron algunos de los presentes en aquella ocasión. La animadversión de esa abogada hacia mí ha sido evidente desde que estalló el caso Nóos. En aras de nuevo a la objetividad no puedo enumerar los motivos, porque, aunque colaborábamos las dos en Manos Limpias, nunca nos hemos visto, ni siquiera hemos hablado por teléfono. Lo que es un hecho que está fuera de toda discusión es que los ataques hacia mi persona arreciaron en febrero de 2013, cuando se fraguó la alianza entre López Negrete y Pineda. Tras más de ocho años acudiendo a debates en televisión (Cuatro e Intereconomía), los dos últimos bajo la etiqueta de colaboradora de Manos Limpias, recibí en mi despacho un burofax —con fecha 4 de febrero de 2013 y copia a Telecinco y 13 TV, las dos cadenas en las que suelo aparecer como tertuliana en la actualidad— que dice: «Yo, Miguel Bernad Remón, secretario general del sindicato Manos Limpias, vengo por medio de la presente a manifestar lo siguiente: Que la señora Montse Suárez Abad, contertulia habitual de su programa, ni es colaboradora, ni letrado ni portavoz del sindicato Manos Limpias en la actualidad, no teniendo ninguna relación con el mismo en ningún sentido. Del mismo modo, quisiera dejar claro que dicha señora nunca ha tenido, ni tiene, ni tendrá ninguna relación con el asunto que se está llevando el Juzgado de Instrucción número 3 de Palma de Mallorca, caso Instituto Nóos (asunto contra Iñaki Urdangarin y Diego Torres), toda vez que la única letrado que lleva dicho asunto desde el primer momento ejerciendo la acusación popular habilitada por el sindicato para llevar y hablar sobre el mismo es doña Virginia López Negrete. Por ello, ponemos en su conocimiento que, toda vez que esa señora viene haciéndose pasar por la colaboradora de ese sindicato, no nos hacemos responsables ni partícipes en modo alguno de las opiniones de esta señora que no pertenece a nuestra organización, y solicitamos que esta señora no vuelva a aparecer en ninguno de sus programas en calidad de representante, colaboradora o cualquier otra forma similar, así como haciendo referencia alguna, verbal o escrita, del presente pasado o futuro del asunto anteriormente referenciado en el que el sindicato ejerce la acusación popular, como partícipe del mismo, así como de cualquier otro asunto llevado por el sindicato, ya que nada tiene que ver con nosotros».

Bernad olvidó mencionar que siempre que he acudido a un debate como colaboradora de Manos Limpias lo he puesto en conocimiento de algún miembro del sindicato. Además, la mayor parte de las veces que asistí fue con su autorización y las que no la tuve fue porque no contestó a mis llamadas de teléfono, aunque sí tenían constancia otros dirigentes del colectivo de funcionarios. Asimismo, cabe recordarle al secretario general de Manos Limpias que nunca me arrogué el ejercicio de la acusación popular en el caso Nóos. Por último, Bernad faltó a la verdad cuando dijo que yo no colaboraba con el sindicato. El 12 de marzo de 2013 —treinta y cinco días después del burofax enviado a las cadenas de televisión— asistí en calidad de abogada de Manos Limpias a la declaración como imputada de Raquel Huerta Bravo, dentro del procedimiento que seguía el Juzgado de Instrucción número 1 de Pozuelo de Alarcón por la profanación de la capilla de la Universidad Complutense. Precisamente este caso fue el motivo por el que yo terminé abandonando el sindicato. El 19 de abril me dirigí por correo electrónico a Bernad para notificarle que la juez de Pozuelo había dictado un auto por el que se requería a mi cliente Manos Limpias una fianza de 2.000 euros para seguir ejercitando la acción popular.

«Entiendo —le expliqué— que de no prestar dicha fianza optas por la decisión de que el sindicato sea apartado del procedimiento que me ha costado como letrada colaboradora del sindicato encauzar procesalmente. Y dada tu preferencia, entenderé que cesan mis obligaciones deontológicas en la dirección jurídica del mismo, por lo que procederé en los próximos días a cursar la minuta correspondiente». Bernad contestó cinco días después: «Estimada Montse. En contestación a tu *e-mail*, te diré que como bien sabes en ningún momento el sindicato ha contratado tus servicios, habiendo sido tu colaboración altruista de acuerdo a un pacto verbal entre caballeros, y así es como te lo agradecemos. Finalmente quiero significarte que tenemos la mejor referencia profesional de tus actuaciones altruistas con nosotros y, vuelvo a repetirte, por lo que te estamos muy agradecidos». Como queda claro, la beligerancia del burofax del 4 de marzo no tiene nada que ver con la amabilidad del correo electrónico del 24 de abril. El 18 de mayo y por causas que más adelante aclararé le pedí a Bernad que me explicara el sentido de aquel burofax. «Yo no lo redacté y te puedo decir que fue un error firmarlo. Te pido disculpas», me dijo en una conversación telefónica.

No quedó ahí la cosa. El 16 de febrero, el día en que Diego Torres volvió a declarar ante el juez Castro, López Negrete aprovechó su intervención en *El gran debate* de Telecinco para arremeter contra mí. En una conexión en directo con la puerta de los juzgados de Palma y ante una audiencia que en ese momento rondaba los dos millones de espectadores, se produjo la siguiente conversación entre el conductor del programa y la abogada de Manos Limpias:

Jordi González: ¿Qué tal, letrada? Buenas noches.

Virginia López Negrete: Hola.

J. G.: ¿Está pensando que es necesaria y justa la imputación de la infanta Cristina o no, después de lo que hoy has escuchado y has visto, o lo vais a reconsiderar?

V. L. N.: Bueno... Yo, Jordi, si me permitís todo el equipo que estáis ahí, lo primero que quiero manifestar es que, dado el grado institucional y la importancia que este asunto está tomando, quiero manifestar que desde Manos Limpias y la acusación popular ejercida por Manos Limpias estamos muy preocupados por la presencia en determinados programas de televisión, como puede ser el vuestro, de una determinada letrado que efectivamente dice pertenecer a Manos Limpias, que no lo es, y dice ejercer una representación, que no tiene, lo cual no sabemos si es por dinero, por notoriedad o por otras causas, pero desde luego pudiera estar perjudicando el procedimiento. Y queremos que todos los ciudadanos sean conscientes de que realmente el único letrado que está ejerciendo la representación, habilitado por Manos Limpias, desde el primer momento del procedimiento hasta el final, que acude a todas las vistas y declaraciones y firma total y absolutamente todos los escritos, Jordi, es el letrado con el que estás hablando. Quiero que quede muy claro porque sé que hay una gran confusión en la población y sé que esto está generando un problema dentro del procedimiento y, por lo tanto, no lo vamos a permitir. Y ahora, cuando quieras, pasamos a analizar la declaración tan interesante que hemos tenido en el día de hoy.

J. G.: Me parece muy bien que hayas aclarado esto. Ahora, por favor, respóndeme a la pregunta que te estaba haciendo.

V. L. N.: Por supuesto. Si no te importa repetírmela, por favor...

La persecución de López Negrete adquirió tintes surrealistas cuando el 21 de febrero presentó un escrito en el juzgado que instruye la causa contra Iñaki Urdangarin, por el que solicitó a José Castro que expidiese un certificado en el que hiciera constar que «la única letrado que, en ejercicio de la dirección jurídica de la acusación popular Manos Limpias, lleva a cabo en la presente causa, ha acudido desde el inicio hasta el momento actual a todas las diligencias practicadas, quien ha firmado todos y cada uno de los escritos y, en definitiva, quien es la única letrado habilitada con representación procesal bastante en la causa que nos ocupa, no es otro que el letrado que firma la presente [*sic*]. Fdo: Virginia López Negrete». Si no fuera porque el asunto es muy serio, produciría risa tal actitud. «Habida cuenta —afirmó en el documento— de la salida en diferentes medios de comunicación de este país, tales como 13TV, Telecinco, Veo 7, etc... y más en concreto los días 25 de febrero del año 2012, así como la última, el pasado 2 de febrero del presente, ambas dos en el programa de Telecinco denominado *El gran debate*, de una tertuliana cuyo nombre es Montserrat Suárez Abad, la cual viene arrogándose una autoridad que no tiene y, lo que es más grave, una representación que no ostenta, adjudicándose incluso autorías de escritos que ni redacta ni firma y que, por supuesto, quien lo hace no es otro letrado que el único habilitado en esta causa, quien firma la presente, es por ello, a tenor de la altura institucional y estructural del estado [*sic*], en relación con el procedimiento que aquí se está instruyendo, que a Manos Limpias nos preocupa enormemente la presencia de elementos extraños y ajenos que se introducen en los debates televisivos haciéndose pasar por lo que no son y haciéndose pertenecedora de donde tampoco lo es [*sic*], es decir, esta señorita ni pertenece a Manos Limpias y es letrada de nuestra organización y mucho menos en la causa que nos ocupa, creando con ello una gran confusión que, sin duda, puede repercutir negativamente en el devenir del procedimiento. Esta señorita NADA TIENE QUE VER, EN NINGÚN SENTIDO, CON EL SINDICATO MANOS LIMPIAS AL QUE REPRESENTO [en mayúsculas en el escrito original]. Es por ello, y dados los altos intereses que hay en juego en la presente causa, no sería de extrañar que "alguien" presuntamente pudiera querer desacreditar esta causa en perjuicio del derecho e interés de todos los españoles».

Llegados a este punto hay que afirmar que el único «elemento extraño y ajeno» lo introdujo López Negrete en la causa. No lo digo yo. Lo dijeron varios medios de comunicación el pasado mes de febrero, cuando se hicieron eco de la denuncia formulada por el abogado Antonio Alberca, compañero y también excolaborador de Manos Limpias. La denuncia se centró en la presencia de un desconocido durante las declaraciones de varios imputados que se produjeron en el Juzgado de Instrucción número 3 de Palma el 18 de febrero de 2012. Según el escrito, las declaraciones se llevaron a cabo ante el juez José Castro, la secretaria judicial, dos fiscales y un grupo de dieciséis abogados entre los que figura un hombre, apellidado Podo, que no consta como colegiado ni está personado en la causa. Que una persona no colegiada como abogado asistiera a las declaraciones puede constituir un delito continuado de intrusismo profesional, según figuró en la denuncia presentada ante los juzgados. El letrado apuntó en su escrito que el señor Podo es una persona que acompañaba a la abogada Negrete. Alberca solicitó que se investigase lo ocurrido y barajó la posibilidad de pedir la nulidad de actuaciones y la expulsión del procedimiento de Manos Limpias «por mala fe y temeridad». El asunto no pasó a mayores y la denuncia fue finalmente retirada, aunque la irregularidad en el proceder de López Negrete y su acompañante quedaron ahí.

La guinda de la animadversión de la abogada la pude conocer el 17 de mayo de 2013, cuando tuve conocimiento de una denuncia que presentó contra mí en el Colegio de Abogados de Madrid, mediante la cual reclamó la máxima sanción existente en el Estatuto, esto es, la expulsión del ICAM. Además, dada la «extrema gravedad» de los hechos denunciados, según ella, solicitó que el expediente sancionador se llevase por los cauces del «procedimiento sin audiencia». No fue así y como es preceptivo se me comunicó la denuncia y se abrió un plazo de diez días para presentar alegaciones. Así lo hice.

En el escrito de denuncia López Negrete afirmó que «la letrada que suscribe se ha sentido gravemente ofendida en su dignidad y honor por parte de la señora Montse Suárez», porque yo, según ella, había expuesto en debates de televisión «como abogada, frente a millones de espectadores, estrategias, puntos de vista, opiniones sobre la causa, como si se tratara de la verdadera responsable por parte del sindicato Manos Limpias en la acusación popular en el procedimiento del caso Nóos», otorgándome «implícitamente [*sic*] una condición y una representación» que no ostento. «Esta actuación pública y las consecuencias que se derivan de la misma —señaló— ha podido [*sic*] perjudicar el normal desarrollo del procedimiento».

López Negrete citó como prueba de su denuncia una conversación que mantuvo con Manuel González Peeters, abogado de Diego Torres, el 16 de febrero de 2013 en el juzgado de Palma. «Me dijo que estaba muy enfadado conmigo y que ya no iba a confiar más en mí. Pues bien, cuando yo le pregunto toda extrañada el por qué, me dice que él no ve la televisión, pero que le han contado que hacía una semana había salido yo en *El gran debate* de Telecinco hablando mal de él, criticando tanto su estrategia procesal como su manera de actuar. Me di cuenta inmediatamente de lo que había sucedido: alguien vio a la señora Montse Suárez y, claro, como las dos somos rubias, la persona que se lo dijo probablemente pensó que era yo la que intervenía esa noche en el programa». Sin comentarios.

La abogada aportó como documentos el certificado de la secretaria del Juzgado número 3 de Palma de Mallorca en el que da fe de que ella es «la única letrado que ha ostentado la acusación popular en representación de Manos Limpias» en el caso Nóos, el burofax enviado a Telecinco y 13TV acusándome de intrusismo, el recurso de reposición sobre la imputación de Ballabriga que firmé antes de que el sindicato fuera parte personada en la causa y un sorprendente escrito —pieza clave de toda su denuncia— con el que trata demostrar que mi relación con Manos Limpias terminó en 2012. El documento, que lleva fecha de 25 de junio de aquel año y va firmado por Miguel Bernad Remón, dice: «Por la presente se comunica a Montserrat Suárez Abad su inmediata baja del sindicato Manos Limpias por su nulo interés en los casos que este sindicato a [*sic*] interpuesto ante los tribunales de justicia, al ser la principal responsable de su falta de seguimiento y resolución, siendo totalmente negligente en todo lo que con este sindicato se refiere, de la misma manera deja de ser la portavoz en los medios de comunicación y responsable del servicio jurídico». Se trata de un escrito que no va acompañado de un recibí con mi firma. No se me comunicó y, por lo tanto, es un documento nulo en derecho.

Además ese papel nada tiene que ver con el *e-mail* que me envió el secretario general de Manos Limpias diez meses después —el 24 de abril de 2013—, del que doy cuenta en páginas anteriores: «Quiero significarte que tenemos la mejor referencia profesional de tus actuaciones altruistas con nosotros y, vuelvo a repetirte, por lo que te estamos muy agradecidos». Le pregunté a Bernad por la veracidad de ese documento aportado a la denuncia ante el Colegio de Abogados en la conversación telefónica que mantuve con él el 18 de mayo de 2013. El secretario general de Manos Limpias me lo aclaró: «No he firmado ese escrito». Entonces, ¿quién lo falsificó?

Lo cierto es que el presidente de Ausbanc intentó por todos medios que el Ilustre Colegio de Abogados de Madrid acelerase la apertura del expediente motivado por la queja de López Negrete. Los actos administrativos de este tipo tienen carácter reservado, solo deben conocerlo las partes y, desde luego, supone un atentado a la deontología profesional que sean divulgados por las redes sociales. Sin embargo, el 28 de junio de 2013, Pineda Salido —que no tenía por qué conocer el trámite administrativo, al no ser parte en el expediente, y mucho menos darle publicidad en Twitter— se dirigió a la decana del ICAM, Sonia Gumper, con el siguiente mensaje: «@SoniaGumpert si una abogada de escaso fuste se hace pasar por otra, trabajadora y honesta, habrá que poner las cosas en su sitio, ¿no?». «@LUISPIDA_ Sin duda y hay que denunciarlo al Colegio con derecho de ambos a ser oídos», contestó la decana. El presidente de Ausbanc replicó a renglón seguido reconociendo la equivocación de Negrete de pedir al Colegio que no me avisase de la queja: «@SoniaGumpert inaudita parte es un error. Expediente impecable e indeseables falsarios/as fuera de nuestra profesión. Pero rápido ¿no?», replicó.

Dos días después, Pineda Salido volvió a la carga con el mismo asunto. Una tal Samantha Seco escribió en su cuenta de Twitter: «Dile a tus amigos que no soy @MontseSuarezA cuando te dicen si en las fotos estás con la abogada de la televisión». El presidente de Asociación de Usuarios de Servicios Bancarios respondió minutos después: «@samanthasibarit @MontseSuarezA por favor ni te acerques a esa suplantadora. Tiene un expediente en el Colegio de Abogados muy grave».

Al día siguiente, el 1 de julio de 2013, mientras el periodista Hermann Tertsch y yo participamos junto a otros compañeros en el programa *El cascabel al gato* de 13 Televisión, Pineda Salido envió dos mensajes: «@hermanntertsch como aguantas a la abogada suplantadora que se hace pasar por la de Manos Limpias cuando era defensora de un imputado» y «@hermanntertsch la de tu derecha defendía a Ballabriga —caso Nóos— y luego se hacía pasar en las teles por abogada de la acusación. Cierto».

Mi paso por Manos Limpias no fue demasiado gratificante. Empecé perdiendo mi trabajo de abogada externa del BBVA y terminé dando explicaciones para evitar que me expulsaran del Colegio de Abogados de Madrid. Como colofón a este capítulo quiero hacer mención al editorial que el 29 de mayo de 2013 la periodista Pilar Cernuda dedicó a Manos Limpias dentro de la sección que tiene en *Noticias de mediodía* en Onda Cero, conocida como *El bisturí*. «En los últimos días —dijo la veterana periodista— dos personas muy distintas, una del ámbito político y la otra del judicial, me hablaban de ese sindicato. Uno de ellos me dijo: "Manos Limpias no tiene las manos tan limpias". Como todo el mundo sabe, se trata de un sindicato que ha intervenido en casos muy conocidos, de corrupción como Gürtel, Garzón, Blesa... Supuestamente está ligado a la extrema derecha, pero ha protagonizado actuaciones significativas que no han tenido nada que ver con la extrema derecha. Creo que es más bien un puzzle en el que encajan diferentes piezas. Sería importante saber, exactamente, quién está detrás, cuáles son sus objetivos y quién lo financia, porque hay muchos *recelos*. Insisto, hace poco alguien del mundo de la judicatura y alguien del mundo de la política me contaron cosas que ponen los pelos de punta. Por ejemplo, personas de Manos Limpias han ido a localidades pequeñas con coacciones e incluso amenazas a personas que habían sido denunciadas por medios locales de comunicación, en algunos casos con rigor y otros con menos. Y esa información servía para que el sindicato les requiriese: "O tomas determinadas decisiones o vamos con esto a los tribunales". Como Manos Limpias tiene mucho eco, debido a los casos tan sonados de corrupción como los que he mencionado y que ellos muestran sus credenciales de que han conseguido acabar con la carrera y los negocios de gente, hay personas que aceptan sus condiciones y determinados *favoritismos*, porque si no lo hacen saben que les van a atizar. Vamos, esto es un chantaje puro y duro. Por lo tanto creo que sería bueno que, cuanto antes, sus actuales dirigentes dijeran quiénes son, quién les financia y qué persiguen».

Capítulo II

NÓOS: UNA INSTRUCCIÓN INSÓLITA Y SIN PRECEDENTES

La sonrisa de la infanta Cristina

Fundación La Caixa. Avenida Diagonal, número 621, en Barcelona. Martes 7 de mayo de 2013. A primera hora de la tarde.

Vestida con una chaqueta beige, cubiertos los ojos con unas gafas de sol marrones y con una agenda naranja entre las manos, la infanta Cristina salió de trabajar en medio de una nube de escoltas, cámaras y fotógrafos. Lucía una sonrisa, la primera que se le veía en muchos meses. Por primera vez desde que empezó la instrucción del caso Nóos había recibido una buena noticia. Igual que ocurrió cuando se anunció su imputación, la información le sorprendió trabajando en su despacho de la Fundación La Caixa y, poco después de conocerla, abandonó aliviada la oficina para dirigirse a su casa. No hubo declaraciones. Ninguna palabra salió de su boca. Las cámaras solo pudieron captar su sonrisa.

A la misma hora, aunque a quinientos kilómetros de distancia, la infanta Elena mostraba una sonrisa parecida. La hermana mayor asistía al Madrid Open de tenis en la madrileña Caja Mágica y allí fue preguntada por La Sexta TV si estaba feliz con la noticia. «Claro, muchas gracias», contestó al tiempo que el periodista insistía en si, a su parecer, se había hecho justicia. «No lo sé. Estoy muy alegre. Muchas gracias». Los príncipes de Asturias se encontraban en Sevilla, visitando la esclusa del río Guadalquivir, pero don Felipe y su esposa estaban demasiado lejos de los periodistas que cubrían la visita como para recabar sus impresiones. No se acercaron a los medios. Querían guardar silencio.

Mientras tanto la Casa del Rey tardó nada menos que cinco horas en estudiar detenidamente el auto de la Audiencia Provincial de Palma que, por dos votos a uno, revocó la imputación de la infanta Cristina, estimando el recurso interpuesto por el fiscal Horrach contra la decisión de Castro que señalaba el 27 de abril como fecha para la declaración como imputada de doña Cristina. En su resolución Castro había considerado a la infanta cooperadora necesaria en los delitos que su marido presuntamente cometió al frente del Instituto Nóos, ya que sin su presencia y «el aparente y consensuado refuerzo de la Casa Real», el duque de Palma y su exsocio Diego Torres no habrían podido obtener los fondos de las administraciones públicas que supuestamente desviaron. Las cosas cambiaron con la decisión de la Audiencia Provincial, que dejó sin efecto la imputación de la infanta. Sin lugar a dudas la Corona logró salvar la cara mediante un *capote* judicial. Tras conocer el auto de los jueces de Palma, La Zarzuela no manifestó ni alivio ni conformidad, sino solo su «máximo respeto a las decisiones judiciales». Desde que estalló el caso Nóos y La Zarzuela tuvo que empezar a manifestarse sobre lo que decían los magistrados, el *respeto* había sido la respuesta oficial. Hasta que el juez Castro citó a la infanta. Entonces la Casa del Rey se permitió añadir su «sorpresa por el cambio» del magistrado —que antes había rechazado la imputación— y su «absoluta conformidad» con el recurso del fiscal, de quien destacó su «imparcialidad y defensa de la legalidad». Con el varapalo del auto de citación, la Casa del Rey rompió su *respetuoso* silencio, al que regresó cuando las cosas volvieron a ser favorables.

El ministro de Asuntos Exteriores, José Manuel García Margallo, dio a conocer la opinión del gobierno. «Me parece una magnífica noticia», declaró en los pasillos del Senado. Más tibios se mostraron los socialistas. «De la misma manera que respetamos en su día la decisión del juez, el PSOE respeta la decisión que ha tomado la Audiencia con respecto al caso de la infanta Cristina», dijo la número dos del partido, Elena Valenciano, tras presidir la reunión del grupo parlamentario en la cámara alta. Las críticas llegaron de los partidos minoritarios. «Si Cristina de Borbón y Grecia no fuera la hija del jefe del Estado, seguramente ni la Fiscalía General ni la Abogacía hubieran actuado así», señaló Ricardo Sixto, responsable de Comunicación Externa de la dirección federal de Izquierda Unida. «No hay ni un ciudadano en este momento que pueda pensar que no se le ha dado un trato privilegiado a la infanta. El trato de todos iguales ante la justicia es una cosa en estos momentos sarcástica», declaró la portavoz de Unión, Progreso y Democracia, Rosa Díez. Esquerra Republicana, por su parte, lamentó que la imagen que se dio fuera la de que la familia real puede esquivar las leyes.

Requiebros a la justicia aparte, lo cierto es que el auto con el que se cerró la puerta a la imputación de doña Cristina por cooperación o complicidad con los delitos presuntamente cometidos por su marido y que firmaron los magistrados Diego Jesús Gómez-Reino Delgado —progresista de Jueces para la Democracia—, Mónica de la Serna de Pedro –moderada de la Asociación Profesional de la Magistratura– y el discrepante Juan Jiménez Vidal —progresista— fue insólito, inaudito, extraordinario... La verdad es que se acaban los calificativos. Baste decir que no tiene precedentes, lo que abona todavía más la teoría de que la justicia no es igual para todos. Lo primero que hicieron los jueces de la Audiencia Provincial, antes de quitarle la razón a su colega José Castro, fue elogiarlo. «Su trabajo —dijeron— es excepcional y exhaustivo». Pero, a renglón seguido, aseguraron que el auto de imputación de la hija del rey no contiene «la más mínima versión judicial» respecto de cuál «ha sido o ha podido ser la sumaria participación que la infanta ha podido tener» en los delitos presuntamente cometidos por Iñaki Urdangarin.

Aunque el juez instructor relacionó catorce indicios, los magistrados que le enmendaron la plana sostuvieron que no se extraía de ellos una «conclusión fáctica comprensible y concreta» de cuál fue exactamente la conducta de colaboración principal o secundaria. Reconocieron, no obstante, que quedó claro que el juez le atribuía haberse beneficiado económicamente —destinando ingresos de Nóos a gastos familiares a través de Aizoon— pero, según los magistrados, no explicó por qué dio por supuesto no solo que la infanta conocía tales ingresos, sino que era consciente o que debería serlo de su procedencia delictiva. Acerca de que doña Cristina y su secretario personal García Revenga figurasen en el folleto del Instituto Nóos y ella perteneciera a su junta directiva, los jueces consideraron que eso constituye solo una conducta de «mero acompañamiento impune», que desde una perspectiva extramuros del derecho penal puede ser considerada como de influencia, entendida como una «especie de carta de recomendación», pero «en modo algunos nos hallaríamos en presencia de una influencia típicamente antijurídica con trascendencia penal». Ello aunque, como indicó el auto, la presencia de la infanta y de su secretario personal en el folleto pudieron proporcionar a Urdangarin y Torres un instrumento eficaz para servir de influencia con el objetivo de cometer un hecho delictivo.

Además, los magistrados defendieron que gran parte de las fundaciones y asociaciones cuentan entre sus miembros más distinguidos con personas de relevancia pública, y que a nadie se le escapa que en muchas ocasiones el papel de estas personas es de mera figuración o de acompañamiento.

Muchas parecen ser las situaciones excepcionales que rodean a la instrucción del caso Nóos. Precisamente el auto de la Audiencia Provincial de Palma está lleno de cuestiones insólitas, algo del todo singular en el mundo jurídico. No tiene precedentes ni que el Ministerio Fiscal obstaculice una instrucción recurriendo un pronunciamiento de imputación ni que este se produzca a través de un auto y no de una providencia, ni que se estime un recurso en ese momento procesal o que haya un voto particular, lo que no deja de ser un signo de desigualdad. En este sentido, los dos magistrados firmantes vinieron a reconocer una suerte de criterios procesales y penales diferenciados en función de la relevancia de la imputada. Tampoco tiene precedentes que el auto necesite nada menos que 49 folios para decir que no hay nada contra la infanta Cristina. Tampoco es el momento procesal para llegar a esa conclusión (la resolución de Castro no era un auto de acusación, sino de imputación) y además las conclusiones de la sala solo podrían colegirse previa imputación e investigación sumarial de la infanta, que abortó la audiencia. *De facto* conozco sentencias con menos razonamientos jurídicos.

Tampoco tiene precedentes que los magistrados del órgano superior jerárquico al de Castro le conminen a exigir a Torres que los correos electrónicos que pretenda aportar el imputado en un futuro los incorpore a la causa, dándole un plazo para que, cumplido el mismo, no le admita más. Sobre este proceder, advierto al lector que nuestro derecho procesal criminal autoriza que hasta el inicio de las sesiones del juicio oral la defensa pueda aportar prueba documental, por lo que los intentos de la sala de limitar —temporal y conceptualmente— el ejercicio de derecho de defensa de Torres chocan frontalmente con la Ley de Enjuiciamiento Criminal y con la praxis forense de los juzgados. Pero claro, en este caso al imputado/acusador que ejerce su derecho constitucional a la defensa se le recrimina, y a las víctimas Urdangarin e infanta se les vuelve a proteger, no sea que nos enteremos de cuestiones privadas o personales que exceden del ámbito penal. Me consta que Castro comentó en privado que no podía limitar o restringir el ejercicio del derecho a la defensa de Torres, que a todo imputado le ampara para diseñar su estrategia y ver el momento procesal más oportuno para aportar pruebas. La decisión de la Audiencia de Palma queda ahí a efectos de que el lector pueda tomar buena cuenta de cómo la ley se amasa, a conveniencia, como si fuera una hogaza de pan, según el ciudadano al que se instruye. En el caso de los correos del escándalo Nóos, la lógica y el sentido común nos llevan a pensar que la justicia podría haber ordenado una medida más invasiva, como es la entrada y registro del lugar donde se encuentren almacenados los mensajes.

Es evidente también que existe un cúmulo de circunstancias inauditas en lo que se refiere a la posible implicación de la infanta Cristina en la instrucción del caso y que refutan el principio de igualdad ante la ley que la Audiencia de Palma invoca en su resolución. En primer lugar, empecemos por el propio recurso de la Fiscalía, insólito en los procedimientos que afectan a ciudadanos de a pie. El magistrado discrepante discutió la legitimidad del Ministerio Público para recurrir una mera citación para declarar, ya que las decisiones instrumentales de la investigación están en manos del juez instructor. «Las resoluciones —señaló el magistrado Jiménez Vidal— que al respecto se adoptaron el pasado año respondían al estado en que se encontraba en ese concreto momento la investigación y no prejuzgaban que en un futuro, si surgían nuevos indicios, pudiera adoptarse una resolución en sentido contrario. El rechazo a la imputación de doña Cristina de Borbón fue entonces puramente circunstancial, en razón a la insuficiencia en esos momentos de datos objetivos que la posibilitaran. Sin embargo, en el momento de dictarse el auto del 3 de abril de 2013 [el de la imputación de la infanta], la situación ha cambiado notablemente. Advierte el instructor: "con posterioridad [al auto de 5 de marzo de 2012] se han practicado numerosas diligencias y aportado abundante documentación". Esas nuevas diligencias aportan indicios que dan lugar al cambio de criterio. El Ministerio Fiscal los analiza uno por uno en su recurso para concluir que no existen indicios incriminatorios posteriores al auto del pasado año. En el mismo sentido se pronuncia la parte que se adhiere al recurso [la defensa de la infanta]. Pero se advierte en sus análisis una visión excesivamente individualizada de los elementos indiciarios enumerados, como si no tuvieran relación entre ellos, como si se tratara de hechos estancos que no respondieran a una práctica mantenida en el largo periodo de tiempo en el que se han producido. Es decir, sin acudir a una visión del conjunto de todos ellos [lo que los abogados llamamos principio de valoración conjunta de la prueba]. Por ello el recurso, en este aspecto, resulta poco convincente frente al criterio del magistrado instructor. Pero, además, es este, y no el Ministerio Público, el órgano adecuado para valorar si concurren elementos necesarios para determinar la procedencia de la declaración en calidad de imputado de una persona en la investigación, sin perjuicio de la facultad acusadora del fiscal en un momento procesal posterior».

El magistrado se pregunta —de forma retórica y certera— cuántos recursos ha presentado la Fiscalía en los últimos años contra citaciones para prestar declaración. «Ello contribuiría a descartar que un recurso como el presente es insólito y facilitaría la comprensión de la referencia al principio de igualdad que se realiza», se señalaba en el voto particular del juez Jiménez Vidal, al tiempo que acusaba a la Fiscalía de perturbar y dificultar en extremo la investigación del juez instructor. «Sin duda el Ministerio Fiscal es dueño y señor de la acusación pública en el proceso penal. Sin embargo, las decisiones instrumentales de la investigación están en manos del juez de instrucción, único legitimado para dirigirla acordando las diligencias oportunas y adoptando las medidas instrumentales necesarias para su práctica. Si se ve perturbado en el núcleo duro de su función, en la adopción de resoluciones encaminadas a obtener declaraciones de testigos e imputados, por apelaciones formuladas por el fiscal u otras partes y, en su caso, corregido por la Audiencia, pierde el control de la investigación y esta se dificulta en extremo». Otro dardo jurídico al fiscal del caso Nóos: «Muchas dudas plantea la afirmación realizada en el recurso [del Ministerio Público] de que carece de sentido la imputación de doña Cristina de Borbón "dado que la aplicación del principio acusatorio conllevará necesariamente el sobreseimiento de la causa respecto" a ella. ¿Quiere ello decir que antes de finalizada la instrucción el Ministerio Público ya anuncia, al menos parcialmente, el contenido de su juicio de acusación? Pienso que no es posible, debe esperar al momento que establecen los artículos 780 y 781 Ley de Enjuiciamiento Criminal».

Y por último y no menos importante, el firmante del voto particular sospechó, en línea de lo apuntado por José Castro en su auto de imputación, que la infanta pudo incurrir en un delito de tráfico de influencias al aceptar que se utilizase su título para lograr un trato privilegiado de las administraciones públicas.

Pese al cable que le echó el magistrado discrepante, también había causado perplejidad en el mundo de la abogacía la actuación del juez Castro. El recurso de la Fiscalía basó uno de sus fundamentos en que el instructor se equivocó al no llamar a declarar a doña Cristina desde el principio. Pero es que, además, el magistrado volvió a errar al no adecuarse a los procedimientos habituales y convertir una simple notificación a la infanta para declarar como imputada en un auténtico auto acusatorio. La resolución de Castro era encomiable porque intentaba demostrar que en nuestro Estado de Derecho la ley es igual para todos, si bien resultó insólito que un magistrado razonase una imputación tan profusamente y lo hiciera en un tono justificativo. Tal vez se vio empujado a hacerlo así, al ser consciente de que estaba tomando una decisión sin precedentes.

La citación de la infanta como imputada era un hecho cantado desde meses atrás. Así lo argumentaba una parte de la prensa, tras recordar que la hija del rey era la única de las cuatro personas que formaban parte del Consejo de Administración del Instituto Nóos que no había sido encausada. «La tardanza del juez en dilatar esa decisión solo se explica por discretas gestiones institucionales plasmadas en la reiterada negativa de la Fiscalía a dar ese paso», opinó *El Mundo* en su editorial del 4 de abril de 2013. «De hecho —añadió—, el Ministerio Público ya ha anunciado recurso ante la Audiencia Provincial. Está claro que el gobierno ha intentado que no se produjera la imputación, en la creencia equivocada de que así protegía a la institución monárquica y evitaba dar una mala imagen de España en el exterior con una noticia que tiene una evidente repercusión internacional». Meses antes comentó Ignacio Camacho, desde las páginas de *ABC* —periódico nada sospechoso en su defensa de la Corona—, que al punto al que habían llegado las cosas el duque de Palma no podía no ser condenado: «La institución monárquica sufriría más con su posible absolución». Luis María Anson, exdirector del diario monárquico, mantiene una opinión parecida. «Tal y como están las cosas, aunque solo son indicios y la presunción de inocencia la tenemos que respetar, no sería inconveniente para la institución monárquica que Urdangarin fuera condenado, porque eso demostraría que la institución monárquica ampara el Estado de Derecho», afirmó en el transcurso de una entrevista que me concedió en su despacho.

Sin embargo, postergar la imputación de doña Cristina generó el efecto contrario al esperado. Ese aplazamiento dotó de especial dramatismo un paso procesal que se derivaba naturalmente de la instrucción. La sensación que dejó el auto de Castro fue que se habían descubierto nuevos elementos incriminatorios contra la infanta. «Nada más lejos de la realidad —escribía *El Mundo* en su editorial—. La mayoría de los indicios que el juez expone en el auto existían desde el principio y apenas hay referencias a lo largo de los más de quince folios de su escrito a los nuevos correos aportados por Diego Torres». Además, la tardanza en acordar la imputación de doña Cristina proporcionó argumentos durante meses a quienes, como el socio de Iñaki Urdangarin, decían que la infanta recibía un trato especial *por ser quien es*.

Precisamente, tras el auto de la Audiencia de Palma que retiró la citación a doña Cristina, el abogado de Diego Torres envió una carta al juez instructor en la que reclamó que su mujer tuviera «exactamente el mismo trato» que la hija del rey y la apartara igualmente del caso. «Ana María Tejeiro no ha intervenido, ni de forma directa ni de manera indirecta en la gestión, dirección o administración de ninguna de las entidades que se dice formaban parte del reputado Instituto Nóos», expresaba la misiva del letrado Manuel González Peeters al juez Castro. El abogado del socio del duque de Palma expuso aún más motivos para que ambas mujeres tengan el mismo tratamiento ante la justicia: «Hay numerosas pruebas documentales al proceso que presuntamente indicarían que Urdangarin y la infanta sí que hicieron tareas de representación de Nóos».

Llegados a este punto conviene entrar en una cuestión muy debatida en los últimos años, como es la de las responsabilidades de las «mujeres de». No cabe duda de que el caso Urdangarin ha avivado la polémica debido a que los argumentos empleados por la justicia sobre la implicación de la infanta sirven de coartada para que esposas y parejas de hombres implicados en escándalos de corrupción se escuden en una supuesta *ignorancia* y reclamen el mismo trato que el concedido a doña Cristina. Explicaba el diario *El País* en un reportaje publicado el 8 de mayo de 2013 que los jueces no siguen una tesis común ante la alegación de ignorancia. «La doctrina de los tribunales respecto a la responsabilidad de las "mujeres de" en causas delictivas es de lo más diversa, pese a que la alegación más común es la ignorancia, el desconocimiento de lo que ocurría en su propia casa», escribía María Fabra en el periódico de Prisa. En algunos de los casos más sonados, la excusa del desconocimiento y las comparaciones ha servido más bien de poco. «Yo soy igual que la infanta, exceptuando que no tengo nada al 50 por ciento con nadie», explicaba Isabel Pantoja en una entrevista emitida por Antena 3 al ser preguntada sobre si era consciente de que sus empresas ingresaban mayor volumen de capital tras relacionarse sentimentalmente con Julián Muñoz. Tras reconocer que se habla de ella igual que de Iñaki Urdangarin en los programas de televisión, la tonadillera se preguntó: «¿Por qué el duque de Palma no entró en la cárcel? ¿Si está imputado por qué no lo detuvieron? ¿Por qué no se trata a todos los españoles igual?». Finalmente, en el caso de la tonadillera, el juez del caso Blanqueo, derivado del Malaya, consideró condenable haber ocultado el origen y destino de unos fondos a sabiendas de su procedencia ilícita. Pese a todo, la cantante respiró un poco más tranquila cuando pudo conocer que, aunque fue condenada por delito de blanqueo de capitales, no pisará la cárcel, dado que la pena es solo de dos años de prisión. Además prestó fianza de responsabilidad civil, que es aquella que se impone en instrucción para asegurar las responsabilidades pecuniarias que pudieran imponerse en sentencia. En esos casos y, al no existir antecedentes, los jueces suelen conceder la prerrogativa de suspender la ejecución de la pena de prisión, si no hay reincidencia.

En una situación parecida se encontraba Rosalía Iglesias, la esposa de Luis Bárcenas que declaró en 2010, en relación a la trama Gürtel, que las cuentas de su matrimonio las llevaba su marido y que ella no sabía nada. Sin embargo, era la titular de muchas de las propiedades de su familia, entre ellas dos apartamentos, uno en Marbella y otro en Baqueira, este último valorado en más de 900.000 euros. Tras aquella declaración, el juez Antonio Pedreira decidió levantar su imputación por delito fiscal y blanqueo de capitales al entender que «carecía de conocimientos para liquidar tributos y realizar las inversiones». Una controvertida decisión que, finalmente, modificó el magistrado Pablo Ruz en 2012. Precisamente Rosalía Iglesias fue noticia el 18 de mayo de 2012 cuando tuvo que ir a declarar ante ese juez de la Audiencia Nacional, no tanto por su negativa a hacerlo, sino por el descarado trato a favor de una obsequiosa agente de la policía que tuvo la *deferencia* de dejarla entrar y salir por el garaje de la Audiencia Nacional rompiendo con las normas que se aplican al resto de los imputados. Una prueba más de que la justicia no es igual para todos. Tal fue el revuelo que causó el trato de favor del Ministerio del Interior a Rosalía Iglesias que la Audiencia Nacional no tuvo más remedio que hacer público un comunicado en el que aseguró que «para el futuro, al objeto de clarificar y establecer un régimen jurídico claro y evitar situaciones como la presente, la Sala de Gobierno procederá a elaborar un protocolo de acceso de testigos e imputados a esta sede».

Otro de los casos relevantes de la responsabilidad que tienen las mujeres de imputados es el de la ministra de Sanidad, Ana Mato, cuya familia recibió viajes y regalos de la trama Gürtel, según los informes de la Policía. La dirigente del PP interpretó que exigirle explicaciones públicas era un intento de «responsabilizar a una mujer de lo que ha hecho un hombre». Mucho se ha comparado a la ministra de Sanidad con la hija del rey. La verdad es que hay semejanzas y también muchas diferencias de calado. Ana Mato estuvo casada con Jesús Sepúlveda, un político que presuntamente recibió dinero y favores de la trama Gürtel y está incurso en un procedimiento ante la Audiencia Nacional. Desde hace varios años están separados. Incluso antes de la separación judicial, los progenitores habían cesado en la *afectio maritatis*. El PSOE pide su dimisión porque cree que se benefició de las prebendas de su exmarido. Cristina de Borbón, por su parte, sigue casada con Iñaki Urdangarin. La señora Mato, por lo que se sabe hasta ahora, no participaba en ninguna empresa o sociedad con su exmarido. Cristina de Borbón era vocal de una de las empresas tapadera que Urdangarin utilizó para lucrarse de forma ilegal y su nombre fue presuntamente utilizado para conseguir contratos. Según los jueces, ni una ni otra tienen nada que ver, de momento, con los tejemanejes de sus cónyuges, salvo —en el caso de doña Cristina— de la existencia de un posible delito fiscal.

Con esa posibilidad de un delito fiscal llegamos al último bloque de hechos insólitos que plantea la implicación de la infanta en el caso Nóos. Al mismo tiempo que la resolución de la Audiencia de Palma despreciaba los elementos indiciarios en cuanto al posible delito de tráfico de influencias, los jueces aseguraron que no se podía descartar que la hija del rey hubiese incurrido en delito fiscal y de blanqueo. En este sentido la Audiencia instó al juez Castro a continuar con esa investigación, advirtiendo que no compartía la interpretación inicial de la Agencia Tributaria que exculpaba a la infanta del delito fiscal, ya que era propietaria de la mitad de Aizoon. El varapalo a Hacienda en el auto de la Audiencia de Palma fue considerable: «Si la entidad Aizoon participada al 50 por ciento por la infanta y secretaria de la Junta General, no era más que una pantalla y se constituyó con una finalidad defraudatoria, lo que no se entiende es que la Agencia realice un levantamiento parcial del velo, es decir, que solo impute el dominio funcional de la mercantil al 50 por ciento de Iñaki Urdangarin. Ese mismo levantamiento parcial revela y pone de manifiesto que la constitución de Aizoon únicamente fue para defraudar. La Agencia solo le atribuye la defraudación a uno de los socios —pese a que las facturas fueron libradas por la sociedad— y hace esto porque imputa los ingresos por actividades profesionales, en una sociedad que no tiene tal consideración ni estructura, al marido de la infanta, porque dice que es él quien realiza las actividades profesionales. Sin embargo, la Agencia reconoce que no existen contratos por trabajos de consultoría y señala que sabe que el perceptor de estos ingresos ha sido el señor Urdangarin por manifestaciones de los pagadores o clientes, mas este extremo quien debería establecerlo, por ser una cuestión de prueba a evaluar dentro del proceso, sería el juez instructor, sin perjuicio del principio de veracidad que quepa conceder a la información suministrada por la Agencia Tributaria. [...] Además, si la Agencia levanta el velo de Aizoon, por qué le hace la cuenta solo a uno de los socios y no establece la renta que el otro tendría que haber declarado por la diferencia por compensación con el impuesto de sociedades, ya que la Agencia explica que Aizoon, aunque utilizaba el régimen de una sociedad profesional, no lo era. [...] Otro aspecto que no se comprende es que la Agencia haya prescindido de considerar la actuación cooperadora del socio no administrador respecto del delito contra la Hacienda Pública. Ciertamente que el sujeto pasivo tributario en la sociedad es su administrador, pero al menos desde marzo de

2006 o meses antes la infanta debería saber o conocer (y por eso abandona Instituto Nóos) que para entonces Aizoon era una sociedad pantalla y que su marido la utilizaba para defraudar a Hacienda, tanto en el Impuesto de Sociedades —el cual tendría que ser analizado para comprobar si ha existido defraudación superior al delito fiscal, puesto que la Agencia reconoce que se han aplicado en la declaración gastos y amortizaciones que no son deducibles—, como de las personas físicas, y que se ha enriquecido con contratos ilegales y dinero público por facturas giradas por Aizoon al Instituto Nóos».

Para esclarecer esta cuestión el juez Castro nombró como perito al técnico de Hacienda que había venido empleando en el caso Palma Arena. Sin embargo, la Agencia Tributaria se opuso al considerar que el juez no tiene potestad para escoger al funcionario que quiera. Y no solo eso. Aquel día —3 de junio de 2013— remitió un informe al magistrado instructor del caso Nóos en el que insistió en que doña Cristina no había cometido ningún delito fiscal, pese a que la hija del rey se llevó al menos 550.000 de los 1,1 millones de euros públicos a Aizoon y destinó buena parte de ellos a compras privadas y a reformar su palacete de Pedralbes. Con ese documento Hacienda daba contestación al requerimiento del juez, que le instó, siguiendo las instrucciones de la Audiencia de Palma, a que revisara el informe que emitió en enero. «No cabe —replicó la Agencia Tributaria— emitir un nuevo informe ni añadir o suprimir nada del informe anterior, porque no tiene lagunas y contradicciones». Hacienda hizo suyo el argumentario de la Abogacía del Estado y concluyó que «no puede considerarse a Cristina de Borbón cooperadora por el solo hecho de ser socio o administrador de una sociedad». Según la Agencia Tributaria, «para ser partícipe en un delito contra la Hacienda Pública se requiere una previa participación consciente dirigida a la defraudación [...]

bien induciendo al autor a cometer el delito, cooperando a su ejecución con un acto sin el cual no se habría efectuado, o cooperando a la ejecución del hecho mediante actos anteriores o simultáneos».

El argumento esgrimido por la Agencia Tributaria se antoja intolerable, cuando en supuestos análogos actúa en sentido contrario. Y para muestra, un botón: Bertomeu Vicens, exconsejero de Ordenación de Territorio por Unió Mallorquina y *mano derecha* de la expresidenta del Parlamento balear, María Antonia Munar, compartía con su esposa una sociedad instrumental similar a Aizoon. En este caso fue bautizada como Metalumba y carecía, al igual que la primera, de actividad real alguna. Vicens empleó Metalumba para percibir comisiones ilegales a cambio de simular la prestación de servicios inexistentes con su empresa. Al igual que Aizoon, fingió la prestación de asesorías millonarias para cobrar, entre otras, una comisión del 15 por ciento a cambio de recalificar un polígono industrial junto al aeropuerto de Palma. En esa sociedad pantalla, Vicens y su mujer —Antonia Martorell— eran accionistas, como Urdangarin y su esposa en Aizoon. A diferencia de doña Cristina, Antonia Martorell, ama de casa y absolutamente ajena a los negocios de su marido, ni tan siquiera ostentaba cargo alguno en la empresa. Pues bien, en el caso de Metalumba la Agencia Tributaria solicitó el levantamiento del velo societario al considerar que la sociedad era una mera pantalla y atribuyó el fraude cometido a los dos partícipes por igual. En el caso de Aizoon Hacienda atribuyó el desfalco fiscal solo al duque de Palma. Todo ello sirve para preguntarnos si una vez más ha habido trato de favor de Hacienda a la infanta, ya que hay indicios de que la Agencia Tributaria puede estar actuando en el caso Nóos con un rasero distinto al habitual.

El presidente de los técnicos de Hacienda, Carlos Cruzado, echó más leña al fuego al denunciar que la Agencia Tributaria no cooperaba con el juez Castro, ya que no entregó los informes independientes que le reclamó el Juzgado de Palma sobre la infanta Cristina y lo que hizo fue recoger lo que decía la Abogacía del Estado. Cruzado avisó de que esos informes de Hacienda no los firman ni los inspectores ni técnicos asignados al caso. Según los funcionarios, a la Agencia Tributaria no le correspondía valorar si la infanta debe o no ser imputada, sino emitir un informe independiente con una valoración técnico-fiscal con los datos que solicitó el instructor de la causa y aclarar si doña Cristina tuvo participación y colaboró en que su marido cometiera delito fiscal. Después corresponderá al juez valorar los datos y decidir si hay o no imputación. A la vista de la documentación aportada, quedó en evidencia que Hacienda no cumplió con el auxilio judicial que le reclamó el juez. Una anomalía más en todo el proceso.

Los privilegios de Urdangarin

Calabozos de la Jefatura Superior de la Policía de Palma de Mallorca. Calle de Ruiz de Alda. Miércoles 5 de agosto de 2009. Durante la noche.

José Luis Ballester, conocido por el sobrenombre de «Pepote», pasó su primera noche en los calabozos de la capital mallorquina. No es fácil pasar siquiera unas horas en cualquier calabozo y menos en alguno de la Jefatura de Palma. De hecho, la Policía ha recibido numerosas quejas por falta de higiene. En su día el Defensor del Pueblo tuvo que tomar cartas en el asunto y recomendar que las mantas a disposición de los detenidos se lavasen después de cada uso.

Pepote, campeón olímpico en vela en los juegos de Atlanta 1996, había sido detenido por la mañana, durante una redada en el marco de la operación Espada. También fueron arrestadas otras cuatro personas: el portavoz del Partido Popular en el Ayuntamiento de Palma, Rafael Durán; el exgerente del Palma Arena, Jorge Moisés; el director de la empresa de comunicación Nimbus, Miquel Romero; y otra que respondía a las iniciales de I. A. S. Con aquellos encarcelamientos la Fiscalía trataba de averiguar el origen de los 45 millones de euros que la Unión Temporal de Empresas, que construyó el velódromo, reclamaba al ejecutivo balear. La detención no le pilló por sorpresa a Ballester, exdirector general de deportes del *govern* de Jaume Matas, ya que el asunto del Palma Arena llevaba años en la palestra. Lo curioso es que fuera reactivado apenas cuarenta y ocho horas después de cerrarse el acoso a Francisco Camps en la Comunidad Valenciana y de archivarse la parte de la trama valenciana correspondiente al caso Gürtel.

Pepote esperaba con ansiedad el interrogatorio al que iba a ser sometido a lo largo del día siguiente en las dependencias policiales por el fiscal anticorrupción Pedro Horrach. También estaba previsto que a la sesión de preguntas y respuestas asistiese el titular del Juzgado de Instrucción número 3 de Palma, José Castro. No fue al día siguiente, sino a los tres días, cuando le tomaron declaración. Como imagen gráfica de aquellas jornadas queda la que recogieron los periódicos en sus portadas: la de un Pepote Ballester, antes estrella del deporte, esposado. Era evidente que el viento empezó a soplar en contra del campeón de vela y, encima, amenazaba naufragio: 50.000 euros de fianza e imputaciones por presunta malversación, prevaricación y falsedad. El oro de la medalla se había fundido, como se dijo por aquellos días en la capital balear.

Durante las setenta y dos horas que permaneció en el calabozo, Pepote no perdió en ningún momento la compostura, según recogieron las crónicas de la época. Se mantuvo entero, conversando sobre trivialidades, simpático y cordial, a pesar de que con

Ballester se cumplió el protocolo que emplea la Policía Judicial en los casos de corrupción política en los que intervienen fondos públicos: «Detención inmediata, reclusión en los fríos y húmedos calabozos de la calle de Ruiz de Alda de Palma, toma de declaración, allí mismo, en la sede policial, y pase a disposición judicial agotado el plazo máximo legal en el furgón que se emplea para custodiar al hampa local». Recojo la cita de la obra *Urdangarin, un conseguidor en la corte del rey Juan Carlos*, de Eduardo Inda y Esteban Urreiztieta.

Echando la vista atrás, José Luis Ballester era un crío cuando practicaba windsurf y recorría los pantalanes del Club Náutico de Palma, centro deportivo y social de la vela y sede de la Copa del rey. Como regatista entró en contacto con la familia real, ya que, junto con el príncipe y la infanta Cristina, formó parte del equipo olímpico y, ya en Palma, zarpaba con la tripulación del heredero. Coleaban los años ochenta del siglo pasado y Pepote era el más divertido de la pandilla borbónica. La medalla de oro en Atlanta le procuró abrazos monárquicos y el orgullo de contar con un campeón en los exclusivos círculos de la realeza. Llegó a participar en los juegos de Barcelona y en los de Sydney, donde no pasó del noveno puesto, lo que motivó su retirada del mundo del deporte. Matas le fichó en 2003 por su relieve y prestigio y por tener una relación de confianza con las infantas y, de manera especial, con el príncipe. Ballester, como responsable de la fundación Illesport del gobierno balear, gestionó los grandes eventos en las islas: desde la obra del velódromo del Palma Arena a los torneos de tenis, pasando por los foros que montaba Urdangarin.

En 1985, según dijo Ballester en su declaración ante el juez, coincidió con Iñaki Urdangarin en la Residencia Blume de Barcelona, para deportistas de élite, donde ambos estaban becados por sus respectivas federaciones. Allí se conocieron y allí se hicieron amigos. Pepote era conocido en determinados círculos como «Iñaki-me-ha-dicho», lo que le identificaba como un *conseguidor* de contratos de los gobiernos autonómicos para el duque de Palma. Hay un correo electrónico en la causa que así lo evidencia. La relación acabó mal en 2007 y no se volvieron a hablar. Al parecer se pelearon a raíz de las exigencias del duque de Palma a la hora de cobrar la última factura —de más de 100.000 euros— de los Forum Illes Balears, que organizaron las empresas del duque y su socio. Ballester argumentó que no estaba justificado el cobro por haberse incumplido lo convenido y que Urdangarin no debía ser el interlocutor porque no figuraba en Nóos desde 2006, fecha en que fue formalmente apartado de dicho instituto *sin ánimo de lucro*.

Así las cosas y tras su detención, Pepote pactó con la Fiscalía un acuerdo de colaboración. Aquello fue toda una confesión de hechos, citas, personajes, firmas... ¿El objetivo? Las compensaciones penales. Ballester lo cantó todo. El relato pormenorizado, que el regatista hizo en su declaración voluntaria el 15 de diciembre de 2011, sobre las supuestas irregularidades en los contratos de Nóos, por 2,3 millones, perjudicó a los principales imputados. Su confesión —con fechas de reuniones, quién decidía, cómo se hizo y lo que no se realizó— hizo que el juez Castro atase hasta el más mínimo cabo suelto para llegar a la imputación del duque de Palma. El magistrado acudió, de manera excepcional, a tomar declaración al *arrepentido* en la sede de la Fiscalía en Palma. Una discreción obligada para cerrar una decisión largamente meditada, negociada por el afectado. Pepote declaró al atardecer para evitar los ojos de periodistas y el barullo de la sede de los juzgados. En aquella declaración contó cómo Iñaki Urdangarin, Jaume Matas y él mismo se reunieron en el año 2003 en el palacio de Marivent. El duque de Palma propuso entonces a Matas que el *govern* patrocinara un equipo ciclista y él cobraría en esa operación unos 300.000 euros como conseguidor. El encuentro no finalizó hasta que el marido de la infanta Cristina arrancó al presidente balear el compromiso firme de estudiar concienzudamente la idea y poner todo de su parte para sacarla adelante. El definitivo espaldarazo se lo dio, sin saberlo, el actual presidente del Gobierno, Mariano Rajoy, una de las personas que más sabe de ciclismo en este país, que llamó a Matas para avalar la iniciativa.

Cuando Iñaki Urdangarin fue citado como imputado, la pregunta que insistentemente nos hacíamos los abogados era si la justicia sería capaz de dispensar al yerno del rey el mismo trato que a cualquier otro ciudadano en situación similar. El interrogante era si el duque de Palma pasaría por idéntico trance al de Pepote Ballester. La pregunta sometía al Estado de Derecho en nuestro país a su primera prueba de este tipo, ya que nunca antes un miembro de la familia real se había encontrado en tesitura similar. Cualquier otro ciudadano habría sido llamado inmediatamente a declarar, como se hizo con Diego Torres, y posiblemente habría tenido que pasar por lo que vivió Pepote Ballester en sus propias carnes. No ocurrió lo mismo con Iñaki Urdangarin.

Y no solo eso. A diferencia de otros casos, el juez Castro decidió que la declaración del duque de Palma no fuera grabada en vídeo —para evitar que pudieran divulgarse su imagen o su voz por los medios de comunicación— e, incluso, el Departamento de Seguridad de La Zarzuela planteó —como *sugerencia,* no como *exigencia*— que el imputado no tuviera que llegar a pie a los juzgados de Palma de Mallorca. Esa maniobra casaba mal con la frase del rey, en su discurso de Navidad, de que la justicia es igual para todos, teniendo en cuenta que otras personas con importantes responsabilidades en la administración pública implicadas en casos de corrupción debieron pasar, sin distinción, por este mal trago (sin ir más lejos, pocas semanas antes y en la misma sede judicial, el expresidente balear Matas). El 2 de febrero el rey dio otro paso cuestionable, teniendo en cuenta la situación de su yerno y la inminencia de su declaración ante el juez, al pedir que se respetase el derecho de defensa. Lo hizo en el acto conmemorativo del vigésimo aniversario de la Federación de los Colegios de Abogados de Europa. La actuación del monarca dejaba claro que no se trataba de un asunto privado, como manifestó La Zarzuela tras destaparse las primeras informaciones sobre los negocios del duque y sus triquiñuelas para burlar a Hacienda, sino de un asunto que afectaba de lleno a la Casa Real.

El mismo Diego Torres pidió que no hubiera trato de favor con el yerno de don Juan Carlos. En un escrito remitido al juzgado, el abogado de Torres argumentó: «La decisión de grabar o no una declaración no puede estar al capricho de nadie, sea quien sea, o sea quien se crea que es». González Peeters reclamó al juez que se grabase a todos los que prestaban declaración y recordó que, frente a los privilegios de ser duque de Palma, los españoles son iguales ante la ley y que Urdangarin está sometido, como todos, a ese principio de igualdad. *El Mundo* dedicó un editorial a recordar que se estaban dando determinados privilegios en el caso Nóos y citó, junto a la solicitud de la Casa Real para que Urdangarin pudiera llegar en coche a los juzgados y que su declaración no fuese grabada, el hecho de que la infanta Cristina no había sido llamada a declarar. «Es la primera vez que un miembro de la Casa Real se ve envuelto en un proceso judicial y por ello todos los implicados deberían esforzarse por cumplir escrupulosamente no solo la ley, sino los procedimientos habituales que se siguen con cualquier ciudadano. Es el momento de demostrar que lo que dijo el rey en su mensaje navideño se corresponde con la realidad. Es la prueba del algodón», concluyó el diario de Pedro J. Ramírez.

Unas declaraciones de la portavoz del Consejo General del Poder Judicial (CGPJ) contribuyeron a alimentar el debate. En una entrevista emitida por *Los desayunos de TVE*, Gabriela Bravo defendió la decisión del juez Castro de no grabar en soporte de vídeo digital la declaración del duque de Palma. «En otras ocasiones —dijo— no se ha hecho, pero además no todos los imputados son iguales. No todos los asuntos judiciales están sometidos a la misma presión mediática ni tienen la misma relevancia y no en todas las ocasiones se puede estigmatizar también tanto la imagen o el honor de una persona». Al hilo de esto, la portavoz del Consejo criticó la existencia de un juicio paralelo antes de que Urdangarin hubiera declarado ante el magistrado. «Incluso antes —añadió— de que se tuviera conocimiento de las actuaciones judiciales, porque son secretas. No se trata de adoptar estas medidas por ser quien es, sino por las circunstancias que concurren en este caso, derivadas de la dimensión mediática del asunto. Mi percepción como ciudadana es que, desde el momento en el que a Urdangarin se le ha citado como imputado ante el juez, está siendo tratado como cualquier ciudadano español».

Las declaraciones de Gabriela Bravo no concordaban con lo que en realidad estaba pasando y así lo vio la vocal del Consejo, Margarita Robles, que tuvo que salir al día siguiente a recordar lo obvio a su portavoz: «Los imputados en cualquier causa judicial no pueden ser tratados con privilegios o diferencias por su estatus político o económico». Meses después, cuando le pregunté por aquel episodio, Margarita Robles me miró indignada y dijo tajante: «Una de las grandes cosas del Estado de Derecho es que todos los ciudadanos somos iguales ante la ley. ¿Qué ocurre? Que cuando se producen hechos como estos, uno tiene a veces la impresión de que no somos iguales. Y, por eso, creo que todos los que tenemos responsabilidades desde cualquier punto de vista —desde el mundo judicial, por un lado, el político, por otro, y también desde el punto de vista de los medios de comunicación—, todos tenemos que ser implacables en eso. No puede haber una justicia para unas personas con nombres y apellidos y otra para los demás. Todos somos iguales ante la ley, para lo bueno y para lo malo».

Finalmente el juez decano del Partido Judicial de Palma, Francisco Martínez Espinosa, echó por tierra la petición del Departamento de Seguridad de La Zarzuela al asegurar que no iba a hacer *distingos*. Martínez Espinosa concluyó que tanto él como el juez Castro compartían que para Urdangarin se debía establecer el mismo régimen que para cualquier otro imputado, de forma que decidió que el yerno del rey bajase andando la rampa de los juzgados de Palma, hasta llegar a la puerta, en total unos treinta metros. Así se hizo, si bien se le permitió entrar en los juzgados con la escolta de la Casa Real proporcionada por los Cuerpos y Fuerzas de Seguridad del Estado, aunque, obviamente, esta no pudo acceder a la sala en la que fue interrogado por el magistrado. «Se trata de dar un trato igualitario a todo el mundo, pero no se trata de menoscabar el elemento de seguridad personal de Urdangarin», declaró entonces el juez decano.

En cambio no se llegó a grabar la declaración en video, como decidió el instructor Castro. No hubo, pues, posibilidad de conocer de viva voz e íntegros los relatos y argumentos de Urdangarin a las preguntas del juez, los fiscales y su abogado. Sin embargo, aquello no salió como estaba previsto. Una semana después del paso del duque de Palma por el Juzgado, Castro acordó que todas las declaraciones de imputados y testigos que se previesen complejas se recogerían en grabación audiovisual, con independencia del parecer de las personas afectadas, cuyo derecho a no ver quebrantada su intimidad e imagen quedaría debidamente tutelado. En una providencia dictada y notificada el 3 de marzo de 2012, el juez justificó su decisión en el hecho de que se trataba de evitar la distorsión que, a su parecer, se produjo al haberse trascrito en cuarenta y dos folios la declaración del duque de Palma durante veinte horas, de las cuales dos tercios se emplearon en la redacción de lo que iba declarando el yerno del rey. El juez aseveró que esto se produjo por la libre decisión de Urdangarin, que previamente a su declaración solicitó por escrito que se le dispensara de la grabación audiovisual de la diligencia, para lo que el juzgado ya estaba preparado. Según Castro, la grabación en video de la declaración del duque de Palma habría evitado la conflictividad sobre la correcta trascripción del acto y reducido su duración a un tiempo sensiblemente inferior al del día señalado. El magistrado anunció que para evitar que la grabación pudiera ser reproducida en los medios de comunicación, el original y la copia de seguridad deberían ser custodiados en la caja fuerte del juzgado, a cargo y bajo la responsabilidad de la secretaria judicial.

La aberración jurídica de los pactos con la Fiscalía

Real Casa de Correos. Puerta del Sol, número 7, en Madrid. Miércoles 2 de mayo de 2012. Al mediodía.

A los periodistas se les hace difícil encontrar noticias en un día festivo. Por eso la cita ineludible aquel día en Madrid era la sede de la Presidencia de la Comunidad de Madrid, donde cada año se celebra la conmemoración del comienzo de la rebelión popular contra las tropas napoleónicas. El foco de atención para los medios informativos durante aquella jornada de fiesta, igual que los meses anteriores, fue el caso Nóos, sobre todo después de que *El País* y *El Mundo* publicaran que el duque de Palma y su exsocio trataban de alcanzar un acuerdo para eludir la cárcel. El periódico de Prisa contó que Iñaki Urdangarin y Diego Torres negociaban un acuerdo para presentarlo conjuntamente ante la Fiscalía, algo que les permitiría la posibilidad de evitar la prisión a cambio de reconocer los hechos por los que se les investiga, devolver el dinero malversado y reparar el daño causado al erario público con el pago de una cantidad que rondaba los 3,5 millones de euros. El objetivo de los imputados, según *El País*, era que, de imponerse una pena privativa de libertad, esta fuera inferior a los dos años de cárcel, de forma que no ingresarían en prisión.

Los correos electrónicos remitidos por Torres al juzgado, en los que se relatan supuestas gestiones realizadas tanto por la infanta Cristina como por el rey, habían forzado las negociaciones. *El Mundo* apuntaba, por su parte, que los abogados de Urdangarin y Torres ya habían planteado por separado a la Fiscalía su disposición a declararse culpables, a condición de una pena inferior a dos años, si bien se trataba de una acción concertada. Según el diario de Unidad Editorial, el Ministerio Público se limitó a escuchar las propuestas, aunque Anticorrupción anticipó que en reuniones sucesivas —si las hubiera— solo escucharía las propuestas si en la confesión aportasen datos novedosos de la trama y revelaran dónde estaba la totalidad del dinero que recaudaron con el Instituto Nóos y que colocaron en el extranjero a nombre de testaferros.

Aquel mismo día 2 de mayo *El País* siguió aportando más datos: «El objetivo central de la defensa de Urdangarin no solo es esquivar una posible pena de más de dos años, que llevaría a prisión al esposo de la infanta Cristina, sino evitar que un miembro de la familia real sea protagonista desde el banquillo de los acusados de un juicio cuyo dilatado desarrollo podría salpicar la imagen del rey y de la monarquía. [...] El acuerdo que busca el duque de Palma implicará devolver al menos 1,7 millones de euros públicos malversados. Una pericial de Hacienda ajustará los cálculos del Ministerio Público sobre las partidas malversadas y los fondos públicos desviados por facturación falsa. La fiscalía de Baleares no aceptará un pacto a la baja, una oferta blanda, dada la magnitud de las partidas de dinero desviadas y la carga penal de los supuestos delitos».

El Mundo adelantó que Torres, a través de su letrado, Manuel González Peeters, precisaba que en el caso de que no cristalizase un acuerdo que satisficiera sus intereses, estaba decidido a aportar nuevas pruebas. Se trataría de una serie de misivas remitidas por Urdangarin a su mano derecha en Nóos en las que el duque de Palma detalló las gestiones realizadas tanto por la infanta Cristina como por el rey para recaudar fondos para sus negocios. Es decir, los famosos correos. Quien avisa no es traidor y Torres advertía de que bajo ningún concepto un supuesto pacto pasaba por comerse él solo el pastel. Una mera sugerencia en este sentido motivaría lo que, a la postre, se vería en los meses sucesivos: batería de correos electrónicos y misivas con los que trataba de acreditar el conocimiento y participación de la Casa Real y de la infanta en los turbios asuntos de Urdangarin.

Los editoriales de los periódicos eran contundentes en su posición contraria a cualquier tipo de pacto. *La Razón* sostuvo que no podía haber trato de favor a Urdangarin, para añadir a continuación que la ley, como recordó don Juan Carlos en su mensaje navideño, es igual para todos los españoles y no puede haber excepciones en función del cargo o el nombre. «Por eso Urdangarin y su socio deben afrontar como simples ciudadanos las consecuencias de sus actos», concluyó el diario de Planeta. «Estamos —sentenció *El Mundo* por su parte— ante un asunto de especial trascendencia para las instituciones democráticas y el fiscal general del Estado no debería aceptar un acuerdo que sería visto por la opinión pública como una componenda para librar de la acción de la justicia al yerno del rey. El caso Urdangarin se diferencia de otras sentencias por conformidad. Aquí no es solo una cuestión de devolver a las arcas públicas una cantidad de dinero. El marido de la infanta Cristina debe afrontar el juicio y, en su caso, la absolución o la condena. Queda por analizar la actuación del acusado. Y esta no se puede calificar de más torpe, errática e incluso incomprensible. Su estrategia está haciendo un flaco favor a la monarquía». Federico Jiménez Losantos escribió en su columna que en «Nochebuena el rey dijo algo falso pero bonito: todos los españoles somos iguales ante la ley». Mientras, Pedro G. Cuartango afirmó que «una sentencia de conformidad en un asunto como este sería un grave desprestigio para la justicia». «Para el yerno del rey, entrar en prisión debería ser solo un detalle frente a confesar el deshonor y el delito», concluyó Santiago González.

Pero lo que a todos los medios de comunicación se les escapaba era la extemporaneidad de un pacto en la instrucción. Nuestro sistema procesal permite que en el momento del juicio (en este caso, ante la Audiencia Provincial de Palma), el acusado podrá mostrar conformidad con la pena más grave de las solicitadas por las acusaciones (fiscal, acusación particular y acción popular), no solo por el Ministerio Público, de manera que el mero hecho de sugerir esa posibilidad no solo es contraria a la ley, sino que causa perplejidad en el justiciable y en cualquier abogado, que no daba crédito ante las informaciones sobre encuentros filtrados por la prensa entre Fiscalía y defensas.

Así las cosas, los personajes más buscados por los periodistas en la recepción por la festividad de la Comunidad de Madrid eran el ministro de Justicia, Alberto Ruiz-Gallardón, y el fiscal general del Estado, Eduardo Torres-Dulce. Ninguno de los dos desmintió las informaciones sobre posibles pactos entre el Ministerio Público y las defensas de los imputados. Es decir, negociaciones hubo. Eso quedó claro. Gallardón no eludió el encuentro con los medios de comunicación y nada más llegar a la Real Casa de Correos ya estaba haciendo declaraciones. «La Fiscalía investigará todos los hechos relacionados con el sumario en el que está implicado Iñaki Urdangarin y tengo que decir que el gobierno no ha dado instrucción alguna que limite la autonomía de los fiscales. Vivimos en un Estado de Derecho y en un Estado de Derecho el principio de igualdad de todos los españoles ante la ley es el que rige y es el que, por supuesto, se aplicará en este y en todos y cada uno de los casos».

El ministro quiso hacer hincapié en que los fiscales tenían plena autonomía para investigar causas penales en todos los casos, ya que la obligación del Ministerio Público en una investigación es esclarecer todos los hechos y llevar las pesquisas hasta el final. «Ningún hecho puede dejar de ser investigado por la Fiscalía y puesto en conocimiento del juez para su valoración», dijo. En términos parecidos se expresó el fiscal general del Estado. En unas escuetas declaraciones a los periodistas, Torres-Dulce garantizó tajante que en el caso Urdangarin no iba a existir ningún trato de favor.

Pocas horas después la agencia oficial de noticias Efe informaba de que los miembros de la Fiscalía Anticorrupción encargados de la pieza separada del sumario del caso Palma Arena habían suspendido las reuniones que, según fuentes judiciales, se habían fijado para esa semana con los abogados de Urdangarin y Torres. A pesar de esa información, Mario Pascual Vives, abogado del duque de Palma, negó la existencia de cualquier clase de contacto formal o informal para llegar a un acuerdo.

No dijo la verdad el letrado de Urdangarin. No la dijo entonces ni meses después —en concreto el 16 de febrero de 2013—, cuando no pudo desmentir las acusaciones que le lanzó Diego Torres en sede judicial. A preguntas del fiscal, el exsocio del duque de Palma habló de contactos para la consecución de pactos. El interrogatorio, que colgaron los periódicos de mayor tirada en sus páginas de Internet, fue el siguiente:

Fiscal Horrach: En la prensa se publicó que usted estaba extorsionando y pidiendo millones de euros a Iñaki Urdangarin o a su entorno para autoinculparse y eximirle de responsabilidad. ¿Lo ha hecho?

Diego Torres: Ultrajante. Definitivamente no. Si no he salido a hacer ningún comentario es porque creo que ha quedado constancia de que jamás he hecho ningún comentario a la prensa. Esto es mentira, absolutamente mentira. Es más, lo que sí sé es que ha habido personas que se han acercado a mi abogado, incluso a mí, a hacernos ofertas de este tipo. A mí se me ha ofrecido trabajo y que se me remuneren los honorarios de mi abogado, que no podré pagar en el futuro, a cambio de asumir mayores cuotas de responsabilidad.

F. H.: ¿Y quién se lo ha ofrecido?

D. T.: No sé si es conveniente decir esto… Me siento incómodo, pero esto… Desgraciadamente a mí me gusta aportar pruebas y tener documentos. Y esto se me ha dicho verbalmente, pero es absolutamente cierto.

F. H.: Sí, pero si no dice quién, es muy difícil, ¿no? Es un poco complicado.

D. T.: Sí, pero…

F. H.: Porque esto es una especie de tirar balones al aire.

D. T.: Por eso no me gusta hablar de estas cosas. Podría decir más, pero yo digo las que puedo soportar documentalmente. Esto a mí se me ha ofrecido, aparte de que sé que ha habido otras aproximaciones a mi abogado. Esta se me ha hecho a mí en presencia de mi abogado, en el despacho de mi abogado.

F. H.: Le pregunto quién se la ha hecho, porque, si no, es como tirar balones al aire, señor Torres.

D. T.: Bueno, pues mire, el señor Mario Pascual aquí presente es uno de los que ha hecho... Es el que me ha hecho personalmente esta propuesta. Y yo le he dicho que no, de ninguna manera. Por muy desesperado que esté, ni por un puesto de trabajo ni porque me paguen al abogado, voy a decir algo que no sea cierto.

F. H.: No tengo más preguntas, señor.

Nuestro ordenamiento prohíbe que en plena fase de instrucción las defensas traten con el fiscal la finalización de la investigación judicial y el dictado de una sentencia de conformidad. Se trata de una aberración jurídica. Y es que resulta imposible legalmente llegar a una sentencia condenatoria conformada hasta la fase plenaria, según el artículo 787.1 de la Ley de Enjuiciamiento Criminal. Por lo tanto, era inexcusable que la instrucción continuase hasta el final, desarrollándose hasta sus últimas consecuencias. En la más común modalidad procesal, aún recogida como especial en nuestra vigente Ley de Enjuiciamiento Criminal —que es el procedimiento abreviado—, se articula la posibilidad de que el imputado, una vez dictado auto de apertura de juicio oral y formuladas las conclusiones provisionales por las partes en sus escritos de acusación y defensa —es decir, finalizada la fase de instrucción y la fase intermedia—, puedan llegar en determinadas circunstancias de delito a una conformidad sobre su culpabilidad y pena que se recoja en la sentencia que ponga fin al proceso. Es decir, los acuerdos entre el Ministerio Público, el resto de acusaciones y el imputado pueden alcanzarse una vez llevada a cabo toda la investigación sobre el delito, cerrada la instrucción y planteadas las posiciones acusadoras. Nunca antes. Por lo tanto, lo que se proponían las defensas de Iñaki Urdangarin y Diego Torres, con el consentimiento de la Fiscalía Anticorrupción de Palma, era —ni más ni menos— que una aberración jurídica. Otra cosa bien distinta era que, en nueva muestra del sometimiento de la justicia a otro tipo de poder, se torciese una vez más la ley para evitar que cundiese el escándalo con nuevos elementos probatorios y actividad instructora que implicarían directamente al rey y a su hija.

Vuelve la censura previa

Juzgado de Primera Instancia número 46 de Barcelona. Gran Vía de las Cortes Catalanas, número 111. Jueves 18 de abril de 2013. Durante la mañana.

Con una inusual diligencia, la titular del juzgado, María del Remei Vergés, dictó un auto por el que prohibió a siete medios de comunicación «descubrir, revelar, publicar, difundir y divulgar, en cualquier modo y por cualquier medio, el contenido de los mensajes de correo electrónico que estén en poder de Diego Torres y que hagan referencia a la vida íntima de Iñaki Urdangarin o de su familia, así como a hacer declaraciones, efectuar comentarios, emitir opiniones o juicios de valor sobre el contenido de dichos mensajes». El duque de Palma había pedido esas medidas cautelares en relación con sus correos en un escrito remitido a los juzgados de Barcelona, en el que anuncia su intención de presentar la demanda por vulneración del derecho a la intimidad contra Torres y siete grupos editoriales —Unidad Editorial, Editorial Ecoprensa, El Semanal Digital, Semana, Publicaciones Heres, Mediaset España y Titania Compañía Editorial—, a los que pertenecen medios de comunicación que hubieran reproducido correos suyos. Diversos medios habían aludido en las semanas precedentes a las supuestas infidelidades del yerno del rey. Las pruebas de esos supuestos engaños estarían en poder de Torres, que parecía dispuesto a hacer pública una nueva tanda de *e-mails*, esta vez de contenido íntimo y personal.

Hago mención a esa inusual diligencia de la titular del Juzgado de Primera Instancia número 46 de Barcelona porque el duque de Palma presentó la demanda solo tres días antes. La juez apreció esa urgencia con el argumento de que «si durante la tramitación de las medidas se publican los correos de carácter personal, aquellas carecerán de toda virtualidad». Y añadió que la «necesidad imperiosa» de proteger el derecho a la intimidad del duque de Palma obliga a tomar medidas de manera urgente, ya que, de no hacerlo así, podría producirse una «insatisfacción definitiva», aunque luego se otorgara la tutela en la sentencia estimatoria. La juez, sin embargo, rechazó la pretensión de Urdangarin de que todos los medios de comunicación demandados difundieran en sus ediciones impresas y digitales el encabezamiento y parte dispositiva del auto.

Al día siguiente *El Mundo* publicó un duro editorial contra el duque de Palma: «No resulta extraño que, a medida que el cerco judicial se va estrechando, un Iñaki Urdangarin cada día más desesperado pretenda distraer la atención y presentarse como víctima al anunciar una demanda en un juzgado de Barcelona contra siete empresas de comunicación por hacerse eco de unas supuestas infidelidades conyugales. A nuestro juicio resulta muy discutible que se pueda imponer a los medios una censura previa de forma indiscriminada por orden judicial. Urdangarin tiene derecho a la protección de su vida íntima, pero su condición de esposo de la infanta y la conexión de su conducta privada con el proceso judicial en el que está incurso hace que esos límites sean más amplios que los de un ciudadano anónimo. Su demanda es un grave error que se volverá contra él porque solo va a servir para amplificar aquello de lo que no quiere que se hable».

El propio Luis María Anson, poco dado a criticar a la familia real, hace un análisis parecido. Cuando le pregunto sobre el particular, me responde con un tono enérgico: «Me parece una cosa completamente contraria a la libertad de expresión. No te lo puedo decir de otra manera. La libertad de expresión consiste en tener la capacidad de decidir lo que se va a publicar en un periódico y luego, si no es correcto, que decida un juez. Lo que no se puede hacer es ejercer censura previa. Es lo que hacía Franco. Yo soy el director de un periódico y tengo unos correos con la vida privada de alguien, seguramente no los publicaría al amparo del artículo 20 de la Constitución. Pero lo que no puedo decir es que yo tengo razón si viene otro compañero y lo publica porque cree que tiene interés. La libertad de expresión consiste en decidir, aunque uno pueda cometer un delito. Es como si decimos que en *Deia* no puede escribir un señor que va a hablar bien de un etarra. Pues, mire usted, lo podrá hacer. Luego vendrá el juez y dirá que ha cometido apología del terrorismo y tendremos la sentencia correspondiente. Me acuerdo que cuando secuestraron *Egin* —y lo hizo el juez Garzón—, publiqué una columna en *ABC* a favor de la libertad de expresión. Lo que no se puede hacer es prohibir una publicación en presunción de lo que pueda decir o tomar unas cautelas como prohibir la publicación de *e-mails*. ¿Cómo que no puedo publicarlos? Yo puedo publicar lo que me dé la gana, estrictamente… Y si cometo algún delito, me meterán en la cárcel. Pero eso tiene que ser el juez el que lo diga».

El asunto de los mensajes íntimos comenzó a finales de marzo de 2013, cuando Diego Torres, subiendo la presión de su chantaje y con un claro propósito de alimentar el escándalo, desveló a su entorno directo su decisión de judicializar una serie de correos inéditos que obraban en su poder, con los que pretendía demostrar supuestas infidelidades del marido de la infanta Cristina. Al parecer, su objetivo era destruir el matrimonio Urdangarin-Borbón. Como no podía ser de otra manera, la amenaza de Torres llegó a oídos de los investigadores. El entorno del juez y el fiscal del caso Nóos se apresuró a responder al aviso: ningún mensaje que invada la esfera personal del principal implicado en la causa será aportado a la instrucción. Solo los documentos que tienen una relación directa con los hechos que se investigan han de ser tenidos en cuenta. Al mismo tiempo instó al socio de Urdangarin a que pusiera punto y final al goteo de mensajes, aunque sabía que no podía imponérselo o limitarle temporalmente su aportación (a diferencia de a lo que dos meses más tarde le compelía la Audiencia). Torres siguió en sus trece y sostuvo que estaba dispuesto a develar la que consideraba la prueba más *destructiva* de todas. Al parecer, el correo que aportó al juzgado semanas antes, que envió el duque de Palma al secretario de las infantas, con la imagen de un equipo ciclista de mujeres en *top less* no era más que un simple aperitivo. Parecía evidente que el exsocio trataba de diluir la causa en los problemas de la monarquía, entrando para ello en el terreno de la intimidad.

Pese a la prohibición de difundir correos de la vida privada, Diego Torres consiguió colar al juez, en una nueva remesa de *e-mails* aportada a la causa semanas después, varios mensajes de fuerte contenido sexual que el yerno del rey intercambió en 2004 con Jaume Reguant, un amigo muy cercano de la adolescencia. La partida de correos trataba de dar cumplimiento a la providencia de 7 de mayo en la que el juez Castro pedía a Torres que detallara la supuesta reunión que el duque de Palma, el expresidente de la Generalitat Valenciana, Francisco Camps, la alcaldesa de Valencia, Rita Barberá, y el propio Torres celebraron en el palacio de La Zarzuela en enero de 2004. Durante ese encuentro, el yerno de don Juan Carlos y su entonces socio pactaron presuntamente con ambos dirigentes del PP la organización de varios foros que, finalmente, reportaron a las arcas del Instituto Nóos más de

3,5 millones de euros de fondos públicos. «Aunque la voluntad de esta parte —se señalaba en el escrito aportado al juzgado por el abogado de Torres como presentación de la remesa de correos— es el de plena colaboración con la instrucción, cierto es que el lapso de tiempo transcurrido desde entonces y hasta el día de hoy (más de nueve años) hace ciertamente difícil el poder contestar con la escrupulosidad que se desea, por lo que se hace necesario acudir a una serie de particulares que permitan enfilar a la data aproximada en la que la meritada reunión tuvo lugar, y ello sin perjuicio de que puedan encontrarse otros elementos de corte objetivo que abunden o no en lo que aquí se dice, sin orillar que, en parte, se hace uso además de la memoria ese episodio».

Con los mensajes subidos de tono, fechados a finales de enero de 2004, la defensa de Diego Torres pretendía demostrar que durante de la reunión en La Zarzuela Iñaki Urdangarin se encontraba en Madrid. Según publicó *El Confidencial*, el duque de Palma le dijo a su amigo Reguant el 28 de enero: «Demoniete, mañana estoy en Madrid por la mañana y en Andorra por la tarde. Por mi parte sería genial cenar [en Barcelona], pero veo el tema complicado por mi regreso de Andorra». A cambio, aseguró *El Confidencial*, el marido de la infanta Cristina sugirió a su íntimo amigo trasladar la cita entre ambos al fin de semana. Siempre según esa página web, le propuso abiertamente un encuentro sexual, que adornó con algunos detalles obscenos. De los *e-mails* se desprende que ese supuesto escarceo sexual debía tener lugar a escondidas de sus familias, ya que el día anterior Urdangarin escribió: «Capullín, pon hora a nuestra excepcional cita, no sea que la caguemos». A lo que Reguant respondió unas horas después: «No sé cómo tienes el tema de los niños, pero si quieres podemos cenar juntas [*sic*]. Tenemos que hablar lo del *week-end* [...]. En cualquier caso, tendríamos que hablarlo para no cagarla», informó el diario digital.

La información de *El Confidencial* fue profusamente recogida por portales de contenido gay en Internet, al tiempo que también se hacían eco de las declaraciones que Reguant realizó para *Vanity Fair* a finales de 2012 sobre su amigo Iñaki: «Hablo con él a menudo y claro que estoy preocupado. Como lo estaría por cualquier amigo que atraviesa una situación difícil. La gente tiene ya una percepción a partir de lo que ha publicado la prensa. Independientemente de que sea o no cierto, el juicio ya está hecho. Muchas cosas que se publican no son verdad y hay que lidiar con ellas. Choca mucho lo que se lee en los periódicos porque Iñaki es muy íntegro, buena persona, buen padre y buen amigo. Ellos están más unidos que nunca. No he visto ninguna fisura en su matrimonio. Desde que ocurrió esto, ella ha estado a su lado y él, al de ella».

Campaña para silenciar a la prensa

Semanario El Siglo de Europa. *Calle del Ferrocarril, número 37 duplicado, en Madrid. Un día de marzo de 2006. Durante la tarde.*

La revista que dirige José García Abad acababa de publicar en su número 685 su primer gran reportaje sobre los negocios de Iñaki Urdangarin. La publicación sacó el asunto como tema principal de su portada: el título «El yernísimo» a grandes caracteres, y el sumario «Los negocios de Urdangarin con el gobierno de Matas comprometen a la Casa Real», en letra más pequeña, insertados dentro de una foto en la que se podía ver a un duque de Palma nada favorecido y llevándose la mano al bolsillo interior de su americana. Ya en el año 2005 *El Siglo* había sido el primer medio de comunicación en llevar a su portada el caso de la mansión de los duques de Palma.

En aquel número de la primera semana de marzo de 2006 aparecía en páginas interiores un reportaje firmado por Virginia

Miranda. «Los negocios y el deporte —decía la entradilla— mantienen un estrecho vínculo con numerosas ramificaciones en las que intervienen atletas, federaciones, administraciones públicas, consultorías, patrocinadores y un largo etcétera de personas e instituciones implicadas. Pero aunque existen casos en los que cohabitan varias facetas, ninguno como Iñaki Urdangarin ha sido capaz de aglutinar tantas y tan buenas relaciones entre ambos mundos. Exjugador de la selección española de balonmano, exvicepresidente del COE, propietario de entidades dedicadas a la realización de planes estratégicos sobre eventos deportivos, contactos al más alto nivel y yerno del rey; demasiados compromisos para saber manejarlos con moderación. El Grupo Socialista balear denunció hace unas semanas que el *govern* había financiado con 1,2 millones de euros un Foro de Turismo y Deporte en Palma de Mallorca, organizado por el Instituto Nóos, su empresa de cabecera. En Valencia ocurría otro tanto de lo mismo. Los políticos apuntan hacia el desmesurado gasto de los ejecutivos autonómico y local, pero los negocios del duque de Palma se han visto, por primera vez, sometidos al juicio popular; las empresas de Urdangarin trabajan con dinero público, circunstancia que, aunque sea legítima, compromete la imagen de la Casa Real y ya le ha colgado el sambenito de *yernísimo*».

Aquel día de marzo, pocas horas después de que la revista estuviera en los quioscos, José García Abad recibió una llamada en su despacho. Era un ministro del gobierno de José Luis Rodríguez Zapatero.

—Pepe, ya sé que tú haces tu trabajo con seriedad y libertad, pero este hombre, que está demenciado, va diciendo que se va a hacer republicano, que no puede entender cómo él, por estar casado con una infanta, no puede ganarse la vida y hacer sus trabajos y negocios. Me pidió que a ver si podía influir en este tema.

Le he explicado que no tengo ningún tipo de autoridad sobre ti, que formas parte de una empresa independiente y que ni militas en el PSOE ni damos un duro de Ferraz para la revista. Le he dicho que soy amigo tuyo y que hablaría contigo. Y eso hago.

El director de *El Siglo* tomó nota del mensaje y continuó con su trabajo. Dos meses y medio después, en el número del 22 de mayo de 2006, Urdangarin volvió a la portada. En la foto aparecía algo más favorecido, pero el semanario insistía con el apodo de «yernísimo». El título era «El rey frena a Urdangarin» y el sumario «El yernísimo forzado a alejarse de sus polémicos negocios». En páginas interiores podía leerse: «Con gran discreción, la característica que debería guiar todos los pasos que dan los miembros de la familia real, Iñaki Urdangarin ha abandonado la presidencia del Instituto Nóos. Un cargo que en Zarzuela preocupaba mucho sobre todo desde que los millonarios negocios del duque de Palma comenzaron a ser cuestionados en portadas de esta revista y otros medios de comunicación, circunstancia demasiado incómoda para Zarzuela, que habría forzado tan drástica decisión de Urdangarin. Para que la mancha en la imagen de don Juan Carlos no fuera a más, ahora el yerno real más emprendedor se va a dedicar al fomento del deporte como herramienta para la integración social, una actividad que suena mejor que la de beneficiarse de contratos millonarios con los gobiernos balear y valenciano que le han permitido adquirir una mansión de más de seis millones de euros en la que ya han comenzado a instalarse los duques y su prole».

Aquella no era la primera vez que un miembro de la familia real trataba de presionar al director de *El Siglo*. Me cuenta García Abad que un par de años antes fue el rey directamente quien se quejó al entonces presidente del Gobierno, José Luis Rodríguez Zapatero, de que la revista desarrollaba una línea editorial muy crítica para la monarquía. «No es que dijera que tomara medidas contra mí, sino que me llamara al orden. Y Zapatero respondió que él no me controlaba, que la revista no era del PSOE y que yo, aunque tenía una ideología progresista, era una persona independiente, sin que sobre mí pudiera haber el más mínimo control». Según García Abad, el mensaje de don Juan Carlos le llegó por dos vías: la primera, por un ministro de Zapatero, a quien el presidente del Gobierno le había contado su conversación con el rey; y la segunda, a través de una periodista que hacía información frecuente relacionada con La Zarzuela y mantiene una buena relación con el monarca. «Los dos mensajes venían a incidir sobre tres puntos similares. El primero era expresarme que lo que yo había escrito en el libro *La soledad del rey* fue duro pero que algunas cosas le habían hecho meditar. En este sentido reconoció que las críticas estaban planteadas desde mi afán por el perfeccionamiento de las instituciones. El segundo mensaje era que él aceptaba bien la crítica, pero que la reina estaba desolada por mis indiscreciones respecto a Marta Gayá, amiga del monarca. Y el tercero —y fundamental— que quería enterarse de si yo iba a seguir insistiendo sobre el mismo tema. Hice notar que a lo único que podía responder era al tercer punto, porque los dos primeros eran observaciones. Y lo que dije fue que tampoco es que tuviera una fijación con ese asunto, que yo escribía de cantidad de temas, que en ese momento no tenía nada más, pero que no excluía hacerlo en el futuro. El ministro me comentó que Zapatero estuvo muy razonable y dejó claro que no podía presionar a los medios».

El 22 de febrero de 2012, un día antes de que el duque de Palma declarase por segunda vez en el juzgado de Palma, el periódico *The New York Times* desveló que el entorno de la Corona había ejercido presiones sobre directivos de varios periódicos y sobre quienes filtraron los últimos correos de Iñaki Urdangarin. El diario neoyorquino aseguró que el rey y sus cortesanos habían estado trabajando de «modo agresivo» para contener el daño del proceso judicial del esposo de la infanta Cristina y apuntó a don Juan Carlos, sus auxiliares y los servicios secretos españoles como las personas que ejercieron presiones sobre los responsables de algunos medios para rebajar el tono de la cobertura sobre la corrupción. El artículo sondeó a directivos de los diarios *ABC* y *El País*, que negaron haber recibido presiones durante los días precedentes.

Capítulo III

ODIO AL DELITO Y COMPASIÓN AL DELINCUENTE

El primer banquero en la cárcel

Audiencia Nacional, calle de García de Gutiérrez, número 1, en Madrid. Lunes 1 de diciembre de 1997. Diez horas y doce minutos de la mañana.

Un BMW azul, con cortinillas oscuras en las ventanillas traseras, frenó ante una de las entradas de la Audiencia Nacional en Madrid. Instantes después, Mario Antonio Conde Conde, impecable en su traje gris marengo y corbata azul, descendía del vehículo acompañado de su secretaria personal, Paloma Aliende, y un guardaespaldas. A diferencia de otras ocasiones, no hubo casi vítores a las puertas de la sede judicial. Los gritos de admiración solo provinieron de un par de gargantas, perdidas en el maremagnum de micrófonos, flashes, cámaras y libretas del centenar de redactores que se agolpaban en la pequeña calle donde se erige el sobrio edificio de la Audiencia Nacional. Ante los tímidos aplausos, Mario Conde no giró el rostro, ni siquiera cuando un reportero de *Caiga quien caiga* le ofreció unas gafas oscuras, como era costumbre en aquel programa de televisión. En su cabeza seguramente resonaban las palabras que, según él, le dijo a su mujer y a sus hijos antes de que empezara el juicio: «Hemos pasado un calvario de cuatro años, ¿qué nos queda? O un año o siete años. Al general Armada le condenaron a cuatrocientos y a los cinco quedó libre. En el peor de los casos, yo con cincuenta y cinco de edad quedaré libre y empezaré a dar guerra».

Aquel 1 de diciembre había amaneció soleado, aunque frío. A eso de las siete y media de la mañana ya había periodistas a las puertas de la Audiencia para recoger la acreditación que les permitiera entrar a cubrir el juicio contra los antiguos gestores de Banesto. A las ocho en punto, agentes de la Policía comenzaban a repartir el documento acreditativo por riguroso orden de llegada.

El expresidente de Banesto hizo su aparición dieciocho minutos antes de la hora fijada para el juicio (las diez y media de la mañana). Era uno de los primeros acusados del escándalo Banesto en llegar y parecía que tenía prisa, tal vez porque sabía en carne propia cómo se las gasta la justicia. No en vano, meses antes fue condenado a seis años de cárcel por el caso Argentia Trust y ya sabía lo que era pisar la cárcel.

A las puertas de la sala donde se iba a celebrar el juicio esperábamos acusados y acusadores, abogados y clientes. Dentro, todo dispuesto. Minutos antes de la hora señalada, el presidente del tribunal, Siro García, que permanecía abajo con los otros dos magistrados, Antonio Díaz Delgado y José Antonio Choclán, subió a su despacho. «Esperamos empezar en hora», fue lo que dijo con toda la tranquilidad del mundo a los periodistas, según recogieron las crónicas de la época. A las diez y media en punto los jueces estaban ya en su lugar. Los fiscales Luis López Sanz y Javier Sánchez Junco, a la derecha del tribunal, también preparados. Entramos inmediatamente los abogados de las acusaciones hasta completar veintidós letrados. Yo, recién comenzada mi andadura en el ejercicio del Derecho, estaba entre ellos como abogada de la acusación popular en representación de la Asociación de Usuarios de Servicios Bancarios, más conocida como Ausbanc. Acto seguido hubo revuelo, según contaron los artículos que publicaron los periódicos al día siguiente. El pasillo de la sala recibió una ola incontenible de abogados y abogadas togados: los nada menos que veintisiete abogados de la defensa de los acusados. A decir de todos, la *crème de la crème* de la profesión. Hubo que añadir un banquillo a los tres previstos para los once acusados. El secretario del Tribunal, Joaquín Casinello, empezó a gritar los nombres de los acusados.

—Mario Conde.

El banquero acusado entró y tomó asiento en el lugar que le indicó el oficial. Le siguió Enrique Lasarte, que se sentó junto a Conde. Quedaba un tercer sitio a la izquierda de este. Fue para Francisco Javier Sitges, otro de los amigos del rey, expresidente de Asturiana de Zinc y testaferro de Mario Conde. Paco Sitges entró, vio al expresidente de Banesto en el primer banquillo y amagó con sentarse detrás, en el segundo. No quería ver ni en pintura al principal acusado.

—No, aquí no. Usted debe ir allí —dijo el oficial indicándole el sitio a la izquierda del principal acusado en el caso Banesto. Sitges no tuvo más remedio que hacerle caso.

Rafael Pérez Escolar, que ya se había quitado su inconfundible sombrero gris, se sentó en el centro de la segunda fila, flanqueado por Arturo Romaní y Ramiro Núñez. Tras ellos, Fernando Garro, Juan Belloso y Eugenio Martínez Jiménez. La última fila, para Mariano Gómez de Liaño, que no distendía su gesto adusto, y Jacques Hachuel, que se estiró hacia atrás y se repantigó en el banquillo apoyando sus codos en él. Para todos ellos, el fiscal solicitaba penas que sumaban un total de 145 años de cárcel. Enfrente, los magistrados: el presidente Siro García, flanqueado a su izquierda por el ponente José Antonio Choclán, y a su derecha por Antonio Díaz Delgado. Los jueces miraban asombrados la romería de togas negras.

A las once en punto, el primer receso. El vestíbulo de la planta baja de la Audiencia Nacional se llenó por completo. Pese a todo, el ambiente era distendido, con abogados de las defensas y de las acusaciones en animada tertulia. El recreo se acabó unos minutos después. La ola de togas negras volvió a acomodarse, ahora ya casi de forma automática, en sus localidades. Siro García dio la orden y comenzó el rosario de peticiones de cuestiones previas. Tras el fiscal —que pidió a la Sala la admisión de trece nuevos testigos— llegó mi turno. Lo utilicé para solicitar que se modificasen las medidas cautelares impuestas sobre Mario Conde, con el argumento de que de las investigaciones judiciales se desprendía que el exbanquero gozaba de una «holgada situación económica» que podía favorecer su fuga al exterior. Después de mí usaron la palabra el rosario de acusaciones y abogados defensores. Enérgico fue el envite de Juan Sánchez Calero, el defensor de Mario Conde, al exhibir el arma clásica de que la apropiación indebida había prescrito y, por lo tanto, debía llegar el sobreseimiento para su cliente. Se equivocaba y así lo reconoció el tribunal. Para ese tipo de delitos la prescripción no son cinco sino diez años.

A las dos en punto acabó la sesión. Mario Conde, serio, salió con rapidez. Al igual que a la llegada, volvía a demostrar que tenía prisa. La *crème de la crème* de la profesión desalojó la sala como había entrado: en tropel. Los fiscales y magistrados prefirieron una retirada discreta. «Hasta mañana a la misma hora», se despidió el presidente del tribunal.

Durante la segunda jornada del juicio hubo más revuelo. La defensa de Mario Conde y el presidente del tribunal tuvieron su primer encontronazo, cuando el abogado Sánchez Calero solicitó la nulidad de las actuaciones por entender que el juez instructor, Manuel García Castellón, fue seleccionado de manera irregular para hacerse cargo del caso, violando el derecho al juez predeterminado por ley. El letrado subrayó que García Castellón fue «deliberadamente elegido por las razones extrajurídicas que fueran para instruir la querella y había que asegurar que el reparto cayera en el magistrado». Sin que casi terminara la frase, Siro García le interrumpió:

—Señor letrado, le ruego que apoye esa posición tan desconsiderada con el sistema jurídico español con detalles y fortaleza.

—Lo haré —replicó el abogado sin perder la calma.

—Espero que sea consistente, porque si no el tribunal tomará las medidas que considere pertinentes.

El letrado se limitó a informar que el juez García Castellón había sido nombrado en comisión de servicios por el Consejo General del Poder Judicial el 25 de octubre de 1994 para apoyar al juez Miguel Moreiras en el Juzgado Central de Instrucción de la Audiencia Nacional número 3. Y que, claro, la querella del Ministerio Fiscal contra Mario Conde y los exadministradores de Banesto fue presentada dos semanas después, el 14 de noviembre de 1994. Según explicó el defensor, el derecho al juez natural o predeterminado por ley quedó vulnerado. El abogado no añadió detalles ni pruebas, según le había solicitado el presidente del tribunal. Antes de finalizar el punto del juez predeterminado por ley, intentó mitigar sus palabras: «No está en el ánimo de la defensa hacer imputación alguna al sistema jurídico español, sino referirse al caso».

Sin embargo, el letrado de Conde omitió algunos hechos en su narración. La película completa es diferente. El primero de los hechos: Manuel García Castellón no cayó como paracaidista al juzgado de Miguel Moreiras el 25 de octubre de 1994, sino que ganó la plaza, en 1993, para sustituir al juez Baltasar Garzón y se hizo cargo de su juzgado, el número 5, el 30 de septiembre de 1993.Cuando Garzón regresó a su puesto, el 18 de mayo de 1994,

García Castellón fue designado a depender de la Sala de Gobierno de la Audiencia Nacional hasta nuevo destino. El 20 de mayo de 1994 —y no el 25 de octubre, como pretendió, vendiendo gato por liebre, Juan Sánchez Calero— el juez García Castellón fue adscrito al Juzgado de Instrucción número 3 con el apoyo del titular, Moreiras. Más tarde, el 25 de octubre, la Comisión Permanente del CGPJ le nombró en comisión de servicio para ocuparse de asuntos de nuevo ingreso en el juzgado número 3.

La vista oral se prolongó durante dos años y hubo de todo: tensión, nervios, anécdotas y el reconocimiento de alguna mentira, como el que protagonizó Mario Conde el 10 de marzo de 1998, día en el que terminó asumiendo que la apropiación de trescientos millones de pesetas fue debida a una entrega a Adolfo Suárez, expresidente del Gobierno, para su partido político, el Centro Democrático y Social (CDS), en los primeros meses de 1989, por sus gestiones ante el Banco de España. El exbanquero —que quince días antes había ingresado en la cárcel de Alcalá-Meco para cumplir la sentencia del caso Argentia Trust— confesó haber mentido al juez Manuel García Castellón al negar los hechos en diciembre de 1994, por estimar que al no haber pruebas el asunto sería archivado. Suárez negó la víspera haber recibido el dinero y se ratificó en su declaración ante el juez.

—En enero de 1989, ¿ordenó usted a Martín Rivas la extracción de 150 millones de la caja del banco? —preguntó el fiscal al expresidente de Banesto.

—Definitivamente, rotundamente no. Nunca le he ordenado que retire dinero de la caja. Lo que sucedió es una cosa distinta —respondió Mario Conde.

—¿Qué sucedió?

—Con el permiso del presidente, lo que dije en la instrucción no es exactamente lo que sucedió. Definitiva, rotunda y absolutamente, no ordené el retiro. No es absolutamente cierto todo lo que dije al juez instructor. Sí algo de lo que dije. En ningún momento me quedé con 100, 150, 300 o 2 pesetas de ese dinero. En 1988, cuando iniciamos la fusión con el Banco Central, esto no fue recibido con alborozo por el gobernador del Banco de España, Mariano Rubio. El propio presidente del Banco Popular, Luis Valls, me dijo que saldría mal. Se desata una guerra. Determinados accionistas del Banco Central agrupados en Cartera Central se opusieron a la fusión. Miguel Boyer es nombrado presidente de Cartera Central con el fin de presidir el nuevo banco que surja de la fusión Banesto-Central.

—¿Qué tiene esto que ver con los 300 millones?

—Aparecen de la mano de Fernando Garro dos personas: Antonio Navalón y Diego Selva. Yo no tenía experiencia en el sector bancario y Navalón me dice que me hace falta un soporte político. Y me sugiere a Adolfo Suárez, de quien era amigo.

Entre las muchas anécdotas destaco por su tensión la que se produjo el 19 de octubre de 1998. Eran casi las cinco y media de la tarde y comparecía el segundo testigo del turno vespertino, Rosa María Carreño. Los nervios del banquero, que eran algo habitual en las sesiones del juicio, se desbocaron justo cuando declaraba la presunta testaferro del entonces presidente de Banesto, que había acompañado el interrogatorio con aspavientos y algún que otro soplo a la testigo, hasta que Siro García intervino.

—Señor Conde, retírese de la sala hasta nuevo aviso —dijo en un tono serio, ante la sorpresa del exbanquero, que dudó algunos segundos.

—¿Se refiere a que debo abandonar la sala o no?

Tras un breve receso al finalizar la declaración de Carreño, Conde volvió a su puesto en la sala y se disculpó.

El 31 de marzo de 2000 —seis años después de la intervención de Banesto y dos desde que empezó el juicio oral— la Audiencia Nacional dictó sentencia. Conde recibió una pena por apropiación indebida y estafa de algo más de 10 años. A su hombre de confianza, Arturo Romaní, se le impuso una condena mayor (13 años y 8 meses). El exconsejero Rafael Pérez Escolar y el exdirector general Fernando Garro se quedaron en 6 años por los mismos delitos. Absueltos fueron los otros siete excolaboradores imputados. Los condenados debían pagar a Banesto 7.200 millones y varios de sus bienes fueron expropiados. «No se trataba —escribió *El País* en un editorial publicado al día siguiente— de audaces e incomprendidas operaciones financieras cargadas de futuro; tampoco de simple imprudencia temeraria. Los artificios contables desplegados por Mario Conde y sus cómplices eran un simple ejercicio de encubrimiento de operaciones destinadas a enriquecerse personal e ilegalmente a cuenta del banco que dirigían. Ya no es una opinión más o menos fundada, sino una conclusión que se desprende de la sentencia de la Audiencia Nacional sobre el caso Banesto. Es decir, sobre la relación entre el agujero descubierto en esa entidad tras su intervención y el enriquecimiento de algunos de sus gestores. El héroe de quienes hagiográficamente consideraron que la intervención obedecía a un impulso político ha resultado ser un estafador. De nueve operaciones enjuiciadas, la sentencia estima con contenido delictivo siete, aunque algunas de ellas las considera prescritas o sin tipo penal aplicable conforme al anterior Código Penal».

Las condenas a Conde y el resto de imputados fueron bien acogidas por los representantes políticos de las fuerzas mayoritarias. «Satisfacción mesurada» fue el término utilizado por los dos grandes partidos, tras subrayar que el fallo confirmaba el buen funcionamiento del Estado de Derecho. En cambio, la tercera fuerza política —Izquierda Unida—, los sindicatos y las asociaciones de consumidores lo consideramos «corto e insuficiente». «Ha sido un jarro de agua fría», declaré entonces a los medios de comunicación a las puertas de la sede judicial. Ese mismo día y en nombre de la asociación de usuarios para la que colaboraba entonces (Ausbanc), presenté un escrito en la Audiencia Nacional con el objetivo de reclamar prisión provisional para Mario Conde o, en su defecto, una fianza de mil millones de pesetas.

Años después —a principios de 2013— fui protagonista involuntaria de una curiosa anécdota en las redes sociales. El actual adjunto a la presidencia de Ausbanc, Ángel María Garay, que entonces ni siquiera trabajaba para la asociación, envió a la secretaria personal del exbanquero condenado, con copia al propio Mario Conde, el siguiente mensaje en Twitter: «Montse Suárez fue elegida como abogada florero en el caso Banesto porque iba a ser un juicio largo. Para que estuviera en el candelabro [*sic*]». Sí, señor. Aquello fue todo un ejercicio de señorío y respeto al trabajo ajeno, que dice muy poco de la agrupación de usuarios y de quien la dirige *manu militari* desde hace más de veinte años.

La sentencia dictada el 29 de julio de 2002 por el Tribunal Supremo sobre el escándalo Banesto cerró casi ocho años de instrucción judicial con un notable endurecimiento de las penas impuestas en su día por la Audiencia Nacional. El Supremo partió, como es lógico, de los hechos declarados probados por la Audiencia Nacional en la primera sentencia sobre el caso, pero introdujo algunas valoraciones jurídicas novedosas. La más interesante fue la dimensión delictiva que el Supremo otorga a los artificios contables llevados a cabo para ocultar al Banco de España la verdadera situación de Banesto antes de su intervención. Otra novedad era el carácter de delito continuado que atribuyó a una de las apropiaciones indebidas imputadas a Conde. Así, el fallo del

Alto Tribunal elevó la condena a Conde de diez a veinte años y dos meses. Y ello porque el Supremo consideró que la retirada de trescientos millones de pesetas de las cajas de Banesto —cantidad que Conde alegó haber entregado al expresidente Suárez por una supuesta mediación ante el gobernador del Banco de España, pero cuya entrega nunca acreditó— constituyó una apropiación indebida continuada y, por lo tanto, no prescrita. La Audiencia Nacional estimó que esa apropiación fue un solo delito ya prescrito al dictar sentencia. Esta calificación supuso para Conde una pena adicional de seis años y un día.

Es cierto que el Supremo cerró la instrucción, pero el caso sigue abierto casi veinte años después, ya que el exbanquero estafador aún no ha liquidado todas sus deudas. Según publicó el suplemento *Crónica* del diario *El Mundo* el 14 de octubre de 2012, a Mario Conde y Arturo Romaní (solidariamente) les quedan por pagar, «céntimo arriba, euro abajo», quince millones de euros para rescindir definitivamente las obligaciones y deudas contraídas con Banesto. «Deudas impagadas, sentencias incumplidas y propiedades decomisadas —se señalaba en el artículo de *Crónica*— es lo que tiene que aclarar todavía el gallego». Esta cantidad —15 millones de euros— resultaría de restar a los 22 millones el pago ya realizado desde entonces: unos 7 millones. Según la sentencia de la Audiencia Nacional, Conde y Romaní «se aprovecharon en su propio beneficio de fondos depositados en cuentas corrientes» y con esos fondos «adquirieron diferentes terrenos y bienes inmuebles». Se trataría de cinco fincas, tres en Pollença (Mallorca) y dos en Sevilla. Sobre estos bienes se ordenó el decomiso en sendas resoluciones de la Sala de lo Penal de la Audiencia Nacional, de fecha 12 de mayo y 1 de octubre de 2012. Conde se apresuró a negarlo todo: «El auto de la Audiencia Nacional es nulo de pleno derecho. Sobre las fincas sevillanas se discute una llamada "tercería de dominio" porque desde el año 1990, una vez que se disolvió la sociedad de gananciales con mi primera esposa, el inmueble pertenece a la sociedad Los Carrizos, con lo que personalmente no tengo nada ver. Mientras que las fincas de Mallorca pertenecen a una sociedad radicada en Luxemburgo con la que tampoco tengo vinculación». La Audiencia Nacional no opinaba lo mismo. Fuentes de ese tribunal consultadas por el suplemento de *El Mundo* confirmaron que estas actuaciones pretendían levantar el velo sobre la titularidad real de dichos bienes, que son disfrutados personalmente y gestionados por el entorno familiar de Conde.

Más escandalosas, si cabe, que las deudas impagadas son las sentencias incumplidas. Aunque fue condenado a veinte años de cárcel por el escándalo Banesto y a cuatro por el caso Argentia Trust, Mario Conde cumplió algo más de cinco en diferentes tandas: tres entre 1994 y 2002 y dos más hasta llegar a 2005. La víspera de Nochebuena de 1994 ingresó por primera vez en la prisión de alta seguridad Madrid II Alcalá-Meco y salió a la calle en enero de 1995. El 23 de julio de 2005, gracias a «una especie de tercer grado encubierto» (pernoctaba de lunes a viernes en el centro penitenciario y disponía de permisos de fin de semana alternos) se cerró, tras casi tres años, su última estancia carcelaria. El 11 de noviembre de aquel año la Dirección General de Instituciones Penitenciarias hizo efectivo, a propuesta de la Junta de Tratamiento, el tercer grado penitenciario y Conde pudo pasar fuera de la prisión todos los fines de semana y disponer de 48 días de permiso anuales, frente a los 36 que tenía en la anterior.

En resumen: 15 millones de euros todavía pendientes de pagar a Banesto, algo más de 5 años de cumplimiento efectivo de cárcel por dos condenas que sumaban más de 26 años y el disfrute de beneficios penitenciarios, como la concesión de una especie de tercer grado encubierto. Conclusión: le salió barato apoderarse de

22 millones de euros de la entidad bancaria que presidía. La pregunta recurrente durante estos años ha sido si el rey de España intentó interceder por su *amigo* Mario Conde. Respuestas para esa pregunta hay muchas. Lo que es un hecho incontestable fue la amistad entre ambos. Requiero a José García Abad que me aclare la cuestión y me remite a su libro *La soledad del rey*: «No fue el banquero gallego una de las amistades peligrosas de don Juan Carlos, fue la más peligrosa, la más comprometedora. Compartió el destino carcelario inquietante para la monarquía con otros financieros que integraron la corte de los negocios de Juan Carlos I: Manuel Prado y Colón de Carvajal, Javier de la Rosa, José María Ruiz Mateos, Francisco Sitges, Zourab Tchokotua, Alberto Cortina y Alberto Alcocer. Conde superó a todos en ambición. No buscaba prioritariamente forrarse a la sombra del monarca, como Manuel Prado o Zourab Tchokotua; tampoco era su principal objetivo, aunque sí uno de ellos, como lo fue para Javier de la Rosa y Ruiz Mateos, protegerse tras el escudo real en su aventurada forma de concebir los negocios; ni siquiera buscaba beneficiarse del prestigio social de cazar, esquiar, navegar o divertirse con el monarca, como los Albertos, Miguel Arias y tantos otros. Su objetivo supremo, aunque insisto no el único, consistía en obtener del monarca el poder político por detrás de la urnas».

Mario Conde cuenta que conoció al rey al poco tiempo de aterrizar en Antibióticos, la empresa farmacéutica de Juan Abelló, en 1984, con ocasión de una regata en la que participaban ambos, cada uno en clases diferentes. «Don Juan Carlos me dijo que subiera a Marivent a desayunar con él. Me quedé algo acojonado porque no esperaba semejante invitación y, además, no tenía la menor idea de qué podía querer el monarca de mí, un tipo listo y rico, pero eso era todo. Bueno, todo no, porque era, además y por encima de cualquier otra consideración, abogado del Estado, que eso en este país era mucho. [...] No recuerdo en absoluto de qué hablamos. Si me hubiera propuesto ser presidente del Gobierno, por ejemplo, o siquiera subsecretario de Justicia, me acordaría. Pero como nada de eso sucedió, como la conversación, por amable que fuera, no superó la media de la normalidad, me quedé con lo menos corriente, y esto era, precisamente, el hecho de estar allí, en aquel lugar, sentado a aquella mesa, a solas con el rey. [...] Al concluir, un tipo alto, de buena facha, vestido con bermuda y camiseta con inscripción marinera, nos saludó. Me lo presentó el monarca y pronunció su nombre, pero no lo retuve porque era bastante raro para los estándares hispanos. Al cabo de unos años supe que le llamaban príncipe Chocotua [*sic*], una persona que no sé dónde tenía el principado, pero que gozó de cierta notoriedad hasta que lo implicaron en relaciones con el rey de corte económico y eso, junto con los amoríos, son caldos en los que fermenta el escándalo con velocidad y voracidad inigualables», relata el exbanquero en su libro autobiográfico *Los días de gloria* (editado por Planeta en 2010).

El asalto de Conde a La Zarzuela produjo uno de los momentos más comprometidos para la Corona, iniciándose así un proceso todavía incipiente de deterioro de la situación. José García Abad lo compara con un golpe de Estado como el del 23-F, en grado de frustración, eso sí. En su opinión fue, en efecto, un golpe de palacio que podía haber llegado a mayores si el rey hubiera apoyado las incitaciones de Conde a dar un paso que depararía un verdadero golpe de Estado. «El asalto a la voluntad de don Juan Carlos —señala el autor de *La soledad del rey*— fue una obra maestra de planificación, de audacia y de meticulosa ejecución. Atacó la ciudadela por medio de regalos y halagos. Su jugada maestra fue la seducción de su padre, un don Juan que no pudo ser Juan III. Explotó sabiamente la amargura del conde de Barcelona y la mala conciencia del hijo, al que parecía atormentarle el salto dinástico exigido por Franco». Jaime Peñafiel me cuenta que «en aquellos años don Juan Carlos parecía solo ver por los ojos del banquero, quien, todo hay que decirlo, prestó "grandes servicios" a Su Majestad, nombrando presidentes de empresas de Banesto a quien el rey le pedía». Francisco Sitges fue uno de ellos, entregándole la presidencia de Asturiana de Zinc.

Fruto de aquella influencia sobre el monarca fue la arbitraria destitución de Sabino Fernández Campo como jefe de la Casa del Rey y su sustitución por Fernando Almansa, amigo y compañero de estudios del expresidente de Banesto, todo ello atribuible a las malas artes de Mario Conde, que escribe sobre ello en su libro de memorias sin ningún recato. Muchos se preguntan ahora si el exbanquero hubiera redactado ese libro si el general siguiera vivo. Como es lógico, la pregunta no tiene respuesta. Lo que sí queda claro en la obra es la crueldad de Conde con la figura de Fernández Campo, quizá motivada por el apoyo que el entonces jefe de la Casa del Rey prestó a los Albertos en su lucha contra el presidente de Banesto. «Le conocí —relata en *Los días de gloria*— en casa de José Antonio Martín Alonso-Martínez. Cenamos los tres. Mientras permanecimos sentados alrededor de la mesa, su comportamiento fue sereno, tranquilo. [...] Concluida la cena, nos sentamos a tomar una copa en el rincón que nos preparó José Antonio. La conversación giró hacia el rey y en ese instante, ante mi asombro, Sabino se transformó. Su cara tensó los músculos, sus ojos se inundaron en brillo. Habló del rey sin el menor recato. Por supuesto que un jefe de la Casa del Rey ni puede ni debe hablar así, ni siquiera de manera infinitamente más liviana». Mario Conde no comentó con el rey los términos de aquella cena. Lo que sí hizo años después fue hacer responsable al general de que *El Mundo* publicara que los «efluvios amorosos» habían hecho que don Juan Carlos se ausentase misteriosamente de España durante una semana sin informar previamente al gobierno de España, con la consiguiente dejación de sus funciones constitucionales. Al parecer, don Juan Carlos se encontraba en Suiza atendiendo a su *amiga* Marta, internada por depresión, en un momento crítico. Francisco Fernández Ordóñez se hallaba entonces en fase terminal y se necesitaba la firma del monarca para cesarle y nombrar a su sucesor como titular del Ministerio de Asuntos Exteriores.

Conde cuenta en sus memorias la *traición* a Sabino: «Le relaté [al monarca] mis conversaciones con Pedro J. Le dije que el director de *El Mundo* había hablado con Sabino. El rey se quedó impactado pero silencioso. Avanzamos muy despacio por tan peligroso y resbaladizo terreno. Comprobar este dato de manera frontal y directa seguro que provocó en el monarca el convencimiento de que entre su jefe de Casa y él se había producido una ruptura, o al menos una fisura de algo sagrado: la confianza».

Peñafiel sostiene la siguiente teoría sobre el asunto: «El cortesano siempre es una persona honorable, porque dice aquello que al rey le gusta oír. Sabino Fernández Campo fue la lealtad hecha ser humano. Pensó que su obligación como jefe de la Casa del Rey era decir aquellas cosas que nadie se atrevía a decirle al monarca. Llegó un momento que el rey pensó que era una mosca cojonera. El rey se sentía incómodo. Llega un momento que don Juan Carlos pensó que siempre había tenido tutelas: primero había sido su padre, después Franco, luego el duque de la Torre, más tarde el marqués de Mondéjar y, por último, Sabino. La lealtad es necesaria pero, a veces, es incómoda. Mario Conde influyó en el rey para que prescindiera de Sabino. Don Juan Carlos ya lo tenía decidido antes de que interviniera Mario Conde, porque se había vuelto un personaje incómodo. Llegó Mario Conde y el monarca pensó: "Este es el momento"».

Despejados, como diría Peñafiel, los obstáculos incómodos, Mario Conde terminó convirtiéndose en el banquero privado del rey, como antes lo había sido una figura mítica de la banca española, Alfonso Escámez, expresidente del Central-Hispano. Esa etiqueta de «banquero real» trajo prestigio para Conde y quebraderos de cabeza al monarca. Relata Ernesto Ekaizer en *Vendetta* (editado por Plaza & Janés en 1996) que existían dos cuentas en Banesto que preocupaban a Conde el día después de que se consumara la intervención de Banesto. Y las dos pertenecían al rey. La primera (la número 8317-172) fue abierta en 1989 en la sucursal del paseo de la Castellana número 7 para que don Juan Carlos comprara acciones de Asturiana de Zinc, por indicación de Francisco Sitges y por un montante de 200 millones de pesetas. Cuando el Banco de España intervino Banesto, la cuenta tenía un descubierto de 150 millones de pesetas, según Ekaizer. Al día siguiente el presidente de la entidad dio instrucciones para que se cubriera semejante descubierto. Se recurrió para ello al Sindibank, cuyo presidente, tras hablar por teléfono con el rey, que esquiaba en Baqueira Beret, depositó los 150 millones en Banesto y abrió a Su Majestad una cuenta de crédito por la misma cantidad en su banco.

Ekaizer menciona otra segunda cuenta en Banesto (la número 148963-172), que Mario Conde abrió en abril de 1993 a nombre de don Juan Carlos sin que pasase a la firma real. Con esa cuenta se compraron derechos de la ampliación de capital en Banesto y acciones en esa entidad por un total de 202 millones de pesetas. Acciones y derechos fueron vendidos en mayo por 227 millones, obteniéndose una plusvalía de 25 millones. En octubre se adquirieron con cargo a esa cuenta acciones de distintas compañías por un montante de 1.528 millones de pesetas, que proporcionaron al monarca pocos días después 100 millones en plusvalías, según señalaría la Casa del Rey a la nueva dirección de Banesto tras la intervención.

Con estos precedentes, ¿es descabellado pensar que el rey pudo hacer gestiones para ayudar a Mario Conde en sus problemas con la justicia? La primera respuesta nos la da Raúl Heras en su obra *La Cacería* (Temas de Hoy, 1995). Cuenta este periodista que el abogado Rafael Pérez Escolar (también condenado por el caso Banesto) dirigió un memorando al rey por medio de un ministro de Franco. La respuesta real a ese memorando, según informó Enrique Lasarte (el último consejero delegado antes de la intervención de Banesto) a los reunidos un día en su casa —entre los que estaban Lourdes Arroyo, la primera esposa de Conde— fue la siguiente: «Su Majestad considera que el juez y abogado [Pérez Escolar] es de los pocos españoles que en todo momento se han mantenido fieles a él. Sobre Mario expresa palabras de afecto. Dice que va a hacer todo lo posible por ayudar».

A García Abad le cuesta pensar, según me dice, que el rey haya llamado alguna vez a un juez para *influir* en un asunto judicial. «Lo que sí creo —subraya— es que se produce una complicidad de determinados jueces para no cebarse con los amigos del rey. Es pura intuición mía, pero considero que, a veces, se ha hecho la vista gorda. Mi impresión es que el monarca se ha beneficiado de la complicidad de muchos estamentos, desde la prensa —donde ha habido una especie de autocensura y se le han reído todas las gracias— hasta la judicatura, no sé si por tener la sensación de que la Corona no estaba lo suficientemente consolidada, porque era flor de invernadero y más valía no menearla o por la simpatía del monarca, que es un genio para la seducción de la gente».

Para García Abad, «de lo que no hay duda es que el rey intentó mediar —no con los jueces—, aunque ciertamente no con mucho énfasis, antes y después de la intervención de Banesto». Por su parte, Ernesto Ekaizer relata en su libro *Banqueros de rapiña. Crónica secreta de Mario Conde* (editado por Plaza & Janés en 1994) los acontecimientos durante el día de la intervención de Banesto, el 28 de diciembre de 1993: «Mario Conde seguía esa mañana tras la pista del rey Juan Carlos. Hacia el filo de la medianoche del día anterior, 27 de diciembre, llamó por teléfono a Manuel Prado y Colón de Carvajal, el *amigo* del rey, a su casa de Sevilla. Le pidió disculpas por la hora y le dijo que había intentado comunicar sin éxito con el presidente del Gobierno, lo que era cierto, y que quería hablar con el rey. Prado le dijo que no podía ayudarle a esas horas. En la mañana del martes 28 Conde volvió a llamarle. Prado le dijo que si bien el rey estaba en Madrid, se ausentaría unas horas, y le aconsejó que volviese a llamar más tarde. Al parecer Prado había hablado con el rey y le había informado de la comunicación con Conde el lunes 27. Prado interpretó, por las cosas que le dejó caer el rey, que estaba al corriente de lo que ocurría en Banesto y que mantenía hilo directo con el presidente del Gobierno, Felipe González. Ese martes 28 Conde finalmente no habló con el rey». Ekaizer añade que esa conversación entre Su Majestad y el hasta aquel momento presidente de Banesto se produjo finalmente durante la mañana del día 29 y el monarca le dijo que la víspera había hablado con González y Aznar. Según el periodista de *El País*, don Juan Carlos le aconsejó que respetara la decisión del Banco de España.

Años después, en su libro de memorias, Mario Conde corrige a Ekaizer, al asegurar que la conversación telefónica con el rey tuvo lugar a las ocho y media de la mañana del día de la intervención, el 28 de diciembre. Según el exbanquero fue el rey quien comenzó la conversación en los siguientes términos:

—Me acaba de llamar el presidente del Gobierno. No entiendo nada. Me dice que van a intervenir Banesto. Le he pedido que no hagan ninguna barbaridad, que casos como este han existido siempre en la banca española, europea y mundial y que se han solucionado siempre por métodos normales.

—¿Y qué le ha dicho, señor?

—Que no me meta en este asunto, que me mantenga al margen, que no me meta en temas políticos o algo así.

—Bueno, pues eso, señor: manténgase al margen.

—Pero es que se trata de una barbaridad.

—Por supuesto, señor, sobre todo si recuerda que hace unos días vuestra majestad me informó de que le había llamado el presidente del Gobierno para decirle que todo en Banesto iba bien.

—Sí, así es. Me acuerdo perfectamente, por eso no entiendo nada.

—Sí, claro, o quizá se entiende todo con lo que le ha dicho, pero perdóneme. Ya hablaremos. Le tengo que dejar porque tengo por la otra línea al presidente del Gobierno.

En ese momento Mario Conde cortó la comunicación con el rey y atendió la llamada del presidente del Gobierno. Fue el presidente del Banesto quien comenzó la conversación.

—Gracias por llamar. Quiero que sepas que estáis a punto de tomar una decisión equivocada. Sabes que J. P. Morgan es uno de los bancos más importantes del mundo y está con nosotros y nos apoya [...].

—Mira, Mario, yo tengo que fiarme del gobernador, así que haz todos los esfuerzos posibles para ponerte de acuerdo con él. Ahora me tengo que ir al dentista.

—Sí, claro, presidente, pero es que el gobernador me dijo el día 15 que estaba todo bien. Ten en cuenta a Morgan. Son banqueros profesionales y los mejores del mundo. Se juegan el dinero y eso es muy importante. Creo que tienes que escuchar y después decides. Te prometo que si es así, te ayudo a lo que sea, pero por lo menos escucha.

—Es que no es eso. No es eso. Haz lo que te diga el gobernador. Lo siento, pero tengo que irme al dentista.

—Bueno, pues muchas gracias.

Relata Ekaizer que el lunes 16 de febrero el rey recibió al entonces gobernador del Banco de España, Luis Ángel Rojo, para preguntarle por qué no fue posible adoptar ninguna medida antes de la ampliación de capital del verano de 1990 en Banesto. En *Vendetta*, otro libro del mismo autor, Ekaizer narra que a mediados de mayo don Juan Carlos sugirió a Felipe González que recibiera a Manuel Prado, y así lo hizo el día después de la festividad de san Isidro. El 9 de junio, tres días antes de las elecciones europeas, Aznar recibió al enviado del rey, aunque no fue Prado quien se lo pidió al líder de la oposición en aquel momento. Tuvo que ser un amigo suyo, Javier Arenas, quien hiciera de recadero.

Mario Conde sostiene en *Los días de gloria* que, días después del triunfo del PP en las elecciones europeas, se le acercó Manuel Prado para contarle «lo bien que estuvo el rey en todo este proceso desde que decidieron intervenir Banesto». «Yo le hice saber que fueron varias las personas que se acercaron a mí a contarme que Su Majestad no había actuado con la lealtad que le demostré en muchas ocasiones, pero que no les creía en absoluto. Manolo insistía en que el momento de la monarquía era algo delicado, porque comenzaba a extenderse la versión de que era felipista, que no servía para nada y que más tarde o más temprano se demostraría que también era corrupta».

Años después Luis María Anson me cuenta que el final del banquero se debió a sus aspiraciones políticas. «En un momento de crisis económica, con muchos años de Felipe González en Moncloa y con las dudas que suscitaba Aznar, que parecía que no iba a dar la talla, Conde pensó que se podía hacer un gobierno de salvación nacional con el líder social de España que era él. Empezó a intrigar con Alfonso Guerra en esa dirección. Felipe González montó en cólera, habló con Aznar y le buscaron las cosquillas en el Banesto, porque el sistema es el sistema y ellos pensaron que Mario Conde estaba fuera del sistema. Tardaron poco tiempo, porque aquello fue en octubre de 1993 y el día de los Santos Inocentes de aquel año desmontaron a Mario Conde. Yo ya lo dije cuando le presenté su libro de memorias ante mil quinientas personas: aquello fue una operación política, que no tiene nada que ver con influencias del rey o del no rey. Aquello fue la ambición personal de Mario Conde de convertirse en jefe del Gobierno, y en lugar de hacer la operación a través de una fuerza política, creyó que podía sortear el sistema y ser una solución como lo ha sido Monti en Italia, por poner un ejemplo. Aquí no solo las cosas no estaban maduras, sino que había un jefe de Gobierno, como era Felipe González, un hombre de Estado de primera magnitud. Aznar entendió divinamente el asunto y dijeron: "Este señor debe estar fuera de aquí, porque nos quiere llevar por un camino que no es el sistema constitucional que hemos creado". Fue sin duda una operación política para liquidar a Mario Conde», me relató Anson aquella mañana de abril de 2013 que le entrevisté.

Precisamente, la supuesta *operación política* para derribar a Mario Conde fue el eje central de la miniserie de dos capítulos que Telecinco emitió —con escaso éxito de audiencia, por cierto— los días 4 y 11 de julio de 2013. Basada en su libro de memorias, la *tv movie* parecía rodada para mayor gloria del antiguo banquero. La película retrataba a Mario Conde como un *joven heroico* enfrentado al *sistema*, sin que el hilo argumental tocase ni de lejos ninguna de las cuestiones que determinaron el denominado *Caso Banesto*. Nada de la operación *Cementeras*, nada de *Centro Comercial Concha Espina y Oil Dor S. A*, nada de *los artificios contables*, nada de los 300 millones para el CDS... En resumen, nada que obligara a Mario Conde a tener que dar una sola explicación nueva.

El expresidente de Banesto impuso sus condiciones para asistir al programa del 4 de julio. Tras su negativa a someterse a un debate con otros invitados —con el argumento de que él solo estaba dispuesto a verse las caras con Felipe González y José María Aznar—, su presencia en el plató quedó limitada a una entrevista conducida por la periodista Ana Rosa Quintana. Al programa del 11 de julio ni siquiera asistió, pese a que, según la dirección del espacio televisivo, se había comprometido a ello. Tuve el placer de asistir como tertuliana al segundo debate, en calidad de abogada que ejerció la acusación popular en el juicio del Caso Banesto. Mi participación se centró en recordar todas las acusaciones penales contra Mario Conde que la película no incluyó y los millones de euros que todavía no ha devuelto. Según pude comprobar a la finalización del programa, el exbanquero arremetió contra mí en las redes sociales mientras intervenía en el debate. «La rubia me suena, pero no como abogada. No sé bien por qué»; «atención a la rubia... es alucinante lo que dice»; «yo con esa individua no estoy de acuerdo en nada, ni siquiera en lo que pedía»; «¿qué es lo que más enfada a una mujer que se cree atractiva?», «que Telecinco elija como letrada a esta persona que todos sabemos lo que sabemos es pasarse de la raya», escribió en Twitter. En uno de los intermedios del debate y por la misma vía, pregunté qué era lo que conocía de mí, a lo que contestó que si tenía algo que arreglar, lo hiciera con Luis Pineda. ¡Otra vez salía el nombre del presidente de Ausbanc! Pineda no tardó en meter baza en el asunto. Lo hizo al día siguiente, también en Twitter. Dijo que él sí sabía todo sobre mí, terminando con una amenaza: «Así que mejor boca cerradita».

Mario Conde no ocultó su malestar tras la emisión del programa. Según él, la cadena de televisión había censurado una secuencia de la película, concretamente la que hacía referencia a la llamada del rey por la que le adelantaba la intervención de Banesto. Además, se quejó de que Rosa Villacastín aludiera, en una de las piezas grabadas que acompañaron la tertulia, a su difunta esposa. En una desafortunada afirmación, la veterana periodista llegó a decir que «el cáncer de Lourdes Arroyo se lo originaron los problemas que le dio Mario Conde». Durante horas, el que fuera presidente de Banesto cargó en las redes sociales contra Rosa Villacastín y el periodista Juan Luis Galiacho, a quien hizo cómplice de las declaraciones de su colega.

Especialmente vejatorio fue el trato que el expresidente de Banesto me dispensó dos días después de la emisión de la película. El sábado 13 de julio leí con estupor uno de los párrafos de un artículo que el antiguo banquero publicó en la web de Fundación Civil, con el título «El olor del odio de Villacastín, Galiacho y demás gente desalmada». Mario Conde se despachó a gusto contra mí con la siguiente afirmación: «Tampoco odia la chica esa con apellido de joyero de clase alta. No. Lo que le sucede lo aclarará algún día posiblemente Luis Pineda, que tanto me atacó desde Ausbanc, pero que conoce todas las dimensiones corpóreas y anímicas de esa persona y los motivos que mueven su cuerpo y su alma». Llegados a este punto del relato debo aclarar con resignación que, por supuesto, Luis Pineda Salido no conoce ningún centímetro de mi cuerpo que tape la ropa. ¡Faltaría más! Y no porque no lo intentase con continuas insinuaciones e, incluso, con proposiciones deshonestas. Años después, cuando ya había abandonado Ausbanc, descubrí que compañeras de la asociación habían pasado por trances semejantes. Ninguna de nosotras le llevamos a los tribunales. En lo que a mí respecta, es una espina que llevaré clavada para siempre. Si lo hubiera denunciado, se habría evitado lo que vino después.

Contada esa repugnante cuestión, volvamos al blog de Mario Conde. Me quedé de piedra con su lectura. La primera sensación fue la de no dar crédito. Del estupor pasé a la indignación cuando me enteré de lo que Mario Conde escribió en las redes sociales una hora después. Uno de sus seguidores se refirió al programa *Sálvame de Luxe* que emite Telecinco en la noche del viernes, en el que —al parecer, porque no lo vi— se habló aquel día sobre el sabor del semen de Amador Mohedano, el hermano de la tonadillera desaparecida Rocío Jurado. Sin venir a cuento, el expresidente de Banesto preguntó a su interlocutor: «¿Estuvo Montse Suárez en el programa de la experiencia del sabor del semen ese?». Minutos después, ya sin dirigirse a ninguno de sus seguidores en concreto, volvió a la carga: «Perdonarme (*sic*) sin ninguna intención oculta. ¿Estuvo la "abogada" Suárez en el programa de prueba de sabor a semen de ese que no sé quién es?». Tras recuperarme de la primera impresión, repliqué a los pocos minutos: «Ante los insultos y vejaciones de @mariocondeconde hacia mi persona, no entraré en sus provocaciones. Ejerceremos acciones legales». A partir de ahí, pude leer en la cuenta en Twitter del exbanquero una cascada de improperios: «¿Riña yo con Montserrat Suárez? Por favor. Como mucho *diputa* (*sic*), perdón disputa». «Pido a Dios que no tengáis la experiencia de ver como miserables como Villacastín, Galiacho, Suárez hablan o consienten sobre lo que sabéis». «Voy a ver a mis perros. Nada me agradaría más que acciones legales de esa mujer Suárez. Aprenderíais cosas…». «Estoy muy dolido. Cada vez que escribo saltan lágrimas. Encima esa miseria humana de mujer». «El miércoles si Dios quiere diré más sobre esta gente. Me encantaría informar sobre las acciones legales de Suarez». «Un insulto es decir lo no cierto. Una mentira piadosa es no contar la verdad. ¿Quiere eso?». «No tiene ni idea. Me dicen en Manos Limpias que las manos no es todo el cuerpo». «Cuando ponga las querellas anunciadas se distinguirá perfectamente por los de edad, los jóvenes y los niños. Ya verás». «Han pasado dos días desde la indignidad. Mi dolor va a más. Miserables Villacastín, Galiacho, Suárez. No pararé porque es justo».

Dos días después, cuando me encontraba preparando la querella, me avisaron de que Mario Conde me pedía disculpas. Lo hacía a su manera, pero lo hacía: «No tengo nada personal contra M. Suárez pero no me gustan los juicios sectarios. Por eso digo: mis palabras no tenían intención de ofenderla. En el tema del cáncer de Lourdes Arroyo, M. Suárez nada dijo, a diferencia de Villacastín y Galiacho. No es justo mezclar las cosas», escribió el exbanquero en la red social. Dejé de redactar el escrito que iba a presentar en el juzgado y lancé en Twitter el siguiente mensaje: «Acepto la rectificación de M. Conde. Espero que algún día confirme que quien le intoxicó, según refiere en su blog, fue Luis Pineda Salido. También dice M. Conde en su cuenta de Twitter que recibió información sobre mí de Manos Limpias. Espero que aclare ese extremo».

Algo tienen en común Mario Conde y Luis Pineda Salido. Ambos fueron condenados por la Audiencia Nacional: el primero, en el año 2000 por apropiación indebida, estafa y falsedad; el segundo, en 1984 por los delitos de robo y depósito de armas, entre otros.

No era la primera vez que recibía ataques machistas del entorno de Mario Conde. El periódico *La Gaceta de los Negocios*, en el que suele escribir el antiguo presidente de Banesto, publicó un artículo de opinión en febrero de 2013 que, con el título «La mujer que perdió su escote», decía lo siguiente: «Al igual que Adalberto von Chamisso imaginó al hombre que perdió su sombra, el Cascabel plagiario de la cadena episcopal ha inventado a la mujer que perdió su escote, o sea, Montse Suárez, que para comparecer en tan pía casa mudó sus habitualmente generosos modelos por otro mucho más recatado, con encajes que perfectamente podrían haber subido hasta el maxilar superior. El próximo día, le sugerimos que lleve mantilla. Más mantilla». Estaba claro que al grupo de comunicación que preside Julio Ariza no supo encajar que tanto Antonio Jiménez, director y presentador del programa *El cascabel al gato*, como yo fuéramos contratados por 13 Televisión.

El pícaro y el patrón

Tribunal Supremo, plaza Villa de París sin número, en Madrid. Viernes 21 de septiembre de 2007. Una de la tarde.

Se acercaba el fin de semana y el calor del último día del verano invitaba al ocio y el esparcimiento. Tal vez por eso no había demasiada expectación entre los periodistas acreditados en el alto tribunal, pese a que ese día la Sala de lo Penal hacía pública la última sentencia sobre los juicios pendientes a Manuel Prado y Colón de Carvajal —el imputado que más importaba a La Zarzuela, aunque hacía años que no pisaba el palacio— y Javier de la Rosa. Prueba de aquella falta de interés por el asunto fue que, al día siguiente, todos los periódicos recogieron la noticia en pequeñas informaciones sin ningún alarde tipográfico, con titulares a escasas columnas y fotografías de archivo de De la Rosa. «El Supremo eleva a seis años de cárcel la condena a De la Rosa por el caso Pincinco», fue el titular repetido en casi todos los medios. La confirmación de la pena impuesta a Manuel Prado —un año de cárcel— aparecía en los párrafos interiores y poco destacados.

Pese a que el hecho pasó casi desapercibido en los medios, el fallo tuvo mucha importancia, ya que ponía el punto y final a un rosario de causas judiciales relacionadas con el llamado caso Kio, una de las suspensiones de pagos más espectaculares de la historia de España, cuya causa se dividió en cuatro vistas orales. Además del primero, que juzgó la estafa de 312 millones de euros, los que se examinaron por separado fueron el caso Wardbase, el sumario Icsa-Impacsa, y el último, que agrupó los procedimientos Pincinco, Oakthorn, Prima Inmobiliaria y Quail-Acie, denominados así por el nombre de las sociedades instrumentales utilizadas para desviar fondos. El escándalo Kio tuvo su origen en la invasión de Kuwait por parte del dictador iraquí Saddam Hussein, lo que motivó la intervención norteamericana y británica para expulsar a los invasores y volver a instalar a la familia Al-Sabah al frente del emirato. Al final de la guerra se supo que habían desaparecido alrededor de 1.400 millones de euros según las cuatro sentencias dictadas (aunque Kio habla de casi medio billón), que la Kuwait Investment Office mantenía en las cuentas de su filial española, el Grupo Torras. La nueva rama de los Al-Sabah, que tras la retirada iraquí se instaló en el emirato, pronto se dio cuenta de la estafa, acusó a De la Rosa de apropiarse de más de 100.000 millones de pesetas y procedió a querellarse en Londres y Madrid contra el presidente de Torras en España.

En su declaración jurada ante la corte de la capital inglesa, De la Rosa reconoció haber entregado en su día a Manuel Prado y Colón de Carvajal hasta 160 millones de dólares. El *amigo* del rey admitió en sede judicial haber recibido 100 millones, en dos entregas de 80 y 20, que justificó como «el pago de dictámenes y trabajos de asesoría por él realizados para De la Rosa». Remarco lo de «amigo» porque así se refirió a él don Juan Carlos cuando recordaba la misión que le encomendó años atrás —cuando ni siquiera era rey y el PCE se mantenía en la clandestinidad— para que enviara un mensaje a Santiago Carrillo por la vía del dictador comunista rumano Nicolau Ceaucescu. «Un amigo muy íntimo [...], el único en el que podía depositar mi confianza», le confesó a su polémico biógrafo José Luis de Vilallonga.

Pero volvamos a la sentencia del Supremo. Para poner en antecedentes al lector sobre el fallo del Alto Tribunal hay que remontarse a un año antes —el 26 de junio de 2006—, cuando la Audiencia Nacional, tras años de dilaciones, condenó a cinco años de cárcel (la acusación pedía treinta y ocho) a Javier de la Rosa, y a uno a Manuel Prado y Colón de Carvajal. El diplomático retirado vio cómo la sentencia exoneraba de responsabilidad civil sus más importantes propiedades, por lo que no se vio obligado a pagar lo sustraído. Las últimas condenas dictadas habían dejado mal sabor de boca a los abogados de Kuwait —que llevaban trece años reclamando la devolución del dinero— y el fallo de la Sección Primera de la Sala de lo Penal de la Audiencia Nacional, presidida por el polémico Javier Gómez Bermúdez, no fue una excepción. Para disgusto de los representantes de Kio, la condena fue mínima. En aquel último proceso se juzgaban las operaciones Pincinco, Oakthorn, Quail y Acie, así como la presunta manipulación de acciones de Prima Inmobiliaria, una de las filiales del grupo kuwaití en España en la década de 1990. La sala solo encontró delito probado en los casos de Pincinco y Oakthorn, mientras que los otros tres se saldaron con la absolución de los acusados.

Uno de los pocos medios de comunicación que se hizo eco del asunto fue el semanario *El Siglo*. La crónica que la revista publicó una semana después de conocerse la sentencia de la Audiencia Nacional decía así: «Quien más satisfecho puede estar del resultado final del largo proceso judicial no ha hecho declaraciones ni se ha dejado ver. El diplomático retirado Manuel Prado y Colón de Carvajal ha visto cómo su última cuenta pendiente con la justicia se ha liquidado no solo con una mínima condena de un año de cárcel, que difícilmente cumplirá debido a su edad, sino con la liberación de la intervención judicial que sufrían varias de sus más importantes propiedades para poder hacer frente al pago que una futura condena le pudiera imponer». Según *El Siglo*, «Prado ya dio muestras de su firme apego a sus posesiones en 2004, cuando prefirió pisar la cárcel antes que desprenderse de alguna de ellas para pagar los treinta millones de euros que le requería la Audiencia Nacional como única condición para no ingresar en prisión». «Y decimos *pisar* —añadía el semanario— porque apenas dos meses después de su ingreso en el penal de Sevilla II la Dirección General de Instituciones Penitenciarias le excarcelaba aplicándole un segundo grado debido a su avanzada edad [tenía entonces setenta y tres años] y a diversos problemas de salud. Desde entonces, junio de 2004, Prado cumple sus dos años de condena en firme (ratificada por el Supremo) por el caso Wardbase, otra de las piezas del voluminoso sumario del caso Kio, con total libertad y la única incomodidad de una pulsera en el tobillo que le permite estar permanentemente localizado. Con estos antecedentes y dos años más en su carné de identidad, a los que habrá que añadir los que tarde el Tribunal Supremo en considerar firme la nueva condena de un año, ya nadie espera que el conocido diplomático vuelva a verse entre rejas».

Lo que sí esperaba, al menos, la acusación particular era conseguir que el exdiplomático pagase parte de lo jurídicamente probado que había sustraído. Sin embargo, la sentencia se lo puso aún más difícil. Manuel Prado tuvo la habilidad de enmascarar sus más importantes posesiones, entre ellas una espléndida finca de recreo en el municipio onubense de Zufre denominada Dehesa de Juan Esteban, bajo un manto de sociedades interpuestas. El *golpe* a las expectativas de cobro de los kuwaitíes fue explicitado en la sentencia de la Audiencia Nacional de la siguiente manera: «Estas sociedades [la citada Dehesa de Juan Esteban y otras] no aparecen utilizadas en los hechos probados; así, aunque resultasen ser propiedad de alguno de los acusados, lo que en su caso se podrá resolver en las piezas de responsabilidad civil, falta la vinculación que el artículo 22 del antiguo Código Penal exige para declarar la responsabilidad civil subsidiaria». Tal argumentación sorprendió a los medios de comunicación porque los hechos juzgados —y condenados— en el caso Pincinco eran casi idénticos a los de la pieza del caso Wardbase, sentenciado en firme por el Supremo dos años antes.

En definitiva, se trataba de un dinero enviado por Javier de la Rosa a una cuenta suiza controlada por Manuel Prado como pago a cada una de las supuestas sociedades fantasma. Mientras De la Rosa mantenía ante el juez, tanto en el juicio de Wardbase como en el de Pincinco, que el motivo de la transferencia eran pagos políticos —entre los que incluía al rey— para que el Estado español apoyase la guerra del golfo, el diplomático lo negaba y argumentaba que se trataba de supuestas deudas particulares entre el empresario catalán y él. Tanto en un proceso como en el otro, los magistrados no dieron crédito a ninguno de los dos, ya que —según la justicia— no existía prueba documental alguna de sus afirmaciones. Así las cosas, Prado pudo respirar tranquilo, al igual que la Casa del Rey: tanto la amenaza de un nuevo ingreso en prisión del polémico amigo del rey como una indeseada desposesión de sus bienes se alejaba casi definitivamente. Y con ella la remota posibilidad de que el nombre de don Juan Carlos volviera a pronunciarse en sede judicial.

Pese a todo, la sentencia de la Audiencia Nacional no logró despejar todas las dudas que planearon sobre la monarquía durante aquel proceso. Aunque los jueces no dieron credibilidad a los reiterados argumentos de De la Rosa respecto al destino final de los muchos millones desviados, tampoco consiguieron establecer a qué bolsillo fueron a parar. Casi calcada de la doctrina establecida por el Supremo en el ya citado caso Wardbase —el veredicto establecía que a los millones de la cuenta de Suiza controlada por

Prado se les dio «un destino que no se conoce»—, la sentencia de la Audiencia Nacional en el caso Pincinco señalaba que los fondos fueron desviados «en gran parte hacia cuentas particulares de los implicados y de personas de su entorno», pero también que «existen partidas cuyo destino no se conoce».

Un año después de aquello el periodista Jesús Cacho volvió a sembrar la duda sobre el papel del monarca en el caso Kio. Cacho relató en su columna de *El Confidencial* los siguientes hechos: «Testigo del episodio en las alturas fue Sabino Fernández Campo, exjefe de la Casa del Rey, a quien un día el monarca pidió que acudiera al piso que De la Rosa solía utilizar durante sus estancias en Madrid, un hermoso *penthouse* en el 47 del paseo de la Castellana, para que transmitiera al catalán el siguiente escueto mensaje:

—Vas a ir a ver a Javier de la Rosa a este número del paseo de la Castellana y le vas a decir que, de parte del rey, todo está arreglado y que muchas gracias.

—Pero bueno —quiso saber Sabino, despistado—, ¿no hay que decir de qué se trata?

—No, nada. Tú limítate a transmitirle lo que te he dicho —le respondió el monarca.

Dicho y hecho. Fernández Campo cumplió su misión, certificando que el dinero había llegado a su destino.

—Vengo solamente a decirte, de parte del patrón, que todo está en orden, todo arreglado. Es lo que me ha dicho que te diga y que muchas gracias».

La sentencia del Supremo sobre el caso Kio del 21 de septiembre de 2007 tampoco sirvió para arrojar luz sobre el dinero indebidamente apropiado. Entre los cinco magistrados de la sala figuraba Enrique Bacigalupo, cuyo papel fue decisivo para rescatar del oprobio a Manuel Prado y Colón de Carvajal. En efecto, el tribunal, que desechó la práctica totalidad de los motivos de casación alegados por el resto de condenados, tuvo a bien estimar dos de los tres presentados por Prado (vulneración del principio de presunción de inocencia, del derecho a la tutela judicial efectiva y a un proceso con todas las garantías), rechazando el tercero, que reclamaba la prescripción. Bacigalupo fue más allá y, en un voto particular, discrepó del fallo de la mayoría por entender que debió ser estimado el motivo tercero del recurso del diplomático retirado y, consecuentemente, declarar la prescripción de la acción penal.

«En suma, don Enrique —escribió Jesús Cacho a los pocos días de conocerse la sentencia del Supremo— quería a don Manuel en la calle, limpio de polvo y paja, que aquí no ha pasado nada. En la calle y a disfrutar de los cien millones birlados al moro Muza, o de las migajas que hayan ido a parar a su orilla. Prado, por cierto, era la persona a la que el expresidente Felipe González se refería cuando, frente a Sabino Fernández Campo, advertía: "¡Y dile a Manolo que se conforme con el 2 por ciento, porque cobrar el 20 por ciento es una barbaridad!" Aludía Felipe a las supuestas comisiones del petróleo importado por España de algún país árabe». Este episodio lo recoge Cacho en su libro *El negocio de la libertad* (editado por Akal en 1999).

Hagamos un poco de historia. Don Juan Carlos conoció a Manuel Prado y Colón de Carvajal en una cena organizada por su primo don Carlos de Borbón-Dos Sicilias, duque de Calabria. Desde el principio hicieron buenas migas y el entonces príncipe de España le confió misiones confidenciales. Con ese objetivo solicitó para él la categoría de embajador permanente. El régimen franquista se la concedió. Obtuvo así estatuto diplomático, algo que formaba parte inseparable de su condición de intendente real. El pasaporte, además de otorgarle la residencia en Suiza (concretamente en Ginebra), le facilitaba su labor como gestor de los dineros privados de Su Majestad.

Y es que don Juan Carlos en aquellos años se encontraba corto de dinero. Cuando se casó con doña Sofía el matrimonio sufrió la racanería de Fuertes de Villavicencio, intendente general de El Pardo. Precisamente el viaje de la luna de miel fue pagado con el millón de pesetas —año 1962— que como regalo de bodas le hizo Emilio Botín Sanz de Sautuola, padre del actual presidente del Banco Santander, según cuenta Jesús Salgado en su obra *Botín, todo por la banca* (La Esfera de los Libros, 2010). «Y es que el rey de España, hoy una de las fortunas importantes del país, estaba entonces sin un duro o, como se dice en el argot popular, sin blanca. En tal situación, Botín padre hizo algo más por los recién casados: les regaló una importante cantidad de dinero que el propio banquero invirtió en operaciones de bolsa. "Unas salieron bien y otras mal, pero aquello nos permitió empezar a levantar cabeza", ha reconocido el monarca en no pocas ocasiones a sus amigos», relata Jesús Salgado en su obra.

Por su parte, José García Abad explica en su libro *La soledad del rey* (La Esfera de los Libros, 2004) que «el cepillo real empezó a funcionar, que se sepa, a partir de 1962, cuando Luis Valls Taberner, presidente del Banco Popular, organizó una suscripción popular que aportaría liquidez económica a los recién casados, 20 millones de pesetas de entonces, equivalentes a unos 12 millones de euros de hoy, una cantidad similar a la dote griega». A partir de ahí, señala García Abad, el rey entró en el mundo de los negocios, «aunque no con el rigor, el acierto y la transparencia con que lo hiciera su abuelo» Alfonso XIII.

La atribución más antigua sobre los ingresos de don Juan Carlos en el mundo de los negocios se refiere al supuesto cobro de comisiones por la importación de petróleo procedente de países árabes. El periodista Jaime Peñafiel lo cuenta así: «El rey tiene un patrimonio importante, porque en el año 1973, con la crisis del petróleo, se le pidió al entonces príncipe que hiciera gestiones con la familia real de Arabia Saudí, con la que siempre ha tenido buenas relaciones, para ver si España podía mantener cierta cantidad de petróleo para subsistir sin verse afectada. Las gestiones de don Juan Carlos fueron tan buenas que el rey de Arabia Saudí garantizó que España tendría todo el petróleo que necesitara. A cambio de esas gestiones, al príncipe se le autorizó oficialmente a cobrar un céntimo por cada barril que venía de Arabia Saudí. Eso se lo mantuvo Adolfo Suárez cuando llegó al gobierno. Siguió Felipe González, por supuesto, y no sé si Aznar cortó el tema. Eso a don Juan Carlos, que no tenía fortuna ninguna, le supuso amasar un capital importante. No sé en que cuantía, pero fueron muchos millones los barriles de petróleo que entraron en España durante aquellos años».

Manuel Prado entró en escena como enviado por el rey para hablar con Fahd de Arabia. Según el fascículo número 7, titulado «Memorias políticas de Manuel Prado», de la colección *Historia de la Democracia*, publicada por el diario *El Mundo* en octubre de 1995, el amigo de don Juan Carlos lo narró de la siguiente forma: «El monarca saudí, a título personal, nos concedió 100.000 barriles diarios a condición de que en la operación no hubiera ningún intermediario. Entonces el mercado era absolutamente del vendedor, por su escasez, y no quería que nadie se aprovechara de un favor hecho a España. Pero la operación se complicó porque, al intentar unos ejecutivos del INI que la cuota fuera mayor, lo que tenía graves dificultades, apareció un comisionista saudí que pretendía una participación económica importante para resolver el aumento de barriles. Hubo líos, porque me lo comunicaron, y volví a hablar otra vez con el rey Fahd, quien se encolerizó. Finalmente España tuvo su petróleo, que era de lo que se trataba, al mejor precio y sin desviar un solo dólar a bolsillos avispados. Así queda constancia en un documento ológrafo del entonces embajador de España en Riad, Alfonso Acebal».

Años después, en la década de 1980, Manuel Prado también intervino en otro negocio relacionado con el rey Fahd que acabó de mala manera. José García Abad lo relata pormenorizadamente en su obra *La soledad del rey*: «Al parecer el monarca del país de Mahoma, sensible a los problemas económicos de don Juan Carlos, le confió cien millones de dólares para que los invirtiera prudentemente y los devolviera a diez años sin intereses. Con solo poner esa cantidad en un banco a plazo fijo habría obtenido una buena fortuna. Sin embargo, el dinero fue confiado a Manuel Prado, que es todo menos prudente, y lo invirtió al parecer en el azaroso mercado de futuros, con resultados catastróficos, de forma que cuando se cumplieron los diez años acordados no había dinero, o al menos no el suficiente, para devolver. El caso es que había llegado el fatídico momento de la amortización del crédito y el rey Fahd había enviado a un primo a cobrarlo. El pánico cundió en Marivent, porque no se disponía de la cantidad exigida o se confiaba en no tener que devolverla. El rey entra en ebullición: ¡Que viene el cobrador del frac con chilaba! Y envía a Manolo Prado a que reciba con toda la pompa al correo real. Se desencadenan entonces escenas en Zarzuela. Manuel Prado parte veloz a recibir al príncipe árabe, tan veloz que se lanza al aeropuerto militar en lugar de al civil, que es donde aterrizaría el saudí.

Prado está confiado, pues observa en el aeródromo una agitación desusada que anuncia visitante de calidad, pero cuando colocan la escalerilla al esperado avión se percata de que quienes bajan del mismo son los duques de Kent, a quienes rinde desesperada cortesía. Juan Carlos monta en cólera, a punto de hacer rodar la cabeza del "manco en quiebra". Finalmente, cuando Prado pudo encontrar al príncipe saudí, como su antecesor Cristóbal Colón ante el trono de los Reyes Católicos, llorando imploró el perdón para él y para la real deuda. Después el propio rey telefoneó a su homólogo árabe quien, con sublime generosidad oriental, no perdonó la deuda, pero concedió un plazo adicional de cinco años».

El asunto más comprometedor para el monarca, de todos aquellos en que Manuel Prado intervino, fue sin duda el que se refiere al dinero que Javier de la Rosa aseguró haber entregado a don Juan Carlos en una cuenta en Suiza a través de su hombre de máxima confianza. La relación entre Prado y De la Rosa comenzó en 1987. Señala José García Abad que aquel año el diplomático convenció al rey para que le relevase de una misión comprometida, como era viajar a Kuwait para convencer al emir de que De la Rosa no era la persona adecuada para representar a Kio en España, como quería el entonces presidente del Gobierno, Felipe González. Semejante servicio fue muy agradecido por De la Rosa, quien, a partir de ese instante, le dio a Manuel Prado participación en casi todos los negocios que emprendía. La amistad entre ambos fue creciendo poco a poco hasta hacerse muy intensa, de tal forma que el empresario catalán compró una caseta en la Feria de Sevilla para alternar con Prado e incluso intentó comprar una finca en Huelva lindante con la de su amigo. Prado no solo ayudó a Javier de la Rosa en sus negocios, sino que le abrió las puertas de La Zarzuela. En junio de 1992 el *administrador real* le organizó un pequeño refrigerio con la familia real al completo.

El empresario necesitaba más que nunca esa reunión en el palacio, porque, acabada la guerra de Iraq y descubierto que había dejado la caja de Torras vacía, el manto del monarca le podría proteger de sus desventuras con la justicia. No fue así y el empresario catalán entró en una campaña de chantajes y calumnias contra la Corona. Aseguró que disponía de grabaciones en un hotel de Londres en las que don Juan Carlos agradecía sus aportaciones a Prado. Dijo también que podía presentar cartas del amigo del monarca, quien en nombre de don Juan Carlos le agradecía el envío de 429 millones de dólares. El entonces fiscal general del Estado, Carlos Granados, trató de conjurar el escándalo asegurando que el rey era «totalmente ajeno» a los negocios entre De la Rosa y Prado, pero no estimó conveniente instar el procesamiento del supuesto calumniador, no fuera que la cosa se liara más. Como en otros episodios relacionados con el monarca, se optó por movilizar a los espías de los servicios secretos de la época. El CESID trató de forzar la huida de España de Manuel Prado, algo que también hicieron tanto el jefe de la Casa del Rey en aquel tiempo, Fernando Almansa, como el director del diario *ABC*, Luis María Anson. Ambos le pidieron que se refugiara en Lausana o Ginebra (Suiza), donde tenía reconocida la residencia. Sin embargo, el hombre de confianza del rey se negó a marcharse. Representaba demasiado en la vida del monarca y consideraba que este nunca lo abandonaría. «Mis servicios al rey se han teñido de un halo oscurantista que me ha perjudicado, cuando no hay nada que ocultar. Mi tarea es muy sencilla, y es que si don Alfonso XIII tuvo al conde de Ruiseñada como intendente general, y don Juan de Borbón tuvo al conde de los Gaitanes, pues yo sería el intendente general de don Juan Carlos I, aunque como no me gusta nada lo de intendente, prefiero ser conocido como un simple administrador de los dineros privados de Su Majestad, ese es todo el misterio», se lamentaba por aquellos días.

El día en que ingresó en la prisión de Sevilla II —el lunes 26 de abril de 2004—, Anson escribió al respecto una columna publicada al día siguiente en el periódico *La Razón*, del que entonces era presidente fundador. Bajo el título «Compadecer al delincuente», el periodista monárquico subrayaba lo siguiente: «Durante una época muy larga era imposible hablar con él sin que alardeara de forma incesante sobre su amistad con el rey. No se le caía el nombre regio de la boca. Le llamaba "patrón" en su cantinela constante: "Desayuné ayer con el patrón". "Hoy he almorzado con el patrón y cenaré esta noche con el patrón en casa de Pirúlez". "Fui a buscar al patrón al aeropuerto y me llevó en el helicóptero hasta Zarzuela". "Voy a liquidar a Sabino porque al patrón le conviene renovarse". "Este Almansa es un desastre. Me lo cargo. Voy a decirle al patrón que lo escabeche". Tanto patrón por aquí, tanto patrón por allá, no era solo el desbordamiento de la vanidad personal; era también una forma de facilitar los negocietes de este personaje singular que ayer ingresó en prisión. Aprendí con don Juan lo que los ingleses llaman "tapar la Corona" o "cubrir la Corona", es decir, no hacer la menor referencia a una audiencia privada, no revelar el contenido de las audiencias públicas, no poner en boca del rey nada que expresamente no haya sido autorizado por el propio monarca. Cuando Manolo Prado apeló a su relación con el patrón para dar su versión del contencioso con Javier de la Rosa, en noviembre de 1995, corté por lo sano. Dirigía yo por entonces el *ABC* verdadero y titulé la portada: "Trifulca entre empresarios". Dicho todo esto y para que no haya dudas sobre mi posición con relación al personaje, creo un deber moral afirmar ahora que si hay que hacer justicia aunque se trate de Manolo Prado, no hay que desbordar esa justicia porque se trate de Manolo Prado. Circunstancias de edad y salud aconsejan aplicar la ley con la máxima generosidad posible para que no se haga mayor la pena, incrementada ya por su condición social y personal. La justicia puede convertirse en injusticia si no se actúa con equidad». Dos meses estuvo Manuel Prado en prisión. Esa misma justicia que Anson invocaba concedió la semilibertad al empresario y diplomático alegando motivos de salud.

Tras años de lucha contra el cáncer y duros tratamientos de quimioterapia, Manuel Prado falleció en su domicilio sevillano el 5 de diciembre de 2009, un lustro después de pisar la cárcel por primera y única vez. Llevaba varios días en una situación de extrema gravedad y cuando le llegó la muerte se encontraban junto a él su segunda esposa, Celia García Corona, y los dos hijos de este segundo matrimonio

Desde el diario *El Mundo* Anson le dedicó el siguiente obituario: «Hizo servicios relevantes a la causa de la Transición, como ha subrayado muy bien Joaquín Bardavío en este periódico, si bien es incierto que no participara en el nombramiento de Adolfo Suárez. Tuvo una intervención destacada. Durante los primeros meses de 1976, primero en su casa de la calle Almagro, después en la mía, nos reunimos un grupo de políticos y periodistas para urdir la operación y contribuir a ella. Varios historiadores recogen puntualmente aquellas reuniones. A pesar de mi amistad con Manolo Prado, me negué sistemáticamente a encubrir sus andanzas financieras. Me ha alegrado comprobar que la mayor parte de los medios han silenciado aquellas desgraciadas aventuras. Cuando ingresó en prisión, periódicos impresos, hablados y audiovisuales la emprendieron contra él. Fue una desmesura».

Me cuenta Anson que el de Manuel Prado fue «el caso más espectacular de toda la gente que se ha acercado al rey para medrar». «Y mi posición ante eso es que hay que condenar el delito y compadecer al delincuente. Es una posición cristiana, en definitiva. Yo le tuve mucho cariño a Manolo Prado. Durante tiempo tuve mucha relación con él. Según me fui dando cuenta que no se le caía de la boca el nombre del patrón, del rey, me fui dando cuenta del daño que le estaba haciendo a la monarquía y me fui apartando de él. Al final terminó por pasar lo que era lógico que pasara. Le procesaron y le condenaron. Entonces la posición que yo adopté, que yo creo que es la misma que la que adoptó el rey, fue la de odiar el delito —don Juan Carlos lo apartó de su lado, completamente— y compadecer al delincuente. Al final Manolo Prado tenía, tal vez, una excesiva ambición económica, pero era una buena persona. En el trato y en todo».

Por su parte, Mario Conde trató de exculparlo en un artículo publicado en su blog: «Conviví con Manuel Prado y contemplé en primera persona sus relaciones con el rey. Es un hecho que, como decía Lourdes Arroyo, toda relación intensa con la Corona puede traducirse en problemas en un país rebosante de envidias por todas sus fronteras, reales o virtuales. Quizás también en beneficios, pero esto último lo ignoro como experiencia. Aparte, claro, del beneficio de la relación personal, de la meramente humana, del aprecio por la persona desnuda de atributos simbólicos, pero es que estas consideraciones no entran en el concepto de "beneficio" de la mayoría de quienes rondan en esos valles. Para mí, sí. Me consta la confianza del rey en Manuel Prado. También me consta la lealtad al monarca. No es palabra que yo escriba con facilidad, pero en este caso no me tiembla la mano sobre el ordenador. Comenzaron los problemas a raíz de los asuntos de Javier de la Rosa, de cuyo equipo formó parte Manuel Prado. Seguramente con aprobación del rey, porque no lo haría a sus espaldas. Además, era público y notorio y aparecía en medios de comunicación. Cuando las nubes de problemas amenazan tormenta los nervios se someten a tensión. Y en algunos casos estallan. Es comprensible. El silencio en esos casos resuena en el interior del alma y la fortaleza exigida es enorme. No todos la tienen. Manuel, al menos en una nada despreciable medida, sí. Y hay que valorarlo. Manuel perdió el oriente de su juicio y se equivocó conmigo, porque creó fantasmas de conspiraciones donde solo existían lealtades silentes. Activas, a cambio de nada, porque las lealtades no responden, al menos con la Corona, al mecanismo del sinalagma funcional. Pero Manuel, emocionalmente tocado, se sintió solo. Y pidió amparo mediático. Y eso tiene su coste. Manuel Prado sufrió mucho en la etapa final de su vida. Demasiado. No se hizo, creo, justicia con este hombre. No me importan sus juicios sobre mí. Es momento de decir que en mi experiencia fue un hombre leal al rey. Sufrió por el rey. Y eso debería ser tenido en cuenta».

Los amigos de caza

Tribunal Constitucional. Calle de Doménico Scarlatti, número 6, en Madrid. Miércoles 20 de febrero de 2008. Durante la mañana.

Aquella fue una jornada negra para el Tribunal Constitucional, una más de las muchas que ha vivido el máximo garante de la Constitución. Lo que ocurrió aquel día fue considerado por muchos —tanto en el ámbito jurídico como en el mundo de la prensa— como un auténtico escándalo. Por cinco votos frente a uno, el Tribunal Constitucional libró a Alberto Cortina y Alberto Alcocer de ir a la cárcel, al estimar parcialmente el recurso de amparo presentado por los Albertos y revocar la sentencia del Tribunal Supremo que les condenó a penas de tres años y cuatro meses de cárcel a cada uno por delitos de estafa y falsedad en la compra de los terrenos de las Torres Kio. El fallo del tribunal marcó un punto de inflexión al llamado caso Urbanor, una operación por la que los Albertos obtuvieron un beneficio de más de veinticuatro millones de euros.

Pero, antes de seguir, hagamos un poco de historia. El 6 de enero de 1993, un día antes de que acabase el plazo, se presentó una querella por falsedad y estafa contra ellos. El 29 de diciembre de 2000 la Sección Séptima de la Audiencia Provincial de Madrid declaró, con todo lujo de detalles, a Alberto Cortina de Alcocer y Alberto de Alcocer Torra responsables de haber estafado a sus socios en Urbanor, sociedad propietaria de los terrenos de la plaza de Castilla de Madrid donde hoy se alzan las Torres Kio, aunque absolvió a los demandados al considerar que el delito había prescrito. En concreto se hizo llegar a los socios minoritarios de Urbanor una suscripción preferente sobre los solares de las torres a un precio de 150.000 pesetas el metro cuadrado cuando, en realidad, los Albertos habían pactado con los vendedores un precio de 231.000 pesetas. La venta se cerró el 7 de enero de 1987.

El 14 de marzo de 2003 la Sala Segunda del Tribunal Supremo casó la sentencia ratificando la censura moral de la Audiencia Provincial y condenándoles, además, a penas de tres años y cuatro meses de prisión y seis mil euros de multa como autores de un delito de estafa y otro de falsedad en documento mercantil, al negar la prescripción de los delitos. Cuentan las crónicas de la época que cuando el Supremo dictó la sentencia los cimientos del poder se tambalearon. Toda la prensa estaba pendiente de cazar la foto entrando en la cárcel de Alberto Cortina y Alberto Alcocer, invitados ilustres en la boda de la hija del presidente del Gobierno en septiembre de 2002 y con excelentes relaciones no solo con el PP, sino también con La Zarzuela. A nadie extrañó, entonces, que teniendo tan alta recomendación, los Albertos hiciesen llegar al Ministerio de Justicia su petición de indulto y al Tribunal Constitucional su solicitud de amparo. El principal argumento para la petición de la medida de gracia fue que ya habían indemnizado con veinticuatro millones y medio de euros a los accionistas minoritarios de Urbanor y que llevaban quince años pleiteando con ellos.

Las buenas relaciones de Cortina y Alcocer con el PP tampoco eran ajenas a la opinión pública. La boda de Ana Aznar y Alejandro Agag sirvió para constatar algo que venía de hace tiempo, concretamente, desde que los populares se hicieron con La Moncloa. En el entorno del palacio presidencial, sin embargo, se les miraba con recelo al principio, pues los Albertos pertenecían a la *beautiful people* crecida a la sombra del poder socialista. Eran amigos de Felipe González y, sobre todo, del íntimo del expresidente del Gobierno, el fallecido empresario Enrique Sarasola. La desconfianza inicial, sin embargo, pronto se fue difuminando y en los archivos fotográficos de la prensa rosa empezaron a verse imágenes como la de Alberto Ruiz-Gallardón saliendo de un yate con el matrimonio Cortina-Cué. Según se contó en la prensa por aquellos días, el primo más joven intimó con el alcalde de Madrid gracias al presidente de la Cámara de Comercio, Fernando Fernández-Tapias. Respecto a la asistencia de Alberto Alcocer y Alberto Cortina, con sus mujeres respectivas, a la boda de El Escorial, fuentes populares sostuvieron entonces que Aznar no mostró demasiado entusiasmo y que la invitación, aunque contó con el visto bueno del padre de la novia, procedía de su yerno. Alberto Cortina y Alejandro Agag compartían estrecha amistad con el multimillonario italiano y gurú de la Fórmula-1 Flavio Briatore, también invitado a la boda.

Tras la sentencia del Tribunal Supremo, se habló —y así se publicó en *El Semanal Digital* el 31 de marzo de 2003— de una llamada del rey al ministro de Justicia, José María Michavila, y al fiscal general del Estado, Jesús Cardenal, para tratar de frenar la entrada en prisión de los primos. Teniendo en cuenta la amistad que unía, sobre todo, a Alberto Alcocer con el monarca, no era de extrañar para la prensa la preocupación de este último. Según fuentes muy cercanas a don Juan Carlos, el primo mayor era de los poquísimos privilegiados que estaban en contacto directo con él a través de su móvil, pues poseía el número real desde hacía tiempo y lo utilizaba con frecuencia. Lo hizo también, según pudo saber el semanario *El Siglo*, inmediatamente después de que José María Aznar ganase las elecciones que le dieron la mayoría absoluta en marzo de 2000. Como es habitual, el recién reelegido presidente del Gobierno acudió a despachar con el rey para ponerle al tanto del proyecto del ejecutivo. Alcocer no tardó en llamar al móvil a don Juan Carlos para inquirirle sobre esa cuestión. Seguramente, el rey le debió contestar que no podía contarle cuestiones de Estado.

El 1 de abril de 2003 los Albertos interpusieron recurso de amparo ante el Tribunal Constitucional contra la resolución del Supremo. Un recurso que, semanas después, la Sala Segunda del Constitucional admitió a trámite y decidió suspender la ejecución del ingreso en prisión. Aquello fue un filtro previo que no prejuzgaba el fondo de la cuestión, pero que numerosos juristas —entre los que me incluyo— consideramos «una decisión poco común, porque son muchas las veces que el Constitucional ha negado la admisión a trámite de recursos mucho más fundamentados y con más carga de lesión de derechos fundamentales». De hecho, de cada veinte que recibe suele admitir uno o, lo que es lo mismo, se limita a aceptar el cinco por ciento del total.

La decisión de este tribunal evitó al ejecutivo de José María Aznar una diligencia que le resultaba, cuando menos, incómoda y acordó aplazar el pronunciamiento sobre el indulto hasta que el Constitucional resolviese la solicitud de amparo, que tardó en llegar nada menos que cinco años. De hecho el retraso pudo traer a los condenados más de una alegría: si el Constitucional no se pronunciaba antes del 14 de marzo de 2008, las penas prescribirían automáticamente. Preocupados por la deriva que estaban tomando las cosas a cuenta de las noticias periodísticas sobre la prescripción que se venía encima, los demandantes remitieron el 15 de febrero un escrito al Constitucional solicitando que, dada la importancia del caso a tratar, el recurso fuera visto por el pleno del alto tribunal en lugar de por una de sus salas. La respuesta —en forma de sentencia— llegó el día 20 de febrero, a toda prisa, con nocturnidad, cierta alevosía y sin aviso de ninguna clase a las partes. El fallo del Constitucional —del que fue ponente el actual presidente del máximo garante de la Carta Magna, Pascual Sala— consideró que la decisión del Supremo «vulneró el derecho de los demandantes a la tutela judicial efectiva en relación con el derecho de la libertad personal».

Para el Constitucional la prescripción estaba conectada con el derecho fundamental a la libertad y con la limitación del ejercicio del *ius puniendi* del Estado, que renuncia al mismo cuando no realiza actuaciones para la averiguación y castigo del delito en el tiempo establecido por la ley. En su día el Supremo entendió que la querella presentada contra los empresarios, el día anterior a la prescripción de los posibles delitos, cumplía todos los requisitos legales y falló la condena. Según el Constitucional, dicha querella era una «solicitud de iniciación del procedimiento» y no «un procedimiento ya iniciado», por lo que el auto de incoación de diligencias previas «se dictó trece días después del vencimiento del plazo de prescripción». El magistrado Ramón Rodríguez Arribas discrepó de la sentencia, al entender que la decisión del Supremo estuvo bien fundamentada. Para Rodríguez Arribas, el Constitucional invadió funciones interpretativas que corresponden a la jurisdicción ordinaria. Tampoco compartió el análisis específico que se hizo respecto de las circunstancias que concurren sobre la discutida prescripción y advirtió de que, de generalizarse la doctrina en la que se basa la decisión del Constitucional, podría resentirse el sistema judicial y convertirse en una garantía a favor del reo en instrumento, o al menos en causa involuntaria de impunidad de las infracciones penales.

Si en algo tuvieron razón Alberto Cortina y Alberto Alcocer fue en que resultaba absolutamente inadmisible que el Constitucional tardase cinco años en pronunciarse, al punto de que en términos de censura social pagaron con creces los tres años y cuatro meses de cárcel que el Supremo les impuso. Por su parte, los accionistas minoritarios de Urbanor señalaron en un comunicado que los empresarios seguían siendo culpables de estafa y falsedad en documento público y que tenían pendiente el pago de más de cuarenta millones de euros en indemnizaciones.

Los periódicos del día siguiente eran dinamita contra la sentencia del Tribunal Constitucional. En cuatro columnas de su portada, el diario *El Mundo* tituló: «El TC libra a los Albertos de ir a la cárcel pese a admitir que estafaron». El editorial puso negro sobre blanco que la justicia, cuando se trata de poderosos, no es igual para todos: «El fallo del Constitucional [...] es una verdadera burla a la justicia, que consagra el principio de impunidad de los poderosos y degrada todavía más la menguada credibilidad del alto tribunal. Su sentencia supone un cambio de la doctrina que el TC había venido aplicando hasta hace muy poco y un bofetón al propio Supremo. El nuevo criterio es sencillamente absurdo porque hace depender la prescripción de la voluntad del juez, que no tiene ningún plazo marcado para admitir la denuncia o la querella. [...] El Constitucional ha preferido dejar de sancionar esa estafa al aplicar una nueva doctrina que favorece la impunidad del delincuente. El viejo principio del derecho romano establece que *in dubio, pro reo*. Lo que el Constitucional ha entendido es *in dubio, pro rico*, dejando claro que hay diversas clases de justicia según la renta y valedores de cada uno». «Salvar millonarios tan golfos es hazaña solo al alcance de juristas progresistas: Cándido, Bermejo o el ponente Pascual Sala», escribía Federico Jiménez Losantos en su columna en *El Mundo*.

Hasta el periódico monárquico *ABC* subrayó en un editorial titulado «Una sentencia inquietante» que el fallo del Constitucional era «una decisión con graves consecuencias institucionales y jurídicas». «La víctima de este conflicto institucional —añadió— es la seguridad jurídica y el equilibrio entre órganos constitucionales, el Constitucional y el Supremo. Pero si graves son las consecuencias de esta sentencia en las relaciones entre ambos tribunales, también lo son en la capacidad del Estado para combatir eficazmente el crimen. [...] Esta doctrina hace necesaria una urgente reforma del Código Penal que establezca, como propone el PP, la imprescriptibilidad de los delitos de terrorismo y amplíe los plazos de prescripción de otros delitos graves».

El dedo en la llaga del asunto lo puso Jesús Cacho en su columna de *El Confidencial*: «Consternación por el significado procesal, jurídico y político que tiene la sentencia conocida ayer; vergüenza porque la situación de deterioro de la justicia está tomando proporciones tan alarmantes que mejor esconder la cabeza bajo el ala para no reparar en los perniciosos efectos que, en términos de futuro colectivo y convivencia en democracia, representa esta justicia severa con el pobre y dócil con el poderoso, justicia que hace trizas el principio de igualdad de todos ante la ley, justicia cada día menos digna de tal nombre, es decir, más injusta, y además lenta, terriblemente lenta, incapaz en su laxitud de dar respuesta a las exigencias de una sociedad y una economía modernas. [...] Los españoles avisados habían comenzado a sospechar de inmediato que la pareja —los Albertos— terminaría por salirse con la suya, no por la fuerza de sus argumentos en Derecho, sino en razón de la importancia de sus apoyos políticos, a la cabeza de los cuales se encontraba —se encuentra— el mismísimo rey de España, íntimo amigo de francachelas de Alberto Alcocer Torra. [...] Una sentencia que salpica peligrosamente al rey y, por ende, a la propia institución monárquica. Es ya una realidad que en la democracia española no se aplica un mismo Código Penal a todos los ciudadanos. Un chorizo sin posibles puede terminar entre rejas si roba cien euros, pero si afana mil millones, entonces tranquilo, sobre todo si es millonario y cuenta con amigos importantes. El entrañable "Todo por la patria" de la Guardia Civil ha sido sustituido por el más realista "Todo por la pasta". Tiempo habrá para referirse a las *technicalities* de esta sentencia, así como al ejercicio de honestidad que con su voto particular realizó ayer Ramón Rodríguez Arribas. De momento, pongamos en valor el viejo principio de Jeremy Bentham, según el cual "toda ley es un mal, en tanto en cuando su aplicación depende del capricho de unos jueces a menudo plegados al poder coercitivo del príncipe". El príncipe y Don Dinero».

Años después, tras el estallido del caso Urdangarin, Jesús Cacho señalaba que «existen pocas dudas de que el antaño experto balonmanista, graduado después en pelotazos varios contra la cuenta de resultados de empresas y administraciones, va a terminar en el banquillo si es que el rey, que se involucró de lleno ante el Constitucional a la hora de impedir que su amigo Alberto Alcocer diera con sus huesos en la cárcel tras el caso Urbanor, decidiera cruzarse de brazos en un asunto que directamente afecta también a su propia hija, séptima en la línea de sucesión al trono de España, cosa que está por ver».

Poco antes de la sentencia del Tribunal Constitucional se pudo ver al rey cazando en El Avellanar, la finca de cuatro mil hectáreas que Alberto Alcocer tiene en Navas de Estena, al noroeste de la provincia de Ciudad Real. Así lo contaron varios diarios digitales, que como detalle señalaron que fueron dos jueves consecutivos del mes de enero de 2008. Esa información llevó a tertulianos de diversos programas de televisión y radio a concluir que no era tal el distanciamiento que por aquellos días parecía existir entre el monarca y los Albertos. «El Avellanar es una finca mayúscula, la envidia de todo terrateniente, ideal tanto para la mayor como para la menor, y una escopeta como la del rey no se podía sustraer a sus encantos por mucho, y muy malo, que hubiera hecho el bueno de Alcocer. Existe una tendencia natural, una inclinación vital, de los jefes de Estado y de la aristocracia patria por ese deporte tan vinculado a la naturaleza como es el de la caza. A Franco le gustaba ir de ojeo con el conde de Teba, la mejor escopeta que haya visto jamás este país, campeón del mundo de tiro al pichón; y al rey le gusta hacer lo propio con Alberto Alcocer, que todavía no tiene título nobiliario, pero que todo se andará. Tiempo al tiempo», se sostuvo en un artículo sin firma publicado en la web de *El Confidencial.*

Mucho se ha escribo en periódicos y en la web sobre la amistad de don Juan Carlos con Alberto Cortina y Alberto Alcocer, compañeros del monarca, según dicen, «en todo tipo de cacerías». En el ranking de los diez cazadores con trofeo record en España se encuentran el rey, Adolfo Suárez Illana, Miguel Corsini, los Albertos y Juan Abelló. Cuentan que con el socio y valedor de Mario Conde en Antibióticos S. A. y Banesto don Juan Carlos mantenía un pique porque en agosto de 2007 Abelló le arrebató el primer puesto en el ranking de caza mayor, al abatir a un ciervo de 228 puntos en la finca El Palomar. Dicen que este coto es «un espacio cinegético de lujo», donde un cazador puede llegar a pagar 30.000 euros por abatir un ciervo.

El 18 de febrero de 2009, en el contexto de una tertulia radiofónica en la que se hablaba sobre la cacería en la que coincidieron el juez Garzón y el entonces ministro de Justicia, Mariano Fernández Bermejo, antes de que se destapase el caso Gürtel, el periodista Federico Jiménez Losantos dijo: «Uno de los grandes cazadores en España es Alberto Alcocer... Tendría que estar en la cárcel y no lo está. ¿Por qué? Porque caza donde tiene que cazar y con quien tiene que cazar, ni más ni menos que con Su Majestad. Es mucho mejor cazar con el rey que cazar con Bermejo. ¿Por qué? Porque Bermejo deja un rastro horroroso. El rey también, pero no lo siguen». Estas declaraciones motivaron que el empresario interpusiese una demanda al periodista, que la justicia terminó desestimando y Alcocer fue condenado al pago de las costas judiciales. La juez María Teresa de la Asunción concluyó en su fallo que, ante esas expresiones de Losantos, «debe manifestarse que es un hecho notorio que Su Majestad el rey y Alberto Alcocer han participado juntos en diversas cacerías y así han dado cuenta los medios de comunicación». Tras argumentar que «se trata de unas declaraciones emitidas con la espontaneidad que tienen los debates radiofónicos», por lo que no se pueden entender como «vejatorias para el señor Alcocer», la sentencia primó el derecho a la libertad de expresión ante el derecho al honor, puesto que cuando hay un conflicto entre derechos fundamentales «ha de estarse al contexto en que se producen las expresiones, a la proyección pública de la persona a la que se dirigen las expresiones y a la gravedad de las mismas». Además señaló que «la jurisprudencia ha destacado la debilidad de la protección del derecho al honor en los supuestos de crítica política que se considera amparada por el legítimo ejercicio de las libertades de expresión y comunicación». «Resulta incuestionable el interés público y relevancia general de la temática determinante de la crítica», apuntó la magistrada.

Por otra parte, *El Confidencial* llegó a publicar en el año 2006 una información que con el título «El rey *trabaja* para sus amigos los Albertos» sostenía que «es la primera vez que, de manera oficial, el monarca intermedia en un conflicto internacional en el que está involucrada una empresa española». Según el diario digital,

«Alberto Cortina y Alberto Alcocer están esperando con impaciencia las gestiones que está realizando el rey Juan Carlos I en el conflicto que enfrenta a Argentina y Uruguay por la polémica de las papeleras, es decir, la construcción de dos fábricas de celulosa en el río que separa ambos países». Para *El Confidencial*, «el éxito de la mediación del rey de España en el conflicto que enfrenta a Uruguay y Argentina a propósito de la construcción de dos plantas de celulosa en el río Uruguay que separa ambos países resultaría de vital importancia para el futuro de la papelera española Ence, cuyos primeros accionistas son Alberto Cortina y Alberto Alcocer, los Albertos, y cuya acción podría dispararse en bolsa de confirmarse el acuerdo».

Pero volvamos al caso Urbanor. Tras el fallo del Tribunal Constitucional, los socios minoritarios recurrieron a la vía civil —que ya había sido abierta por el Supremo— para exigir que los dos primos les compensasen por los perjuicios que a su juicio les ocasionaron. Así, el 4 de septiembre de 2009 el Juzgado de Primera Instancia número 3 de Madrid condenó a Alberto Cortina y Alberto Alcocer a abonar indemnizaciones que sumaban 10,8 millones de euros a accionistas minoritarios afectados por la estafa del llamado escándalo Urbanor. La sentencia, de veintitrés páginas, estima en parte la demanda formulada por José Luis San Martín Abad y cincuenta demandantes más, y declara la responsabilidad civil de los primos, a los que condenó a abonar la indemnización de forma solidaria.

De lo que no se libraron los Albertos fue de sentarse de nuevo en el banquillo de los acusados por el caso de la presunta carta falsa utilizada para incriminar a sus socios y conseguir la revisión de su condena por estafa en la venta de los terrenos donde se sitúan las Torres Kio. Lo hicieron el 14 de septiembre y en octubre la Sección Séptima de la Audiencia de Madrid les impuso cuatro meses de prisión por intento de estafa. Los Albertos fueron condenados también a pagar una multa de 192.000 euros cada uno por un delito de acusación y denuncia falsa y a indemnizar a sus antiguos socios en Urbanor, Pedro Santieri y Julio San Martín, con 15.000 euros, y a Francisco Castelló y Luis García con otros 7.500 euros por daños morales. La sentencia, de la que fue ponente la magistrada Ángela Acevedo Frías, condenó también a los hermanos José María y Javier Arnáiz y a la documentalista Gloria Álvarez —hija del periodista ya fallecido Cándido— a un total de veinte meses de prisión por haber falsificado la carta. El tribunal absolvió a los letrados Ramón Hermosilla e Ignacio Peláez de los delitos de falsedad y estafa procesal. La sentencia consideró «sorprendente» que Cortina y Alcocer no encargasen su personación ante el Supremo a abogados como Ramón Hermosilla, el exdecano del Ilustre Colegio de Abogados de Madrid, Antonio Hernández-Gil, Gonzalo Rodríguez Mourullo o Manuel Delgado, que les venían asesorando en el caso Urbanor, y confiasen el caso al exfiscal Ignacio Peláez, pero el tribunal no encontró motivos para creer que Hermosilla y Peláez estuviesen al tanto de la falsificación y resolvió que ambos siguieron instrucciones de sus clientes.

La sentencia, confirmada en su día por el Supremo, consideró que los Albertos «conocían sobradamente» la falsedad de la carta, fechada el 2 de octubre de 2000, firmada por Pedro Santieri y dirigida al constructor Julio San Martín. En ella el arquitecto daba instrucciones al constructor para que ocultara al tribunal que iba a juzgar el caso Urbanor un mes después que conocía la existencia de precios diferentes en la venta de los terrenos que ocupan las Torres Kio. La Audiencia Provincial concluyó que el conocimiento de la falsedad del documento «no les impidió personarse como acusación» contra sus socios en el procedimiento abierto en enero de 2004 por los Juzgados de Instrucción de Madrid, a raíz de la aparición de la carta. Además, los empresarios aportaron la misiva falsa para tratar de engañar al Tribunal Supremo junto con el recurso de revisión contra la sentencia de 14 de marzo de 2003 que les condenó a tres años y cuatro meses de cárcel.

El 29 de abril de 2013 el Ministerio de Justicia acordó rechazar la concesión de indulto solicitado por los Albertos. A tenor de la cuantía de la condena, los primos no entrarán en prisión, pero la misma quedará reflejada en sus antecedentes penales —que es lo que la pareja trataba de evitar—, situándoles en el disparadero de entrar en la cárcel en caso de una eventual nueva condena y con independencia de la duración de la misma.

Capítulo IV

AL REY NO SE LE ADMINISTRA JUSTICIA

Los dineros de la Corona

Edificio de The New York Times. *Octava avenida de Manhattan, número 620, en Nueva York. Lunes 24 de septiembre de 2012. Nueve de la mañana (hora local).*

El rey de España, acompañado por el ministro de Asuntos Exteriores, José Manuel García-Margallo, entró en el rascacielos donde tiene su casa «la vieja dama gris», como conocen los norteamericanos al periódico más emblemático de la ciudad. Con ciento sesenta y dos años de historia y una tirada media de casi un millón y medio de ejemplares, *The New York Times* es considerado por muchos el mejor diario del mundo. Su lema es «*All the news that's fit to print*» («Todas las noticias aptas para ser publicadas»), que es frecuentemente interpretado como un ataque a sus competidores neoyorquinos, conocidos por su amarillismo. Tiene su sede en un moderno edificio de cincuenta y dos plantas —inaugurado en 2007— en la zona oeste de la Octava avenida, entre las calles 40 y 41. La crisis económica, tan dañina para todos los medios de comunicación del mundo, pasó factura a los propietarios del periódico —The New York Company—, que tuvieron que vender, en 2009, parte del rascacielos por la suma de doscientos veinticinco millones de dólares. En la planta baja del edificio hay numerosos comercios y restaurantes. Los pisos segundo, tercero y cuarto albergan la redacción central del periódico. Sus oficinas ocupan todas las plantas de la torre hasta el piso veintiocho. Desde el veintinueve hasta el cincuenta y dos el edificio está ocupado por otras empresas.

Aquella mañana de septiembre don Juan Carlos y su séquito tomaron uno de los ascensores para dirigirse a la cuarta planta. En una de las salas de reuniones les esperaba el Consejo de Redacción en pleno de *The New York Times*, encabezado por su editora ejecutiva, Jill Abramson. No era una reunión habitual. Ni la cúpula de la redacción estaba acostumbrada a recibir a jefes de Estado extranjeros en su sede central, ni es habitual que el rey de España mantuviese este tipo de reuniones con medios de comunicación internacionales, aunque horas después La Zarzuela se empeñase en decir a la prensa española que existía «algún precedente» de este tipo.

Tras las vacaciones de verano el monarca se había embarcado en una campaña para vender en el exterior la «marca España», con el respaldo del gran empresariado, y de paso la suya propia. El objetivo de la visita oficial de dos días de duración a la ciudad de Nueva York —el 23 y el 24 de febrero de 2012— era asistir a la reunión anual de la Iniciativa Global Clinton y entrevistarse con el impulsor del foro, el expresidente de Estados Unidos, Bill Clinton, y con el rey Abdalá II de Jordania. Don Juan Carlos completó su estancia con una recepción ofrecida a los invitados al foro —donde el monarca coincidió con otros jefes de Estado— y una cena de gala en la que se hizo entrega de la sexta edición del Premio Global a la Ciudadanía. En la agenda del viaje no figuraba la reunión con el Consejo de Redacción de *The New York Times*. Este encuentro se quería mantener en secreto.

Unos días antes de la visita —en concreto el 12 de septiembre— *The New York Times* publicó un impactante reportaje fotográfico que retrataba las consecuencias de la crisis económica en España con imágenes del redactor gráfico español Samuel Aranda, ganador del World Press Photo 2011. Eran quince fotografías en blanco y negro que dibujaban un país caótico. «*In Spain, austerity and hunger*» («En España, austeridad y hambre») se titulaba. Familias desahuciadas, jóvenes rebuscando en la basura, marchas jornaleras y comedores sociales fueron algunos de los temas que recogió el diario norteamericano en el reportaje, donde se retrataba a España como un país pobre y retrasado. Todo en blanco y negro, sombrío hasta el estremecimiento. En una de las imágenes se veía a una familia asomada a la ventana con un texto que rezaba: «La familia Aliu y López mira por la ventana en su casa de Viladecavalls esperando la llegada de la policía. Alfredo Aliu y Montse López no pueden pagar la hipoteca de su casa desde hace dos años porque su cafetería quebró». En otra foto aparecía un joven de espaldas, rebuscando en la basura, con la cabeza dentro del cubo. Bajo la imagen se leía: «Para un creciente número de personas, la comida del contenedor ayuda a salir adelante. El desempleo entre la gente joven está por encima del 50 por ciento». Otra de las instantáneas retrataba a un grupo de hombres desolados en un comedor en Gerona, «donde el gobierno local ha anunciado que va a poner candados en los contenedores de basura para impedir que la gente busque comida». Las marchas y protestas del sindicato de Sánchez Gordillo ocuparon varias de las imágenes del reportaje. Bajo una de ellas, el pie de foto decía: «España sigue el mismo camino que Grecia con la introducción de una medida de austeridad tras otra, recortes de empleos, salarios, pensiones y beneficios, incluso cuando la economía continúa contrayéndose».

Fue una entrevista de hora y media la que mantuvieron don Juan Carlos, García-Margallo y el *staff* del periódico norteamericano. Aunque el encuentro se programó con carácter privado, finalmente llegó a oídos de periodistas españoles en Nueva York y la Casa del Rey no tuvo más remedio que confirmar la visita y dar cuenta de los temas tratados, eso sí, de manera escueta. «Don Juan Carlos ha hablado con el Consejo de Redacción de *The New York Times* sobre la situación política, económica y social de nuestro país», dijeron fuentes de La Zarzuela, tras intentar dejar claro que el encuentro partió de una iniciativa de la Casa del Rey, pero que no estaba «directamente relacionado con la publicación de las fotografías en blanco y negro que retratan desde el drama de las familias desahuciadas a los ciudadanos que se ven obligados a revolver en la basura».

Con lo que no contaban esas fuentes de La Zarzuela fue con que aquella entrevista terminara resultando una encerrona. Eso es lo que fue, porque el monarca tuvo que batirse en retirada ante las agresivas preguntas de los periodistas sobre su fortuna y la supuesta relación sentimental que mantenía con Corinna zu Sayn-Wittgenstein. Así las cosas, el resultado de aquel encuentro, como era previsible, no fue bueno para el monarca. Cinco días más tarde —el sábado 29 de septiembre—, el periódico norteamericano publicó otro reportaje titulado «Un rey escarmentado busca la redención, por España y su monarquía», en el que disertó sobre cómo don Juan Carlos trataba de *reinsertarse* en la vida pública de un país —España— deprimido y con la monarquía en el punto de mira. Con la colaboración de expertos, como el exministro de Exteriores Miguel Ángel Moratinos, el presidente de Telefónica, César Alierta, y el escritor y periodista José García Abad, *The New York Times* hacía un bosquejo de perfil de don Juan Carlos, en el que terminaba concluyendo el destacado papel de Su Majestad como «diplomático de negocios».

Pero lo más serio del asunto, lo que desencadenó un fuerte debate en España, fue la cifra que el diario norteamericano se atrevió a dar como cálculo de la fortuna personal del rey: casi 1.800 millones de euros. Tras aludir al «estilo de vida lujoso» y a la «fortuna opaca» del rey, el periódico neoyorquino afirmó que «sigue siendo un secreto cómo ha amasado su considerable riqueza personal» y aseguró, además, que sus bienes a su llegada al trono, tras la muerte del dictador Francisco Franco, equivalían a «prácticamente nada». Desde entonces, el monarca «ha trabajado duro para generar su propia fortuna personal, más allá de los 8,3 millones de euros de presupuesto anual», en alusión a la asignación para la Casa del Rey consignada en los Presupuestos Generales del Estado para 2012. Fuentes del diario reconocieron que su cálculo se basó en «un promedio de cifras ya publicadas», no en una investigación propia. «El objetivo de la información era resaltar que cuando el rey aparece en listas de fortuna de los personajes más ricos siempre alcanza una cifra muy por encima de lo que cabría suponer tomando en cuenta el presupuesto anual de la Casa Real», añadieron las mismas fuentes. La Casa del Rey siempre ha tachado esas cifras de descabelladas, pero se ha negado a desvelar la cuantía de la fortuna del monarca con el argumento de que su patrimonio personal es un asunto privado.

Las únicas listas en las que hasta la fecha había aparecido don Juan Carlos fueron las publicadas por la revista *Eurobusiness*, ya desaparecida, y el anuario *Forbes*. Ambas, curiosamente, coinciden prácticamente en la cifra aportada por *The New York Times*. La primera de esas publicaciones desglosaba en dos esa cantidad: 545 millones de euros de fortuna personal y otros 1.136 millones de bienes familiares. En 2003, cuando *Eurobusiness* se refirió a las cuentas de don Juan Carlos, el gobierno de José María Aznar remitió una carta de protesta en la que afirmaba que la mencionada cifra «solo se puede explicar por haber entendido ustedes, erróneamente, que los bienes públicos propiedad de Patrimonio Nacional son propiedad privada de Su Majestad el rey, lo cual es evidentemente inexacto». El inventario de los inmuebles gestionados por Patrimonio Nacional —el organismo que custodia los bienes de titularidad estatal cuyo uso está reservado al rey y a los demás miembros de la familia real— es vastísimo y de un valor incalculable. Esos bienes incluyen los palacios reales de Madrid, La Granja de San Ildefonso (Segovia), Riofrío, también en Segovia, y La Almudaina (Palma de Mallorca); los reales sitios de San Lorenzo de El Escorial, El Pardo y Aranjuez, todos en Madrid; los Reales Alcázares, en Sevilla, y una decena de monasterios, abadías, conventos, panteones y jardines.

«El *New York Times* no ajusta bien las cuentas, porque introduce en sus cálculos el valor del Palacio Real, el de La Zarzuela... El patrimonio público no es el patrimonio real. Y en eso se arman un lío. El rey tiene un patrimonio importante, pero no se trata de esas cifras», explica Jaime Peñafiel. Desde que estalló el caso Urdangarin, los monárquicos no dejan de repetir el mismo mensaje: que la monarquía española es la más barata de Europa. Numerosos informes tienen para justificar sus argumentos. El estudio que más impacto tuvo —a principios de 2012— fue realizado por el profesor belga de Administración y Finanzas Públicas Herman Matthijs. El documento analiza el gran ducado de Luxemburgo y las casas reales de Noruega, Dinamarca, Países Bajos, Bélgica, Suecia, Reino Unido y España, para concluir que, de acuerdo con los correspondientes niveles de PIB y población, la asignación española es la más barata y la luxemburguesa y la noruega las más caras. Tras España se sitúa el Reino Unido, seguido de Francia, Alemania y Suecia, mientras que en el lado opuesto, es decir, las jefaturas de Estado más caras, se encuentran Luxemburgo y Noruega, por encima de Dinamarca, Países Bajos y Bélgica. Según el informe, si se comparan los datos en euros de las dotaciones dedicadas a estas diez jefaturas del Estado, la asignación más elevada es la de Francia, con 112 millones, seguida a distancia por la del Reino Unido, con 45,6, tras la que se sitúan Países Bajos (39,1), Alemania (28,7) y Noruega (25,1), mientras que la partida más baja es la de los 8,4 millones destinados a la Casa del Rey de España. En cuanto a los salarios anuales, descontados los impuestos, los 175.622 euros de don Juan Carlos constituyen la retribución más baja de un listado que encabeza el rey de Noruega con 1,2 millones, al que siguen la reina de Holanda, con 829.000 euros, y el gran duque de Luxemburgo, con 645.000. El presidente de Estados Unidos gana 355.000 euros netos anuales, el de Alemania 277.000 euros y el de Francia 273.000 euros, mientras que el presidente del Consejo Europeo, Herman van Rompuy, recibe al año un salario neto de 261.300 euros.

José García Abad me cuenta que uno de los reproches que hay que hacerle a La Zarzuela es que las partidas que aparecen en las cuentas que se han publicado no están lo suficientemente desglosadas y falta una revisión de las mismas, una auditoría verdaderamente independiente. «La Casa Real no se somete al control del Tribunal de Cuentas ni del Parlamento. Solo hay un auditor interno, un interventor jubilado que, por tanto, no está sometido a la disciplina del cuerpo. Es un empleado del rey que solo da cuentas al rey. Por otro lado, don Juan Carlos sigue sin explicar los ingresos fuera de lo que se le asigna en los Presupuestos Generales del Estado ni sobre patrimonio», sostiene en la conversación que mantuve con él. García Abad no se ha cansado de repetir en estos últimos años que hay que reconocer a don Juan Carlos una «pulcritud intachable» en sus obligaciones como rey constitucional. Sin embargo, en su opinión, no ha sido muy exigente con el comportamiento de algunos miembros de su familia ni prudente con sus propios negocios. «Al hablar de la "pulcritud intachable" del rey me refiero a que, a diferencia de su abuelo Alfonso XIII, no ha intentado sobrepasarse en sus funciones políticas, manteniendo la debida neutralidad entre los partidos. No ha *borboneado* como su abuelo. Otra cosa es que la conducta personal o privada del monarca sea intachable respecto a la ejemplaridad que se espera del jefe del Estado. Cuando la institución es una persona, como ocurre en las monarquías, la ejemplaridad personal o privada es esencial. De hecho el rey lo es las veinticuatro horas del día y su privacidad es muy relativa. El hecho de que su persona sea inviolable y esté exenta de responsabilidad le obliga más. Nobleza obliga». Para el director de la revista *El Siglo*, en el último año y medio no puede decirse que don Juan Carlos haya extremado la pulcritud. «Por lo que vamos sabiendo del caso Urdangarin —sostiene—, el rey no solo no ha atajado la deriva del yerno sino que parece haber incurrido en cierta complicidad activa en lo que se refiere al tráfico de influencias».

Tras asegurar que «es obvio que la Corona pasa por su peor momento», García Abad quiere dejar claro que «ya pocos piensan que el rey tiene una conducta ejemplar como le obliga el papel que representa. Su popularidad se ha desplomado, lo que impide que ejerza debidamente su *autoritas* y que aplique la popularidad del pasado a su función de árbitro y moderador "del funcionamiento regular de las instituciones", tal como reza la Constitución». Le pregunto cuáles pueden ser los *pecados* del rey y él responde con rapidez que «no son de bragueta, sino los que he comentado en mis libros sobre imprudencias financieras y malas compañías». «No sé si ha continuado con sus imprudencias financieras —añade a renglón seguido—, pues la Casa Real no informa sobre las inversiones y patrimonio del monarca, pero es evidente que, al menos, sigue recibiendo importantes regalos, algunos de ellos comprometedores, como la cacería de Botswana, lo que no tiene precedentes en ningún jefe de Estado europeo, incluidos los monarcas. Y está claro que hasta hace poco continuaba con malas compañías, como la de Corinna».

En eso de las *malas compañías* Jaime Peñafiel tiene claro que «el monarca no puede tener amigos y aquellos que se autoproclaman amigos del rey utilizan la amistad como un cheque al portador». «Si alguien me dice que es amigo del rey, yo le respondo que no le hace ningún favor, porque don Juan Carlos no debe. Puede tenerlos, pero no debe. Desconfía de aquellos que se dicen amigos del rey. Las amistades de los reyes siempre plantean problemas», me comenta.

A Anson también le pregunto por los amigos del monarca y él, en su estilo habitual, me responde con mucho énfasis: «El rey, cualquier rey, tendrá siempre problemas con sus amigos, porque la gente seria, entre la que me gusta contarme, no nos acercamos al rey. Después de tener una relación con la monarquía durante toda mi vida y al frente de un periódico institucionalmente monárquico como el *ABC* durante quince años, nunca le pedí una sola audiencia. He ido a La Zarzuela siempre que me han llamado, pero nunca he pedido ver al rey. Entonces vivía don Juan y había una serie de problemas entre los dos, en los que yo intervenía. Pero no le pedí audiencia. Te voy a poner un ejemplo: Jaime Carvajal, que estudió con don Juan Carlos en el colegio durante siete años, hace igual que yo. Cuando le llama el rey va inmediatamente, pero mientras no le llama, está en su casa, porque es lo lógico y lo demás es puro *cortesanismo*. En cambio, los aventureros, los que quieren trepar, se acercan a don Juan Carlos y lo normal es que el rey les atienda. A veces se da cuenta de que son unos trepas y procura rechazarlos. Me consta que esa gente lo que quiere es utilizar su nombre, acercarse a él, presumir de amistad, hablar permanentemente. Es una carga que llevan todos los reyes. A don Juan le pasaba lo mismo. Se le acercaba gente y alguna vez le preguntábamos por ello. El conde de Barcelona respondía: "Pues no sé, fuimos a comer..." Y luego el personaje utilizaba la amistad con don Juan. La actitud del rey y de su padre puede parecer lógica. A veces se encuentran solos y cuando llega alguna persona, que a veces es muy simpática y muy divertida, tienden a tener una relación, que nunca es buena».

The King can not do wrong

Juzgado de Primera Instancia número 19 de Madrid. Calle del Capitán Haya, 66. Martes 9 de octubre de 2012. Por la mañana.

La magistrada María Isabel Ferrer-Sama Pérez, afiliada a la asociación judicial Francisco de Vitoria y especializada en procesos de familia, acabó de disponer, mandar y firmar un importante auto en relación al procedimiento 1450/2012. Era consciente de que su nombre iba a terminar apareciendo en los medios de comunicación. Posiblemente no fuera al día siguiente. Seguro que en jornadas próximas a aquella fecha. Con las filtraciones a la prensa nunca se sabe. De lo que estaba convencida era de que ese auto iba a abrir un debate político y social en el país.

Sobre aquel procedimiento no había tenido ninguna duda. Es más, redactó el escrito de tres folios en solo unas horas. Al día siguiente de que su juzgado recibiera la demanda, su firma ya estaba estampada en el papel timbrado del auto. El primer párrafo lo dedicó al único antecedente de hecho: «El día 8 de octubre de 2012 se recibió en este juzgado demanda de juicio verbal presentada por la procuradora doña Begoña Antonio González en nombre y representación de don Alberto Solà Jiménez contra S. M. don Juan Carlos Alfonso Víctor María de Borbón y Borbón Dos Sicilias, en la cual, tras alegar los hechos y fundamentos de derecho que estimó de aplicación, solicitó "se dicte resolución que declare que mi mandante es hijo por vía consanguínea de don Juan Carlos Alfonso Víctor María de Borbón y Borbón Dos Sicilias"».

La demanda de Albert Solà venía de lejos. Desde la década de 1990 este catalán de cincuenta y seis años pregonó sin mucho éxito la relación filial con el rey de España. La historia que relató tiene ciertos tintes rocambolescos. Cuenta que a mediados de los años cincuenta el por aquel entonces príncipe de España hizo un viaje desde la Academia Militar de Zaragoza a Barcelona. Allí, según narró Solà a la web de crónica social *Vanitatis*, habría conocido a María Bach Ramón, hija de una familia de conocidos banqueros de la ciudad, que daría a luz a Albert en 1956. Dijo también que, tras el parto, unas enfermeras de la Maternidad de Barcelona arrebataron el niño a María Bach y lo llevaron a Ibiza, lugar en el que estuvo hasta 1961. Pasada su estancia en la isla balear, regresó a Barcelona y en 1964 fue adoptado por la familia Solà Jiménez, de Sant Climent de Peralta. Según su testimonio, al empezar a investigar sobre su familia biológica, Albert descubrió en unos documentos que aparecía la expresión «chupete verde», una acotación que, según algunos historiadores consultados por él, hacía referencia a los bebés de sangre real. «Estuve viviendo en México, pero regresé para investigar mi adopción. Desde entonces no puedo salir del país, dicen que por seguridad. Estoy encerrado como en una jaula», afirma.

Tal vez por el perfil inverosímil de su historia, los medios de comunicación españoles, durante años, no dieron a Solà la posibilidad de divulgar su demanda. La prensa extranjera sí lo hizo. A través de una entrevista en una cadena de televisión holandesa conoció a Ingrid Sartiau, una ciudadana belga de cuarenta y seis años y residente en Gante. Esta mujer sostuvo que su madre le comunicó la identidad de su progenitor mientras veía la televisión: «Este hombre es tu padre, me dijo, cuando aparecían unas imágenes del rey de España en una cadena belga», narró a *Vanitatis*. Según ella, su madre, Liliane Sartiau, conoció al monarca en 1956, en Francia. La pareja se volvió a encontrar en 1966, en una feria en Luxemburgo, y nueve meses más tarde nació la pequeña Ingrid. Pese a descubrir hace años el nombre de su supuesto padre, empezó a indagar su ascendencia hace algo más de un año. Convencida de su relación con el monarca, buscó información sobre los Borbón en Internet, encontró la entrevista de Solà en la televisión holandesa y se puso en contacto con él. Juntos decidieron hacerse unas pruebas de ADN. «Le mandé el material necesario al profesor Jean-Jacques Cassiman, un genetista de la Universidad de Lovaina, reconocido a nivel mundial», aseguró Solà. El catalán envió al científico los resultados de su perfil ADN para que los comparara con los de Ingrid y saber qué probabilidad de parentesco existía entre ambos.

Dos meses después tenían los resultados. La primera en conocerlos fue ella, pero inmediatamente se los transmitió a él: son hermanos —dicen— al 91 por ciento. Conocido ese dato, diseñaron su campaña. Para empezar, dieron de plazo hasta el 2 de octubre de 2012 para que el rey de España se sometiera a una prueba de paternidad. Sobrepasada la fecha, los supuestos dos hermanos interpusieron su demanda, que cayó por reparto en el Juzgado de Primera Instancia número 19 de Madrid.

En los fundamentos de derecho de su auto, la magistrada Ferrer-Sama Pérez entiende que lo que procede, con carácter previo, es examinar la posibilidad de dirigir acciones legales contra el rey. A renglón seguido cita el artículo 56.3 de la Constitución: «La persona del rey es inviolable y no está sujeta a responsabilidad. Sus actos estarán siempre refrendados en la forma establecida en el artículo 64, careciendo de validez sin dicho refrendo, salvo lo dispuesto en el artículo 65.2».

La inviolabilidad cubre todas las actuaciones regias de forma que el rey no puede verse sometido a ningún tribunal o, si se quiere, al rey no se le administra justicia (el artículo 117.1 de la Constitución dice que se administra justicia en su nombre).

Es una prerrogativa excepcional que se justifica por la propia excepcionalidad de la monarquía como forma de Estado basada en el principio hereditario, y no en el principio colectivo. El rey no es un ciudadano más del Estado que pueda ser sometido a los tribunales.

La inviolabilidad del rey tiene un origen medieval y británico. Bajo la fórmula «*The King can not do wrong*» («El rey no puede actuar mal»), en el Reino Unido no pueden plantearse pleitos penales ni tampoco civiles contra el titular de la Corona, aunque sí se le pueden reclamar responsabilidades a esta como institución. Todas las constituciones de las monarquías parlamentarias europeas recogen la inviolabilidad del monarca. Así ocurre en Bélgica, Países Bajos y Suecia, y también en Dinamarca y Noruega, donde además se dice que «la persona del rey es sagrada», que es, precisamente, la fórmula que utilizaron las constituciones españolas desde la de 1812 hasta la de 1869. Las repúblicas también la contemplan.

Tras el escándalo Watergate, dos cuestiones quedaron claras en Estados Unidos: el presidente sí está sometido a responsabilidad penal, previo *impeachment*, pero disfruta de inmunidad civil absoluta, según la sentencia del Supremo Nixon *versus* Fitzgerald, de 1982.

Explica Paul Preston en su obra *Juan Carlos, el rey de un pueblo* (editado por Debate en 2003) que cuando se aprobó la Constitución el monarca tenía motivos sobrados para sentirse complacido con varias cláusulas de la Carta Magna. Al parecer, sostiene Preston, especial satisfacción le produjeron el artículo 99, por el que se le concedía la prerrogativa de proponer a las Cortes al presidente del Gobierno, y el artículo 62, que le daba el mando supremo de las Fuerzas Armadas. La biografía sobre don Juan Carlos de Preston sostiene que hubo una serie de contradicciones que parecían favorecerle. El artículo 14 dice: «Los españoles son iguales ante la ley, sin que pueda prevalecer discriminación alguna por razón de nacimiento, raza, sexo, religión, opinión o cualquier otra condición o circunstancia personal o social». Sin embargo, en lo referente a la posición de la Corona, la sección tercera del artículo 56 sitúa al monarca por encima de la ley con las palabras: «La persona del rey es inviolable y no está sujeta a responsabilidad».

En su auto, María Isabel Ferrer-Sama sostiene que no existe en la Ley Orgánica del Poder Judicial precepto alguno que atribuya a este juzgado o a cualquier otro tribunal el conocimiento de las demandas que puedan dirigirse contra el rey o el jefe del Estado, ya sea por actos de carácter personal o en el ejercicio de su cargo. Por el contrario, el artículo 56.2 de la mencionada ley sí que atribuye a la Sala Primera del Tribunal Supremo el conocimiento de las demandas de responsabilidad civil por hechos realizados en el ejercicio de su cargo que puedan dirigirse contra el presidente del Gobierno, presidentes del Congreso y el Senado, presidente del Supremo y del Consejo General del Poder Judicial, etcétera. Según la juez, no existiendo norma legal que atribuya a los tribunales el conocimiento de las demandas que en el ámbito civil puedan dirigirse contra el monarca, debe estimarse que ha sido el legislador quien ha trasladado la inviolabilidad del rey a las normas orgánicas y procesales, al no prever siquiera que ninguno de los órganos jurisdiccionales de nuestro país tenga atribuido el conocimiento de los litigios que puedan proponerse contra el rey.

«Por todo lo expuesto —concluye la magistrada en su auto— procede declarar la inadmisibilidad de la demanda objeto de los presentes autos, al amparo del artículo 56 de la Constitución española». La Fiscalía se mostró de acuerdo con la decisión de la titular del Juzgado de Primera Instancia número 19, no solo por el argumento de la inviolabilidad, sino porque, en su opinión, las demandas estaban «absolutamente huérfanas» de un mínimo principio de prueba que las avalara.

María Isabel Ferrer-Sama Pérez pasó a la historia. Es la primera vez que un juez dicta un auto en el que sostiene que la inviolabilidad del jefe del Estado se extiende a cuestiones relacionadas con el Derecho de Familia. El principio de inviolabilidad del rey había tenido un único precedente en la jurisdicción civil. En febrero de 2006 la Sala Primera del Supremo declaró «manifiestamente improponible [*sic*]» la demanda de un ciudadano para ejercer el derecho de rectificación respecto a un discurso navideño del rey. La demanda pretendía que don Juan Carlos admitiese que el demandante y su familia quedaban excluidos de la afirmación de que todos los españoles eran monárquicos, consideración que, según él, se desprendía del mensaje televisado del rey del 24 de diciembre de 2005. La Sala Civil del Supremo rechazó la demanda de rectificación, dado el tenor literal del artículo 56.3 de la Constitución.

A la resolución judicial de la magistrada Ferrer-Sama se unió otra similar de su compañera Milagros Aparicio Avendaño, titular del Juzgado de Primera Instancia número 90 de Madrid, por la que desestimó la demanda interpuesta por la ciudadana belga Ingrid Sartiau. Dos autos similares sobre idénticas demandas fueron mandados y firmados en días sucesivos por dos compañeras de los Juzgados de Primera Instancia... Todo hacía pensar que las dos jueces se habían puesto de acuerdo.

La prensa tardó quince días en enterarse de lo ocurrido. Fue María Peral, tal vez la periodista más prestigiosa entre los que cubren la información de tribunales, la que hizo que el diario para el que trabaja desde hace quince años, *El Mundo*, se apuntara el tanto de la exclusiva. A partir de ahí todos los medios se hicieron eco de los dos autos judiciales. El debate abierto a raíz de esta información en periódicos, radios, televisión y páginas de noticias en Internet no fue, ni mucho menos, la supuesta paternidad de don Juan Carlos —eso pasó a un segundo plano, debido posiblemente a los testimonios extravagantes aportados por los dos presuntos hermanos—, sino la inviolabilidad del monarca. «¿Es inviolable el rey para sus asuntos privados?», titulaba *El Mundo* en una crónica-encuesta con expertos juristas —en página par, eso sí, pero con llamada en portada— el 25 de octubre de 2012. La respuesta del diario llegaba en el primer sumario: «Varios juristas discrepan del motivo por el que se rechazaron las demandas de filiación». Así, el catedrático de Derecho Constitucional y presidente del Consejo Editorial de *El Mundo*, Jorge de Esteban, señala que la inviolabilidad del rey se refiere exclusivamente al ámbito penal y a cualquier otro que lleve aparejada una sanción, no a los actos de naturaleza privada. Otro catedrático de Derecho Constitucional, Antonio Torres del Moral, defiende que la Constitución protege la figura del jefe del Estado para evitar que pueda ser utilizada por oportunistas. «A mayores, el artículo 117 de la Carta Magna establece que la justicia se administra en nombre del rey, por lo que sería una tremenda paradoja que se le enjuiciase en su propio nombre», asegura.

¿Cuándo responde entonces el titular de la Corona? «Pues, si las cosas se ponen muy feas, se le prepara un barco en Cartagena o un tren en Irún». El catedrático de Derecho Penal Enrique Gimbernat sostiene que la jurisprudencia constitucional viene resolviendo de manera repetida que los privilegios deben ser interpretados restrictivamente. «Si el rey hubiese tenido un hijo extramatrimonial, no habría sido como jefe del Estado, sino como una persona. Debe distinguirse entre una demanda privada. Y si incumple una obligación contractual, el perjudicado tiene derecho a reclamárselo; en caso contrario, quedaría en la más absoluta indefensión y se vulneraría su derecho a la tutela judicial efectiva». Juan José Solozábal, también catedrático de Derecho Constitucional, reflexiona en la *Enciclopedia Jurídica Básica* de la editorial Civitas que la inmunidad del monarca constituye, al fin y al cabo, una brecha en el Estado de Derecho que solo puede ser contrarrestada en un nivel político por un compromiso de ejemplaridad del jefe del Estado.

Por su parte, el periodista José García Abad considera que, aunque en la Constitución no se adjetiva la inviolabilidad del rey, del espíritu de la misma y del sentido común se desprenden que dicha inviolabilidad no se extiende a los delitos comunes como el robo, la violación o el asesinato. No obstante, sería conveniente —en su opinión— que quedara más claro quizás por una enmienda constitucional. «Tal como están las cosas se puede colegir que es una brecha en el Estado de Derecho. El rey no debe ser inmune ni impune», sostiene tajante cuando le pregunto al respecto.

Jaime Peñafiel, por su parte, cree que la inviolabilidad del monarca solamente debe interpretarse en el ámbito penal. «Ese —subraya— fue el espíritu del constituyente». «¿Y qué pasa con las cuestiones relacionadas con el Derecho de Familia?», le pregunto. «Esa es otra cosa —responde—. Si se tuviera que prestar a hacer pruebas ante todas aquellas mujeres que dicen tener un hijo suyo, no tendría tiempo para dedicarse a otra cosa. Quiero dejar claro que don Juan Carlos no ha tenido hijos fuera del matrimonio. Lo digo rotundamente: no. Hace años que vienen dándome la barrila para que yo me haga eco de esas denuncias. Y, sin embargo, son temas que a mí ni me van ni me vienen, y además son de dudosa realidad. Las dos jueces hicieron muy bien. El rey no tiene hijos fuera del matrimonio».

A Luis María Anson no le parece conveniente la expresión «inviolable» no solo para el rey, sino para ningún jefe del Estado, sea republicano o monárquico. «Es verdad que tanto las monarquías como las repúblicas, en muchas de ellas, se considera inviolable al jefe del Estado y hay que esperar a que deje el cargo, como ocurrió con Jacques Chirac, para poder procesarle. Una cosa es adoptar muchas cautelas, para que no se dañe gratuitamente a la Jefatura del Estado, y otra cosa es el término "inviolable". En determinados casos es evidente que no puede ser así. Tú imagínate —me dice— que mañana el rey o el presidente de la República coge a una niña de ocho años, la viola cuatro veces, le pega un tiro a su madre y lo hace públicamente. ¿Cómo va a ser inviolable eso? Otra cosa es que un señor le acuse sin pruebas, nada más que para incordiar, ensuciar o emborronar, y eso tenga una tramitación judicial. No la tiene para los diputados a Cortes, que son juzgados por el Tribunal Supremo, y parece lógico que, desde ese punto de vista, todo lo que se relacione a la Jefatura del Estado, en cualquier régimen, sea monárquico o republicano, tenga unas cautelas especiales para salvar lo que es la dignidad de la Jefatura del Estado, que es la representación de la nación».

En parecidos términos se expresa el empresario y abogado Miguel Durán. «Hay que ser muy prudentes en cuanto a meter al jefe del Estado en ciertas danzas. A veces ya se mete él solito sin empujarle. Pero de ahí a que cualquier señor o señora, sin indicios muy palpables de una imputación así, logre que se ponga en marcha un procedimiento tan significativo como el de reconocimiento de paternidad, creo que media un trecho».

Para la exministra de Vivienda en el gobierno socialista de José Luis Rodríguez Zapatero y ahora profesora de Derecho Constitucional, María Antonia Trujillo, es cierto que el artículo 56.3 de la Carta Magna establece que la persona del rey es inviolable y no está sujeta a responsabilidad, pero ese mismo precepto también recoge que sus actos estarán refrendados de acuerdo con lo dispuesto en el artículo 64. «En mi opinión, la inviolabilidad e irresponsabilidad del rey se refiere solo a aquellos actos que están sujetos a refrendo, ya que el refrendo traslada la responsabilidad al sujeto *refrendante*. Es decir, se refiere a la irresponsabilidad política, característica común a todos los jefes de Estado, incluso en los regímenes republicanos. El resto de actos, es decir, todos los relativos a su vida privada, cuando actúa como un particular, están sujetos a responsabilidad, ya sea administrativa, civil o penal». A María Antonia Trujillo le llama la atención que en las dos recientes demandas de filiación contra el *señor* Juan Carlos Víctor María de Borbón y Borbón Dos Sicilias los autos hayan inadmitido a trámite las demandas «en atención al blindaje constitucional» y a «la tradición histórica e internacional», que atribuye al rey un estatus o protección especial confiriéndole inviolabilidad e irresponsabilidad. En su opinión eso implica «la imposibilidad no solo de exigir responsabilidad penal, sino también la de dirigir contra el monarca acciones ante la jurisdicción civil, considerándose en la doctrina, no sin alguna fisura, que la inviolabilidad viene referida a la conducta personal del rey, y la irresponsabilidad a los actos realizados en el ejercicio de las funciones constitucionalmente encomendadas».

Por su parte, el diputado de Izquierda Unida Gaspar Llamazares tacha de desvarío las dos decisiones judiciales. «Incluso en un marco tan laxo como el que la Constitución Española fija para el rey, ampliar su aplicación al ámbito del derecho de familia me parece excesivo y desmesurado». El parlamentario eurocomunista cree que, según esa argumentación, don Juan Carlos tendría la consideración de un rey absoluto e impune, cuando es un monarca constitucional que «debe responder de demandas de paternidad como cualquier otro ciudadano». En su opinión, tiene derechos y obligaciones que no se suspenden por el hecho de ser rey. «Aunque no gobierna, tiene atributos de reyes que sí gobernaban y de manera absoluta. Es impensable».

Queda fuera de toda duda que de los asuntos patrimoniales del rey responde el jefe de su Casa y que el monarca no puede ser sometido a un proceso penal ni en el hipotético caso de que se le considere sospechoso de la comisión de algún delito, con la única posible excepción de aquellos sobre los que tiene competencia la Corte Penal Internacional. Y aun así será difícil que eso pueda ocurrir, ya que el dictamen del Consejo de Estado que precedió en 1999 a la asunción del Tribunal de La Haya por parte de España considera que, ya que la Carta Magna impone que los actos del rey en el ejercicio de sus funciones sean refrendados, la responsabilidad se trasladaría automáticamente al miembro del gobierno que lo haga. Según ese dictamen, la inmunidad del monarca se fundamenta en su posición ajena a toda controversia. Es decir, el Estado renuncia a su potestad de someterle al proceso penal para evitar que su figura pueda ser instrumentalizada por intereses espurios que provoquen inestabilidad política.

Los españoles suspenden a la monarquía

Sede del Centro de Investigaciones Sociológicas, calle de Montalbán numero 8, en Madrid. Tercera semana de octubre de 2011.

El Departamento de Investigación del CIS vivió momentos de revuelo. Los primeros datos del barómetro de octubre reflejaban un giro excepcional de tendencia en la valoración que los españoles hacen de su monarquía. El sondeo —cuyo trabajo de campo se había realizado entre los días 1 y 9— otorgó un suspenso a la institución monárquica. Nunca antes la Corona había salido tan mal parada en encuestas de este tipo, ya que siempre había cosechado aprobados. Es más, la nota media habitual era de las más altas entre las instituciones del Estado. Desde hacía algunos años se había percibido un cierto declive, pero nunca hasta el punto de bajar del cinco en una escala de uno a diez, donde el uno es la nota más baja y el diez la más alta. Los resultados definitivos confirmaron el suspenso durante la última semana de octubre. La monarquía obtuvo un 4,89 de nota, por debajo de los medios de comunicación (4,97) y de las Fuerzas Armadas, que con un 5,65 fue la única institución que aprobaba, mientras que los partidos políticos cerraban la lista con un 2,76. La vez anterior que el CIS preguntó sobre la monarquía, en noviembre de 2010, la nota fue de 5,35, por detrás del ejército, que en las encuestas suele encabezar este tipo de clasificaciones.

Las variables sociodemográficas, políticas y económicas de la encuesta reflejaron en cuáles estratos de la población se encontraban los mayores niveles de crítica a la monarquía. El perfil del español más decepcionado con la Corona era un ciudadano joven, con estudios superiores, que vive en grandes núcleos urbanos, de clase media-alta, enclavado dentro del sector de cuadros medios o pequeños empresarios e identificado con una ideología de centro-izquierda. En sentido contrario, la institución de la monarquía registraba las mejores notas entre jubilados, agricultores, con escasos estudios, que viven en poblaciones pequeñas y con una ideología de derechas. El retrato-robot del monárquico por excelencia en España es un ciudadano de más de sesenta y cinco años y cercano al PP.

Por sexos, el sondeo dejó claro que la monarquía era mejor acogida por las mujeres (5,19 de nota media) que por los hombres (4,6); y por edad solo aprobó entre los mayores de 55 años: con un 5,18 le puntuaron los españoles entre 55 y 64 años y con un 6,03 los ciudadanos de más de 65. Los jóvenes de 18 a 24 años le dieron un 4,35 de media, mientras los españoles de entre 25 y 34 le otorgaron un 4,52. Un 4,42 sacó la Corona de la franja comprendida entre 35 y 44 años y un 4,7 de los de entre 45 y 54. En cuanto a los estudios de los entrevistados, la valoración positiva del rey desciende de manera inversa a como aumenta la formación. Así, la mejor nota la recibe de los españoles sin estudios (6,36 puntos), seguido por los de primaria (5,18), secundaria (4,51), formación profesional (4,5), estudios medios universitarios (4,5) y superiores (4,2). La variable de la población también era muy significativa: la Corona recibía la mejor nota en los núcleos de menos de 2.000 habitantes (5,25) y la peor en las ciudades de más de un millón de habitantes (4,47). En cuanto a la tendencia política de los entrevistados, en una escala de uno a diez, donde el 1 es la extrema-izquierda y el 10 la ultraderecha, los resultados fueron los siguientes: los comprendidos entre el 1 y 2 le dieron 2,81 puntos; los de 3-4, un 4,49; los del 5-6 (centro), un 5,2; los del 7-8, un 6,33; y los 9-10, un 6,5. Respecto al recuerdo de voto, los electores del PSOE le otorgaron un 5,11; los del PP, un 6,17; los de IU, un 2,58; los de CiU, un 3,56 y los de otros partidos, un 3,71. En cuanto a las profesiones, el suspenso de la monarquía es general, menos entre los agricultores (que le dieron una nota media de 6,41 puntos), los que se dedican al trabajo doméstico no remunerado (5,98) y los jubilados y pensionistas (5,71). Los más críticos con la Corona fueron los pequeños empresarios (4,22), los obreros cualificados (4,24), los técnicos y cuadros medios (4,27), los empleados de oficinas y servicios (4,41), los estudiantes (4,44), los directores y profesionales (4,6), los parados (4,61) y los obreros no cualificados (4,75). La variable de estatus social también fue muy significativa: la clase media-alta valoró a la Corona con una nota de 4,47 puntos; las nuevas clases medias le dieron un 4,79; y solo le aprobaron las viejas clases medias, con un 5,38.

Cruzando datos con otros sondeos, los técnicos en demoscopia del CIS pudieron comprobar que el descenso, leve pero pronunciado, en la valoración de la monarquía comenzó en 2005, meses después de la boda del heredero de la Corona con Letizia Ortiz. Las primeras preguntas del centro demoscópico sobre la institución monárquica datan de 1984, todavía bajo los efectos de la actuación del rey durante la intentona golpista del 23-F. Entonces una gran mayoría de españoles juzgó positivamente su papel como moderador, consideró a la Corona la institución mejor valorada y prefirió la monarquía a la república como modelo de Estado. Diez años después —en 1994— la Corona superó el 7 de puntuación, y en 1997 seguía siendo la que más confianza despertaba entre los españoles (con una nota de 6,67 puntos), seguida del Defensor del Pueblo (5,62) y los ayuntamientos (5,39).

Desde el enlace matrimonial de los príncipes de Asturias, la institución monárquica ya no tiene la hegemonía de valoración. En 2006 fue la tercera institución mejor valorada, tras las Fuerzas de Seguridad (5,7) y las Fuerzas Armadas (5,4), obteniendo una nota de 5,1 puntos. Las tres subieron en valoración en 2008, pero la monarquía seguía la última de ellas. El sondeo del CIS reflejó ese año que el 77 por ciento de los españoles creía que el rey había contribuido mucho o bastante a la estabilidad de la democracia. El 81 por ciento decía que se había ganado la simpatía de los españoles. El 59,5 por ciento creía que sin él no habría sido posible la

Transición y el 66,3 por ciento veía la monarquía como garantía de estabilidad. La penúltima vez que el CIS preguntó sobre la monarquía —en noviembre de 2010—, la nota fue de 5,35, por detrás del ejército.

A la vista de los datos negativos para la Jefatura del Estado, me cuentan empleados del CIS que el barómetro de octubre de 2011 despertó honda preocupación en la presidencia del centro demoscópico (cuyo titular era entonces Ramón Ramos Torre, un prestigioso experto en sociología). Un par de días antes de su difusión, como era habitual, el sondeo se remitió al Ministerio de la Presidencia, del que depende el CIS. Atrás quedaban los tiempos de los datos *cocinados* durante la etapa de María Teresa Fernández de la Vega al frente de la Vicepresidencia Primera del Gobierno. La consigna política del entonces ministro Ramón Jáuregui fue dar a conocer a la opinión pública los datos según salían del horno, es decir, sin ningún tipo de manipulación. «No hubo cocina —aseguran mis fuentes en el Centro de Investigaciones Sociológicas— y el barómetro fue difundido en la página web del CIS el 26 de octubre de 2011».

Pocos días después, el 11 de noviembre, una comisión policial encabezada por el fiscal anticorrupción de Baleares, Pedro Horrach, bajo la orden del juez José Castro, efectuó en Barcelona el registro judicial de la sede del Instituto Nóos. Y el CIS no volvió a preguntar a los españoles por la imagen del jefe del Estado hasta año y medio después. Las otras dos ocasiones en que tampoco hubo consulta fueron en 2004, el año del enlace de Felipe y Letizia, y en 2007, el de la separación de la infanta Elena y Jaime de Marichalar. ¿Simples casualidades?

Sondeo a mis fuentes del CIS por qué razón durante 2012 no hubo encuestas sobre la Corona y responden: «El centro no lo consideró un tema relevante para volver a preguntar». Argumentan que los barómetros de opinión tienen una parte fija (preguntas que se hacen siempre) y una parte variable que se utiliza para los asuntos más importantes que acontecen al país en cada momento. «Un grupo de expertos en sociología y el propio director del CIS son los encargados de decidir qué se pregunta en la parte variable. Si no la hicieron durante 2012 fue porque no la vieron relevante en aquellos momentos», sentencian.

La vicepresidenta primera del Gobierno, Soraya Sáenz de Santamaría, fue requerida en la rueda de prensa tras el Consejo de Ministros del 19 de abril de 2013 para que diese una explicación al respecto. El diálogo entre el periodista y la portavoz del ejecutivo fue el siguiente:

—Se ha hablado mucho de la monarquía en las últimas semanas. Yo le quería preguntar por algo muy concreto: ¿Por qué el Centro de Investigaciones Sociológicas ha dejado de preguntar por la monarquía? Porque es una cosa que se ha comentado mucho. Preguntaba sistemáticamente todos los años y, desde que salió que suspendía por primera vez en la historia —no estaban ustedes todavía en el gobierno—, no ha vuelto a preguntar. Y como responsable, le pregunto.

—En cada caso es el Centro de Investigaciones Sociológicas, con criterios que, como usted me decía, responden desde hace tiempo... Son criterios técnicos que deciden o no llevar a cabo ese tipo de actuaciones. Pero yo me imagino que esto, como corresponde, en próximos CIS y con absoluta normalidad se preguntará al respecto.

No hubo que esperar más que dos semanas. El 3 de mayo el CIS colgaba en su página web otro barómetro más demoledor si cabe para la Corona. El sondeo, realizado en abril de 2013, daba fe de la valoración negativa que los españoles tenían de la institución monárquica, a la que dieron la nota más baja de su historia:

un 3,68 sobre 10. Es decir, más de un punto por debajo de su anterior y primer suspenso, en octubre de 2011. La encuesta (2.482 entrevistas) se realizó entre el 1 y el 8 de abril, en medio de la imputación de la infanta Cristina por el caso Nóos. Además fue la institución que más cayó en ese periodo. El nuevo suspenso colocó a la monarquía por detrás de la Guardia Civil, la Policía y las Fuerzas Armadas —las tres únicas instituciones que aprobaron— y de los medios de comunicación y el Defensor del Pueblo, que suspendieron pero con notas algo superiores, un 4,79 y un 3,94 respectivamente. Así, la Corona fue la sexta institución mejor valorada entre dieciséis, por delante de la Iglesia (3,56), el poder judicial (3,52), y a mucha distancia de las catastróficas notas del gobierno (2,42) y los partidos políticos (1,83), a la cola de la lista. Por primera vez también la monarquía apareció en la lista de problemas que más preocupan a los españoles, por delante de la sanidad, las hipotecas, la reforma laboral, los nacionalismos y la violencia machista, aunque con un porcentaje muy bajo: solo la mencionó espontáneamente como uno de los problemas más preocupantes el 0,9 por ciento de los encuestados.

Lo que hizo el CIS en el sondeo de abril de 2013 fue confirmar otras encuestas realizadas por los medios de comunicación, que pagaron estos de su bolsillo. El diario monárquico *ABC* publicó en marzo de 2012 que el 69 por ciento de los españoles sostenía que la monarquía es una institución positiva. Algo más de medio año después —en el sondeo de octubre—, el porcentaje había caído al 60,7 por ciento, es decir, casi 9 puntos; en marzo de 2012 el 63 por ciento apoyaba a don Juan Carlos y en octubre de ese año el apoyo caía al 55,7 por ciento, casi 8 puntos menos. Más demoledor para la imagen de la Corona fue el sondeo publicado por *El País* el 7 de abril de 2013, realizado unos días antes de que se conociera la imputación de la infanta Cristina. Según esa encuesta, la valoración ciudadana del rey se había desplomado y, por primera vez en este tipo de sondeos de la empresa Metroscopia, su nota fue negativa, muy por debajo incluso de la valoración que tenía un año antes, cuando se produjo el episodio de la cacería de Botswana y la posterior petición pública de disculpas. En diciembre de 2012 su nota (diferencia entre los que aprueban y los que desaprueban la forma en que ejerce sus funciones) era de 21 y ahora es de -11; es decir, que en solo tres meses perdió 32 puntos. Su valoración estaba por debajo de la de otras veintisiete instituciones o colectivos sociales valorados. Por ejemplo, tenían mejor valoración los inspectores de Hacienda que don Juan Carlos. Del sondeo se dedujo la situación significativa de que el rey había perdido apoyo especialmente entre los votantes del PSOE y los más jóvenes.

«Somos muy conscientes del deterioro de la imagen pública de las instituciones y de la Corona en los últimos años», aseguró un portavoz de la Casa del Rey después de conocerse el barómetro del CIS correspondiente a abril de 2013. «Todas las encuestas, tanto las públicas como las que manejamos nosotros internamente, muestran esa tendencia negativa y, por supuesto, ese deterioro nos preocupa mucho y afecta a nuestras actuaciones». La Zarzuela confiaba entonces en empezar a remontar una vez el rey estuviera «plenamente recuperado» de la operación de columna a la que se sometió en marzo de 2013.

Así las cosas, pregunté a expertos demoscópicos por los motivos que han llevado a ese deterioro en la valoración pública de la Corona representada en la figura de don Juan Carlos. Y todos coinciden en la misma idea: aunque el rey se ganó una suerte de «legitimidad *de facto* con su papel en el 23-F», dos factores socavan su imagen en los sondeos desde hace tiempo. Por un lado los escándalos económicos de su círculo de amigos o familiares directos y, por otro, el olvido del papel que desempeñó en la Transición, sobre todo entre los ciudadanos jóvenes.

Dos periodistas tan alejados ideológicamente como Luis María Anson y José García Abad comparten, sin embargo, el mismo diagnóstico: el pacto de silencio de la prensa y la falta de crítica durante estos años ha perjudicado la imagen pública de don Juan Carlos. «Durante años —me comenta Anson— ha existido una actitud general, no solo de los periodistas, sino del pueblo español, que lo transmitía la prensa, de que la institución monárquica nos ha hecho tal servicio —la vuelta de la democracia y el fracaso del 23-F— que era necesario dejarla fuera del debate y la polémica. El tiempo ha ido pasando —no en vano el rey lleva ya más en la Jefatura del Estado que Franco— y, naturalmente, a lo largo de los años ha ido emergiendo la crítica. En mi opinión, la Casa del Rey debió hacer en su día un planteamiento de entrevistas con los presidentes y directores generales de las televisiones para decirles: "No puede ser que a la monarquía española no se la critique". Nosotros entendemos que la Corona debe estar sometida a crítica, pero siempre en los telediarios y nunca en los programas del corazón. El rey debe salir en televisión como lo hacen François Hollande, Nicolás Sarkozy, Angela Merkel o la reina de Inglaterra, por poner algunos ejemplos. Esto no supone el menor desdoro. Nunca podrá aparecer al nivel de mi amiga Carmele Marchante o Belén Esteban. Es una lástima que la familia real se haya instalado de una manera permanente en ese mundo rosa. Las críticas que recibe la monarquía desde esos programas no las resistiría ni Churchill redivivo. Mi opinión es que la Casa del Rey no lo hizo bien en su momento. Tuvo que aceptar que la Corona debía tener crítica. Pero una crítica hecha por gente seria en los telediarios. Si eso se hubiera hecho así, seríamos como otros países europeos».

Por su parte, García Abad sostiene que «si la prensa hubiera informado puntualmente, como es su obligación, de los malos pasos del monarca y del príncipe, algunos asuntos, ciertas aventuras empresariales y unas cuantas imprudencias no habrían adquirido tamaña dimensión». «El silencio de la prensa —añade— ha podido generar en el entorno real una sensación de impunidad propiciadora del descuido. La complicidad mediática no ha hecho ningún favor al rey ni al príncipe ni a las infantas ni, en resumidas cuentas, a la monarquía. La transparencia informativa sigue siendo la mejor garantía del buen funcionamiento de las instituciones y una obligación para con los ciudadanos, que son los que pagan las facturas. La transparencia es la condición imprescindible para que el público juzgue sin juzgados, emitiendo la sentencia inapelable sobre lo adecuado y lo impresentable».

La pérdida de apoyo popular —como señalaron los sondeos de opinión—, el escándalo Nóos —el primer caso de corrupción en el que se ha visto involucrado de lleno un miembro de la familia real— y las meteduras de pata del jefe del Estado —como su cacería en Botswana—, que le obligaron a pedir perdón a los españoles, sacudieron de tal manera la institución monárquica que se rompió un tabú dentro de La Zarzuela: por primera vez don Juan Carlos vio con buenos ojos una ley que desarrollara ampliamente el artículo 57.5 de la Constitución, en lo que se ha empezado a llamar la Ley de la Corona. «Las abdicaciones y renuncias y cualquier duda de hecho o de derecho que ocurra en el orden de sucesión a la Corona se resolverán por una ley orgánica», dice textualmente la Carta Magna sobre el citado artículo.

La idea que ha imperado desde la aprobación de la Constitución es que los asuntos de la Corona se rigiesen por usos dinásticos. Se temía que una Ley de la Corona fuese demasiado detallista y que encorsetara a la familia real. En círculos monárquicos se ha considerado suficiente que los asuntos que afectan a la monarquía estuviesen regulados en los diez artículos de la Constitución, del 56 al 65. El cambio de tendencia se concretó al inició de la primavera de 2012, cuando desde el palacio de La Zarzuela se empezó a animar a los partidos mayoritarios a que se pusieran a trabajar en una ley orgánica que desarrollara el artículo 57. Desde la aprobación de la Constitución solo han salido adelante dos breves reales decretos que afectan a la Casa Real, lo que explica las precauciones que ha habido en nuestro país a la hora de regular aspectos de la Corona. El primero se aprobó en noviembre de 1981, poco después del golpe de Estado del 23-F y con la UCD aún en el poder, sobre el registro civil de la familia real para inscribir «los nacimientos, matrimonios y defunciones, así como cualquier otro hecho o acto inscribible con arreglo a la legislación sobre registro civil, que afecten al rey de España, su augusta consorte, sus ascendentes de primer grado, sus descendientes y al príncipe heredero de la Corona». El segundo real decreto —de noviembre de 1987, al inicio de la segunda legislatura de Felipe González— versó sobre el régimen de títulos, tratamientos y honores de la familia real y de los regentes. Una norma de nula capacidad legislativa que solo sirve a efectos protocolarios, de ahí que una eventual Ley de la Corona suponga un avance sin precedentes.

A principios de mayo de 2012 el catedrático de Derecho Constitucional de la Universidad Complutense y presidente del Consejo Editorial de *El Mundo*, Jorge de Esteban, propuso en una tribuna de opinión publicada por el periódico de Pedro J. Ramírez siete puntos que deberían regular, a su juicio, la citada ley orgánica, desde aspectos como la transparencia de la Corona y la necesidad de que el gobierno autorice los viajes privados del rey, a cuestiones como las funciones del príncipe heredero, las consecuencias de que el rey o la reina soliciten el divorcio, las diferencias entre la familia real —con sus obligaciones e incompatibilidades— y la familia del rey, así como el supuesto de la abdicación del monarca y un marco legal sobre la situación de los miembros que trabajan en la Casa Real. El «catálogo de Esteban» fue muy aplaudido al día siguiente por Luis María Anson, lo que atrajo la atención de muchas de las personas vinculadas a la Casa Real.

El 14 de abril de 2013, día de conmemoración de la II República Española, el diario *El Mundo* publicó como asunto más destacado de su portada la noticia de que el gobierno tenía casi lista la redacción de la ley orgánica que establecerá, entre otras cuestiones, los mecanismos para la abdicación del monarca, después de que el Ministerio de Justicia llevase trabajando en el asunto más de un año. Tras barajar varias opciones, el ejecutivo apostó por la elaboración de una norma que integre todos los aspectos relativos a la monarquía y que desarrolle el mandato constitucional de regular el abandono de la jefatura del Estado. Según *El Mundo*, la ley otorgará a los miembros de la Casa Real la condición de aforados. De esta forma el Tribunal Supremo sería quien tendría las competencias para juzgar al príncipe o a las infantas en lugar de, como hasta ahora, el juzgado de primera instancia correspondiente. El argumento empleado para dotar de mayor protección jurídica a los miembros de la familia real es que los diputados nacionales y autonómicos, además de los representantes de otras instituciones, cuentan ya con ella. Aunque el proyecto está muy avanzado, el objetivo del gobierno es que el texto no sea enviado al Congreso hasta que se abra el juicio oral por el caso Nóos. El Gabinete del PP no cree que sea bueno que coincidan en el tiempo el debate sobre una norma que dotará de más protección a los miembros de la familia real con la instrucción del escándalo que afecta a la hija y el yerno de don Juan Carlos.

Cinco días más tarde —el 19 de abril— *El Confidencial Digital* ofrecía más datos sobre la futura Ley de la Corona. Según la web de José Apezarena, la norma equiparará la situación del príncipe heredero a la inviolabilidad del propio rey. Es decir, que ninguno de sus actos podrá ser llevado ante los tribunales. Actualmente don Felipe no goza de ninguna protección jurídica especial, por lo que, como ha ocurrido con la infanta Cristina, si se produjera una demanda contra él tendría que responder ante los jueces ordinarios. «Igualmente —añadía *El Confidencial Digital*— se otorgará inmunidad a todos los integrantes de la familia real, que por tanto no podrán ser objeto de procedimiento judicial contra ellos. Pero se trata de una inmunidad limitada, porque solamente afectará a actos realizados en el ejercicio de sus funciones de representación. La inmunidad no se aplicará a cualquier otra actividad que realice un miembro de la familia fuera del ámbito público y oficial. No alcanzará a actividades privadas como las que realizó Iñaki Urdangarin en el Instituto Nóos. Si alguien fundara una empresa privada, y a través de ella cometiera cualquier delito, sería juzgado por ello. No obstante, se les protegerá en el caso de que ostenten la presidencia honorífica de una entidad que cometa delito, porque esa presidencia se recibió por ser miembro de la familia real».

El Confidencial Digital también dio por hecho que la futura Ley de la Corona establecerá el procedimiento para la renuncia a los derechos al trono por parte de un miembro de la familia real. Se trata de una previsión que no está contemplada en la Constitución, que lo único que dice es que esa eventualidad se regulará mediante una ley orgánica. La ley admitirá la posibilidad de que los hijos del rey, incluido el príncipe o la princesa herederos, renuncien al cargo, si bien todavía no se ha concretado el mecanismo exacto para proceder a ello. De acuerdo con las fuentes consultadas por *El Confidencial Digital*, el modelo que se está considerando es el que actualmente existe en la casa real británica, donde se aplica esa opción y a cambio se pierden una serie de derechos bien definidos.

Mientras continuaban las negociaciones sobre la Ley de la Corona, la Casa del Rey y el gobierno cerraron el 5 de abril de 2013 la incorporación de la monarquía a la futura ley de transparencia, según confirmaron fuentes de La Zarzuela un día después de que el juez Castro firmara el auto de imputación para la infanta Cristina. Las mismas fuentes quisieron dejar claro que la negociación empezó dos meses antes, a petición de la Casa del Rey, que decidió que no debía quedarse fuera de ese proceso precisamente en un momento de grave deterioro de su imagen. Por su parte, la vicepresidenta del ejecutivo, Soraya Sáenz de Santamaría, adelantó en la rueda de prensa tras la reunión del Consejo de Ministros de aquella semana que la decisión surgió del acuerdo parlamentario tras el debate sobre el estado de la nación y que La Zarzuela «ha participado con absoluta colaboración y disposición» en los contactos para alcanzar un acuerdo. Durante el proceso negociador se cuidó especialmente que la incorporación a la ley no afectara a los principios sobre la Corona que establece la Constitución. En este sentido, Sáenz de Santamaría quiso subrayar que la inclusión no será plena. El gobierno ha tenido en cuenta el Título II de la Carta Magna, que establece una *serie de particularidades* para la Casa del Rey que hay que respetar en todo caso. De esta forma La Zarzuela recibirá en la ley de transparencia un trato similar al del Congreso o el Senado, distinto al de las administraciones públicas, pues la Casa del Rey no lo es.

Capítulo V

GARZÓN Y LA JUSTICIA AL SERVICIO DEL EGO

Sesenta millones de euros dilapidados con el caso Telecinco

Cafetería Riofrío. Calle de Génova, número 28, en Madrid. Un día de abril de 1997. Durante la mañana.

Como casi todas las mañanas Baltasar Garzón y Javier Gómez de Liaño fueron a tomar café a la célebre cafetería próxima a la Audiencia Nacional, el Tribunal Supremo y el Consejo General del Poder Judicial. Desde hace cuarenta años en Riofrío se preparan desayunos para la flor y nata de jueces, magistrados, fiscales, vocales, abogados y funcionarios de la administración de Justicia. Baltasar Garzón y Javier Gómez de Liaño, que entonces eran amigos, se sentían el núcleo duro de jueces de la Audiencia Nacional, una casta especial de instructores dedicados a perseguir el delito allá donde se produjera. Su reputación era, por aquellos días, intachable. Meses antes Garzón había acogido con alivio la llegada de Gómez de Liaño en sustitución de Carlos Bueren. Desde su puesto de vocal del CGPJ, Javier (y su entonces pareja, la fiscal María Dolores Márquez de Prado) había echado una mano a Baltasar en la instrucción del caso Lasa y Zabala ante el acoso del biministro Juan Alberto Belloch, obsesionado por tapar con un tupido manto de silencio el llamado GAL verde. El aterrizaje de un juez curtido como Gómez de Liaño en el Juzgado de Instrucción número 1 de la Audiencia Nacional —su llegada se fraguó en la inteligente treta de presentar su candidatura a última hora para que no fuera vetado por el gobierno socialista de Felipe González— suponía a Garzón no quedarse solo en la investigación de la guerra sucia contra ETA. Todo hacía presagiar que la amistad entre ambos iba a ser duradera.

Aquella cálida mañana de abril de 1997, recién comenzada la primavera, no había empezado la rivalidad entre ambos. Aún eran uña y carne. Su amigo Baltasar no le había *pisado* ningún sumario, aunque apuntaba maneras.

—De juez a juez te digo que yo tendré muy pronto en mis manos otro caso muy importante de otra televisión —le dijo Garzón a Gómez de Liaño cuando los dos magistrados lograron zafarse de la nube de reporteros gráficos que suele acompañar a las estrellas de la judicatura en su paseíllo desde la Audiencia Nacional a la cafetería Riofrío.

Gómez de Liaño instruía desde que le cayó por reparto el 25 de febrero el sumario del denominado caso Sogecable, un llamativo escándalo de supuesta apropiación indebida que afectaba a la cúpula del Grupo Prisa. Al parecer, el Consejo de Administración de Sogecable se había gastado ciento cuarenta millones de euros de los depósitos de sus abonados de Canal Plus en recapitalizar la empresa y repartir dividendos entre los accionistas, en lugar de dejarlos bloqueados en un banco o caja de ahorros como garantía de la devolución. Cuenta José Díaz Herrera en su libro *Garzón, juez o parte* (publicado por La Esfera de los Libros en 2007) que cuando el titular del Juzgado número 5 se enteró —en una comida en el restaurante Lur Maitea— por boca de su colega del número 1 que no era él, sino Gómez de Liaño quien iba a instruir el sumario del caso, «se le humedecieron los ojos y tuvo que agachar la cabeza para disimular la rabia que le causaba el reciente protagonismo de su compañero». «Hasta entonces —sigue Díaz Herrera con su relato— él era el único gallo del corral de la Audiencia Nacional y le había salido un duro competidor». El abogado Antonio García Trevijano, presente en aquella comida, no pasó la oportunidad de lanzar un dardo al orgullo del juez estrella: «Sabes, Baltasar: ese asunto es más importante que todos los sumarios de los GAL juntos».

En su papel de adalid de la lucha contra la corrupción, Garzón tenía puesta su mirada inquisidora en la cadena privada Telecinco, en manos del magnate italiano Silvio Berlusconi, que casi una década antes había desembarcado en los medios de comunicación españoles en alianza con la Once de Miguel Durán y tras comprar la participación del Grupo Anaya. Si Gómez de Liaño podía investigar a Jesús de Polanco —presidente del emporio de Prisa—, él lo haría con Berlusconi, que dos años antes había dejado de ser máximo responsable del poder ejecutivo en Italia.

El primer contacto de Garzón con el entorno del empresario transalpino tuvo lugar en 1994. En junio de aquel año abogados de Berlusconi —que un mes antes se había alzado con el puesto de presidente del Consejo de Ministros de Italia y en aquellos momentos se enfrentaba a problemas con la justicia por su posible conexión con la Mafia— acudieron a la Audiencia Nacional con la intención de entrevistarse con el juez estrella. Sabedores de que el magistrado español tramitaba varias querellas contra dictadores extranjeros, le espetaron: «Exigimos que al presidente del gobierno italiano se le aplique la misma doctrina que a Hassan II y Teodoro Obiang Nguema». Sin entrar a valorar si cometieron delitos de genocidio, terrorismo y torturas, Baltasar Garzón terminó archivando los sumarios contra el rey de Marruecos y el presidente de Guinea Ecuatorial con el argumento de que tenían inmunidad al ser los responsables de sus Estados.

La oportunidad de proceder contra la cúpula directiva de Telecinco le llegó a Garzón mientras investigaba el caso del agujero de los 200.000 millones. Por aquellos días el PP había presentado una denuncia contra el último gobierno de Felipe González por un presunto caso de amiguismo fiscal que había supuesto un importante agujero a las arcas públicas. El gobierno de Aznar acusaba entonces de prevaricación a la administración socialista por haber retrasado a sabiendas la tramitación de 600 expedientes sancionadores con el resultado de una deuda no ingresada en Hacienda por valor de 200.000 millones de pesetas. Durante la instrucción del sumario sobre el agujero en Hacienda, Garzón se encontró con supuestas irregularidades en la constitución de la empresa propietaria de Telecinco. El juez estrella ya tenía su causa contra una cadena de televisión.

Dicho y hecho. El 23 de julio de 1997 la Fiscalía Anticorrupción pidió al juez del Juzgado de Instrucción número 5 de la Audiencia Nacional la imputación de 38 personas —entre ellas Silvio Berlusconi, Javier de la Rosa y Miguel Durán— por presuntos delitos de falsedad fiscal y societaria cometidos durante su gestión al frente de Telecinco entre 1988 y 1996. Según se estimó entonces, el fraude podía alcanzar los 2.000 millones de pesetas (12 millones de euros). Comenzaba así la instrucción del procedimiento número 262/1997, más conocido como «sumario Telecinco».

Con la complicidad de los fiscales Carlos Villarejo y Carlos Castresana, el magistrado instructor pudo montar ese día su teatral operativo decretando el secreto de las actuaciones y ordenando la práctica de seis llamativos registros, retransmitidos en directo por los medios informativos: tres en locales propiedad de Telecinco en Madrid, uno en Extremadura y otros dos en despachos de abogados implicados. Con ello, el juez estrella se aseguraba aparecer en la portada de todos los periódicos al día siguiente. Garzón no autorizó, como le pedía la Fiscalía, que los agentes judiciales registrasen la sede de la Once, puesto que Miguel Durán ya no tenía relación con el grupo empresarial de los ciegos (había dejado la presidencia casi cuatro años antes). Eso sí, el juez exigió a la organización de discapacitados toda aquella documentación relacionada con los hechos investigados en la instrucción del sumario.

El magistrado de la Audiencia Nacional trataba de probar que la cadena amiga se había convertido en una monumental cueva de ladrones, en la que Berlusconi —a través de su empresa Finnivest— se quedaba con el 30 por ciento de la facturación sin pagar impuestos, mientras la cúpula directiva de la Once se convertía en contratista de su propia empresa, llevándose el capital a manos llenas, pese a que Telecinco seguía, ocho años después de empezar sus emisiones, sin dar beneficios.

Garzón atribuía a Miguel Durán varios delitos contra la Hacienda Pública, falsedades y delitos societarios, por los que le pedía varias penas de dos años de prisión, hasta un total de casi nueve años de cárcel. El exdirector general de la Once y ahora abogado y empresario recuerda aquellos días con tristeza y alivio por haber superado la complicada situación: «Garzón no ha sido nunca, en puridad, un instructor. Se ha servido principalmente del trabajo de los policías, de los inspectores tributarios y, sobre todo, del Ministerio Fiscal para componer sus autos. Además, su actuación siempre ha estado imbuida de una voluntad inquebrantable de consecución de notoriedad propia, por encima de la verdadera índole de los casos que enfrentaba. De no haber sido así, ¿cómo puede explicarse que mucho más de la mitad de los procedimientos por él instruidos acabasen en sobreseimientos o en absoluciones? Lo que a él le importaba verdaderamente era el relumbrón que lograba desde el punto de vista mediático, y nada más. El justiciable, para él, era un simple instrumento que le permitía conseguir esa finalidad personal».

Durán fue a declarar en tres ocasiones ante el magistrado de la Audiencia Nacional. Recuerda que la voz cantante la llevaba el fiscal. Garzón se limitaba a escuchar, sin formular preguntas, mientras el interrogatorio era grabado en una cinta magnetofónica. «Yo siempre procuré estar a bien con el fisco en el plano personal; pero es obvio que cuando presides más de doscientas sociedades —como era mi caso cuando dirigí la Once y su grupo de empresas—, si te hacen alguna inspección, los de Hacienda siempre encuentran cualquier resquicio por donde meterte el dedo en el ojo. A mí, lo del "dedo en el ojo", por razones obvias, no me importaba demasiado; pero cuando Garzón, conchabado con el fiscal anticorrupción, Jiménez Villarejo, y su lugarteniente, Carlos Castresana, decidieron ir a por Berlusconi, a los que estábamos en el medio de esa gran operación político-mediática se nos llevaron por delante».

El empresario ciego hace memoria: «Me dijo que me imputaba para que pudiera defenderme mejor; pero yo sabía que se trataba de un hombre sin escrúpulos que no pararía hasta conseguir sus propósitos. Enseguida me di cuenta de que su estrategia y la del fiscal consistían en sembrar la división y la discordia entre todos los imputados, procurar el chivateo interno para que nos hiciéramos daño. En algún caso, como por ejemplo con Valerio Lazarov (primer director de Telecinco), lo consiguió, ya que, a cambio de retirar la imputación, Valerio le contó cosas muy sabrosas (aunque inciertas) sobre Berlusconi. También le dijo que él no pintaba nada en Telecinco, más que lo relativo a la realización en pantalla, y que los que manejábamos el cotarro éramos los demás. Garzón cumplió su promesa y retiró la imputación. De hecho, ya en el acto del juicio oral Valerio siguió cargando contra todos los demás con el objetivo de hacer creer al tribunal que él no era más que un director de escena, cosa que, como es obvio, los jueces no creyeron. Garzón y el fiscal se aprovecharon de que Valerio estaba muy despechado con Berlusconi y con los italianos por la forma que tuvieron de echarle a finales de 1994 y sustituirle por Carlotti. De todo lo cual también me culpó a mí. Decía que no le había defendido lo suficiente. Con esa premisa, Garzón le sacó de dentro mucha bilis contra nosotros. Esos eran los procedimientos del magistrado estrella hasta que le expulsaron de la judicatura».

En un auto de fecha 28 de abril de 1998, Garzón describe un conjunto de operaciones por las que los imputados habrían obtenido fondos de las sociedades que administraban, supuestamente desviados a patrimonios personales, por un valor total de 3.849 millones de pesetas. Al entonces presidente de Telecinco, Miguel Durán, le atribuía una apropiación indebida de 825 millones, más lo que resultase de evaluar 80 parcelas en Badajoz de las que era titular; y a Santiago Muñoz Machado, vicepresidente de la cadena, 1.353,8 millones. Este último, junto con Ángel Medrano y Rafael Álvarez-Buiza Diego, accionistas de la sociedad Promociones Calle Mayor —una de las que el juez consideraba que fueron utilizadas para actos fraudulentos cometidos en los primeros años de Telecinco—, habrían obtenido, presuntamente, 976 millones más de otra operación. Para Garzón todas esas cantidades se financiaron «mediante reconocimiento de préstamo» concedido por la propia Telecinco a dichos directivos. Por la mayor parte de estas cantidades, según el auto, los imputados no tributaron en los ejercicios respectivos o lo hicieron «compensando los ingresos con gastos ficticios».

Según el sumario, el 12 de diciembre de 1992 Durán recibió 500 millones de pesetas de la empresa Pléyade, propiedad de Medrano y Álvarez-Buiza, que Telecinco pagó por localizar estudios de televisión. El sumario no explicó por qué esos 500 millones fueron a parar a manos del exdirector de la Once, que dedicó 95 millones a comprarse un piso en Madrid y el resto lo ingresó en una cuenta corriente de una de sus empresas. Lo que quedó claro fue que Durán se encargó de que su relación con Hacienda fuera transparente como el agua. Mediante una regularización de su situación y la de su empresa, hizo saber a la Agencia Tributaria que las cantidades que tenía declaradas como provisión de gastos eran en realidad ingresos.

Garzón no tuvo en cuenta esa regularización con Hacienda y en el mismo auto del 28 de abril decretó la libertad del expresidente de Telecinco y su número dos bajo fianza de 100 y 150 millones de pesetas, respectivamente, además de la obligación de presentarse una vez al mes en el juzgado. «Estoy convencido —recuerda ahora Miguel Durán— de que se trató de una estrategia para ablandarme. Garzón debió de darse cuenta de que, por ese camino, no conseguiría nada y urdió lo de la fianza multimillonaria pensando en dejarme prácticamente sin dinero. Afortunadamente los hermanos Joaquín y Jesús Franco, propietarios de Recreativos Franco, de los que yo era asesor en materia de juego, prestaron la enorme fianza de cien millones de pesetas, cosa que siempre les agradeceré, ya que, en algún momento, acaricié la idea de ponerles en el brete [a los jueces] de no presentarla y que tuvieran, si eran capaces, los pulmones de meterme en la cárcel; pero mi mujer y mis hijos me importaban mucho más que los desalmados que me estaban persiguiendo. Ningún jurista, por principiante que sea, puede imaginarse que se dieran en mí ninguna de las causas que justifican una prisión preventiva: ni yo era un desarraigado, ni podía ocultar pruebas (habría tenido ya más de ocho meses para hacerlo), ni me imagino cómo ellos podían suponer que yo, ciego y perfectamente identificable, podía huir al extranjero para eludir la acción de la justicia. Fue un verdadero abuso de poder el que se cometió contra mí al ponerme aquella fianza astronómica, mucho más que a cualquier asesino múltiple de la banda terrorista ETA; pero también contó el juez del Juzgado de Instrucción número 5 con la cobardía cómplice de los magistrados de la Sección de lo Penal que, quizá porque el asunto les importaba un bledo, quizá porque no se atrevían a enmendarle la plana a Garzón, no atendieron mis recursos sino muchos años más tarde para rebajar la fianza a veinte millones de pesetas».

José Díaz Herrera sostiene en su obra *Garzón, juez y parte* que «preocupado por su fama personal y por los titulares de los periódicos, el responsable del Juzgado Central de Instrucción número 5 había elaborado uno de sus macro-sumarios con el objetivo casi exclusivo de meter en la cárcel al magnate Silvio Berlusconi, perseguido en Italia por delitos similares por sus compañeros jueces de Mani Pulite. Si levantaba la inculpación al exdirector general de la Once, accionista mayoritaria durante un tiempo de Telecinco por medio de un tinglado de empresas interpuestas, el sumario se le venía abajo como un castillo de naipes».

La *cacería* a Miguel Durán supuso para Garzón un golpe de efecto en popularidad y prestigio ante la opinión pública, puesto que la propiedad del 0,8 por ciento del Banco Central, 15.000 acciones en Banesto y una espectacular alianza con los Albertos y De la Rosa otorgaron al exdirector general de la Once un lugar propio entre los grandes de la economía española durante el primer decenio de gobierno socialista. Además, la inversión en diecisiete empresas del mundo de la comunicación (Telecinco, Servimedia, *El Independiente,* Cadena Rato, *Diari de Barcelona, Economía 16,* Onda Cero...) le proporcionaron imagen y poder. Cobrarse la cabeza de Durán era, sin duda, para Garzón, un triunfo de caza mayor.

Lo que el juez no tuvo en cuenta fue que el castillo de naipes se le viniera abajo diez años después de comenzar la instrucción y de la manera más humillante para él. El 19 de abril de 2007 la Sección Primera de lo Penal de la Audiencia Nacional dio a conocer la sentencia por la que absolvía de todos los cargos al exdirector general de la Organización Nacional de Ciegos Españoles y a los otros siete acusados de delitos fiscales y de falsedad. Fue un varapalo en toda regla al trabajo de Garzón. La sala no creyó, como dijo la Fiscalía durante el juicio oral, que los acusados «elaboraron un entramado jurídico-negocial ficticio» para encubrir la violación de la ley tributaria y de televisión privada. Los jueces analizaron en el fallo todos los hechos presuntamente constitutivos de los delitos imputados, llegando a una clara conclusión: la absolución de todos y cada uno de los acusados, ya por la inexistencia de los hechos imputados, ya por su irrelevancia penal. Ello implicó que esos delitos «no solo no han existido, sino que eran absolutamente regulares desde el punto de vista fiscal».

Ese día todo eran caras alegres y felices a las puertas de la Audiencia Nacional. Abogados y clientes absueltos hacían corrillo con los periodistas en el acceso principal, el que da a la calle de García de Gutiérrez, semiesquina con Génova. «Es la primera vez que salgo por esta puerta. Normalmente lo hago por la otra, acompañado de guardias civiles», bromeaba Javier de la Rosa rodeado de una nube de micrófonos y cámaras de televisión. Cien metros más abajo, en la puerta de Riofrío, Miguel Durán se abrazaba al que fuera su número dos en la cadena. «Enhorabuena, Miguel», le decía al borde de las lágrimas justo cuando se cruzaban —casualidades de la vida— con Garzón, que en ese momento salía de la cafetería en compañía de su amigo y también juez Santiago Pedraz. Como era de esperar, ni se miraron. Eso sí, ante los medios de comunicación todos los absueltos se encargaron de arremeter contra el juez instructor, al que responsabilizaron de abrir el juicio solo para conseguir fama y notoriedad debido a que el objetivo perseguido era Silvio Berlusconi. «Me ha quitado diez años de mi vida —aseguró entonces Durán a los periodistas—, quizá los mejores desde un punto de vista profesional. He perdido oportunidades de negocio, de trabajo, y seguro que las recientes elecciones en la Once hubiesen tenido otro resultado si el juicio no hubiese existido». Nada más conocer el fallo, Durán habló por teléfono con el exprimer ministro italiano. «Berlusconi está tranquilo. Es una buena sentencia también para él porque si el resto somos inocentes, eso quiere decir que él también lo es».

El paso de los años no ha hecho olvidar al exdirector general de la Once el calvario que le hizo pasar el juez estrella. «La sentencia que me absolvió —recuerda Miguel Durán— fue una de tantas que le han desacreditado enormemente. Pero no solo a él, sino a los fiscales Villarejo y Castresana —quien se había buscado un cómodo puestecito como relator de la ONU— y a los inspectores sin vergüenza de la Agencia Tributaria que cooperaron con ellos y sobre los que confieso que no tengo la caridad cristiana del perdón». La pregunta era obligada: 10 años y 100.000 folios después de que empezase la instrucción, ¿cuánto pudo costar las arcas públicas aquella pantomima judicial?

«Fueron más de 120.000 folios. En un cálculo solo aproximado, pensamos que el coste total debió andar por encima de los 60 millones de euros para el presupuesto público. Pero quizá no sea eso lo más grave: lo peor fue la cantidad de energía de la administración de Justicia que se invirtió vanamente contra personas inocentes, en lugar de dedicarla a perseguir terroristas, narcotraficantes, o a la verdadera delincuencia económica, que jamás estuvo en Telecinco», responde con contundencia el expresidente de la *cadena amiga*.

El fraude del lino que nunca existió

Ministerio de Agricultura, Pesca y Alimentación. Paseo de la Infanta Isabel, número 1, en Madrid. Jueves 22 de abril de 1999. Al mediodía.

Manuel Lamela, entonces subsecretario del departamento ministerial que dirigía Loyola de Palacio, cogió con preocupación el teléfono de su despacho. Llevaba toda la mañana escuchando la Cadena Ser y en cada boletín horario, la misma cantinela: «Espectacular fraude en el Ministerio de Agricultura. Altos cargos ministeriales montaron una trama para cobrar subvenciones ilegales por el cultivo del lino». Lamela buscó con inquietud en su agenda y marcó el número de un teléfono móvil.

—Buenos días, Nicolás. Soy Manolo. ¿Estás escuchando la Ser?

—Hola, Manolo. Me pillas en Murcia dando un curso y no he oído nada. ¿Qué dice?

—La cacería ha empezado. La Ser está dando cada hora que en el ministerio hay una trama dirigida por ti que se ha montado un negocio ilícito de subvenciones.

—¿Subvenciones?

—Sí, sí… Ayudas al lino o algo así.

—No me digas…

—Pero hay todavía más… Al parecer, según cuentan, dos empresas, en las que están tus hijos, se dedican también a la caza de subvenciones…

—No me cuentes más. Vuelvo a Madrid inmediatamente.

Esa misma tarde, el entonces presidente del Fondo de Garantía Agraria, Nicolás López de Coca, ya estaba en su despacho del paseo de la Castellana 182. «Esto es una farsa urdida por el PSOE con el único objetivo de perjudicar a la ministra», pensó de manera obsesiva durante el viaje de vuelta. Faltaban algo menos de dos meses para las elecciones europeas —que aquel año coincidieron con los comicios autonómicos y municipales— y Loyola de Palacio era la cabeza de lista del Partido Popular al Parlamento de Estrasburgo. Además, matando dos pájaros de un tiro, los socialistas pasaban factura a una ministra que en su etapa de oposición se había destacado por su papel de azote del gobierno ante la implicación de altos cargos de la cúpula del Ministerio de Interior en los crímenes de los GAL.

López de Coca era consciente de que, a escasas fechas de la cita con las urnas, cualquier escándalo relacionado con la corrupción podría suponer un duro varapalo electoral al partido en el poder. Por eso no se podía quitar de la cabeza que detrás de aquella noticia que difundía con reiteración la Cadena Ser había un móvil político. También se acordaba de dos de sus hijos, ambos ingenieros agrónomos, que comenzaron a cultivar lino desde mucho antes de la llegada del PP al poder. Entre 1994 y 1999 percibieron una media de 46.558 euros anuales brutos de subvenciones comunitarias.

Tras pasar por su despacho, López de Coca se trasladó a la sede ministerial para reunirse con Loyola de Palacio.

—Ministra, no tengas problema. Yo me voy. No tengo nada que ver con el asunto, pero dimito para poder defenderme sin perjudicar al ministerio.

—No te preocupes, Nicolás. No hace falta que dimitas. Estoy plenamente convencida de tu honradez.

Aunque tres días después de estallar el caso del fraude del lino, López de Coca presentaba su dimisión irrevocable, su lapidación mediática y su calvario judicial no habían hecho más que empezar. El miércoles 26 de mayo Pedro J. Ramírez mandó publicar en las páginas de opinión del diario *El Mundo* un suelto editorial que, con el título «De Palacio debe repudiar a López de Coca», decía frases como estas: «Cada día que pasa se conocen nuevos datos que ponen de manifiesto una conducta impresentable por parte del dimitido exdirector general del FEGA, Nicolás López de Coca. Y no solo porque su familia se dedicaba a arrendar tierras para cultivar lino, aun sabiendo que no serviría para nada, sino porque a la hora de justificar estas actividades él mismo empeora las cosas al decir que los responsables son sus hijos. [...] Loyola de Palacio debería tomar buena nota y distanciarse públicamente de su exalto cargo, censurando su conducta». Cuatro días después Ramírez dedicaba su habitual carta dominical a ensañarse contra López de Coca, a quien en reiteradas ocasiones llamaba «golfo».

El ensañamiento tanto político como mediático fue brutal durante aquellos días. Contribuyeron a ello los socialistas, en especial José Bono, que el 13 de junio, pocos días después de estallar el escándalo, se jugaba su quinta mayoría absoluta en Castilla-La Mancha. Bono exigió la dimisión de Loyola de Palacio por haber consentido que en la cúpula del Ministerio de Agricultura «un grupo de personas —cazaprimas— se hicieran de oro» con las subvenciones comunitarias al cultivo del lino. Las urnas no pasaron factura ni a uno ni a otro. Bono terminó revalidando su mayoría en las elecciones autonómicas, mientras la candidata popular derrotaba a su adversaria socialista, Rosa Díez, por cuatro puntos de diferencia.

Así las cosas, la mayoría parlamentaria del PP en el Congreso de los Diputados permitió la creación de una comisión que depurase las responsabilidades políticas del presunto fraude. La comisión de investigación rechazó las acusaciones de Bono y negó la existencia de ninguna trama para enriquecerse con el lino. La cámara baja terminó dictaminando que los responsables de distribuir las ayudas eran las comunidades autónomas y no el gobierno de la nación. No obstante —y para que no quedase duda sobre su gestión—, la ministra Loyola de Palacio dejó los hechos en manos de los tribunales con una denuncia que presentó en la Audiencia Nacional el 12 de enero de 2001. Como la mayoría de los casos que tenían por aquellos días proyección pública en la prensa, el supuesto escándalo cayó en el Juzgado de Instrucción número 5, el de Garzón. La Fiscalía Anticorrupción, de Carlos Jiménez Villarejo, dio la vuelta a la tortilla y los responsables de la gestión de los fondos del lino en las autonomías pasaron de acusados a acusadores.

Además de a López de Coca, la Fiscalía puso en el centro de la diana a Quintiliano Pérez Bonilla, entonces director general de Ganadería (su esposa —empresaria agrícola que cultivó lino en 1995 y 1996, cuando solo en sueños podía imaginar que su marido llegaría a ser alto cargo de Loyola de Palacio— percibió un total de 41.208,73 euros); Gonzalo Ruiz Paz, director financiero de Mercasa (aunque no era alto cargo de Loyola de Palacio, su familia poseía en Castilla-La Mancha una empresa agraria y percibió 41.469,84 euros de subvención bruta en 1995); y Carlos Moro, delegado del Gobierno en la comunidad castellano-manchega (con 200 hectáreas de secano, comenzó a cultivar lino antes del acceso del Partido Popular al poder y aunque cobró, en cinco años, 492.829,93 euros, el beneficio neto obtenido en ese tiempo, tras descontar los gastos de explotación, fue de 150.000 euros). La esposa de este último falleció de cáncer seis meses después de la acusación de la Fiscalía. Tres años más tarde, también de cáncer, murió él.

Aunque la Oficina Europea de Lucha contra el Fraude había calificado de abstractas las actuaciones presuntamente irregulares, la Fiscalía española continuó con su intención de esclarecer los hechos y denunció una estafa de 3 millones de euros, perjudicando gravemente el cultivo en España, que dejó de recibir fondos de la Unión Europea por valor de 120.000 pesetas la hectárea. Jiménez

Villarejo consideró que «no estaba justificado el incremento del cultivo del lino» —que pasó de 200 hectáreas en 1994 a 30.000 cuatro años después— y denunció que se había confeccionado de «forma artera un auténtico certificado de declaración de varillas de lino y su transformación posterior», un documento imprescindible para obtener la subvención europea.

Baltasar Garzón —que desde el principio no mostró demasiado interés por el caso, debido, tal vez, a la poca notoriedad que podía obtenerse de él, acostumbrado, quizá, a empresas de mayor calado— tardó más de cuatro años en instruir un sumario nada complejo, pues desde el primer momento se vio que el fraude generalizado —denunciado por la Fiscalía Anticorrupción y secundado por el interés electoral de Bono— quedó reducido a la nada.

El caso del fraude del lino se reactivó en abril de 2003 en unas circunstancias muy peculiares. Por aquellos días Garzón estaba enredado en una agria polémica con el Consejo General del Poder Judicial. El Servicio de Inspección del CGPJ había pedido que se le sancionara por censurar la actitud del gobierno de Aznar en la guerra de Iraq. El jefe de inspección del Consejo consideró que el juez Garzón incurrió en una falta grave por leer, junto a su hija, el manifiesto contra la guerra en un acto celebrado en la Puerta de Alcalá de Madrid el 6 de abril. En ese acto Garzón afirmó que «el rumbo lo marca el pueblo, que ha dictado sentencia mayoritaria condenatoria para todos los que han participado» en la guerra. Bono, personado en la causa del lino como acusación particular, publicó entonces una carta abierta en *El País* dirigida a Garzón. «Desde hace muchos años —decía la misiva— tu nombre está asociado al espacio donde el imaginario colectivo de los españoles libra grandes batallas: la lucha contra el terrorismo, el narcotráfico, la corrupción, los dictadores criminales... Ahora que te quieren disciplinar, cuando soportas la manía persecutoria que aletea vigorosa en las covachuelas más negras, piensa que no estás solo». No se sabe si la carta de Bono pudo influir, pero lo cierto es que la Comisión Disciplinaria del Consejo terminó archivando las diligencias contra el juez estrella.

Para conocer la excelente relación entre Bono y Garzón hay que remontarse tiempo atrás, al año 1993. Al parecer les puso en contacto un amigo común —el juez Ventura Pérez Mariño—, que había compartido despacho en Madrid con el dirigente socialista junto a otros miembros del PSP de Enrique Tierno Galván en los primeros años de la Transición y que había sido compañero del magistrado estrella en la Escuela Judicial y en la Audiencia Nacional. Cuenta José Díaz Herrera que Bono fue el verdadero artífice de que los dos jueces —Garzón y Pérez Mariño— entraran en política formando parte de las listas electorales del PSOE.

—Felipe está dispuesto a abrir el partido a gente independiente. Os tiene por personas honradas, trabajadoras, dispuestas a arrimar el hombro y le gustaría que fuerais en las listas en las próximas elecciones generales.

—¿Te ha dicho eso Felipe? ¿Con esas palabras?

—No, el presidente no me ha dicho nada. Pero sé que quiere abrir el partido a gente independiente. Y me consta también que confía en vosotros, que sois gente de izquierdas, del pueblo.

Este diálogo, según el libro *Garzón, juez y parte*, se produjo en el restaurante Lhardy, de Madrid. «Tras aquella entrevista Garzón, dejándose llevar por su vanidad y su ceguera, dio un sí condicionado a que el partido se abriera en canal, echara a los corruptos con cajas destempladas, apartara las manzanas podridas de las sanas y así iniciar una renovación moral y ética que fuera percibida por toda la sociedad», explica Díaz Herrera.

Años después Alfonso Guerra contó en sus memorias que en las elecciones de 1993 el juez estrella puso condiciones a la forma de cobrar su sueldo hasta que saliera elegido diputado. El juez, que dejaba la Audiencia para ser candidato del PSOE como número 2 en la lista por Madrid, exigió un sueldo. Alfonso Guerra recuerda que aceptó, pero que advirtió al magistrado de que sería en «A», a lo que Garzón se negó. En cualquier caso, terminó cobrando. Al día siguiente Bono replicó al exvicepresidente del Gobierno en una entrevista en la Cadena Cope: «No me lo creo, aunque no estaba vigilante en esa época de lo que hacía Garzón y de lo que hacía Guerra, pero no me lo creo».

Garzón —que había salido de la política dando un portazo en la nariz de Felipe González— no guardaba rencor a Bono diez años después. Al contrario, le seguía considerando su amigo. Fue por eso que le agradeció la carta en su apoyo publicada en *El País* con un auto de inculpación a López de Coca por el fraude del lino. Lo sospechoso de ese auto, entre otras cosas, fue que Garzón lo dictó tres días antes de que se celebraran las elecciones autonómicas, en las que Bono se jugaba su sexta mayoría absoluta (al igual que cuatro años antes, el supuesto escándalo del lino volvía a servirle para sus fines electorales). Lo hizo, además, sin tener competencia para ello, como acreditó la Audiencia Nacional, que lo excluyó en la primera sesión del juicio. El escrito judicial fue utilizado por Bono en el mitin de cierre de campaña —celebrado en Toledo— para proclamar que la justicia le había dado la razón.

En su auto el magistrado consideró que los hechos atribuibles a López de Coca podrían constituir un delito de negociaciones y actividades prohibidas a los funcionarios. Para el juez, el expresidente del Fondo de Garantía Agraria, «prevaliéndose de tal función, habría desarrollado determinadas acciones en Castilla-La Mancha, donde cultivaban y transformaban lino textil sus hijos Enrique e Ismael López de Coca, a través de la entidad Colisur S. L.» Según el escrito de Garzón, los López de Coca invirtieron una importante cantidad de dinero para la puesta en marcha de Colisur, que fue avalada por su padre, y disponían de capacidad de decisión en la empresa. Las acciones de López de Coca padre «irían dirigidas al entorpecimiento de los controles por parte de la Comunidad de Castilla-La Mancha y, en concreto, de la Consejería de Agricultura y directa o indirectamente podrían haber beneficiado a aquellos familiares y sus explotaciones agrícolas en un área que entraba dentro de sus competencias genéricas y, por tanto, incompatible con todo tipo de asesoramiento, consejo, impulso o beneficio por parte del funcionario público».

La manera de instruir de Garzón quedó en evidencia a la hora de calificar la actuación de López de Coca. Primero le inculpó, como ya se ha dicho, de un delito relacionado con negociaciones y actividades prohibidas a los funcionarios públicos. El abogado del exalto cargo recurrió y la sala le dio la razón. Veinticuatro horas después el juez estrella llamó a su despacho al letrado para decirle: «Ahora está imputado por un delito de tráfico de influencias».

El 8 de julio Garzón dio por concluido el sumario y se decretó la apertura del juicio oral. La mayor parte de los imputados —un total de diecinueve— fueron acusados de un delito continuado de falsedad en documento mercantil y otro de estafa para la obtención indebida de fondos comunitarios. La única imputación de cierta entidad —además de la de López de Coca— fue la formulada contra una cooperativa zamorana perteneciente a la Unión de Pequeños Agricultores (UPA), sindicato agrario vinculado al PSOE, que recomendó a sus afiliados con gran entusiasmo que cultivasen lino. Garzón impuso a los dirigentes provinciales de la UPA nada menos que 3,2 millones de euros de fianza. Entre otras actuaciones presuntamente fraudulentas, el instructor del sumario les acusó de haber emitido facturas falsas a una empresa lituana.

Una de las principales consecuencias del presunto escándalo del lino fue la sanción de 120 millones de euros que la Comisión Europea impuso, en abril de 2005, al Reino de España por las irregularidades detectadas en el control y la gestión de las ayudas por las comunidades autónomas. La decisión de la Comisión Europea encontró sólido apoyo en el informe redactado por la propia Fiscalía Anticorrupción española, que daba carta de naturaleza a las denuncias de Bono sobre la existencia de fraude generalizado, enmendando así la plana a la comisión de investigación del Congreso.

Otro episodio curioso del caso fue el recurso que en julio de 2005 interpuso el Estado español ante el Tribunal de las Comunidades Europeas contra la sanción de la UE. El gobierno socialista de Zapatero argumentó que no era cierto en modo alguno que hubiera existido tal fraude generalizado. De todas formas, el estallido de lo que entonces se consideró el fraude masivo del lino supuso la aniquilación del sector. Según cálculos del Ministerio de Agricultura, de las 94.000 hectáreas que había en España en 1999 quedan unas 300. Se han perdido 90 millones de euros al año en subvenciones, 1.260 millones en estos catorce años.

En el pabellón del recinto ferial de la Casa de Campo, la Audiencia Nacional inició el juicio el 5 de octubre de 2006. Al día siguiente la Sección Cuarta de lo Penal acordó remitir al órgano judicial competente el testimonio de las actuaciones relativas a López de Coca, El presidente del tribunal, Fernando Bermúdez de la Fuente, argumentó que la situación del alto cargo del Ministerio de Agricultura dimitido en 1999 «no guarda conexión» con el resto de los dieciocho imputados, a quienes se acusaba de falsedad documental y fraude de subvenciones, «por lo que no queda inmerso en ninguno de los delitos que el artículo 65 de la Ley Orgánica del Poder Judicial atribuye la competencia a la Audiencia Nacional» para juzgarlos. La Fiscalía Anticorrupción imputaba a López de Coca un delito de tráfico de influencias por el que pedía un año de prisión, multa de 144.242 euros e inhabilitación para ejercer cargo público durante una legislatura.

Hubo que esperar al 23 de abril de 2007 para conocer la sentencia. En el fallo, la Audiencia Nacional absolvió a los dieciocho acusados al estimar que no existió delito y que la actuación de «todos y cada uno» de los acusados fue correcta. La ponente que leyó la sentencia tuvo que pedir a los dieciocho empresarios acusados de fraude en las subvenciones del lino que guardaran las formas. Porque tras conocer su absolución, se echaron a llorar y comenzaron a aplaudir como si aquello fuera una corrida de toros. Fueron unos momentos muy peculiares los vividos ese día en la Audiencia Nacional. Hombres de campo, con curtidas y grandes manos, llorando como niños. El tribunal no encontró «ni el menor dato que permita deducir algún tipo de actuación delictiva» ni tampoco rastro de connivencia entre los agricultores y las empresas transformadoras de lino para hacer coincidir los datos de las cosechas con el fin de percibir subvenciones de la UE. Demoledores argumentos contra la instrucción de Garzón. Tras la sentencia del caso Telecinco, fue el segundo varapalo que daba la Audiencia Nacional al titular del Juzgado de Instrucción número 5 en menos de siete días. Fue la semana negra de Garzón.

Nicolás López de Coca se confiesa un hombre creyente, aunque a veces —según dice— le cuesta rezar «hasta un Padrenuestro». Con el paso de los años recuerda el caso del lino como una pesadilla que no se la desea ni a su peor enemigo. A este funcionario de carrera al borde ya de la jubilación le llegó el infierno procesal y mediático cuando se encontraba muy cerca de la cúspide profesional. Había sido subsecretario del Ministerio de Agricultura y, cuando estalló el escándalo, en la primavera de 1997, el gobierno le acababa de nombrar presidente del Fondo de Garantía Agraria. Solo tardó tres días en dimitir, pero luego vinieron las octavillas con su foto y la leyenda «sinvergüenza» repartidas por toda su patria chica, Ciudad Real; y el sentimiento de culpabilidad: «Por terminar conmigo, se arruinó a muchas familias. Esos son mis remordimientos», se lamenta. Lo de menos —dice— son los cerca de cincuenta mil euros que se gastó en defender su inocencia. Peor ha sido la depresión que le provocó el disgusto de verse imputado. Mientras López de Coca engañaba la angustia con Prozac, el caso se dilataba en el Juzgado número 5: «No hay derecho a que un juez se tire tres meses para hacer una diligencia porque está jugando un partido contra la droga o porque ha hecho un viaje a no sé dónde para las Madres de Mayo».

Con el paso de los años, el exalto cargo del PP tiene claro que las elecciones europeas y regionales en Castilla-La Mancha de aquel año 1999 fueron el detonante del caso y sigue apuntando a José Bono —jefe del ejecutivo autonómico, ministro de Defensa, presidente del Congreso y, actualmente *retirado* de la primera línea política— como el instigador del escándalo. «Ya transcurrido el tiempo —explica López de Coca—, tengo noticias de que las instrucciones salían directamente del Palacio de Fuensalida (sede de la Presidencia de la Junta de Comunidades de Castilla-La Mancha) en un sobre cerrado con dirección a la sede judicial cercana a la calle de Génova y a los medios de comunicación afines». El *modus operandi*, para el exdirector del Fondo de Garantía Agraria, era el siguiente: «Los jueves estallaba el escándalo que recogía en exclusiva la radio, seguía el viernes el periódico y los sábados y domingos, el resto de los medios». Efectivamente, el caso del fraude del lino fue difundido en primicia por la Cadena Ser un jueves 22 de abril de 1999; *El País* se hizo eco ampliamente el viernes; y el resto de medios, a rebufo de los altavoces del Grupo Prisa, entraron a saco durante el fin de semana.

Liaño y Garzón, dos enemigos íntimos

Sala de vistas del Tribunal Supremo, plaza de la Villa de París sin número, en Madrid. Martes 14 de septiembre de 1999. Diez de la mañana.

Gregorio García Ancos, presidente del tribunal de la Sala Segunda de lo Penal, miró con autoridad a Francisco Javier Gómez de Liaño.

—Despójese de la toga para contestar al interrogatorio —le pidió con voz imperativa.

Así lo hizo el magistrado acusado de prevaricación —el delito más grave imputable a un juez: servirse de su cargo para cometer injusticias— en el caso Sogecable antes de dirigirse al banquillo, que no era tal, sino una simple silla. La toga es vestimenta de jueces, no de procesados. Al quitarse la prenda negra con puñetas blancas en la bocamanga dejó ver una impecable americana azul marino y un pantalón gris, muy oscuro, como el día de final de verano que amaneció en Madrid, pardo y sin sol.

—¿Cómo se declara usted ante los cargos que se le imputan?

—Absolutamente inocente.

Fue el comienzo de un juicio cuya mañana se consumió en el examen del juez encausado. «Mi actuación en el caso Sogecable fue tan legal como legítima. Volvería a hacer lo mismo», declaró Gómez de Liaño ante la Sala Segunda del Tribunal Supremo. El magistrado, que se negó a contestar a las acusaciones, no solo rechazó la imputación, sino que sostuvo que protegió los intereses de los empresarios a los que investigó. Como ha quedado dicho al principio de este capítulo, el caso Sogecable era un llamativo escándalo de supuesta apropiación indebida que afectaba a la cúpula del Grupo Prisa. Meses antes de que comenzase el juicio contra Gómez de Liaño, otro juez de la Audiencia Nacional, Ismael Moreno, había archivado la causa al no apreciar «delitos societarios, de falsedad, de apropiación indebida ni de ninguna otra clase». La vuelta a la tortilla la dieron, por un lado, Jesús de Polanco y Juan Luis Cebrián, al presentar una querella en la que acusaban a Gómez de Liaño de tres delitos de prevaricación y, por otro, el titular del Juzgado de Instrucción número 5, Baltasar Garzón, que fue el que puso el dogal en la garganta a su hasta entonces amigo y compañero en la Audiencia Nacional.

Aquel día gris de finales de verano, sentado en la silla de los acusados, Francisco Javier Gómez de Liaño esperó apenas seis minutos de su declaración ante los magistrados del Supremo para sacar a relucir el nombre de Garzón, «la única persona —dijo— que me mostró interés por Sogecable». El acusado de prevaricación relató la transformación de un Garzón que «al principio me reprochó que yo era blando y dijo que, si por él fuera, Polanco y Cebrián estarían ya en Alcalá-Meco» y acabó «pidiéndome a instancias de los imputados que me fuera de permiso y él arreglaría su situación».

El escándalo empezó el martes 11 de febrero de 1997. Ese día Luis María Anson ofreció una de sus habituales cenas en la biblioteca de *ABC*, que solo se abría para agasajar a los invitados del director del periódico. En aquella ocasión asistieron el notario Antonio García Trevijano, el magistrado Joaquín Navarro Estevan, el catedrático Jesús Neira Rodríguez y el juez Baltasar Garzón, que por primera vez pisaba la Casa de ABC, superados los duros enfrentamientos que años antes había mantenido con el director del diario a cuenta del caso GAL. Antes de que se sirviera la cena, Anson sacó un informe elaborado por el decano del Colegio de Economistas, Gerardo Ortega, y por el letrado Rafael Pérez Escolar sobre cómo Sogecable se había gastado los depósitos de sus abonados para repartir dividendos entre sus accionistas. El director de *ABC* lo leyó a sus contertulios y quiso saber la opinión de los juristas. El primero en hablar, según Navarro Estevan, fue Garzón:

—Esto es una apropiación indebida de libro. Si el asunto acabara en los tribunales y me correspondiera instruirlo, mi primera disposición sería meter en la cárcel a Jesús de Polanco y Juan Luis Cebrián.

Pero volvamos al juicio contra Gómez de Liaño. El protagonista de la tercera jornada fue el juez estrella y lo más comentado de aquel día —aparte de los dardos envenenados que Garzón lanzó a su antiguo amigo— fue el interrogatorio al que le sometió María Dolores Márquez de Prado, esposa del magistrado que se sentaba en el banquillo —la silla— de los acusados y ejerciendo de abogada defensora en la causa. El ambiente de tensión entre ambos se podía cortar con un cuchillo (no en vano, Márquez de Prado, como su marido, había sido muy amiga de Garzón; los tres solían acudir juntos a desayunar a la cafetería Riofrío casi todas las mañanas). En la primera pregunta, la fiscal —en ese momento defensora— se dirigió al juez estrella como «don Baltasar»; en la cuarta requirió la respuesta del «señor Garzón»; y no más allá de la séptima y hasta el final era un simple y despectivo «usted». Por el lado del discurso del declarante también hubo una metamorfosis. Comenzó con un cierto laconismo, pero a la quinta cuestión aquello tenía más pinta de «y tú más» que de otra cosa.

Lo que dijo Garzón aquella jornada de interrogatorio fue duro para los oídos de los jueces y las partes personadas. Sus palabras retumbaron en las paredes del viejo palacio del Tribunal Supremo. El titular del Juzgado de Instrucción número 5 relató que el día en que la Sala de lo Penal de la Audiencia Nacional revocó la decisión de Gómez de Liaño de declarar secreta la investigación del sumario Sogecable acudió al despacho del instructor y le encontró muy alterado. «Empezó haciendo afirmaciones gruesas de que la sala había prevaricado y que Bacigalupo y Auger [el primero, juez del Supremo, sentado en ese instante a la diestra de García Ancos; y el segundo, presidente de la Audiencia Nacional y editorialista de *El País*) estaban a sueldo del Grupo Prisa. Llamó por teléfono a Ignacio Gordillo [fiscal en la Audiencia Nacional] y hablaron de cómo justificar una nueva declaración de secreto», señaló Garzón. Visiblemente incómodo durante este tramo de su declaración, el juez estrella tachó de mentiras las afirmaciones del juez acusado de prevaricador de que él tenía interés de favorecer a los directivos de Prisa y, por el contrario, reiteró la existencia de reuniones entre Gómez de Liaño, Márquez de Prado y personas supuestamente interesadas en perjudicarles. Ante estas aseveraciones de Garzón, el también letrado de la defensa Jorge Trías —involucrado años después en los llamados papeles de Bárcenas— se apresuró a anunciar una querella en nombre de su cliente contra el juez estrella.

El periodista José Yoldi, encargado de la información sobre tribunales para el diario *El País* durante más de treinta años, confirmó el 9 de abril de 2013 en una entrevista concedida a *Periodista Digital* que «es la postura de Garzón contra Gómez de Liaño la que hace que el caso Sogecable muera, por lo que hay un agradecimiento de *El País* a Garzón por esa participación». En dicha entrevista Yoldi hace el siguiente relato de los hechos: «Garzón fue, hacía años, muy amigo de todos los fiscales *indomables*, expresión acuñada por [Julio] Martínez Lázaro [se refiere a uno de su compañeros en *El País*], que eran Fungairiño, Gordillo, Rubira y Márquez de Prado. Y con ellos estaba Gómez de Liaño. [...] Rompen cuando el fiscal jefe Aranda les promete que si presentaba una querella contra Mario Conde les avisaría. Pero Aranda, que sabía que todos ellos eran partidarios de Mario Conde, en especial Gómez de Liaño porque su hermano era su abogado, decide *olvidarse* de ese trámite y presenta la querella sin decirlo. Ellos se sienten traicionados y eso acaba en guerra. Garzón se separa de ellos. Hay una reunión en casa de García Trevijano en la que Garzón, al ver que estaban preparando una operación contra Polanco por haber ido contra Mario Conde, se va a la cocina, porque no quiere tener nada que ver con ellos. La operación contra Polanco tomó cuerpo en un escrito que se presentó a las ocho de la mañana de un día en el que estaba de guardia Gómez de Liaño. El objetivo era que él la instruyese y metiese en la cárcel a Polanco. [...] Gómez de Liaño y Garzón pasaron de ser amigos íntimos a enemigos irreconciliables. Liaño maniobró para no retirar el secreto de sumario, le puso una fianza de doscientos millones a Polanco y le quitó el pasaporte. Para mí, eso era una venganza contra Polanco por su actitud contra Mario Conde. Y lo hizo con la complicidad de Fungairiño, Gordillo, Márquez de Prado y Rubira».

El «incidente de la cocina» que relata Yoldi fue el que el juez estrella narró a Pilar Urbano y que la periodista reprodujo en su libro *Garzón, el hombre que veía amanecer* (editado por Plaza & Janés en el año 2000). Según la narración de Urbano, «el 5 de marzo Joaquín Navarro y su mujer, Pura Mañas, invitan a cenar en su casa, cerca del Retiro, a otras dos parejas: Antonio Navalón y Carmen, Baltasar Garzón y Yayo. "Estoy preocupado —comenta Navarro, refiriéndose al caso Sogecable—, porque escucho a García Trevijano y a Gómez de Liaño, a cada uno por su parte, y percibo una connivencia, un trabajo conjunto que no me huele bien... como si esos dos estuviesen instruyendo juntos. Encima, el argumento de Trevijano es que lo de Polanco es ¡de *cársel*, de *cársel*!; y que lo que hay que conseguir es que a ese *personahe* le condenen a prisión, al margen de si la causa es tal o es cual; porque, si se acaba con Polanco, se acaba con Felipe y el felipismo, que es la primera necesidad de este país: un servicio de interés nacional"». Según Pilar Urbano, Garzón escuchó sin meter baza en la conversación. «En esas —prosigue la periodista— suena el teléfono. Joaquín Navarro dice a su mujer: "Cógelo, Pura, y si es García Trevijano, no estoy". En efecto, es Trevijano. Siguen cenando. Cambian de tema y cambian de platos, levantándose todos porque no hay servicio. Pasa un rato y el teléfono suena por segunda vez. Pura anda en la cocina. Joaquín, que está más cerca, descuelga: "Hombre, Antonio, ¿qué hay? Dime... ¿A mí? No, a mí no me... Pero ¡qué me dices! ¿Cómo? ¡Qué barbaridad!" Todo son interjecciones, balbuceos de asombro, medias palabras de estupor. Pura reaparece, trayendo una fuente con viandas. En ese instante Garzón se va del comedor. Navarro sigue su diálogo telefónico con Trevijano. Cuando se despide, regresa a la mesa llevándose las manos a la cabeza: "¡Están completamente locos! Acaba de preguntarme Antonio si Liaño me ha enviado un auto sobre el tema Sogecable. Le he dicho que no, que de ninguna manera. Y es que... a él sí se lo ha mandado, para que lo lea y le diga qué opina"». Según Pilar Urbano, «Yayo echa de menos a su marido, que no ha vuelto. Navalón va en su busca y lo encuentra en la cocina, de pie, las manos en los bolsillos y mirando al techo». La obra reproduce la conversación entre Navalón y Garzón:

—Pero ¿se puede saber qué coño haces aquí?

—Estoy aquí... porque no quiero estar allí. Todo lo que está contando Joaquín es un delito. Y él tiene que saberlo: es tan juez como yo. Si eso es verdad, su deber es irse al juzgado de guardia y denunciarlo.

—A lo mejor es una simple impresión de Joaquín, o una fantasmada de Trevijano...

—¡Pues si son impresiones, que se las calle, y que no juegue con eso, coño! Además, yo tengo el problema añadido de que si ocurre algo, soy el juez sustituto de Gómez de Liaño. De modo que no quiero oír nada, no debo oír nada... Por eso me he venido».

Meses después de la publicación del libro de Pilar Urbano, el magistrado Joaquín Navarro concedía una entrevista al diario vasco *Gara* en la que señalaba: «Garzón es un juez que se inventa casi todo».

Hay que recordar que en los años precedentes el juez estrella y los medios de Prisa no se llevaban nada bien. El caso GAL provocó que *El País* saliera en defensa de José Barrionuevo y Rafael Vera, mientras otros medios —como *Diario 16*, primero, y *El Mundo*, después— respaldaron al magistrado estrella. Pero ¿qué fue lo que realmente ocurrió para ese cambio de actitud de Garzón con *El País*? ¿Por qué dio un giro de ciento ochenta grados? ¿Por qué apoyó a Prisa cuando unos días antes les dijo a Anson y al propio Gómez de Liaño que, si por él fuera, Polanco y Cebrián estarían en la cárcel? De momento no hay repuestas a esas preguntas. Lo que tenemos es una cronología de los hechos. El primer episodio tuvo lugar a comienzos de abril y lo narra Pilar Urbano en su libro. La obra recoge reflexiones del juez estrella. En una de ellas Garzón recuerda una conversación que tuvo con Gómez de Liaño y Márquez de Prado volviendo a la Audiencia tras desayunar en Riofrío:

—¡Con este caso vamos a hacer la revolución desde la justicia! Esto de Sogecable hará caer todo el sistema corrupto que ha sostenido al felipismo —le dice la pareja de juez y fiscal.

—Pero ¿qué decís? —responde Garzón—. Nosotros, como jueces, no tenemos la misión mesiánica de salvar a la sociedad de nada. Hemos de limitarnos al caso concreto. Y con el terreno reglado por ley: si hay delito, hay delito; si no lo hay, no lo hay. Y punto.

«Ese comentario mío les cae como un jarro de agua fría», le dice el titular del Juzgado de Instrucción número 5 de la Audiencia Nacional a la autora de *Garzón, el hombre que veía amanecer*. La obra de Pilar Urbano relata también que al comienzo de la investigación del caso Sogecable, el juez estrella estaba sumamente preocupado por la instrucción que realizaba su amigo y compañero y en una ocasión en que hablaron Garzón le preguntó a Gómez de Liaño: «Javier, ¿tienes muerto o no tienes muerto? Si tienes muerto, aprieta con todas tus fuerzas, decreta las prisiones y no habrá ningún problema. [...] Pero si en Sogecable no tienes delito para meter a nadie en la cárcel, es que no tienes muerto. Humo, coño, humo es lo que tienes. No te engañes, que si solo tienes humo, al apretar te encontrarás agarrándote tus propios brazos». Gómez de Liaño completó la conversación en su libro *Pasos perdidos* (publicado por Temas de Hoy en 1999), aparecido en pleno proceso contra él, cuando ya estaba suspendido como juez. «Me intentó apartar del caso pidiéndome que me fuera una semana de vacaciones, que él le tomaría declaración a Polanco y Cebrián, archivaría el asunto y pasaría a la historia del Grupo Prisa como el hombre que les salvó de la hecatombe».

El tercer capítulo se produjo el 30 de mayo, apenas tres meses después de que Gómez de Liaño empezase a instruir el sumario del escándalo Sogecable. Aquel día el titular del Juzgado de Instrucción número 1 de la Audiencia Nacional, que estaba enfermo en su casa, se sorprendió al comprobar que *El País* publicaba el informe pericial sobre el caso realizado por la Agencia Tributaria, con el propósito de vaciar de contenido la causa contra la cúpula de Prisa. El principal sospechoso de la filtración fue Garzón —que sustituía a Gómez de Liaño—, porque era el único que había tenido acceso al informe, entregado aquella misma mañana en un sobre cerrado en el Juzgado número 1.

El cuarto capítulo lleva la fecha del 6 de julio, cuando Juan Luis Cebrián, acompañado por un ejército de doce abogados, presentó un incidente de recusación contra Gómez de Liaño por «enemistad manifiesta e interés indirecto» en la causa. La pelota cayó ese mismo día en el Juzgado número 5. Escribe José Díaz Herrera en *Garzón, juez o parte* que «los motivos de la recusación del exdirector de *El País* son débiles, fútiles e incluso estúpidos». «Al titular del Juzgado de Instrucción número 5 —prosigue Díaz Herrera— se le presenta una situación inmejorable para resolver el caso de un plumazo y devolverle la causa a su compañero. Sin embargo, opta por dejar que el caso Sogecable se cueza en su propia salsa y resuelve una tras otra las peticiones de prueba del recusador. Pide a Telefónica que le remitan copias de los faxes enviados desde el teléfono del juez amigo e incluso ordena que se le intervenga el aparato».

El quinto y último episodio tiene lugar el 3 de septiembre de 1997. Ese día el juez Garzón dictó un auto demoledor contra Gómez de Liaño, al que cree «una pieza más del engranaje» para acabar con el Grupo Prisa. «Tanto uno como otro testigos —se señala en un párrafo del auto de Garzón— me han comentado en diferentes ocasiones, ya personalmente ya a través del teléfono, algunos de los encuentros, charlas y reuniones que se dicen mantenidos por el señor Gómez de Liaño, el señor García Trevijano, el señor Campmany —suegro de la cuñada de Gómez de Liaño y director entonces de la revista *Época*, que presentó la primera denuncia por el caso Sogecable— y otras personas, en las que se han tratado aspectos de fondo de las querellas, la forma de apoyar la acción inicial con otras acciones, la necesidad de que el procedimiento debía pervivir el mayor tiempo posible en una labor prospectiva, aun cuando no existiera base para ello, y la conveniencia de tomar medidas de prisión respecto de alguno de los querellados».

Garzón, eso sí, decidió abstenerse por tener conocimiento extraprocesal del sumario y envió la causa principal y la pieza de recusación a su compañero Manuel García Castellón. Según el libro de Pilar Urbano, tras escribir el auto de abstención, el titular del Juzgado número 5 escribió esto en su diario: «No tomo la decisión más cómoda, ni la más rentable, sino la que considero más justa. Si no lo hiciera así, yo mismo traicionaría al juez Garzón: él cree en serio que la justicia es un servicio público, y no puede encadenarse a intereses particulares, ni arrodillarse ante miedos reverenciales».

Después de que el juez estrella denunciara la existencia de una supuesta conspiración contra Polanco, el fiscal solicitó al Supremo que investigara a Gómez de Liaño. Así lo hizo el Alto Tribunal, que terminó archivando la causa al no encontrar indicios de que existiese delito. La decisión del Supremo no gustó a la cúpula del Grupo Prisa y Jesús Polanco, Juan Luis Cebrián y otros directivos de la televisión de pago Canal Plus presentaron su querella, lo que motivó que la Sala Segunda abriese una segunda investigación para aclarar lo sucedido.

En un extenso recurso de veintiún folios Gómez de Liaño solicitó al Tribunal que desestimara el escrito porque tanto en el caso Sogecable como en todo su trabajo de juez sus resoluciones han estado «inspiradas por el sentimiento de lo justo, regidas por el principio de legalidad y pronunciadas con la serenidad que le confiere su independencia judicial». Al entonces titular del Juzgado de Instrucción número 1 de la Audiencia Nacional le sorprendió que otras querellas presentadas contra él (una del catedrático Javier Pérez Royo, otra de la Asociación de Estudios Penales y una más de la Asociación de Abogados Demócratas por Europa, grupo vinculado al PSOE) fueron archivadas por referirse a hechos que ya investigó el Supremo, y esa última fuera para adelante. Gómez de Liaño quería dejar claro que todas las decisiones que adoptó en el caso Sogecable se llevaron a cabo a petición del fiscal o con su respaldo, y contando siempre con el visto bueno del entonces fiscal-jefe de la Audiencia Nacional, Eduardo Fungairiño, y el fiscal general del Estado, Jesús Cardenal. Precisamente una de sus decisiones —en concreto la fianza de doscientos millones que impuso a Polanco— fue confirmada por el juez Ismael Moreno. Por ello Gómez de Liaño indicó que sus resoluciones no podían tacharse de injustas, porque en ese caso lo habría denunciado el fiscal. De haber prevaricado, añadió, también lo habrían hecho el fiscal del caso, el fiscal-jefe, el fiscal general del Estado y el magistrado Moreno. También negó haber retrasado la investigación y lamentó que los querellantes le reprocharan esa supuesta lentitud, cuando sabían que ocurrió lo contrario. Incluso fue más allá y echó en cara a la parte contraria que no dijera nada de los cinco meses que tardó otro juez en adoptar alguna decisión mientras le sustituía a él, en referencia a Garzón.

Los argumentos del juez de la Audiencia Nacional en su defensa no sirvieron para mucho. El Tribunal Supremo, como ya se ha dicho, terminó sentándole en el banquillo de los acusados durante una semana, del 14 al 21 de septiembre de 1999. Gómez de Liaño no lo pasó nada bien durante la vista oral. De hecho, el día que declaró Garzón tuvo que ser reconocido por un médico forense en uno de los descansos del juicio por encontrarse indispuesto.

El fallo del Supremo llegó rápido. Solo habían pasado veinticuatro días desde que el presidente del Tribunal decretase el habitual visto para sentencia. Para el Alto Tribunal, Javier Gómez de Liaño era culpable de un delito continuado de prevaricación judicial (dictar a sabiendas resolución injusta), por lo que le impuso penas de 15 años de inhabilitación especial para cargo público, con la pérdida definitiva de su cargo de juez y los honores que le eran anejos, así como a 18 meses de multa, a razón de 1.000 pesetas diarias (540.000 pesetas). Era la segunda vez en la reciente historia judicial española en que se condenaba a un juez por prevaricación. El único precedente fue, en 1996, el del exvocal del Poder Judicial y juez Lluís Pascual Estevill. Años después, Garzón corrió la misma suerte.

La sentencia, adoptada por mayoría con los votos favorables de los magistrados Gregorio García Ancos y Enrique Bacigalupo y con el contrario de José Manuel Martínez Pereda, que formuló un voto particular, consideró prevaricadoras las decisiones adoptadas por Liaño en el caso Sogecable y señaló que «lo que no es discutible es que las decisiones basadas en la propia convicción empecinada del juez, sin fundamento racional en la ley, son incompatibles con el Estado democrático de Derecho».

Gómez de Liaño fue condenado por el tribunal al que parecía predestinado desde la cuna. No en vano, su irrupción en la vida pública se produjo al llegar a la Audiencia Nacional en julio de 1984, con su padre aún en el Supremo. Nacido en Orense en 1948, Liaño presume de haber aprendido en su niñez que los códigos son «para los jueces lo que los misales para los sacerdotes». Lo cuenta en sus memorias, *Pasos perdidos*, en las que sostiene: «Mis resoluciones se ajustaron a la ley como una tuerca se ajusta a un tornillo».

La condena a Gómez de Liaño fue portada en todos los medios escritos del país al día siguiente. «El tribunal condenó a Liaño por un delito continuado porque las resoluciones tachadas de prevaricadoras, según la sentencia, constituyen solo la manifestación de una instrucción en forma contraria al derecho, sin sujeción a la ley vigente. Las citadas resoluciones fueron el empecinamiento en decretar el secreto del sumario cuando la Audiencia ya le había ordenado que lo levantase; la prohibición a los directivos de Sogecable de salir de España sin autorización y la imposición de una fianza de doscientos millones de pesetas a Polanco cuando ya sabía que Sogecable no había incurrido en delito alguno», decía la crónica de *El País* firmada por José Yoldi y Julio Martínez Lázaro.

En un editorial a toda página titulado «Sentencia injusta», *ABC* ponía el dedo en la llaga: «Al juez Gómez de Liaño le ha condenado su enfrentamiento con la todopoderosa Sala de lo Penal de la Audiencia Nacional, avalista permanente de Garzón, cuyos magistrados controlaron y corrigieron la instrucción dirigida por Gómez de Liaño, adornando sus decisiones revocatorias con una literatura combativa y acusadora, notoriamente inadecuada a las funciones de un tribunal de casación».

En el penúltimo párrafo el editorial del periódico monárquico sostenía que «no es posible ignorar que tras este juicio a Liaño se esconde una gravísima crisis en la Audiencia Nacional, núcleo duro de la justicia española, foco creciente de tensiones y conflictos derivados del inmenso poder jurisdiccional que acumulan sus jueces penales y que algunos tratan como si fuera una parte de su patrimonio personal. El canibalismo entre los jueces de la Audiencia Nacional, condicionados por sus afanes de protagonismo y por sus errores, se ha desnudado en el caso Liaño. Esta situación no debe prolongarse más y ha de merecer, mejor pronto que tarde, una revisión legislativa tanto en sus competencias como en el estatuto de sus miembros».

Dando por papel mojado la sentencia del Supremo apenas unas horas después de hacerse pública, el editorial del periódico monárquico terminaba pidiendo el indulto: «Entendemos que se dan las circunstancias idóneas para que en la persona de Javier Gómez de Liaño se ejerza la potestad del indulto, tanto en el sentido individual que prevé la Constitución española como en el más amplio y etimológico, que no es otra cosa que el ejercicio de gracia por la cual se remite total o parcialmente, o se conmuta una pena, o bien se exceptúa o exime de ella».

El indulto tardó tres años en llegar. Se lo concedió el 1 de diciembre de 2002 el gobierno del PP en contra del informe del Tribunal Supremo. Aznar anunció este indulto, al igual que otros 1.442, por sorpresa; solo cuatro ministros lo sabían de antemano. Gómez de Liaño, los dirigentes socialistas condenados del caso Filesa y 460 insumisos fueron parte de los beneficiados por esta medida masiva. El entonces titular de Justicia, Ángel Acebes, informó de que la decisión del Consejo de Ministros de aquel día se debía en atención a la petición expresa del papa Juan Pablo II, que había solicitado «hasta en dos ocasiones» medidas de generosidad con los presos con motivo del Año Jubilar. El juez indultado pidió inmediatamente una excedencia y ejerce en la actualidad como abogado.

El indulto de Gómez de Liaño fue duramente criticado por asociaciones de jueces. Montserrat Comas, entonces portavoz de Jueces para la Democracia, afirmó que se trataba de «una burla a la justicia». Fuentes jurídicas consideraron «muy grave y de dudosa legalidad» el reingreso a la carrera del juez, porque vulnera la independencia de los magistrados, ya que fue el Consejo General del Poder Judicial el que apartó al juez de la carrera por tres delitos de prevaricación. El elevado número de indultos (1.443) también suscitó dudas entre los juristas, por cuanto consideran que la medida se acerca a un indulto general, figura prohibida por la Constitución. La oposición reaccionó con duras críticas. Para el entonces líder del PSOE, José Luis Rodríguez Zapatero, el gobierno había hecho «una utilización política del derecho de gracia».

Se equivocó Zapatero, ya que el 22 de julio de 2008 —es decir, durante su segundo mandado como presidente del Gobierno— el Tribunal Europeo de Derechos Humanos dictaminó que Gómez de Liaño «no tuvo un juicio independiente ni imparcial». En la sentencia, los jueces de la Corte de Estrasburgo condenaron a España por unanimidad al considerar que se violó el artículo 6.1

(derecho a ser juzgado por un tribunal independiente e imparcial) del Convenio Europeo de Derechos Humanos. Según el fallo, el Estado español debía abonar 5.000 euros al demandante en concepto de daños morales, pero no fijó cantidad alguna por los daños materiales o los gastos judiciales, solicitados por Gómez de Liaño. Para la Corte de Estrasburgo la imparcialidad de la Sala del Tribunal Supremo que juzgó a Gómez de Liaño por prevaricación pudo «suscitar serias dudas». El argumento fue que los tres magistrados que la componían (citados por las iniciales de los apellidos G., B. y M. P. en el texto de la sentencia) ya habían intervenido previamente en numerosos actos de instrucción del caso. La sala del Tribunal de Estrasburgo —presidida por el juez andorrano Josep Casadevall y de la que no formaba parte el juez español Luis López Guerra, que se abstuvo de participar— estimó que las quejas de Gómez de Liaño en su demanda estaban objetivamente justificadas. El Tribunal no estudió el fondo de la presunta violación del artículo 6.2 (presunción de inocencia) del Convenio, que también alegó el magistrado español, y rechazó la admisión de la queja relativa al artículo 14 (prohibición de la discriminación). Fin de los casos Liaño y Sogecable.

Cuenta Pilar Urbano en su libro que el escándalo Sogecable supuso para Garzón el tiempo más amargo de su vida. «Salvar su integridad de juez le costó un precio muy alto: perdió amigos; ganó enemigos; quedó ante mucha gente como el malo de la película; se le denigró como a un maldito sicario de Polanco; se vio denunciado con falsedad ante el Supremo, episodio que se diluyó en un cuarto de hora, pero el trallazo en el alma no se lo quita nadie. Los hechos están ahí, hincados como menhires de piedra, a pie de memoria. Y, a pie de garganta, ese sabor acre y macho, áspero en el paladar, que es a lo que sabe la soledad de un juez», subraya la autora de manera muy literaria y a modo de resumen.

Frente a esta actitud exculpatoria, Javier Gómez de Liaño ofrece en su libro de memorias otra visión del personaje: «Desde que le conocí, Baltasar me dio la sensación de que era una hombre al que ciertos intelectuales, sobre todo los fabricantes de idearios y consignas, y también algunos amigos utilitaristas uncidos al carro del vencedor, le habían vaciado la cabeza y sustituido la prudencia, la sencillez y la reflexión por el oro, el incienso y, sobre todo, la mirra, o sea, por el boato y el apego al poder. La culpa no fue solo suya, sino también de quienes le mecieron en columpios de grandeza, sobre todo el de la política, tan difícil de parar cuando el cojinete de la humildad no está engrasado».

Capítulo VI

LOS PRIVILEGIOS DE LA SERPIENTE ASESINA

El carcelero de Ortega Lara se va de chiquitos

Sede de la Asociación de Víctimas del Terrorismo. Camino de Vinateros, número 51, en Madrid. Domingo 19 de mayo de 2013. Durante la mañana.

Pese a la jornada festiva, había gente trabajando en lo que se conoce como la «Casa de las Víctimas». Así la llamó la alcaldesa de Madrid, Ana Botella, cuando la inauguró, en febrero de 2012, y con ese nombre se ha quedado. Aquel domingo era un día especial. Se cumplían ocho meses desde la excarcelación del etarra Jesús María Uribecheverría Bolinaga —el carcelero de Ortega Lara—, justo el tiempo que los servicios médicos del Hospital de San Sebastián pronosticaron que viviría. Si ya de por sí fue duro para las víctimas creer que el gobierno y la justicia se reían de ellas con la puesta en libertad de este etarra, cada día de más que Bolinaga está en este mundo constituye un nuevo ultraje al recuerdo de los más de ochocientos españoles muertos por la barbarie etarra. En la página web de la asociación se van contando los días que Bolinaga lleva en libertad. Aprovechan el enlace para invitar a los ciudadanos a que se adhieran al manifiesto en favor del cumplimiento íntegro de las penas. Aquel domingo de mayo llevaban más de 10.700 apoyos.

En la asociación estaban desbordados. Desde la puesta en libertad del carcelero de Ortega Lara subieron considerablemente las afiliaciones. Antes de aquello no llegaban a los 4.000 asociados. Aquel domingo de mayo superaban los 4.500. Ángeles Pedraza, la presidenta de la AVT, me cuenta que nunca en la asociación se había visto tal fenómeno. Más de quinientas afiliaciones en menos de un año son muchas, sobre todo si se tiene en cuenta que se habían producido en un momento de tregua y que la banda terrorista llevaba más de tres años sin cometer atentados. Le pregunto por los motivos de ese incremento y me responde sin dudarlo que las víctimas han recaído en sus problemas psicológicos. «Hay asociados nuestros que llevaban veinte o veinticinco años con el duelo oculto, que ahora ha aflorado. Una víctima, un hombre de casi sesenta años, me llamó llorando una noche. "¿Qué hago?", me preguntó. "¿Me mato yo?" Le dije que ahora hay que ser más fuertes y él me contestó: "¿Tú sabes lo que significa para mí ahora ir al consistorio de mi pueblo en el País Vasco a sacar un empadronamiento y que el que me dé el padrón sea el asesino de mi padre?" Y eso está pasado en un Estado de Derecho como es España. Imagínate lo que sienten las víctimas. Los ciudadanos no saben que cada día nos llaman dos o tres víctimas que se quieren asociar porque necesitan ayuda. Me gustaría decirle tanto al gobierno como a la oposición que las pistolas y las bombas llevan años calladas, pero las secuelas graves de las víctimas siguen latentes. Tenemos asociados que están en un hospital psiquiátrico, que han tenido que ingresar tras algún intento de suicidio, porque ya no soportan más, porque ven que con este gobierno, que era su esperanza tras ocho años de infamias con el ejecutivo socialista, no se hace nada. Después de Zapatero las víctimas esperábamos que llegase la justicia. Pero la justicia no ha llegado».

A finales de 1996 el dirigente etarra Julián Achurra Egurola, alias «Pototo», ordenó a Jesús María Uribecheverría Bolinaga, José Luis Erostegui, Javier Ugarte y José Miguel Gaztelu Ochandorena que recabaran información sobre una víctima para secuestrarla. Seleccionada su presa, las alimañas de ETA secuestraron a José Antonio Ortega Lara el 17 de enero de 1996 en el garaje de su casa en Burgos, cuando volvía de su trabajo en el Centro Penitenciario de Logroño. Días más tarde la banda criminal se hizo responsable del secuestro, el segundo que mantenía en aquellos momentos (José María Aldaya fue secuestrado el 8 de mayo de 1995), exigiendo el traslado de los presos etarras a cárceles vascas. Ortega Lara fue confinado en un agujero, sometiéndole a una de las más horribles torturas a que puede ser condenado un ser humano. El zulo tenía unas dimensiones de 3 metros de largo por 2,5 de ancho y 1,8 m de altura interior. El funcionario de prisiones solo podía dar tres pasos. No le permitieron salir en ningún momento, no le concedieron la más mínima intimidad. Le obligaban a hacer sus deposiciones en un orinal. Y en ese mismo bacín le daban el agua para asearse cada día. Un trato absolutamente degradante. Bolinaga le custodió con frialdad durante 532 días y sus respectivas noches. El zulo además se encontraba en una nave industrial bajo una pesada máquina y bajo tierra, muy cerca del río Deba. Era un espacio infernal, húmedo, sin ventanas, sin ventilación. Un auténtico agujero. En la historia de la crueldad humana se han puesto ejemplos brutales como los de los nazis con los judíos y gitanos. El de Ortega Lara es un caso de brutalidad extrema. Bien puede calificarse a Bolinaga como el «carnicero de Arrasate» por su absoluta falta de humanidad, por su carencia de escrúpulos y por su total falta de respeto hacia el género humano.

El carcelero de Ortega Lara fue detenido en mayo de 1997, después de que en noviembre del año anterior la Guardia Civil encontrara pruebas de un pago por valor de cinco millones de pesetas a una persona anónima apodada «Bol» por parte del cabecilla de la banda Juan Luis Aguirre Lete, alias «Isuntza», detenido en Francia en esas fechas. Tras varios meses de pesquisas, la Guardia Civil relacionó las siglas «Bol» con Jesús María Uribecheverria Bolinaga, residente entonces en Mondragón, y montaron un dispositivo de vigilancia en torno a su persona. Al relacionársele con otros tres miembros más de la banda y comprobar que los cuatro acudían con asiduidad a un taller de herramientas que tenían alquilado desde hacía seis años, sospecharon que el zulo en el que se encontraba Ortega Lara podría estar en la nave, hipótesis que confirmaron al ver que transportaban comida al local. Bolinaga no colaboró en ningún momento con la justicia. Tras su detención, según explicaba el que fuera ministro del Interior en ese momento, Jaime Mayor Oreja, se resistió a desvelar el lugar en el que Lara estaba encerrado. «Pretendían dejarle morir de hambre si no lo encontraba la Guardia Civil», aseguraba Mayor Oreja el mismo día de la liberación del funcionario. Ni siquiera vigilaban a Ortega Lara a diario, tan solo se acercaban a suministrarle algo de comida. Poca. Lara perdió 23 kilos durante los 532 días que pasó alimentándose a base de frutas y verduras. Bolinaga tenía por entonces cuarenta y un años, no trabajaba y vivía con su madre. Al igual que sus otros tres compañeros, llevaba una vida normal. En ocasiones viajaba a Francia, donde los cabecillas de la banda le daban consignas sobre qué hacer con el funcionario de prisiones secuestrado. Incluso tenían instrucciones de continuar con el cautiverio durante un año más.

El etarra detenido fue trasladado a Madrid para declarar ante la Audiencia Nacional, trayecto en el que tuvo la tentativa de «morir matando». Cuando el coche en el que viajaba —en el asiento trasero, esposado con un agente a cada lado— rebasó a dos motoristas de la Guardia Civil a la altura de Burgos, el carcelero de Ortega Lara se abalanzó por sorpresa sobre el conductor con la intención de chocar contra las dos motocicletas y acabar así con la vida de los agentes. Sin embargo los funcionarios que lo custodiaban pudieron reducirlo y controlar la situación sin tener que lamentar ningún daño. Tras los interrogatorios, a Bolinaga también se le atribuyeron los asesinatos de los guardias civiles Mario Leal Vaquero, Antonio López y Pedro Galmares. Tras la vista oral, el etarra fue condenado a treinta y dos años de cárcel por el secuestro, además de las penas por asesinato.

El 19 de mayo de 2013, ocho meses después de su liberación, Bolinaga seguía viviendo en Mondragón. Su estado de salud había mejorado notablemente. Según aseguraron sus propios médicos a *El Mundo*, el etarra «da paseos por su pueblo, se vale por sí mismo y se encuentra bien de ánimo». De hecho, al sanguinario etarra se le ha podido ver dando paseos y de bares por Mondragón, conduciendo su coche particular al recibir el alta hospitalaria y recibiendo homenajes. El periodista José Alejandro Vara publicó por esas fechas en *Voz Populi* que «el etarra está más gordo, algo hinchado, camina sin necesidad de apoyos, desarrolla una vida prácticamente normal y hasta se permite actitudes chulescas con la autoridad penitenciaria». «Por ejemplo —reveló José Alejandro Vara—, cuando comunica telefónicamente a los servicios de vigilancia de la cárcel de Martutene y a la Guardia Civil que abandona Mondragón para trasladarse al hospital de Donosti lo suele hacer desde un bar, uno de los que frecuenta habitualmente en su ociosa vida cotidiana, entre amigos, algunos familiares y rondas de chiquitos, una costumbre desde que abandonó la cárcel hace ocho meses. Entre voces de taberna y ruidos de vasos, el etarra comunica en un tono entre chulesco y burlón, según han comentado fuentes de los servicios de seguridad encargados de hacer cumplir las órdenes del juzgado, que va a abandonar el pueblo para atenderse en el centro hospitalario donde recibe un tratamiento experimental del tumor hepático, con metástasis en cerebro y pulmón, a base de Sunitib, tras fracasar la terapia de quimio».

La AVT también está atenta a los movimientos de Bolinaga. «Vive como un jubilado», me cuenta Ángeles Pedraza. «Sale poco de su casa y cuando sale tiene a sus amigos, que están en la puerta como escoltas para que no entre ningún periodista ni ninguna otra persona que no sea de su entorno. Sus amigos le llevan en coche a todos los sitios, a que le pongan la medicación... La verdad es que vive divinamente. De vez en cuando sale a dar un paseo, llevando una vida plácida, como la de un jubilado».

Lo cierto es que lo ocurrido con Bolinaga supone uno de los capítulos más bochornosos ocurridos en España y una clara muestra de que la justicia, en este país, no es igual para todos. La infamia comenzó el 1 de agosto de 2012, cuando la Secretaría General de Instituciones Penitenciarias acordó trasladarle desde el centro sanitario de referencia de la cárcel de León, donde se encontraba ingresado, al hospital Donostia de San Sebastián, centro de referencia de la prisión de Zaballa (Álava). A raíz de aquello y como una bola de nieve en pleno mes de agosto, el asunto fue engordando en notoriedad hasta convertirse en el culebrón del verano. Los acontecimientos se desarrollaron a una velocidad de vértigo. Así, el 8 de agosto el recluso dio comienzo a una huelga de hambre para reclamar su puesta en libertad. El 10 de agosto Martín Garitano, diputado general de Guipúzcoa en representación de la marca etarra Bildu visitó al recluso y señaló que estaba tomando la medicación prescrita. El 13 de agosto el criminal de ETA accedió a someterse a pruebas diagnósticas, mientras Instituciones Penitenciarias informó de que ya eran 108 los presos etarras que secundaban la huelga de hambre. Dos días después la cifra

Cuando Iñaki Urdangarin fue citado como imputado, la pregunta que nos hacíamos los abogados era si la justicia sería capaz de dispensar al yerno del rey el mismo trato que a cualquier otro ciudadano en situación similar.

Aparentemente, el juez Castro está haciendo un buen trabajo. La cuestión clave es saber cómo cierra la instrucción del caso Nóos. Será entonces cuando podrá calibrarse si la justicia es igual para todos.

El papel de Manos Limpias como acusación popular en el caso Nóos es a veces irregular. La letrada Virginia López Negrete subió al estrado a un hombre (con el que aparece en la fotografía) que ni es abogado ni está personado en la causa. El hecho motivó una denuncia por intrusismo profesional.

El asalto a la voluntad del rey fue una obra maestra de planificación. Mario Conde explotó hábilmente la amargura del conde de Barcelona y su soledad.

El de Manuel Prado y Colón de Carvajal es, según Luis María Anson, el caso más espectacular de toda la gente que se ha acercado al rey para medrar. De los tres años de cárcel a los que fue condenado por diversas piezas separadas del caso KIO, solo cumplió dos meses en prisión.

Zapatero comprobó durante sus comparecencias en el Congreso el nivel de desgaste político sufrido no tanto por los efectos de la crisis, sino por su empeño en negarla primero y en minimizarla después para, al final, aceptar que existía y que era grave. Los despilfarradores no tienen castigo en España.

Lo que a Garzón verdaderamente le importaba, antes de ser inhabilitado como juez, era el relumbrón y la notoriedad. De no haber sido así, ¿cómo se explica que más de la mitad de los procedimientos por él instruidos acabasen en archivos o absoluciones?

La financiación de los partidos políticos es el origen de numerosos casos de corrupción y germen de la indignación ciudadana. Las cuentas del PP están siendo revisadas al milímetro después de que Bárcenas acusase al partido de Rajoy de financiación irregular y de cobrar sobresueldos.

Artur Mas se dejó fotografiar en el Congreso de los Diputados antes de ser presidente de la Generalitat y lanzar su órdago secesionista. Eran los tiempos en los que su partido era acusado de cobrar el 3 por ciento en comisiones ilegales. La justicia ha demostrado ahora que no era el 3, sino el 4 por ciento.

Gallardón ha venido a generalizar la práctica del pago de tasas para poder recurrir a la justicia de manera que, sin su abono previo para las actuaciones legales, la secretaría de los órganos judiciales no dará curso a demandas y escritos. Es decir, habrá justicia solo para ricos.

La absolución de José Blanco por parte del Supremo ha dejado vacía la tipificación del delito de tráfico de influencias. El alto tribunal pone el listón muy alto para condenar a los políticos que incurran de ahora en adelante en este tipo de conductas delictivas.

La investigación judicial sobre los papeles de Bárcenas originó uno de los episodios más bochornosos que se recuerdan en la Audiencia Nacional. Los protagonistas fueron Javier Gómez Bermúdez y Pablo Ruz, que mantuvieron una pugna extenuante. Finalmente, Bermúdez perdió.

de reclusos en ayuno se elevó a 270, aunque Prisiones explicó que muchos de ellos tenían comida en sus celdas, que previamente habían adquirido en los economatos. El 16 de agosto el juez de la Audiencia Nacional Santiago Pedraz, que estaba de sustituto del juez central de Vigilancia Penitenciaria, José Luis Castro, ordenó a Instituciones Penitenciarias que acordara el tercer grado para Bolinaga. Era la primera vez que esto ocurría. Nunca un juez había pedido que antes de veinticuatro horas estuviera firmado el tercer grado. Y, en efecto, al día siguiente Prisiones se lo concedió.

La prensa se volcó en el asunto, con importantes discrepancias según lo contara un periódico u otro. Para *El Mundo* se trataba de un error político sin justificación moral alguna. «Algunos pueden pensar —decía el diario que dirige Pedro J. Ramírez en uno de sus editoriales— que la previsible puesta en libertad provisional del terrorista tras la concesión del tercer grado demuestra la superioridad ética del Estado frente a la barbarie. Pero no es cierto, porque la aplicación práctica de ese sentimiento moral corresponde siempre a la legalidad. Y nuestras leyes no imponen la concesión automática de esos beneficios ni siquiera por razones humanitarias. Bolinaga no está en fase terminal aunque padezca un cáncer irreversible, por lo que podría continuar recluido en un hospital penitenciario. Muchos presos han fallecido en esos establecimientos sin que se haya incumplido la ley. [...] El gobierno no estaba abocado a excarcelar irremediablemente a Bolinaga. Ha cedido a la presión de la izquierda abertzale ante el miedo a una huelga de hambre masiva de presos etarras. No hay más que ver la alegría del entorno etarra por ello». Por su parte, *La Razón* lo consideró una decisión ajustada a Derecho. «La concesión del tercer grado al etarra Bolinaga se ha ceñido escrupulosamente a la normativa legal prevista para los casos de enfermedad grave. El deber del Estado es observar estrictamente la Ley y actuar en consecuencia, guste más o menos, pero no hacer demostraciones de generosidad y bonhomía, menos aún con un asesino que actuó sádicamente con sus víctimas. En todo caso hay que subrayar que no se trata de un asunto inusual ni atípico y que no debería tomarse como extraordinaria una decisión adoptada por unanimidad y de acuerdo con las leyes. [...] La actuación del Ministerio del Interior y de las demás instituciones no solo no es reprochable, sino que merece el elogio sin reservas por hacer que el Estado de Derecho prevalezca sobre chantajes e intimidaciones. El gobierno de Rajoy sale fortalecido para doblarle el pulso al brazo político de ETA», señaló el diario de Planeta.

Hago un inciso en el relato para recordar que, meses después de aquel editorial —en concreto el 14 de mayo de 2013— el director de *La Razón*, Francisco Marhuenda, fue condecorado con la Cruz de Plata de la Guardia Civil por el ministro del Interior, Jorge Fernández Díaz, durante la conmemoración del 169 aniversario de la Benemérita. Por primera vez en años recibía el galardón el director de un periódico y no una víctima. También fueron condecorados con la Cruz de la Orden del Mérito de la Guardia Civil dos agentes de la Guardia Nacional Republicana de Portugal por su ejemplar colaboración en la lucha contra la criminalidad. Entre otros, fueron distinguidos Arturo García Tizón, Manuel Tuero, Sergio Rodríguez, Jaume Montserrat y Juan Carlos Girauta.

El 23 de agosto Bolinaga abandonó su ayuno voluntario quince días después de iniciado, decisión que también adoptaron el exportavoz de Batasuna Arnaldo Otegi y el histórico dirigente de ETA Francisco Múgica Garmendia, Pakito. Al día siguiente el juez de la Audiencia Nacional Ismael Moreno prohibió la manifestación convocada por la plataforma Herrira a favor de los presos de ETA, entre ellos Bolinaga. El día 27 la Fiscalía de la Audiencia Nacional se opuso a que el preso obtuviese la libertad condicional al considerar que si recibía el tratamiento necesario en prisión no se acortaría su esperanza de vida. Al día siguiente el juez José Luis Castro viajó a San Sebastián para ver al preso y reunirse con sus oncólogos. El 30 de agosto le concedió la libertad condicional. El 3 de septiembre, el ministro de Justicia, Alberto Ruiz-Gallardón, aseguró que en la concesión de la libertad no ha habido «ningún punto de cesión o presión externa ni voluntad de hacer con los terroristas de ETA cosa distinta de lo que estamos obligados a hacer».

Dos días después la Fiscalía de la Audiencia Nacional recurrió la libertad condicional, al tiempo que pedía que se revocase su excarcelación, al considerar que la vida del etarra no corría un riesgo inminente ni constaba su arrepentimiento. En un durísimo escrito, el Ministerio Fiscal acusó a Castro de actuar con mala fe y deslealtad procesal al no haberle dado traslado del informe médico clave en el que se basó para conceder la libertad ni haberle comunicado su viaje al hospital Donostia de San Sebastián. Considera que se trata de una «irregularidad procesal claramente vulneradora de la tutela judicial efectiva» y, por ello, solicitó a la Sala de lo Penal de la Audiencia la nulidad del auto. «Nos encontramos ante una actuación judicial que supone una quiebra de los principios de audiencia y contradicción, más propia del proceso penal inquisitivo», resumió el fiscal Pedro Rubira. El segundo punto del recurso de apelación indicaba que, puesto que la situación de Bolinaga no era terminal, no cabía eximirle del requisito de arrepentimiento. Para haberle considerado terminal, añadió el fiscal, el juez tendría que haber contado con los preceptivos informes del forense y de Prisiones indicando ese estado, lo que según el fiscal no ha ocurrido. Por ese motivo pidió a la sala que si no atendía la petición inicial de nulidad, al menos sí acordase la revocación de la libertad condicional. El juez acordó la excarcelación de Bolinaga tras sostener que todos los informes médicos que obran en la causa, a pesar de presentar «algunas contradicciones», coincidían en que el interno «padece una enfermedad grave e incurable que tiene muy mal pronóstico» y que su esperanza de vida oscilaría entre los seis y los doce meses.

El 11 de septiembre la forense de la Audiencia Nacional Carmen Baena ratificó las conclusiones de su primer informe en el que señalaba que la vida de Bolinaga no corría riesgo inminente y podía ser tratado en prisión. Este fue un hecho absolutamente grave, ya que para que cualquier recluso enfermo de ETA salga de la cárcel lo que vale realmente es el informe de Carmen Baena. Hasta ahora en España siempre se había aplicado así. El caso Bolinaga sentó precedente, ya que era la primera vez que no valía lo que había hecho la médico forense. Desde aquel día se está haciendo la vida imposible a Carmen Baena. Diversas fuentes jurídicas me confirman que la forense está sufriendo *mobbing* porque no firmó lo que querían *determinadas personas*. Ella está destrozada. Se siente ninguneada y amenazada porque no ha hecho lo que le pedían, porque ha sido honrada consigo misma.

Durante la jornada siguiente la Audiencia Nacional confirmó la libertad condicional contra el criterio de la médico forense por cuatro votos a uno. De esta forma el tribunal, presidido por el magistrado Fernando Grande-Marlaska, desestimó el recurso de la Fiscalía. El editorial de *El Mundo* del día siguiente fue tajante: «Un fallo tremendamente decepcionante para la fortaleza del Estado de Derecho, cuya defensa nos parece que ha ejercido mucho mejor la Fiscalía que los jueces de la Audiencia. [...] El camino ha sido trazado por un procedimiento plagado de anomalías, que ha supuesto todo un mazazo para las víctimas. Pero es sobre todo la credibilidad del gobierno la que ha quedado seriamente tocada, al haber cometido el gran error que desembocará en la salida de la cárcel del etarra que torturó salvajemente a Ortega Lara». Mientras, *La Razón* opinó todo lo contrario: «El desenlace se ajusta a la estricta legalidad y es el resultado del trabajo impecable de los jueces. Podrá gustar más o menos, pero es la justicia la que tiene la última palabra».

El 14 de septiembre, el juez de Vigilancia Penitenciaria remitió dos despachos a la Ertzaintza y a la Guardia Civil para que tomasen las medidas que asegurasen que el etarra excarcelado cumplía con las normas de conducta que le impuso para acceder a su libertad condicional. El 23 de octubre, Bolinaga salió del hospital para instalarse en su domicilio en Mondragón (Guipúzcoa), dado que, por su estado de salud, «ya no se puede hacer nada por su vida». Al día siguiente el etarra se dejó ver por las calles de Mondragón. Dio un paseo, entró al ayuntamiento de la localidad guipuzcoana, saludó a sus amigos e, incluso, entró en un bar de su pueblo. En todo ese tiempo la tesis sostenida por el gobierno de Mariano Rajoy para defender la puesta en libertad del etarra consistió en defender que al secuestrador de Ortega Lara le quedaban días de vida. De hecho, el propio ministro del Interior, Jorge Fernández Díaz, alegó que si no se le hubiera concedido la libertad condicional se estaría cometiendo un delito de prevaricación.

El gobierno no tuvo en el caso Bolinaga un comportamiento nada ejemplar con las víctimas del terrorismo, ya que ni siquiera les informó de lo que ocurría con el secuestrador de Ortega Lara. Como muestra un botón: la presidenta de la AVT, la más representativa asociación de víctimas, se enteró por la prensa. «Para mí fue muy doloroso porque también estaba sufriendo las secuelas de un cáncer. Lloré mucho y me preguntaba por qué mi hija, que me la mató un terrorista, no podía estar conmigo en la enfermedad, mientras Bolinaga sí tiene derecho a pasar con su familia el cáncer. No solo es una injusticia política. Es moral», concluye Ángeles Pedraza.

Vuelve la vía Nanclares

Puesto de la Guardia Civil de Lodosa (Navarra). Calle de Hilarión Eslava, número 2. Viernes 17 de mayo de 2013. Poco antes de las once de la mañana.

Un hombre corpulento y calvo, de unos cincuenta años de edad, vestido con camisa de cuadros azules y pantalón vaquero, caminaba por el paseo junto al río Ebro en dirección al cuartelillo de la Benemérita. Empujaba un carrito de bebé. A su lado, una mujer morena y tan corpulenta como él. Podía parecer una familia más que pasea por la localidad un soleado viernes de primavera. Pero no lo era. Se trataba del etarra Valentín Lasarte, condenado a 340 años de cárcel por su participación en siete asesinatos entre 1993 y 1996, cuando estaba encuadrado en el Comando Donosti de la banda criminal. Se le consideró —y fue condenado por ello— autor material de las muertes del empresario José Manuel Olarte y el policía Enrique Nieto, además de cooperar en los atentados contra el concejal del PP Gregorio Ordóñez y el dirigente socialista Fernando Múgica.

En la puerta del cuartelillo aquel día de mayo Lasarte se desenvolvió con calma. Saludó con normalidad al guardia que le abrió la verja del recinto, mientras cogía en brazos al niño para subir la escalera hacia el puesto de la Benemérita, donde acudió a firmar. Allí trabajan tres de sus víctimas. Tres agentes que se encontraban en el cuartel de la Guardia Civil de Arnedo (La Rioja) aquel 17 de agosto de 1995, cuando tres pistoleros de la banda criminal

—entre los que se encontraba Valentín Lasarte— hicieron estallar dos mochilas-bomba cargadas con cincuenta kilogramos de explosivo a una decena de metros del acuartelamiento. ETA pretendía una auténtica matanza. No lo consiguió gracias a una pareja de la Policía Municipal que descubrió a tres individuos que realizaban movimientos sospechosos en el aparcamiento situado en la trasera de la casa-cuartel. Los sospechosos se pusieron nerviosos al percibir la presencia de los agentes, que iban desarmados, y comenzaron a moverse con rapidez. Del interior de un Opel Kadett de color negro y con placas de matrícula de Madrid sacaron dos bultos que a todo correr depositaron sobre uno de los turismos. Después emprendieron la huida.

Los policías alertaron a un tercer compañero, de servicio en un vehículo radio-patrulla, que se encontraba en el polígono industrial de las afueras del pueblo. Los tres agentes emprendieron la persecución de los presuntos delincuentes hacia Calahorra. A una decena de kilómetros de Arnedo, en una curva pronunciada, se percataron de que había rastros de frenadas en el asfalto. Pararon el vehículo oficial y descubrieron al fondo del talud, de unos tres metros de profundidad, el coche que perseguían. Con intención de socorrer a los accidentados, los agentes locales se aproximaron hasta el vehículo volcado, siendo encañonados con pistolas por sus ocupantes. Los policías fueron obligados a esposarse entre sí. Fue entonces cuando oyeron una fuerte deflagración procedente de Arnedo. Habían hecho explosión las dos mochilas. Los terroristas reanudaron su fuga en el coche patrulla. En Arnedo no hubo muertos, aunque sí cuarenta heridos y graves destrozos materiales. Dieciocho años después de aquello, víctimas y verdugos volvieron a encontrarse en el mismo recinto, algo que cada vez es más común en el País Vasco y Navarra, y no porque los heridos o sus familias quieran.

Valentín Lasarte había salido el jueves 16 de mayo de 2013 del centro penitenciario de Nanclares de la Oca, en Álava, tras recibir un permiso de tres días. Se lo concedió el 7 de mayo la Sección Primera de la Audiencia Nacional, compuesta por cinco magistrados presididos por Fernando Grande-Marlaska, que consideró por unanimidad que Lasarte, en prisión desde 1996, cumplía todos y cada uno de los requisitos para poder acogerse al beneficio penitenciario ordinario. No obstante, la sección puso condiciones para que no hiriera el sentimiento de sus víctimas: la firma diaria ante la Guardia Civil, la obligatoriedad de estar alojado en un domicilio familiar pero fuera del territorio del País Vasco y realizar el viaje desde Nanclares de la Oca hasta Lodosa, de unos ciento veinte kilómetros, sin escalas. Lasarte pasó ese fin de semana en un piso que tiene en Lodosa la familia de su compañera sentimental, la mujer tan corpulenta como él que le acompañó a firmar en el cuartelillo. El permiso le fue concedido en contra del criterio de la Junta de Tratamiento de la prisión de Nanclares, la Fiscalía de la Audiencia Nacional y el juez central de Vigilancia Penitenciaria, José Luis Castro, que consideró prematuro concederle el permiso a pesar de su evolución positiva. Sin embargo, la Audiencia Nacional —en un auto de siete páginas redactado por Grande-Marlaska (en un principio él no iba a ser el ponente)— consideró que el caso Lasarte, por su excepcionalidad, podría erigirse en modelo de un sistema que persigue, entre otros fines, la rehabilitación de los condenados. Los jueces hicieron hincapié en que el preso etarra ha rechazado la violencia, ha sido expulsado de la organización terrorista por criticar en público el uso de las armas, reconoce el daño causado, paga pequeñas cantidades fraccionadas mensualmente para hacer frente a la responsabilidad civil por sus atentados, ha realizado una autocrítica severa y sincera consigo mismo, ha participado en programas de reparación con víctimas del terrorismo y ha evidenciado sus ganas de colaborar en el restablecimiento de la paz. Y subrayaron que su caso merece distinguirse de los del resto de presos de ETA que conforman el EPPK (Colectivo de Presos Políticos Vascos).

Sin embargo, Ángeles Pedraza no es de la misma opinión, porque, según la presidenta de la AVT, los presos etarras arrepentidos no han pedido perdón, las víctimas. «Un funcionario de prisiones me hizo llegar las cartas de arrepentidos de ETA y no sabía si reír o llorar. Una era de Lasarte. La carta consistía en un impreso de Instituciones Penitenciarias en el que ellos escribían y todos ponían lo mismo: "Yo, fulanito de tal, pido disculpas por los errores cometidos en mi vida". Ellos son coherentes en eso, porque en ningún caso se arrepienten de lo que han hecho. Cuando leí las cartas fui al Ministerio de Interior y dije "hasta aquí hemos llegado"». En la misma línea se expresa Consuelo Ordóñez, la hermana del concejal del PP en San Sebastián asesinado por ETA en 1995 que, al amparo del Plan de Reinserción del Ministerio del Interior, solicitó verse con Lasarte en junio de 2012. Según Consuelo Ordóñez, «se ha repetido en la prensa que nos ha pedido perdón, pero nunca lo ha hecho. Puso una "x" en un impreso oficial».

Como Lasarte, otra veintena de internos disidentes aguardaba a que los jueces les dieran la razón. Fuentes judiciales aseguran que ante la Audiencia Nacional se acumulaban más de medio centenar de recursos —algunas fuentes hablan incluso de más de ochenta— contra las sucesivas negativas de las autoridades penitenciarias a conceder días de libertad a este colectivo. Los presos de la banda comenzaron a finales de 2012 a judicializar sus casos para que fueran los tribunales quienes decidiesen si, con las leyes en la mano, son acreedores de unos beneficios que Instituciones Penitenciarias no les concedió. La decisión de llevar ante los jueces estos asuntos no afectó solo a los permisos, sino también a las negativas a conceder ciertas progresiones de grado.

El permiso otorgado a Lasarte desbloqueó las medidas de reinserción de presos de ETA abiertas en 2010 por el gobierno socialista con la llamada «vía Nanclares». A ella se acogieron una treintena de miembros históricos de ETA, como Urrusolo Sistiaga, Caride Simón o Álvarez Santacristina, Txelis, entre otros. La vía Nanclares es un proyecto de reinserción de aquellos presos etarras que hayan decidido dar una serie de pasos inequívocos hacia el final de la violencia. Esos pasos comprenden el alejamiento del entorno de la banda, la aceptación de la política penitenciaria, la salida del colectivo de presos de la banda criminal, la renuncia pública a ETA y al uso de la violencia, la petición de perdón a las víctimas, el compromiso de reparación mediante el pago de la responsabilidad civil correspondiente y, por último, la colaboración con la justicia en la lucha contra el terrorismo. A los presos de ETA y su entorno se les aplican una serie de medidas particulares, como la dispersión, según la cual se aleja del lugar de residencia a aquellos presos que el Estado considere que correrían o harían correr riesgo si permanecieran en una cárcel cercana a su lugar de residencia. Esta cláusula ha establecido una gradación de dureza de los reclusos de la banda, de fidelidad a la ortodoxia de ETA, según el lugar en el que cumplen condena: cuanto más alejados del País Vasco, más duros.

La *vía* recibe su nombre de la cárcel alavesa de Nanclares de Oca. Es allí donde se lleva a los etarras que más han avanzado en su proceso de reinserción. De hecho el colectivo de presos, que edita periódicamente informes de dónde están los presos de ETA y su entorno, a quienes ellos llaman presos políticos vascos, obvia esta cárcel, ya que dejan de tener esa consideración cuando renuncian a la banda terrorista. Antes de llegar a Nanclares de Oca, estación término del proceso, hay algunas cárceles cercanas al País Vasco que acogen a presos en un proceso de reinserción avanzado, tales como El Dueso, en Cantabria; Villabona, en Asturias; Zuera, en Zaragoza; y, por último Burgos. La vía Nanclares se basa en un trabajo escalonado cuyos primeros pasos son simbólicos. Acogerse a beneficios penitenciarios, no participar en los plantes convocados por el colectivo de presos y mantener relación normal con otros reclusos pueden ser los primeros gestos de alejamiento de la línea marcada por ETA en las cárceles. La renuncia al propio colectivo de presos o a sus abogados suele ser el paso siguiente. La dinámica con el preso cambia cuando esta distancia se manifiesta de forma oficial, primero de forma verbal y después mediante un escrito remitido a las autoridades de la cárcel.

Los funcionarios de prisiones llevan un seguimiento exhaustivo del progreso de cada preso. Los primeros pasos oficiales suelen venir acompañados de alguna medida por parte de las autoridades, como el traslado a alguna cárcel más cercana al País Vasco dependiendo del punto de origen del preso y los pasos que este haya dado. El siguiente escalón es oficializar el alejamiento mediante un escrito que contenga los elementos de petición de perdón, salida de la banda terrorista y renuncia a la violencia. En este punto, y si los informes de los funcionarios de prisiones y de los responsables judiciales son favorables, se pueden iniciar algunos trámites jurídicos para favorecer su reinserción. Un preso en situación de seguridad normal está sujeto al segundo grado penitenciario, estando el primero reservado para reclusos que por su peligrosidad conllevan medidas de vigilancia y seguimiento especiales. En esas circunstancias de normalidad, y habiéndose dado los pasos señalados, las autoridades judiciales pueden decidir la aplicación del artículo 100.2 del Código Penal, que permite conceder beneficios propios de un tercer grado sin tener que otorgarlo de forma definitiva.

Estos beneficios temporales dejan a estos presos a caballo entre el segundo y el tercer grado y permiten al juez dar o quitar beneficios en función de la evolución. Pueden ser permisos breves de salida bajo vigilancia, puede ser un permiso para trabajar fuera de la cárcel y volver a dormir o, ya en última instancia, permisos que solo obliguen a ir a la cárcel los fines de semana. Por ser beneficios propios de un tercer grado penitenciario, no se suelen aplicar hasta que el preso ha cumplido al menos la mitad de su condena.

La política de dispersión de presos y aplicación de beneficios penitenciarios se remonta a finales de la década de 1980, con los dirigentes socialista Enrique Múgica al frente del Ministerio de Justicia y Antoni Asunción en Instituciones Penitenciarias. En algunos procesos de negociación con la banda se optó por acercar o liberar presos, como sucedió entre 1996 y 1999, con José María Aznar en La Moncloa. Con la llegada de Zapatero y su «proceso de paz» se inició de forma intensiva la vía Nanclares tal y como se conoce ahora, agrupando en una cárcel a todos los disidentes de ETA. A pesar de que el PP criticó desde la oposición la política antiterrorista de Rubalcaba en Interior, Rajoy continuó la aplicación del plan del exministro.

A mediados de marzo de 2012 (a las pocas semanas de asumir el cargo de ministro de Interior), Jorge Fernández Díaz proclamó solemnemente la intención del gobierno al que representaba: el ejecutivo apoyará, impulsará y promoverá, en el marco de la ley penitenciaria, la llamada vía Nanclares, con la que propiciar que los terroristas se arrepientan y pidan perdón a sus víctimas. «La impulsaremos porque es legal y es la que más se adecua al espíritu de la Constitución», resaltó el titular del Interior para dejar claro que su política iba a ser continuista respecto a la del anterior gobierno socialista. Además Fernández Díaz quiso dejar claro que el gobierno seguirá aplicando la ley penitenciaria con el criterio constitucional que establece que «las penas privativas de libertad están orientadas a la reinserción social». En este sentido subrayó —en el tono grandilocuente del que suele hacer gala en sus intervenciones públicas— que el gobierno «apoyará, impulsará y promoverá todo lo que signifique que los etarras se arrepientan, pidan perdón a las víctimas del terrorismo, se hagan cargo de las responsabilidades civiles accesorias a sus condenas y cumplan con todos los requisitos que la ley penitenciaria establece para que puedan acogerse, en el marco de la ley, a los beneficios penitenciarios».

Mientras gobernó el PSOE los presos poco a poco fueron logrando permisos y semilibertades. Cuando el PP llegó al poder, impulsó durante los primeros meses tres terceros grados y algunos acercamientos de presos enfermos a cárceles vascas. Pero desde el verano de 2012, tras la polémica desatada con el preso Jesús María Uribecheverria Bolinaga, el gobierno de Mariano Rajoy frenó en seco cualquier movimiento sobre los presos de ETA que pudieran recriminarle las víctimas.

Precisamente las víctimas, que siempre se han opuesto a estas medidas de gracia a presos etarras, reclamaron al gobierno a finales de diciembre de 2012 que revocase la vía Nanclares por su «rotundo fracaso». La negativa del recluso Kepa Pikabea Ugalde a colaborar con la justicia para esclarecer un asesinato perpetrado por la banda terrorista en el año 1979 sirvió para dar fuerza a los argumentos de las víctimas. La AVT consideró que Pikabea, acogido a la vía Nanclares, quitó la careta a todos los presos de ETA, continuó sosteniendo las tesis de la banda y demostró que lo único que se ha conseguido son reinserciones interesadas y falsas para acercarse más a la libertad. Para las víctimas, Pikabea demuestra con su actitud que iniciativas como la vía Nanclares u otras similares, orientadas a la llamada reinserción, podrían correr el riesgo de convertirse en una amnistía encubierta y una puerta hacia la impunidad.

— «Pikabea ha dejado al descubierto una estratagema que la AVT lleva denunciando quizás demasiado tiempo: ETA y sus presos están utilizando las medidas de reinserción a su antojo. Cayendo en conceder beneficios a los presos etarras, el único mensaje que les llega a ellos es que su lucha ha merecido la pena y que se van a acabar saliendo con la suya. A lo largo de los últimos meses han demostrado que sus intenciones están muy lejos de la reinserción. Siguen sin pedir perdón y los que supuestamente lo piden no colaboran con la justicia. Recordamos, por ejemplo, que en el caso Bolinaga los presos volvieron a usar un histórico mecanismo de chantaje de ETA: las huelgas de hambre. La AVT demanda que se evite que se abra cualquier puerta de escape para los terroristas que están en las cárceles. Para más *inri*, las víctimas tuvimos que soportar en su día que Pikabea fuera considerado víctima del terrorismo por la Oficina para la Atención a las Víctimas del Terrorismo del gobierno vasco. A aquella humillación a nuestra memoria y dignidad se suma ahora este nuevo ataque contra la justicia. Por todo ello exigimos que se revoque la vía Nanclares y cualquier otro plan de reinserción por el fracaso que han supuesto y porque se aleja mucho de lo que pedimos las víctimas: una derrota total del terrorismo con verdad, memoria, dignidad y justicia», me cuenta la presidenta de la AVT, Ángeles Pedraza.

En marzo de 2013 el gobierno dio un giro a su política antiterrorista, criticada por las víctimas y sin frutos hasta ese momento. El ministerio que dirige Jorge Fernández Díaz empezó a admitir abiertamente que la vía Nanclares forma parte del pasado, por lo que apostó por un plan de reinserción para reos de bandas terroristas y crimen organizado. De esa forma los presos disidentes de ETA Iñaki Recarte Ibarra, Kepa Pikabea Ugalde y Aitor Bores Gutiérrez no obtuvieron los beneficios penitenciarios planteados en 2012 por la prisión alavesa de Zaballa, en la que cumplen condena. El Ministerio del Interior frenó la propuesta para los internos que, al acogerse a la denominada vía Nanclares, rompieron con la banda terrorista a cambio de la concesión de permisos. Entre los argumentos defendidos para oponerse a los permisos figuraban, por un lado, las largas penas a las que fueron condenados los tres terroristas. Además, Interior esgrimió las cantidades que les faltan por abonar por responsabilidad civil. Esta es una de las condiciones establecidas para acogerse a medidas de reinserción. Así, por ejemplo, a Recarte, que abona unos 40 euros al mes, le faltan aún 1.200.000 euros por pagar en concepto de indemnización por sus delitos. Las defensas de los tres exmiembros de la banda recurrieron la decisión, pasando la patata caliente a la Audiencia Nacional, que empezó a tener la última palabra, como quedó demostrado al conceder un permiso de tres días a Valentín Lasarte.

Dos semanas después de que el etarra saliese a la calle, el juez de Vigilancia Penitenciaria de la Audiencia Nacional le concedió, con el criterio en contra de la Junta de Tratamiento de la prisión de Nanclares de Oca, un segundo permiso, esta vez de seis días de duración. El cambio de criterio del juez Castro fue espectacular. El 7 de mayo se opuso al primer permiso para Valentín Lasarte porque decía que no había colaborado con la justicia y no estaba en condiciones de salir. El juez Grande-Marlaska, sin embargo, no estuvo de acuerdo y se lo otorgó con la condición de que no regresara al País Vasco y se quedase en Navarra. El 29 de mayo —solo veintidós días después— Castro le concedió el segundo permiso. «Y no le dio tres días —me comenta indignada Ángeles Pedraza—, sino el doble. Nosotros pensamos que alguien le ha dicho: "Como las víctimas están machacando a Marlaska, ahora tienes que ser tú el que se coma el marrón". En su día les pregunté a los jueces Castro y Marlaska mirándoles a los ojos: "Si os hubieran matado una hija, ¿seguiríais firmado excarcelaciones?" Ninguno de los dos me contestó. La gravedad del asunto no es que le den tres o seis días, sino que al tercer permiso puede disponer del tercer grado y, luego, la libertad condicional. Los jueces se están encargando de abrir las puertas de la cárcel a los terroristas. Estamos viviendo una derogación de la doctrina Parot encubierta y pactada».

El fin de la doctrina Parot

Bar Nikol. Zumaya (Guipúzcoa), Jueves 20 de marzo de 1986. Pasadas las nueve de la noche.

Dos pistoleros de ETA entraron en el local y uno de ellos, sin mediar palabra, disparó a quemarropa al camarero José Ignacio Agirrezabalaga de la Granja, provocándole la muerte en el acto. En ese momento se encontraban en el local un total de seis personas, incluido José Ignacio. Los asesinos huyeron en un Citroën BX conducido por un tercer terrorista, que se había quedado fuera del bar haciendo labores de vigilancia. El vehículo fue robado poco antes a punta de pistola a su propietario en el casco urbano de Zumaya, a unos quinientos metros del lugar del atentado. Los terroristas, que dijeron pertenecer a ETA-Militar, obligaron al propietario del coche, José Joaquín Aguirre, a acompañarles hasta las afueras del pueblo, y allí lo introdujeron en el maletero de su propio vehículo.

Aunque la Guardia Civil y la Cruz Roja se presentaron de inmediato en el lugar de los hechos, no pudo hacerse nada por salvar la vida de la víctima. Tras el levantamiento del cadáver, el cuerpo de José Ignacio fue trasladado al puesto de la Cruz Roja, a solo cien metros del Nikol. El cadáver presentaba seis impactos de bala con orificios de entrada en la cervical, en un oído, el pecho y los antebrazos, según informaron los médicos de la Cruz Roja que realizaron la autopsia. Los vecinos de Zumaya negaron rotundamente cualquier relación del bar con el mundo de la droga y que José Ignacio hubiese estado involucrado en hechos conflictivos. Sin embargo, ETA alegó para justificar el asesinato que era un chivato vinculado a los Grupos Antiterroristas de Liberación (GAL). Todo porque José Ignacio era cuñado de Jean-Pierre Cherid, considerado uno de los cabecillas de los GAL. Cherid murió el 19 de marzo de 1984 en Biarritz cuando le estalló un artefacto explosivo destinado a asesinar a miembros de ETA en el sur de Francia. La familia de José Ignacio negó que fuese cómplice de los GAL porque, aunque es cierto que su cuñado era Jean-Pierre Cherid, se enteró de sus actividades por la prensa y añadían, además, que si hubiera sido así, no tenía ningún sentido que hubiese vuelto a Zumaya a trabajar de cara al público detrás del mostrador de un bar. La madre de José Ignacio, Maite de la Granja, contó años después el calvario que tuvieron que soportar en Zumaya desde el día del asesinato de su hijo. La misma tarde del funeral miembros de Herri Batasuna profirieron gritos a favor de ETA y contra José Ignacio. A pesar de ello, la familia ha seguido viviendo en Zumaya.

Los autores materiales del asesinato fueron los integrantes del Comando Éibar de la banda: Jesús María Ciganda Sarratea, Fermín Javier Urdiaín Ciriza e Íñigo Acaiturri Irazábal. Eran los mismos pistoleros que el 11 de diciembre de 1987 se acercaron a cara descubierta a un sargento de la Guardia Civil cuando se encontraba junto a su esposa en el interior de su vehículo, un Talbot Solara matrícula B-0074-AB. José Luis Gómez Solís, que así se llamaba el suboficial de la Benemérita, se disponía a ponerlo en marcha. Tras arrojar al suelo a la mujer, dispararon varias veces contra aquel a bocajarro. El cadáver, en medio de un gran charco de sangre, presentaba al menos nueve impactos de bala, varios de ellos en la cabeza. El sargento, de cuarenta y cuatro años de edad, murió en el acto mientras su mujer era presa de un ataque de nervios. Inmediatamente después los terroristas se dieron a la fuga en un automóvil sustraído a punta de pistola en las inmediaciones. José Luis Gómez Solís estaba destinado como sargento de intervención en el cuartel de la Guardia Civil de Elgóibar, localidad distante unos seis kilómetros del lugar de la acción terrorista. Dejó huérfanos a un adolescente de dieciséis años y dos niños de siete y cuatro respectivamente. Fuentes policiales consideraron aquella noche que la acción criminal pudo ser obra del Comando Éibar, cuya estructura aún no había sido desarticulada en Guipúzcoa.

Aquel 11 de diciembre de 1987 fue un día especialmente sangriento, como tantos en la macabra historia de ETA. Dieciocho horas antes de que el sargento Gómez Solís perdiera la vida, un comando relámpago enviado por la dirección etarra desde el sur de Francia hacía explotar un coche-bomba cargado con cincuenta kilos de explosivo junto a la casa-cuartel de la Guardia Civil en Zaragoza. Aquello fue una auténtica masacre: once personas resultaron muertas, entre ellas dos mujeres y cinco niñas con edades comprendidas entre los tres y los doce años, esposas e hijas de guardias civiles. También aquel día el policía Rafael Ribas sufrió la amputación de tres dedos al estallarle en las manos una carta bomba dejada en el buzón de su domicilio, en Basauri (Vizcaya).

Los tres atentados criminales se produjeron cuando el gobierno de Felipe González negociaba en Argel con representantes de ETA una salida que permitiera devolver la esperanza y la paz al País Vasco. En concreto el ejecutivo socialista esperaba una respuesta del cabecilla histórico de ETA Eugenio Etxebeste, Antxon, previo contacto del etarra con la dirección de la banda terrorista en el sur de Francia, para enviar una delegación a Argelia que comenzase a dialogar sobre ofertas concretas.

Año y medio después de aquel fatídico 11 de diciembre de 1987, la Guardia Civil acabó con aquel Comando Éibar, autor de nueve asesinatos por atentados en los que también resultaron heridas treinta y ocho personas. Los servicios de información de la Benemérita disponían desde hacía meses de una pista que conducía a ese grupo de liberados (dedicados en exclusiva a las actividades terroristas y, en consecuencia, mejor adiestrados). La Guardia Civil se apoderó además del armamento de que disponía el comando. Hasta su última acción, el 22 de diciembre de 1988, poco antes de la tregua anunciada entonces por ETA-Militar, los integrantes del Comando Éibar habían segado la vida de los ya citados José Luis Gómez Solís y José Ignacio Agirrezabalaga; los agentes Federico Carro Jiménez y Manuel Ávila García, de veintidós y veintinueve años, vilmente asesinados al estallar un coche-bomba que inspeccionaban en las inmediaciones del cuartel de Guernica; los industriales Sebastián Aizpiri, Francisco Zabaleta y Engraciano González Macho, acusados por los terroristas de estar involucrados en el tráfico de drogas; el policía José Antonio Barrado, que iba a prestar protección en el partido de fútbol entre el Éibar y el Sabadell; y el ertzaina Juan José Pacheco, víctima de una bomba.

La acción policial que acabó con los pistoleros del Comando Éibar se desarrolló a partir de las seis de la mañana del domingo 17 de abril de 1989, con registros en Ondárroa (Vizcaya) y en las localidades guipuzcoanas de Éibar, Elgóibar, Vergara y Plasencia de las Armas. Efectivos de la Guardia Civil penetraron en el número 7 de la calle Ibarrondo de Ondárroa y detuvieron en su interior a los tres activistas. Fermín Urdiaín efectuó dos disparos con su pistola contra una guardia, que respondió con una ráfaga intimidatoria. Fuentes de la lucha antiterrorista señalaron que Fermín Urdiaín dejó de disparar porque se le encasquilló la pistola y que al ser reducido preguntó insistentemente al guardia: «¿Por qué no me has matado?».

La Audiencia Nacional condenó a Jesús María Ciganda Sarratea, junto a sus dos compinches, a 29 años de cárcel por el asesinato del camarero Agirrezabalaga; a otros 29 años por la muerte del sargento José Luis Gómez Solís; a 60 por los crímenes de Aizpiri y Zabaleta; a 42 por el fallecimiento del *ertzaina* Pacheco; a 134 por el atentado que costó la vida al policía Barrado; a 52 por el asesinato de los guardias Carro Jiménez y Ávila García; a 30 por la muerte del hostelero Engraciano González Macho; y a 220 años por un atentado cometido en junio de 1987 contra la casa-cuartel de Éibar, en el que ocho agentes y otros tantos civiles resultaron heridos.

En total, 596 años de cárcel por nueve asesinatos. Jesús María Ciganda representa al pistolero etarra de los *años de plomo*, adiestrado para liquidar sin piedad al adversario. Y de no haber sido por la oportuna operación de la Guardia Civil, su historial de sangre y fuego habría sido, sin duda, tan extenso como el de otros asesinos de su generación, como Ignacio de Juana Chaos; los hermanos Antonio y Domingo Troitiño Arranz; José Antonio López Ruiz, «Kubati»; Jesús María Zabarte, el «Carnicero de Mondragón»; Henri Parot o la mismísima Inés del Río Prada.

A lo largo de su estancia en prisión Ciganda pasó por las cárceles de Ceuta, el Puerto-1 (Cádiz) y Jaén, su último destino, ya que, tras cumplir algo más de veinticuatro años de cárcel fue excarcelado el 22 de mayo de 2013. Ese día el pleno de la Sala de lo Penal acordó por unanimidad su puesta en libertad en aplicación del Código Penal de 1973, la norma vigente en el momento en el que cometió sus delitos. El etarra fue detenido en 1989, aunque llegó a ser condenado después de la entrada en vigor del

Código Penal de 1995. En concreto la Audiencia Nacional le condenó el 27 de enero de 1997 a 220 años de cárcel por un atentado cometido en junio de 1987. No obstante, el pleno consideró que se le debía aplicar la sentencia del Tribunal Constitucional que en un supuesto idéntico del también terrorista Pedro José Echeverría le aplicó el Código Penal de 1973 y, por consiguiente, las redenciones deben aplicarse sobre el límite máximo de cumplimiento de 30 años.

Ciganda se encontraba en la prisión de Jaén en cumplimiento de la denominada doctrina Parot y su libertad definitiva no estaba prevista hasta 2019, habiendo cumplido el límite de 30 años en prisión. Tras la decisión del pleno de la Sala de lo Penal, el licenciamiento definitivo se estableció el 9 de marzo de 2011, es decir, dos años antes, razón por la que el 22 de mayo de 2013 se decretó su libertad de inmediato. Al final, cada uno de sus nueve asesinatos supuso a Ciganda un total de dos años y medio de cárcel. Nada que ver con la cadena perpetua que Francia impuso un mes antes al pistolero etarra Mikel Carrera Sabore, alias «Ata», por el asesinato a sangre fría de los guardias civiles Raúl Centeno y Fernando Trapero cometido el 1 de diciembre de 2007 en la localidad gala de Capbreton.

En una situación similar a la de Ciganda se encontraba José Carlos Apeztegía, que también fue excarcelado el 22 de mayo. Apeztegía fue detenido en 1992, es decir, antes de la entrada en vigor del Código Penal de 1995. Sin embargo, dos de sus tres condenas le fueron impuestas en virtud de esta norma. Se da la circunstancia de que ninguna de las condenas impuestas a este terrorista supera los 20 años de cárcel, y en esos casos el Código Penal de 1995 establece en esa cifra el límite máximo de estancia en prisión. «A partir de ese dato es fácil de determinar que la legislación más beneficiosa es el Código Penal de 1995. Según las hojas de cálculo remitidas por el centro penitenciario, resulta que el condenado se encuentra ininterrumpidamente en prisión desde el 30 de enero de 1992, luego el plazo de los 20 años, límite máximo, ya ha transcurrido. Procede decretar su libertad por cumplimiento de condena», establecía el auto dictado por la Sección Primera de la Sala de lo Penal de la Audiencia Nacional. José Carlos Apeztegía fue condenado por su implicación en la red de extorsión de ETA y cobrar el mal llamado impuesto revolucionario a empresarios vascos. Por estos hechos fue juzgado en 1993, junto con Luis Manuel Idarraga Gorostiaga, Jon Andoni Solagurenbeaskoa Betelu y el abogado de HB Álvaro Reizábal. Apeztegía reconoció haber exigido dinero a al menos once empresarios, habiendo cobrado de ellos diversas cantidades. El dinero, en la mayoría de las ocasiones, lo escondía en la sede del sindicato LAB de Rentería. Ya en la cárcel fue acusado de amenazar de muerte a un funcionario del centro penitenciario de Huelva. Por estos hechos fue finalmente absuelto por la Sección Primera de la Sala de lo Penal de la Audiencia Nacional en diciembre de 2008, pese a que la Fiscalía pedía dos años más de cárcel. El Ministerio Público le acusó de haber apuntado con el dedo índice y el pulgar extendidos al funcionario en lo que se interpretó como una simulación del disparo de una pistola.

Las excarcelaciones de Ciganda y Apeztegía supusieron la puntilla para la doctrina Parot, ya que, en una decisión judicial sin precedentes, la Audiencia Nacional la derogó por cuenta propia. Gracias a lo decidido por la Sala de lo Penal, los etarras que cumplen prisión por la doctrina Parot pudieron interpretar el auto de puesta en libertad en su beneficio, ya que los argumentos expuestos abrían una nueva vía de escape para que los terroristas no cumplan hasta el último minuto de sus condenas y salgan de rositas, según consideran las víctimas. Desde la AVT se mostraron sorprendidos y preocupados con una decisión inexplicable que, sin duda alguna, supuso un antes y un después en la política penitenciaria de nuestro país. «Queremos denunciar la situación lamentable y vergonzosa que estamos viviendo las víctimas del terrorismo en los últimos meses en relación a la libertad antes de tiempo de sanguinarios asesinos como Bolinaga o Ciganda, o permisos incomprensibles como el concedido a Valentín Lasarte. Nos preguntamos si es esto lo que merecemos las víctimas del terrorismo, con decisiones que benefician únicamente a los terroristas y nos alejan del único consuelo que podemos tener aquellos que hemos sufrido el terror: una Justicia justa. En todos estos años ninguna víctima ha practicado la venganza porque confiábamos en la justicia. Ahora comprobamos que la justicia no existe. ¿Qué hacemos ahora? ¿Cómo es posible que cambien tanto las cosas? ¿Cómo una institución como la Audiencia Nacional, que fue creada para combatir a los terroristas, ahora se ha convertido en la puerta de salida para los terroristas? Además es curioso cómo los jueces, cuando llegan a presidir la Sala de lo Penal de la Audiencia Nacional, pasan de defender los derechos de las víctimas del terrorismo a ponerse del lado de los terroristas», señaló la AVT en un comunicado.

Para el presidente de Voces Contra el Terrorismo, Francisco José Alcaraz, lo ocurrido con los terroristas Jesús María Ciganda Sarratea y José Carlos Apeztegía «es un paso más en la rendición del actual gobierno de España ante la banda ETA que no puede quedar impune». Alcaraz anuncia que «las víctimas del terrorismo darán respuesta a esta nueva traición del gobierno que ultraja la memoria de nuestros familiares» y dice que no está dispuesto a que las víctimas y todos los españoles sigamos pagando el precio político de lo pactado con ETA en la pasada legislatura y exigió al gobierno de Mariano Rajoy contundencia ante la banda terrorista.

«Las víctimas del terrorismo no vamos a tolerar que España ceda al chantaje. Volveremos a activar la rebelión cívica para exigirle al gobierno, una vez más, justicia para nuestros familiares», afirma Alcaraz.

Por su parte, Ángeles Pedraza sostiene que «no se ha terminado con ETA porque nuestros gobernantes han sido todos unos acomplejados». «Les dio miedo que hubiese más asesinatos, pero lo que hay que tener es mano firme y contundente para acabar con los asesinos. Somos el único país que no es capaz de acabar con una banda de terroristas. Han gobernado la UCD, el PSOE, el PP, luego otra vez el PSOE y por último el PP y no se ha terminado con ETA en casi cuarenta años de democracia. Todos intentan acabar con los terroristas de la manera que más conviene a la banda. Todo se reduce al intento del presidente del Gobierno, de cualquier presidente, de hacerse una foto en la que el pie diga: "Yo fui el que acabó con ETA". Pero eso es mentira. Yo no quiero que un presidente acabe con la bande de asesinos. Quiero que la derrote. Porque hay más de trescientas familias en España que no saben quién mató a sus familiares porque los delitos han prescrito. No ha habido juicio, ni indemnizaciones, ni siquiera el resarcimiento del daño moral». Es un dato escalofriante: el 40 por ciento de las víctimas de ETA no sabe quién mató a los suyos y tienen derecho a ello.

Pero ¿qué es la doctrina Parot? En primer lugar hay que decir que debe su nombre al terrorista de nacionalidad francesa y miembro del Comando Itinerante de ETA detenido en Santiponce (Sevilla) en un control rutinario de la Guardia Civil a principios de la década de 1990. Henri Parot fue acusado de asesinar a más de 80 personas, por lo que se le impuso una condena de 4.800 años de cárcel. La ley española solo admite que un reo pueda estar como máximo 40 años en la cárcel. Esta cifra puede reducirse por diversos beneficios a 30 años. De modo que Parot iba a salir al cumplir 30 años de cárcel o menos. Para evitar su excarcelación el Supremo consideró que los beneficios penitenciarios no se podían aplicar sobre esos 40 años de pena máxima, sino sobre cada uno de los delitos cometidos. De este modo se lograba que cumpliera la pena máxima en España. Esta decisión creó jurisprudencia y se ha venido aplicando desde entonces tanto a casos de terrorismo como a otros especialmente graves de asesinato y violación. El Tribunal Constitucional avaló la doctrina Parot en 28 de los 31 recursos presentados por los presos de ETA hasta el 29 de marzo de 2012. Sin embargo, en 2008 el Tribunal Constitucional estableció la teoría del doble cómputo penal, por la cual el tiempo de prisión preventiva debe descontársele de la pena total, lo que entra en conflicto con la doctrina Parot. Ahora solo falta que se pronuncie el Tribunal Europeo de Derechos Humanos, cuyo fallo versará sobre el caso de la etarra Inés del Río Prada, detenida en 1987 y condenada a más de 3.000 años de cárcel. Su salida de prisión estaba prevista por las autoridades penitenciarias para 2008, y la aplicación de la doctrina Parot alargó su estancia en la cárcel hasta 2017.

La posibilidad de que la doctrina Parot termine derogada ha hecho que las víctimas se unan y luchen con todas sus fuerzas por conseguir que se mantenga la jurisprudencia del Tribunal Supremo, lo que generó una movilización sin precedentes en las redes sociales. Prueba de ello fue el hecho de que en poco más de cuarenta y ocho horas la campaña lanzada por la AVT en la plataforma change.org bajo el nombre «#DoctrinaParotSí» alcanzó las diez mil firmas de ciudadanos que pedían justicia junto a las víctimas del terrorismo. Aquello se hizo días antes de que el Tribunal Europeo de Derechos Humanos reexaminara la sentencia dictada contra España por aplicar la doctrina Parot a la etarra Del Río Prada, en una única audiencia en la que los jueces de la Gran Sala escucharon a las partes. La libertad de 54 etarras, 7 miembros de los GRAPO y 14 delincuentes más depende de este fallo, que mantiene en vilo a víctimas del terrorismo y gobierno, pues creen que su derogación causaría gran alarma social. El gobierno español había solicitado la revisión del caso después de que el 10 de julio de 2012 la Sala Tercera de la Corte europea condenara por unanimidad al país y declarara irregular la aplicación de esa doctrina.

La citada sentencia, que incluyó una indemnización de 30.000 euros por daños morales a Del Río, solo hacía referencia a esa presa de ETA, pero meses después una treintena de presos etarras afectados por esa práctica demandaron a España ante la corte europea. Un total de diecisiete jueces formará parte de la Gran Sala que escuchará de nuevo a las partes y revisará el caso a petición de España. Allí estuvieron los jueces de Luxemburgo (que ocupa la presidencia del Tribunal), Italia (vicepresidencia), Letonia, Liechtenstein y Mónaco (presidencia de sala), así como los de Austria, Chipre, Albania, Irlanda, Turquía, Bélgica, Reino Unido, República Checa, Países Bajos, Moldavia y Bosnia-Herzegovina. El juez elegido a título de España, Luis López Guerra, fue el único de la Sala Tercera que estuvo también en la Gran Sala, por ser el magistrado del país demandado.

Aquel 20 de marzo de 2013, día en el que se celebró la vista oral en Estrasburgo, supuso una importante experiencia para Ángeles Pedraza, sobre todo tras las palabras que le dirigió el presidente de la Gran Sala: «Señora, nosotros derogamos la doctrina Parot porque pensábamos que era el fallo que quería España». Al parecer, según relata la presidenta de la AVT, fue López Guerra quien convenció a sus colegas europeos para que acabasen con la jurisprudencia del Supremo «porque España lleva cincuenta años en guerra y quiere vivir en paz». Pedraza solo tiene críticas para la actitud de López Guerra, exsecretario de Estado de Justicia en la primera legislatura del gobierno de José Luis Rodríguez Zapatero: «¿Y ese señor sigue de magistrado en Estrasburgo? ¿Por qué el Partido Popular no lo quita? La foto de la sala de Estrasburgo fue para que hubiera salido en la prensa española durante una semana entera: dieciséis magistrados y el único juez español apoyando la derogación de la doctrina Parot».

Pedraza cuenta muchas anécdotas de aquel viaje a Estrasburgo. «Llegamos a la sala con los abogados del Estado, que tuvieron una actitud impecable, y vimos a los letrados de la etarra Inés del Río. Detrás de ella, en primera fila, todos los diputados y senadores de Amaiur, Sortu, Bildu, en su condición de parlamentarios españoles. Y en la cuarta fila solo las tres víctimas que viajamos desde España. Cuando acabó la vista, los periodistas franceses e ingleses se nos acercaron con la idea fija de que nosotros también queríamos la derogación de la doctrina Parot. Les dijimos que no, pero al día siguiente el titular en todos los periódicos extranjeros fue: "Los políticos españoles apoyan a la etarra Inés del Río"».

¿Por qué no se detiene a Josu Ternera?

Palacio de La Moncloa. Avenida de Puerta de Hierro, sin número, en Madrid. Viernes 23 de marzo de 2012. Durante la mañana.

En la sede de la Vicepresidencia del Gobierno se recibió la siguiente carta para Soraya Sáenz de Santamaría: «Excma. Sra.: Mi nombre es Rosa Mª Alcaraz Martos. Soy victima del terrorismo y espero que tras leer mi carta comprenda por qué me dirijo a usted. El próximo 11 de diciembre se cumplirá el 25 aniversario del atentado contra la casa-cuartel de Zaragoza, en el que ETA asesinó a 11 personas, de las cuales 6 eran niños, entre ellos mis dos hijas gemelas, Miriam y Esther, de tan solo 3 añitos de edad, y mi hermano Ángel, de 17 años. Soy consciente de que en aquellos años usted era poco menor que mi hermano Ángel, por ello le quiero resumir el infierno que ETA nos hizo vivir aquella madrugada. Mi marido es Guardia Civil y residíamos en aquel pequeño piso, puesto que el sueldo de Guardia Civil era tan bajo que no daba para pagar un alquiler y además mantener los gastos que suponían dos bebés. Por mi parte, en los ratos que me dejaban mis pequeñas, cosía bolsas de deporte para ayudar a la economía familiar. Aquel año residía con nosotros mi hermano pequeño, Ángel, que cursaba sus estudios de estilismo en la capital zaragozana. Dada la proximidad de las fiestas navideñas, ya lo teníamos todo planeado para pasar unas Navidades inolvidables junto a toda nuestra familia en Jaén. Pero llegó aquella maldita madrugada en la que ETA decidió poner fin a la vida de muchos inocentes y, por ende, a nuestra felicidad. Eran las seis de la mañana cuando los terroristas Henri y Jean Parot, y Jaques Esnal, buscando el mayor número de muertos, preferentemente féretros blancos —así lo pedía el terrorista Francisco Múgica Garmendia, alias Pakito— colocaron junto a nuestra vivienda un coche-bomba cargado con 250 kilos de explosivos, los cuales al estallar hicieron que el bloque de viviendas de cuatro plantas se derrumbara como una baraja de naipes, sepultándonos a todos los que allí residíamos. No soy capaz de expresar lo que pasó por mi mente en las horas en las que estuvimos mi marido y yo sepultados bajo los escombros, sin saber lo que había sucedido, sin saber cómo estaban mis hijas y mi hermano. Lo que sí creo que comprenderá a la perfección, ya que usted es madre, es lo que sentí cuando en el hospital mi marido me comunicó que mis pequeñas y mi hermano habían sido asesinados. Desde aquel día, hace ya casi 25 años, la única visita que ETA me permitió hacerles a mis hijas y a mi hermano ha sido al cementerio de Torredonjimeno, donde descansan tres niños inocentes, víctimas de una banda de asesinos que no merecen más generosidad que nuestro desprecio. El autor intelectual de aquel atentado, es decir, el que ordenó matar a tantos inocentes, fue José Antonio Urrutikoetxea Bengoetxea, alias Josu Ternera, al cual paradójicamente, durante demasiado tiempo, hemos tenido que ver en la Comisión de Derechos Humanos del Parlamento Vasco, mientras mi marido seguía jugándose la vida desactivando los explosivos que sus compañeros de ETA colocaban para seguir asesinando. Este criminal prófugo de la justicia, desde el momento en que fue citado en la Audiencia Nacional por ordenar la matanza de Zaragoza, que pronto hará diez años, sigue sin responder por sus crímenes. En estos últimos años nuestros abogados han intentado, sin éxito alguno, que la Fiscalía de la Audiencia Nacional tomase cartas en el asunto, dado que son muchas las informaciones publicadas que lo dan por localizado e incluso han sido publicadas hasta sus fotografías. Señora Vicepresidenta, me dirijo a usted por ser la máxima responsable del CNI y estar en sus manos que estos cuerpos de acreditada profesionalidad pongan a disposición de la Audiencia Nacional la información del paradero de Josu Ternera, ya que jamás se han desmentido las informaciones que revelan que este individuo está controlado por el CNI, así como las reuniones mantenidas entre varios dirigentes políticos y este asesino. No apelo a usted solo en su condición de representante público para hacer llegar mi súplica. Sé que hace poco tiempo usted ha sido madre; es por ello que apelo también a esta condición para que nos ayude a que se haga justicia por el asesinato de mis hijas y de mi hermano. Solo le ruego que por un momento se ponga en mi lugar y que cuando acueste a su bebé se acuerde de las caritas de mis niñas. Piense cómo se sentiría si le sucediera lo que me ocurrió a mí y obre con justicia. Atentamente».

Aquel viernes 23 de marzo de 2012 la portavoz del Gobierno, Soraya Sáenz de Santamaría, garantizó que los servicios de inteligencia entregarían a la justicia toda la información disponible sobre el etarra Josu Ternera si así se lo reclamaban. En la rueda de prensa posterior al Consejo de Ministros, Sáenz de Santamaría aseguró que todas las administraciones colaboran con la administración de Justicia y así lo hará también si la Audiencia Nacional pide al CNI datos sobre Ternera, en busca y captura desde 2002.

En toda la macabra historia de ETA no ha existido una situación tan extraña, tan injusta y tan vergonzante para las víctimas del terrorismo como la protagonizada por José Antonio Urrutikoetxea Bengoetxea, alias Josu Ternera. Se trata de un personaje singular que ha dejado tras de sí multitud de preguntas sin responder: ¿Cómo es posible que haya pasado once años en la cárcel —solo dos años en España— siendo uno de los cabecillas que mayor influencia y durante más tiempo ha ejercido sobre la organización mafiosa? ¿Por qué la justicia española no ha podido demostrar que ordenó la materialización de ningún atentado concreto? ¿Por qué razón ha sido protagonista en todos los procesos negociadores llevados a cabo por el gobierno español con la banda criminal? ¿Cómo es posible que tuviera protección policial durante el mal llamado proceso de paz que abrió Zapatero? ¿Cómo es posible que durante más de una década se encuentre huido de la acción de la justicia sin ser detenido, pese a que el CNI, según numerosas informaciones periodísticas, le ha tenido controlado en todo momento? ¿Por qué terminó siendo miembro de la Comisión de Derechos Humanos del Parlamento vasco un hombre que durante la mayor parte de su vida renegó de las vías políticas y pacíficas? ¿Quién lanzó el bulo de que lleva desde el año 2008 con un cáncer en fase terminal, según dieron por hecho la mayor parte de los periódicos? Muchas preguntas y casi ninguna respuesta.

La macabra historia de Urrutikoetxea corre paralela a la de ETA. No en vano lleva cuarenta y cinco años dentro de la banda. Ingresó en el momento mismo en que la mafia etarra comenzó su triste camino del crimen y llega hasta el día de hoy, siempre con un papel relevante en el puente de mando de la banda. El inicio de las andanzas de Urrutikoetxea en el seno de ETA es tan peculiar como el personaje. Según relata Florencio Domínguez —el periodista que más y mejor conoce a la mafia etarra y su mundo criminal—, la primera actuación de Ternera consistió en realizar unas pintadas en las tapias de los cementerios de Llodio y sus alrededores en la víspera de la festividad de Todos los Santos. Tal vez, al margen de lo anecdótico, haya una carga simbólica en ese activismo que se inicia en las puertas de los cementerios y termina llenándolos. Era el año 1968, un año significativo donde los haya para la organización, el año en el que cometió el primer asesinato intencionado. Fue cuando Ternera entró en ETA, al mismo tiempo que otro asesino en serie que alcanzaría un puesto de dirección muy destacado con los años y de quien era amigo de la adolescencia, José Miguel Beñarán, alias Argala. Ambos, durante unos años, tuvieron una trayectoria paralela. Con funciones diferentes, parecían almas gemelas. Argala se encuadró en lo que entonces se llamaba el «frente cultural», mientras que Ternera lo hizo directamente en el militar. Los dos tuvieron en común haber sido a principios de la década de 1970 estrechos colaboradores de otro dirigente relevante, Eustaquio Mendizábal, Txikia, muerto en 1973. Argala, tras participar en algunos atentados personalmente, como fue el caso del asesinato del almirante Carrero Blanco, se convirtió en el jefe del aparato político hasta su asesinato en 1978. Josu Ternera terminó ocupando el puesto de su amigo muerto en el aparato político etarra.

Siguiendo la trayectoria de Urritikoetxea nos encontramos en el centro de los principales episodios protagonizados por ETA durante todo este tiempo: las crisis, rupturas y reorganizaciones de los años setenta, la ofensiva terrorista de los ochenta, los intentos negociadores siempre fracasados de los ochenta, noventa y dos mil, los contactos internacionales... Tenía ya un papel importante cuando se produjo la ruptura entre las ramas político-militar y militar de ETA. Formó parte del grupo dirigente etarra que lanzó la gran ofensiva terrorista contra la democracia desde el momento mismo de la Transición, del grupo que rechazó la Constitución y el Estatuto de Autonomía del País Vasco y extendió la violencia a toda España de forma sistemática en la década de los ochenta del siglo pasado. Sin embargo, la justicia española no pudo demostrar que Josu Ternera ordenara la realización de ningún atentado concreto.

La policía española le consideró desde 1987 número uno de ETA, compartiendo el mando con Francisco Múgica Garmendia, Pakito, y Javier Zabaleta, Waldo. Durante esos dos años la banda asesina segó la vida a 71 personas, entre ellas las 21 de Hipercor y las 11 del cuartel de la Guardia Civil de Zaragoza, dos de los más viles atentados de los mafiosos etarras. La propia sentencia que le condenó en Francia consideró probado que era el hombre fuerte de ETA. En 1989 fue detenido y condenado en el país vecino, hasta que siete años después fue entregado a España. La detención se produjo el 11 de enero de 1989, en Bayona, junto a Elena Beloki y varios colaboradores franceses, dos horas después de que se hubiera entrevistado con el abogado y entonces dirigente de Herri Batasuna Txema Montero.

Algunas versiones aseguraron que la policía siguió al entonces defensor de etarras para dar con el paradero del dirigente. El abogado, partidario de la negociación con el gobierno, justificó su visita asegurando que discutía con Josu Ternera la necesidad de propiciar una tregua, lo que prueba también su condición de dirigente etarra. En poder del cabecilla se encontró entonces un recibo de 72 millones de pesetas a favor de Montero. Sobre la detención de Josu Ternera, la revista *Tiempo* publicó que fueron el dirigente de HB Iñaki Esnaola y la abogada Christianne Fandó quienes entregaron al dirigente etarra. La acusación se basaba en un vídeo de una reunión en Burdeos entre Esnaola y Fandó con el entonces exsecretario de Estado para la Seguridad, Rafael Vera, y el comisario Manuel Ballesteros en la que se hablaba de la posible detención del dirigente etarra. Tanto Esnaola como Fandó desmintieron esa versión, alegando que el vídeo fue manipulado.

A José Antonio Urrutikoetxea se le consideraba un marxista-leninista ortodoxo. Siempre defendió que la izquierda abertzale no debía reconocer las instituciones, tenía que pertenecer al margen de la actividad política y no estar presente en el Parlamento vasco. Según Florencio Domínguez, la singularidad de Josu Ternera es que se trata de un superviviente, de un personaje que ha conseguido eludir la cárcel durante mucho tiempo, que cuando estuvo en prisión siguió siendo un referente para ETA y que una vez en libertad, tras un periodo relativamente breve, se reincorporó de nuevo a la dirección de la banda criminal en la clandestinidad. «Es un fugitivo superviviente y esa doble condición, la de fugitivo y la de superviviente, son los mimbres básicos con los que se tejen los mitos asesinos en el seno de la mafia etarra», señala Domínguez.

Josu Ternera siempre figuró a la cabeza de la lista de interlocutores que ETA designaba para cualquier proceso de diálogo con el gobierno pero, como dice Florencio Domínguez, ha sido un especialista en perder oportunidades de negociación. Lo hizo en 1984, cuando el gobierno francés pactó con el gobierno español abrir un proceso de diálogo con ETA y fue el embajador de Francia en Paris, Pierre Guidoni, quien a través de los dirigentes de HB les hizo llegar el mensaje a la dirección de ETA. Les advirtió que los dos países iban a cooperar en la lucha contra el terrorismo pero que querían dar una oportunidad previa al diálogo y que si era rechazada Francia se implicaría y colaboraría con España, lo que hasta ese momento no había hecho. Ternera, que en aquel momento era el máximo responsable del aparato político de ETA, rechazó la oferta. Guidoni les había dado una cita en el mes de septiembre en Burdeos para que fuera una representación de ETA, y no acudió nadie. No solo no acudió, sino que en lugar de eso la banda sacó un comunicado con un tono bastante poco respetuoso con Francia, instando al gobierno galo a ir a negociar con los comités de refugiados la concesión de estatus político a los miembros de ETA en Francia. Ante el desaire, París reaccionó y al día siguiente de aquella cita que no se celebró, acordó las primeras tres extradiciones de miembros de ETA.

Ese episodio es lo único que tenemos que agradecer a Josu Ternera, que consiguió que los franceses colaboraran al fin con España. Volvió otra vez a perder una oportunidad de negociación en 1988. La banda terrorista, ya con Ternera como dirigente principal —porque Eugenio Etxebeste estaba deportado en Argelia y Txomin Iturbe había muerto en ese país al caerse de un tejado— decidió, cuando todo parecía estar listo para la negociación, llevar a cabo el secuestro de Emiliano Revilla. Entonces se dijo que se trataba de conseguir una provisión de fondos que él pudiese controlar personalmente, pero lo que provocó fue que las conversaciones de Argel se retrasaran durante un año. Y ese retraso, en el terreno personal, fue nefasto para él, porque justo cuando iban a reanudarse, ya en enero de 1989, fue detenido y encarcelado. Su segunda oportunidad perdida. Después de esos episodios, cada vez que ha habido un intento de reanudar el diálogo entre los gobiernos españoles y ETA, la banda terrorista ha reclamado la presencia de Urrutikoetxea entre la delegación que le debía representar. En 1990, apenas un año después de que fuera detenido por la policía francesa, dijo alto y claro ante un tribunal de París: «He sido, soy y seré militante de ETA, y estoy orgulloso de ello».

Tras pasar apenas once años en la cárcel, el antiguo jefe de asesinos en serie salió en libertad el 14 de enero de 2000 y se incorporó inmediatamente al Parlamento vasco, donde había obtenido acta de diputado por Euskal Herritarrok, la marca electoral de Herri Batasuna durante la tregua de aquellos años. Solo dos semanas después, y ante el estupor general, el veterano terrorista participó en la Comisión de Derechos Humanos de la Cámara autonómica. Cuenta Florencio Domínguez la anécdota de una de sus intervenciones —hubo pocas, casi ninguna— en el Parlamento vasco, cuando presentó una pregunta al consejero de Industria, entonces Josu Jon Imaz —el que luego fue líder del PNV— acerca de la emisión de gases contaminantes que podía provocar la instalación de una central eléctrica en Amorebieta. Aquel día Ternera debió de pillar a Imaz con el pie cambiado, porque dio una respuesta en tono irónico diciendo que la quema de un coche en un acto de *kale borroka* provoca la emisión de un índice mayor de gases a la atmósfera. Cuando terminó la sesión parlamentaria, el terrorista metido a parlamentario autonómico se acercó al consejero del gobierno del País Vasco en el pasillo para decirle: «¡Joder, para una vez que intentamos hacer política convencional, cómo sales!».

El 6 de noviembre de 2002 el exjefe de ETA tenía que haber acudido al Tribunal Supremo para declarar sobre su presunta participación en el atentado contra la casa-cuartel de Zaragoza. En vez de ir al Supremo, Ternera publicó una carta en el diario proetarra *Gara,* donde anunciaba su intención de no acudir y calificaba el proceso de farsa. El magistrado José Ramón Soriano optó, no obstante, por darle otra oportunidad y, en vez de ordenar su detención, le concedió una semana más de plazo y lo citó para el día 13. Al no presentarse por segunda vez, el juez todavía tardó otras treinta horas en dictar una orden internacional de busca y captura. La sensación de ridículo fue grande. El gobierno del PP, que pretendía dar un escarmiento a Ternera, se quejó de que el magistrado del Supremo no actuara con la diligencia debida. Los servicios antiterroristas consideraron, por su parte, que el ejecutivo de Aznar debió haberles advertido del proceso contra Ternera para así haberlo podido someter a una discreta vigilancia.

También hicieron el ridículo durante ocho años los distintos gobiernos de José Luis Rodríguez Zapatero por no llevar a cabo la captura del cabecilla mafioso. Dados los precedentes, la pregunta que hay que hacerse sería: ¿no le detuvieron porque no pudieron o no quisieron detenerle? Florencio Domínguez tiende a la segunda opción al afirmar que la fe de Zapatero en el proceso de paz se asentó en que el interlocutor de ETA era Josu Ternera. Relataba Rosa Díez en una entrada en su blog del año 2008 las diferencias y similitudes entre los distintos procesos de diálogo que ha habido en España desde la Transición. «Ni González ni Aznar negociaron políticamente con ETA. Ni González ni Aznar convirtieron a ETA en su interlocutor político. Ni González ni Aznar estuvieron dispuestos a entrar en el debate de final dialogado que presidió toda la negociación de Zapatero con Ternera. González ordenó concluir las conversaciones de Argel en cuanto ETA pidió una mesa de partidos, mientras que Zapatero mantuvo las negociaciones sobre la mesa de partidos, sobre su composición y su operatividad, en Loyola; e incluso invitó al PNV a las reuniones para ver si así era posible la constitución de la citada mesa política con la banda sentada alrededor de ella en igualdad de condiciones con los partidos democráticos. González se negó a reconocer políticamente a los terroristas con los que negociaban en Argel: de un lado, el gobierno; en el otro, los terroristas. Zapatero llevó la negociación al Parlamento Europeo y sentó a los etarras en la tribuna de invitados. Los enviados de González se reunieron con ETA con luz y taquígrafos. Zapatero negó hasta la saciedad los contactos. Incluso mintió al afirmar que se habían cancelado tras los atentados de Barajas y volvió a mentir cuando reconoció que siguió negociando: le echó la culpa a Tony Blair. Más aún, ni siquiera cumplió la resolución del Congreso de los Diputados que establecía las condiciones en las que se podía iniciar el diálogo con la banda. Pervirtió el proceso que él mismo había diseñado; pervirtió el lenguaje y pervirtió la política. Por su parte, los enviados de Aznar se reunieron una sola vez con los de la banda. Cuando estos empezaron a hacer peticiones políticas, se levantó la reunión y nunca más volvieron a sentarse. Los enviados de Zapatero, que se reunieron varias veces antes con la banda para pactar la tregua, se sentaron un número desconocido de veces con los terroristas. Incluso supimos que el negociador terrorista, Josu Ternera, llevaba protección policial durante todo el proceso. El sanguinario Ternera, el mismo que hoy está en la lista de terroristas más buscados en Europa, protegido por la policía mientras se reunía con Eguiguren; servicios policiales europeos que incluso le acompañaban a hacer *footing* antes de las reuniones de negociación con el presidente del PSE y enviado de Rodríguez Zapatero. A él, al malo, le protegía la democracia española, para que nada le ocurriera mientras negociaba nuestra libertad. Y ahora está en busca y captura. ¡Qué vergüenza! Y Zapatero quiere que comparemos su cesión democrática ante ETA con las dos ocasiones anteriores en las que los gobiernos democráticos españoles tomaron la temperatura a la banda. Él quiere que pensemos que hizo lo mismo que sus predecesores. Zapatero ha sido el único presidente democrático que ha cedido a ETA todo lo que tenía en sus manos, al reconocer a la banda como interlocutor político. Lo de menos es que no llegaran a un acuerdo. El gobierno de España le dio a la banda lo que esta lleva buscando desde que empezó a asesinar: le ha dado carácter de interlocutor, ha hablado de política con ellos, ha hablado de reformas institucionales, de mesas paralelas al Parlamento... Le ha dado todo lo que está en su mano; lo que no le ha dado (la integración de Navarra en Euskadi, la independencia, un nuevo modelo institucional...) es porque no lo tiene, porque es nuestro, porque lo tendríamos que votar entre todos». Demoledores argumentos de la líder de Unión Progreso y Democracia.

Algo se ha avanzado —poco— con el gobierno de Mariano Rajoy. Aunque el cabecilla etarra sigue sin ser detenido, al menos ha entrado en la lista de la Policía con los terroristas más buscados, junto a Ignacio de Juana Chaos, otro de los huidos de la justicia. De Juana Chaos, miembro del Comando Madrid de ETA en los años ochenta del pasado siglo y autor de una veintena de asesinatos, salió de prisión en 2008 tras una larga huelga de hambre, por la que tuvo que ser ingresado en el hospital. Tras quedar en libertad, pasó a Irlanda y se encuentra en paradero desconocido desde marzo de 2010, reclamado por el juez de la Audiencia Nacional Eloy Velasco por un presunto delito de enaltecimiento del terrorismo.

«Mi opinión sobre De Juana es que había un pacto para que Zapatero le dejara huir, por eso esa comedia que montaron con la huelga de hambre. Lo que quería el gobierno de Zapatero es abrirle la puerta para que se fuera, porque De Juana es peligroso, sabe mucho y podría haber hablado sobre políticos. Incluso creo que hubo un pacto entre el ejecutivo socialista y Venezuela para que le acogieran cuando se fugó de Irlanda y le atendieran bien. Ternera también sabe demasiado, porque fue el padre de las negociaciones con el gobierno por parte de ETA. No lo pueden detener, por si acaso habla. Todo el mundo sabe dónde está», me cuenta Ángeles Pedraza.

Precisamente, mucho se ha especulado en los medios de comunicación sobre el paradero y el estado de salud de Josu Ternera en esta década larga de fuga. La prensa se hizo eco en 2008 de que el cabecilla etarra padecía un cáncer en fase terminal. Como Bolinaga en la actualidad. «Fuentes de la lucha antiterrorista han confirmado que los médicos no le dan más que un año de vida. Ternera ha estado recibiendo tratamiento en una clínica privada en el triángulo que forman las fronteras francesa, alemana y suiza. En todo momento ha estado acompañado por su hijo Egoitz, que a día de hoy también está apartado de la dirección etarra. De momento, la mejor opción es no detenerle. Tenerle controlado los meses que le quedan es mejor que arrestarlo y traerlo a España. Por su estado de salud seguramente habría que hospitalizarlo y se convertiría en otro caso De Juana, lo que a ETA le vendría muy bien», decían los medios en 2008.

El periodista Antonio Rubio firmó una información publicada en *El Mundo* en abril de 2010 en la que se sostenía que los servicios de inteligencia españoles conocían el paradero y los movimientos del dirigente de ETA, a pesar de lo cual Ternera seguía libre. Según el experto en materia de investigación de *El Mundo*, Urrutikoetxea residió en un pueblo de los alrededores de Milán, en el norte de Italia, hasta un mes antes de publicar la información. «Usaría pasaporte portugués, claro está, con identidad falsa». Además, decía el periódico de Pedro J. Ramírez, «Ternera está enfermo de tromboflebitis, y por ello tiene que tratarse en una clínica de Düsseldorf, en el noroeste de Alemania. Se cree también que sufre cáncer desde hace varios años, por lo que se llegó a decir que apenas le quedaba un año de vida», lo que se demostró falso.

En abril de 2011 *El Confidencia Digital* publicó que el Ministerio del Interior, que entonces dirigía Rubalcaba, no tenía ninguna información sobre su paradero desde diciembre de 2006. «No está en Francia, ni en ninguno de los lugares habituales de refugio de ETA», aseguraron fuentes del departamento ministerial, que subrayaron que los agentes de la Guardia Civil y de la Policía Nacional tenían orden de detener de manera inmediata a Ternera en caso de detectarlo. «Desde que ETA lo expulsara hace ya más de cuatro años, el exdirigente no ha aparecido en ningún documento o información incautada a la banda terrorista. No protagoniza ninguna actividad. Las fuentes consultadas por *El Confidencial Digital* aseguraron que si estuviera trabajando para ETA se le podría haber detectado. En Interior no se ve con malos ojos la posible reincorporación de Josu Ternera a la primera línea. Se trata de un dirigente que históricamente ha apostado por las vías políticas y, en el momento actual, podría contribuir al avance del proceso de paz. En el ala dura de la banda terrorista se le considera un traidor. Algunos etarras le han acusado de facilitar a la Guardia Civil información de vital importancia para ETA. La decisión salomónica de expulsarlo se debió a estas sospechas», subrayó la web que dirige José Apezarena. En abril de 2012, la revista *Época* volvía a la carga al asegurar que Ternera se encontraba en Italia. El presidente de Voces contra el Terrorismo, Francisco José Alcaraz, se apresuró a ir a la Audiencia Nacional con la información. Pocas semanas después el juez Ismael Moreno dictó un auto en el que considera improcedente que el director del CNI, Félix Sanz Roldán, informase sobre el lugar donde se encontraba el terrorista.

El 5 de marzo de 2013 la Cadena Ser difundió en exclusiva, citando fuentes de la lucha antiterrorista, que las autoridades de Noruega habían expulsado de su territorio a los tres dirigentes de ETA que desde hacía meses se encontraban en el país. «La razón sería el fracaso del diálogo desarrollado durante estos meses en el país nórdico para intentar un desarme de la organización armada». La emisora de Prisa habló de tres expulsados: José Antonio Urrutikoetxea, Josu Ternera, David Pla e Iratxe Sorzábal. «El gobierno de Oslo habría garantizado a los dirigentes de la banda un retorno a Francia con todas las garantías, según las mismas fuentes. El secretario de Estado, Francisco Martínez, no ha desmentido la información, aunque no ha querido profundizar. El número dos del Ministerio del Interior se ha limitado a reiterar que "los terroristas de ETA y su cúpula serán perseguidos, detenidos y puestos a disposición de la justicia allá donde se encuentren". [...] Noruega había acogido a los tres presuntos dirigentes de ETA para que pudieran mantener contactos en un lugar seguro, en este caso con el Comité Internacional de Verificación de Ram Manikkalingam. El fracaso de las conversaciones mantenidas el pasado mes de enero ha provocado la decisión de las autoridades de Oslo de poner fin a la presencia de los tres etarras en territorio noruego. Ternera, Pla y Sorzábal se encuentran fuera del país nórdico desde el pasado 12 de febrero y podrían haber regresado a Francia».

La presidenta de la AVT tiene su propia información sobre las supuestas negociaciones en la capital de Noruega. «El gobierno tenía pensado ir a Oslo y si no lo hizo fue porque hubiera tenido a todas las víctimas en contra. Desde la puesta en libertad de Bolinaga y la campaña que montamos desde la AVT, el ejecutivo de Rajoy se anda con pies de plomo. Es consciente de que el PP puede perder muchos votos. También sabe que si hubieran ido a Oslo cabía la posibilidad de que se hubieran adelantado las elecciones», concluye Ángeles Pedraza en clara muestra del poder de las víctimas sobre el electorado del Partido Popular. A renglón seguido, la presidenta de la asociación de víctimas matiza: «Estoy convencida de que este gobierno no ha negociado con ETA. Pondría la mano en el fuego por ello. Pero de nada me sirve esa afirmación si el gobierno actual tiene que *rematar* los pactos a los que llegó Rodríguez Zapatero».

El 7 de mayo de 2013, la agencia de noticias Europa Press se hizo eco de que la Guardia Civil situaba a Josu Ternera en un papel destacado en la cúpula del aparato político de ETA junto a Iratxe Sorzábal y David Pla. Fuentes de la lucha antiterrorista confirmaron a Europa Press que el histórico Urrutikoetxea viene desempeñando un papel protagonista en la organización desde que la banda se propuso sentar al gobierno en una negociación para abordar lo que ellos denominan las consecuencias del conflicto, es decir, la cuestión de los presos, el desarme y la salida de las fuerzas de seguridad y el ejército del País Vasco y Navarra. «Por esa razón —sostuvo la agencia de noticias— la presencia de Josu Ternera se detectó en varias ocasiones en Oslo (Noruega) donde también estuvieron en distintas fases Pla y Sorzábal esperando una contestación del gobierno a su oferta de diálogo que nunca se produjo. Por este motivo y ante los escasos avances producidos, las autoridades nórdicas decidieron expulsar a los dirigentes etarras de su territorio el pasado mes de febrero».

El Confidencial Digital fue más allá días después y dio a conocer la estructura orgánica que ETA tenía en mayo de 2013. Se trataba de un cuadro que ha elaborado la Jefatura de Información de la Guardia Civil con toda la información de la que dispone. Así, el aparato político está compuesto por Iratxe Sorzábal, David Pla y Josu Ternera. Por debajo de este triunvirato se situaba el aparato logístico-operativo, es decir, el encargado de organizar y coordinar todos los movimientos de la banda en Francia. Este departamento estaba dirigido por Izaskun Lesaka, detenida el pasado mes de octubre. Su lugar lo ocupan ahora dos terroristas que la Guardia Civil tiene identificados y que por motivos operativos prefiere no hacer pública su identidad. Del aparato logístico-operativo dependerían tres subdepartamentos estancos: el de falsificación, el llamado robacoches y el de zulos.

Las nuevas informaciones sobre Josu Ternera provocaron la indignación de la familia Alcaraz, víctima del atentado contra la casa-cuartel de Zaragoza que perpetró Ternera. El presidente de Voces contra el Terrorismo y su hermana (la autora de la carta dirigida a Soraya Sáenz de Santamaría) apuntaron a Rajoy al señalar que «está permitiendo la impunidad del cabecilla etarra, al igual que hizo Zapatero». Francisco José Alcaraz destacó que «el Ministerio de Interior no quiere detener al asesino por las posibles represalias de la banda terrorista que dinamitarían el proceso de negociación». El presidente de Voces contra el Terrorismo se preguntó si Sáenz de Santamaría o el mismo Rajoy permitirían que Josu Ternera siguiese en libertad si hubiesen perdido a sus hijos en el fatídico atentado del acuartelamiento de Zaragoza, al tiempo que reiteró su petición a la Fiscalía General del Estado y al gobierno de España para que actuasen de inmediato y solicitaran a las autoridades suizas toda la ayuda necesaria para detener a Josu Ternera. «Este asesino no puede seguir ni un día más en libertad —concluye Alcaraz—, porque si no es así, quedará claro que la justicia no es igual para todos».

Un total de 309 etarras huidos figuran en la lista que, desde 2010, y bajo la supervisión del Centro Nacional de Coordinación Antiterrorista (CNCA), realizan Guardia Civil, Cuerpo Nacional de Policía y Centro Nacional de Inteligencia, con la colaboración de las autoridades francesas.

Capítulo VII

INDULTOS DEL GOBIERNO: MONTESQUIEU HA MUERTO

El poder de la banca

«Real Decreto 1761/2011, de 25 de noviembre, por el que se indulta a don Alfredo Sáenz Abad. Visto el expediente de indulto de don Alfredo Sáenz Abad, condenado por la Sala Segunda de lo Penal del Tribunal Supremo, en sentencia de 24 de febrero de 2011, resolutoria del recurso de casación interpuesto contra otra de la Audiencia Provincial de Barcelona, sección Tercera, como autor de un delito de acusación falsa, con la concurrencia de la atenuante analógica por dilaciones indebidas, a la pena de tres meses de arresto mayor, con la accesoria de suspensión de profesiones u oficios relacionados con el desempeño de cargos de dirección, públicos o privados, vinculados con entidades bancarias, crediticias o financieras y multa de 400 euros, por hechos cometidos en el año 1994 en el que se han considerado los informes del tribunal sentenciador y del Ministerio Fiscal, a propuesta del ministro de Justicia y previa deliberación del Consejo de Ministros en su reunión del día 25 de noviembre de 2011,vengo en conmutar a don Alfredo Sáenz Abad la pena de arresto mayor y la accesoria de suspensión de profesiones u oficios relacionados con el desempeño de cargos de dirección, públicos o privados, vinculados con entidades bancarias, crediticias o financieras impuestas por la de multa en la cuantía máxima prevista en el artículo 74 del Código Penal de 1973, en la redacción dada al mismo por la Ley Orgánica 3/1989, dejando subsistente la otra pena de multa y quedando sin efecto cualesquiera otras consecuencias jurídicas o efectos derivados de la sentencia, incluido cualquier impedimento para ejercer la actividad bancaria, a condición de que no vuelva a cometer delito doloso en el plazo de cuatro años desde la publicación del presente real decreto. Dado en Madrid, el 25 de noviembre de 2011».

Palacio de La Moncloa. Avenida de Puerta de Hierro, sin número, en Madrid. Viernes 25 de noviembre de 2011. Dos de la tarde.

El entonces ministro de Fomento y portavoz del Gobierno, José Blanco, entró en la sala de ruedas de prensa del complejo. Los periodistas, como es habitual, le estaban esperando sentados ya en sus butacas. No era demasiada la expectación, pese a que cinco días antes —el domingo 20 de noviembre de 2011— los socialistas habían perdido de manera rotunda las elecciones generales, cosechando el peor resultado desde la Transición democrática. Don José Blanco, al que todos en política conocen como «Pepiño», avanzó por el pasillo rodeado de reporteros gráficos y tomó asiento en la mesa presidencial de la sala. Vestía un impecable traje gris, camisa blanca y corbata roja con rayas azules y blancas. Aunque intentaba disimular, su cara era de consternación. No en vano el varapalo para los socialistas en los comicios legislativos había sido grande. En lo personal, el entonces vicesecretario general del PSOE se encontraba en la peor etapa de su vida política: implicado de lleno en el caso Campeón, la víspera había anunciado su retirada de la primera línea. Eso sí, sin renunciar al escaño por el que fue elegido al Congreso como número uno de la lista de su partido por Lugo. Temía —y no estaba equivocado— que los periodistas le volvieran a preguntar por el escándalo de corrupción política en el que está imputado.

—Buenos días. Vamos a dar comienzo, si les parece, a la rueda de prensa posterior a la reunión del Consejo de Ministros en funciones; ahora, sí. Hoy hemos celebrado el primer Consejo de Ministros del gobierno en funciones, cuyas competencias, como saben ustedes, están fijadas por el artículo 101 de la Constitución y el artículo 21 de la Ley del Gobierno. Dichas normas consagran lo que señala el sentido común: el gobierno está en funciones, pero no la administración, que en su servicio al interés general nunca cesa. Y tiene también que facilitar el traspaso de poderes al nuevo gobierno. Esa es nuestra responsabilidad y eso es lo que estamos haciendo. A su vez, el Partido Popular, que es quien sustentará al nuevo gobierno, también ejerce el rol que le corresponde: trabajar para que el nuevo gobierno, una vez constituido, esté en condiciones de tomar decisiones desde el primer minuto. Para ello es imprescindible la colaboración que están demostrando las dos partes. El traspaso se está realizando con normalidad y transparencia; es decir, con sentido de Estado. Como verán a continuación, este Consejo de Ministros ha tenido mucho menor contenido que cualquiera de los recientes. Como es normal, son menos los temas que hemos tratado. Paso a informar de ellos.

No dijo la verdad José Blanco. No fue una mera reunión de trámite aquel Consejo de Ministros del gobierno socialista en funciones. Pocas horas antes el gabinete de José Luis Rodríguez Zapatero acababa de aprobar una medida excepcional: el indulto del consejero delegado del Banco de Santander, Alfredo Sáenz. El ministro no dio cuenta de ello en su intervención inicial y tuvieron que ser los periodistas los que le preguntaran al respecto.

—Portavoz, quisiera saber si en el Consejo de Ministros se ha debatido, finalmente, conceder o no el indulto a Alfredo Sáenz y si se ha resuelto en sentido positivo. ¿Cuáles son los motivos y si cuenta con el beneplácito del Partido Popular? En segundo lugar, sobre su paso atrás, digamos, en la primera línea de la política, quisiera saber cuándo comunicó esta decisión al presidente Rodríguez Zapatero y a Alfredo Pérez Rubalcaba, si lo hizo, y si esto tiene algo que ver con su implicación en el caso Campeón.

Estas primeras dos preguntas —realizadas por el mismo redactor— le cambiaron la cara al portavoz del Gobierno. Aunque era lo previsible, no esperaba empezar la rueda de prensa por las dos cuestiones que más le importunaban. A la primera respondió con desgana; a la segunda, con irritación.

—En primer lugar, le diré que no es habitual que se informe de los indultos del Consejo de Ministros, aunque, efectivamente, prácticamente en todos los Consejos de Ministros se informa sobre los indultos. Sí se ha tratado el indulto al que usted ha hecho referencia y de ello informará el ministro de Justicia a través de una nota. Me remito a la nota, porque se trata de una conmutación de pena; por lo tanto, hay que remitirse a la nota que hará el Ministerio de Justicia. En segundo lugar, le diré que me parece sorprendente que le sorprenda la decisión que comuniqué en el día de ayer. Una persona que ha sido el número dos de Rodríguez Zapatero durante diez años parece que es normal que no aspire a seguir siendo el número dos del liderazgo que surja del congreso del Partido Socialista. Parece que lo normal, lo coherente y lo extraordinario sería lo contrario. Esto es lo que dije en el día de ayer: que no aspiraba a estar en la primera línea de la actividad política nacional; pero hay muchos precedentes de personas que, ocupando mi responsabilidad, siguieron en la política nacional, efectuando su trabajo en el Congreso de los Diputados con toda normalidad. Invoco, por ejemplo, al que fue vicesecretario general del PSOE, Alfonso Guerra, pero hay otros casos de dirigentes del Partido Socialista.

Los periodistas que habitualmente cubren la información del gobierno no se mostraron satisfechos con la escueta respuesta de José Blanco sobre el indulto a Alfredo Sáenz. Querían más datos y se lanzaron a preguntar de manera más incisiva.

—Ministro, puesto que la decisión de indulto no es del Ministerio de Justicia, sino del Consejo de Ministros, quería preguntarle cuáles son los argumentos del gobierno, cuáles son los argumentos del Consejo, para dar luz verde a ese indulto. En segundo lugar, quería preguntarle por la fecha y la situación: se hace después del 20-N y con el gobierno en funciones. Le pregunto: ¿por qué no se ha hecho antes, con el gobierno en plena operatividad?

—Le reitero: de las deliberaciones del Consejo de Ministros no se informa; se informa de las decisiones. La argumentación jurídica se hará a través de una nota que remitirá el Ministerio de Justicia; por lo tanto, es lo que tengo que decirles en relación con este asunto. Insisto, es en el momento en que se ha puesto encima de la mesa por parte de quien tiene la potestad de llevar los indultos al Consejo de Ministros, que es el ministro de Justicia. Por lo tanto, esa es la fecha en la que se ha propuesto y esa es la fecha en la que se ha tomado la decisión.

Blanco no se sentía cómodo en la rueda de prensa y se le notaba. Su intención era echar balones fuera. Todos los que pudiera. Y endosar la responsabilidad del indulto al titular entonces del Departamento de Justicia, Francisco Caamaño.

—Quería preguntarle si el gobierno en funciones está obligado, o al menos si lo está haciendo, a informar al Partido Popular de los asuntos que lleva al Consejo de Ministros e, incluso, si los asuntos que van al Consejo de Ministros cuentan con el aval del partido ganador de las elecciones.

—El gobierno informa, a través del Ministerio de la Presidencia, de los temas que son objeto del orden del día del Consejo de

Ministros —respondió de manera escueta el portavoz del gabinete socialista.

—Quería preguntarle dos cosas. En primer lugar, quería saber si va a seguir dándonos las ruedas de prensa posteriores al Consejo de Ministros hasta que tome posesión el nuevo gobierno. En segundo lugar, usted dijo ayer que había vida más allá de la política, pero se mantiene como diputado raso, y hay quienes apuntan a que va a mantener su condición de diputado precisamente por el aforamiento y la relación con el caso Campeón. Sé que ha dicho que ya se había pronunciado por este asunto, pero me gustaría saber si puede contestar a esas personas.

—Yo me he presentado a las elecciones. Tengo que responder al compromiso con los electores que me han votado y de ello voy a responder a lo largo de la legislatura. Por tanto, creo que estaría cometiendo un fraude con aquellos ciudadanos que me han depositado su voto, y en este sentido lo expresé en el día de ayer. Y no tengo ningún comentario que añadir en relación a la pregunta primera que me ha formulado.

Al ministro de Fomento y portavoz del Gobierno se le notaba cada vez más incómodo.

—Sobre el indulto a Sáenz, ¿nos podía confirmar, al menos, si es un asunto que el gobierno ha tratado con el PP para que la decisión final sea una decisión adoptada de común acuerdo? —preguntó otro de los periodistas.

—No conozco los extremos y, en este caso concreto, si el Partido Popular tenía conocimiento de esta decisión. Por tanto, lamento no poder informarle y me remito a la información que el Ministerio de Justicia, a través de la nota, facilite.

A las dos y veintitrés minutos de la tarde —y tras otras dos preguntas más sobre asuntos menores— dio por concluida la rueda de prensa posterior al Consejo de Ministros.

El indulto a Alfredo Sáenz no apareció en la referencia publicada por La Moncloa en la que se recogen los asuntos tratados por el Consejo de Ministros. Horas después el Ministerio de Justicia publicaba una breve nota de prensa: «El Consejo de Ministros, en su reunión de hoy, ha acordado indultar parcialmente a Alfredo Sáenz Abad, Rafael Jiménez de Parga Cabrera y Miguel Ángel Calama Teixeira, una vez resueltos los expedientes, a la vista de los informes pertinentes y conforme a lo dispuesto en la ley. La concesión de este indulto parcial, derivado de unos hechos acaecidos hace diecisiete años, conmuta la pena impuesta de arresto mayor y la accesoria de suspensión de ejercicio profesional por la multa máxima prevista en la legislación aplicable al caso». Nada más.

Los hechos delictivos, como recuerda el comunicado de prensa del Ministerio de Justicia, se remontan al año 1994. Fue entonces cuando Alfredo Sáenz dio instrucciones para que Banesto presentara, a sabiendas de su falsedad, una querella criminal por estafa y alzamiento de bienes contra tres empresarios catalanes. El objetivo era que pagaran los 639 millones de pesetas que debían sus empresas. En diciembre de 2009 la Audiencia Provincial de Barcelona condenó a Alfredo Sáenz a seis meses de prisión por el delito de acusación y denuncia falsa. Fue absuelto del intento de estafa procesal. Posteriormente el Tribunal Supremo rebajó la pena a tres meses de arresto e inhabilitación por un delito de denuncia falsa. Al no tener antecedentes penales y tratarse de una pena inferior a dos años, Sáenz no fue a la cárcel. Debía afrontar, no obstante, la condena de inhabilitación para ejercer cualquier actividad bancaria, que le impedía desempeñar su cargo en el Banco de Santander y que es lo que motivó la petición de indulto. Lo que recogen las dos sentencias —la de la Audiencia de Barcelona, primero, y la del Tribunal Supremo, después— como hechos probados es contundente. En palabras llanas, vienen a decir que un banquero —Alfredo Sáenz— tomó dinero de su banco —Banesto— y contrató a un abogado en ejercicio para que comprara a un juez corrupto —Lluís Pascual Estevill— y este metiera en la cárcel a unos deudores de la entidad bancaria con el fin de obligarles a pagar una deuda cuyo pago no les correspondía.

La noticia del indulto a Alfredo Sáenz que concedió el gobierno socialista en funciones no fue recogida por los medios informativos con un gran relieve tipográfico. Ninguno de los grandes periódicos la llevaba en su portada al día siguiente. La atención informativa estaba centrada en la bronca socialista por el descalabro electoral («El PSOE diseña un Congreso que facilita más candidatos que nunca al liderazgo», titulaba *El País* a cuatro columnas; «El simulacro socialista» y «Sucesión abierta», destacaban *La Razón* y *Público* a toda plana); en los disturbios de la revolución popular en El Cairo («Pulso al ejército en Egipto», subrayaba *ABC*); o las últimas investigaciones sobre el caso Campeón («Un imputado afín a Blanco quiso comprar el silencio de Dorribo», decía *El Mundo*). Es más, a *ABC* y *La Razón* les interesó más otro asunto del Consejo de Ministros: «El gobierno se despide con una subvención de casi seis millones para exhumar fosas de la Guerra Civil», titulaba el periódico de Planeta en páginas interiores; o «El gobierno en funciones concede 5,6 millones de euros para 190 proyectos relacionados con la Memoria Histórica», subrayaba el diario de Vocento.

En las páginas de opinión, *El Mundo*, *La Razón* y *ABC* dedicaron unos breves al asunto del indulto de Alfredo Sáenz. «Zapatero indulta a Sáenz como Clinton a Marc Rich», tituló *El Mundo*. «Resulta inadecuado —añadió en el texto— que un gobierno en funciones tome una decisión de tanta trascendencia, con el informe en contra del tribunal sentenciador y el rechazo de las asociaciones de jueces». *La Razón*, por su parte, aportó el siguiente titular: «Un indulto de libro para una carrera intachable». «Un acierto del gobierno», concluía. En su columna en *ABC*, bajo el título «El banco de los favores», Ignacio Camacho puso el dedo en la llaga: «Con el indulto a Sáenz, Zapatero salda una deuda con Botín y le evita un problema a Rajoy. Dos favores para su cuenta».

El debate, no obstante, en los medios de comunicación era determinar si el PP —partido que cinco días antes había logrado la mayoría absoluta en las elecciones del 20-N y se disponía a formar gobierno— tenía información sobre el indulto antes de que fuese aprobado por el Consejo de Ministros. La agencia de noticias Europa Press lanzó un teletipo en el que se negaba que los populares tuvieran conocimiento previo de la noticia. «Fuentes populares han revelado a Europa Press que el ejecutivo alegó que la propuesta de los indultos es una cuestión que corresponde al ministro de Justicia, que despacha directamente con el presidente del Gobierno. Por este motivo, precisaron las fuentes consultadas, la comisión de traspasos del PP desconocía que se fuera a aprobar el indulto a Alfredo Sáenz. Es más, añaden que Sáenz de Santamaría realizó la petición expresa del listado de indultos y le fue denegado», señalaba el teletipo de la agencia de noticias. Los medios de izquierda, en cambio, se apresuraron a asegurar pocas horas después que el indulto contaba con el beneplácito del partido ganador de los comicios. «Antes de las elecciones generales celebradas el pasado domingo, el propio PP manifestó en público su deseo de que el gobierno saliente no tomara ninguna medida de calado que no fuera consensuada. El indulto a Sáenz era una de ellas. Aunque este viernes Soraya Sáenz de Santamaría aseguró que el ejecutivo le había negado la lista de indultos aprobada hoy, Mariano Rajoy ha estado en contacto estas últimas semanas tanto con Moncloa como con la propia entidad financiera para hacerles ver que no se opondría a una posible medida de gracia al consejero delegado del Santander», sostenía *El País* en su edición digital sin citar ninguna fuente del PP, lo que hacía suponer que era el propio gobierno socialista quien *filtraba* ese extremo.

Hubo que esperar al 27 de noviembre —dos días después— para que algún medio de comunicación arrojara más luz sobre el indulto de Alfredo Sáenz. Fue Jesús Cacho en el periódico digital *Voz Pópuli* quien lo hizo. «Ha sido un indulto vergonzante, un indulto de tapadillo. Dicen que Pérez Rubalcaba, que durante la campaña derramó vitriolo sobre ricos y banqueros, le exigió que retrasara su concesión hasta después de las generales del 20-N para no perjudicar sus opciones, y el presidente se avino. Ya no cabía esperar más. El jueves 24 hubo tormenta en la marea baja socialista. Zapatero se había comprometido (de hecho volvió a telefonear a Emilio Botín esa semana para prometerle que del viernes 25 no pasaba), con el respaldo pleno de Elena Salgado. Pero enfrente se alzaba la oposición, una vez más, de Rubalcaba, representado en la mesa del Consejo por su peón Camacho y sobre todo por Caamaño (Justicia), que argumentaba la inexistencia de razón jurídica de peso para conceder la gracia, al tiempo que enfatizaba su inconveniencia política. Pero ZP, por razones que solo el tiempo desvelará, estaba comprometido. Se había guardado las espaldas planteando la cuestión, bastante antes del 20-N, al líder del PP. Dicen que la respuesta del gallego fue fría: "Dale tú el indulto si quieres, porque yo no se lo voy a dar; lo más que puedo hacer es mirar hacia otro lado"», revelaba Cacho en su artículo dominical en *Voz Pópuli*, para añadir a continuación: «Que el indulto, parcial, fue vergonzante, lo avala el hecho de que ni siquiera figurara en la referencia del Consejo de Ministros, tal vez con la esperanza puesta en que el asunto pasara sin pena ni gloria por el *BOE* de ayer sábado. La merced permite a Alfredo Sáenz cumplir los requisitos de reconocida honorabilidad comercial y profesional que, solo en teoría, el Banco de España exige a los banqueros para el ejercicio de la profesión».

Aunque le preguntaron en diversas ocasiones por ello, Zapatero se marchó del poder sin desvelar los motivos que le llevaron a conceder el indulto al alto ejecutivo bancario. En una entrevista concedida el 12 de diciembre de 2011 a la cadena ABC Punto Radio, el jefe del ejecutivo socialista se limitó a asegurar que no tenía ninguna deuda en absoluto con el presidente del Banco Santander, Emilio Botín, y que la medida de gracia al consejero de la entidad bancaria «se entendió que era razonable y punto». Además recalcó que disponía del informe favorable de la Fiscalía y «no tiene más explicaciones». «Le parecía razonable al ministro de Justicia y así lo hicimos», apostilló con evidente desagrado ante la reiteración de la pregunta.

El indulto que concedió el gobierno socialista a Alfredo Sáenz en noviembre de 2011 no solo le condonó por una multa las penas de arresto y suspensión para la profesión bancaria impuestas por los tribunales, sino que además pretendió dejar sin efecto cualesquiera otras consecuencias jurídicas o efectos derivados de las sentencias, incluido cualquier impedimento para ejercer la actividad bancaria, según estableció el real decreto de indulto en su inciso final.

La decisión del ejecutivo socialista llegó incluso hasta el Tribunal Supremo. El partido político Soberanía de la Razón (Soberanir), del que forma parte el abogado José Luis Mazón, presentó una querella contra Zapatero y Caamaño por considerar que los hechos podrían ser constitutivos de un delito de prevaricación administrativa. Soberanir denunció la arbitrariedad de la medida de gracia concedida por un gobierno que se encontraba en funciones, que —en su opinión— quería «compensar al Banco Santander por la refinanciación de cierta deuda y la condonación de 12 millones de euros» al PSOE. Al mismo tiempo aludió al crédito hipotecario concedido por esta entidad a Rodríguez Zapatero para la compra de un chalet. La Sala de lo Penal del Alto Tribunal se sumó al criterio del Ministerio Fiscal para archivar la querella con el argumento de que esas hipótesis son legítimamente planteables en el plano del debate público pero carecen de pertinencia no porque se estime irrelevante, desde el punto de vista ético o ético-político, la naturaleza de los móviles que pudieran subyacer realmente a la decisión de indultar la pena impuesta por una conducta criminal, sino porque la regulación legal priva de trascendencia jurídica a esta dimensión del asunto.

La noticia sobre el indulto al consejero delegado del Banco Santander dio un vuelco catorce meses después. El 12 de febrero de 2013 se conoció que el Supremo había acordado anular parcialmente la decisión del ejecutivo en funciones de Zapatero. El alto tribunal sentenció que el indulto a Sáenz «constituye una clara extralimitación del poder conferido por la Ley del Indulto al gobierno», al pretender extender los efectos de la medida de gracia al ámbito administrativo. Las normas administrativas impiden ejercer el oficio bancario a quienes tengan antecedentes penales por delito doloso al considerar que carecen de la honorabilidad exigible. Era el caso de Sáenz, condenado en firme por un delito de acusación falsa. La sentencia subrayó que el gobierno pudo legalmente indultar las penas, pero no sus consecuencias administrativas. «Llevar más allá la extensión de la gracia no solo contraviene la ley, sino la propia Constitución», señaló el alto tribunal. «La prerrogativa de indulto supone una intromisión del ejecutivo en los resultados de un proceso penal seguido con todas las garantías y en el que se ha impuesto por los tribunales la consecuencia (pena) prevista en la ley para quien ha cometido un delito. [...] La ley no autoriza al gobierno a condonar cosa distinta de la pena o penas impuestas», señaló la sentencia, que fue dictada por nueve magistrados y con ponencia de Carlos Lesmes. El Supremo dejó claro que la medida de gracia no ha borrado los antecedentes penales que pesan sobre Sáenz. A este respecto indicó que el gobierno puede modificar o acordar la derogación general de la normativa sobre honorabilidad bancaria. «Lo que no puede hacer es excepcionar, para personas concretas, un mandato general contenido en una norma reglamentaria, pues el gobierno está también obligado a respetar las normas. Tampoco el gobierno está autorizado a dispensar a personas singulares del cumplimiento de las leyes», concluyó. El indulto concedido a Sáenz «constituye una dispensa singular del impedimento de falta de honorabilidad», lo que supone «incurrir en una prohibición legal» y constituye una «clara extralimitación».

Horas después el ministro de Justicia, Alberto Ruiz-Gallardón, se apresuró a convocar una rueda de prensa en el Congreso de los Diputados —donde asistía a la sesión parlamentaria de ese día— con la intención de dejar claro que el gobierno estaba dispuesto a modificar la ley que regula el indulto para incorporar la doctrina que sobre el ejercicio del derecho de gracia ha fijado el Tribunal Supremo. Ruiz-Gallardón quiso subrayar que la anulación del indulto de Alfredo Sáenz era un hecho «ciertamente importante» del que hay pocos precedentes. La sentencia, según el ministro, abría una magnífica oportunidad para, en función de los criterios marcados por la Sala Tercera del Supremo, reflexionar sobre las formas, condiciones y limitaciones en el ejercicio del derecho de gracia por parte del ejecutivo. «El gobierno se declara plenamente predispuesto a que esa doctrina adquiera rango legal e incorpore una regulación del ejercicio del derecho de gracia de acuerdo con esa interpretación», resumió Ruiz-Gallardón.

Sin embargo, lo que llegó no fue ese cambio de doctrina, sino una modificación legal hecha a la media de Alfredo Sáenz, pese a su condena por delitos dolosos. El Supremo había abierto la puerta y el gobierno se coló hasta la cocina. El Consejo de Ministros, en su reunión del 12 de abril de 2013, aprobó la reforma bancaria por la que modifica los requisitos de honorabilidad exigidos a los banqueros. La normativa, impulsada por la Autoridad Europea Bancaria (EBA), no solo matiza el requisito de honorabilidad, sino que además deja sometida la decisión de permitir que ejecutivos condenados —como Alfredo Sáenz— sigan en su cargo a la discreción del Banco de España.

El asunto tuvo un inesperado final durante los últimos días de abril. Según publicaron varios medios de comunicación, el Banco de España comunicó a las más altas instancias del Banco Santander que el gobernador, Luis María Linde, no era partidario de rebajar los requisitos de honorabilidad para que el ejecutivo vasco permaneciera en el cargo. A partir de ese instante el bilbaíno Alfredo Sáenz (de setenta y un años) supo que su tiempo al frente de un banco *top ten* mundial había llegado a su fin. Tras veinte años al servicio de la familia Botín, los primeros nueve como presidente de Banesto (1993-2002) y los últimos once como máximo responsable del Santander (2002-2013), optó por adelantarse a los acontecimientos. Aún podía evitar un final más deshonroso después del descrédito cosechado con la condena del Tribunal Supremo por un caso al frente de Banesto y el posterior indulto del gobierno de José Luis Rodríguez Zapatero, dos episodios que mancharon una hoja de servicios sobresaliente del que muchos consideran como el mejor ejecutivo del sector.

«Tras 48 horas de máxima tensión interna, durante la mañana del domingo 28 de abril la renuncia de Sáenz era un asunto resuelto y la decisión comenzó a trascender a círculos muy restringidos de la entidad. Al día siguiente se hizo pública. Alfredo Sáenz se fue con una pensión de la entidad por un importe cercano a los 88,17 millones de euros, que era el reflejado en el último informe de la Comisión de Nombramientos y Retribuciones correspondiente al año 2012.

El indulto a cuatro mossos enciende la mecha

«Real Decreto 1604/2012, de 23 de noviembre, por el que se indulta a don Manuel Farre Muñoz. Visto el expediente de indulto de don Manuel Farre Muñoz, condenado por la Sala Segunda de lo Penal del Tribunal Supremo, en sentencia de 30 de noviembre de 2009, resolutoria del recurso de casación interpuesto contra otra de la Audiencia Provincial de Barcelona, sección novena, como autor de un delito de torturas (en el que queda absorbido el delito contra la integridad moral), a la pena de tres años de prisión, con inhabilitación especial para el derecho de sufragio pasivo durante el tiempo de la condena, e inhabilitación absoluta por tiempo de nueve años; y un delito de lesiones, a la pena de un año y seis meses de prisión, con inhabilitación especial para el derecho de sufragio pasivo durante el tiempo de la condena, por hechos cometidos en el año 2006, siendo la pena privativa de libertad conmutada por otra de dos años de prisión y la pena de inhabilitación absoluta conmutada por una pena de dos años de suspensión para empleo o cargo público, en Consejo de Ministros de 17 de febrero de 2012, en el que se han considerado los informes del Tribunal sentenciador y del Ministerio Fiscal, a propuesta del Ministro de Justicia y previa deliberación del Consejo de Ministros en su reunión del día 23 de noviembre de 2012, vengo en conmutar a don Manuel Farre Muñoz la pena privativa de libertad pendiente de cumplimiento por otra de dos años de multa, que se satisfará en cuotas diarias de diez euros, cuyo inicio y forma de cumplimiento serán determinados por el Tribunal sentenciador, a condición de que no vuelva a cometer delito doloso en el plazo de cinco años desde la publicación del real decreto. Dado en Madrid, el 23 de noviembre de 2012».

Audiencia Provincial de Barcelona. Passeig de Lluís Companys, número 14. Lunes 26 de noviembre de 2012. Nueve de la mañana.

Los magistrados y funcionarios empezaban a incorporarse a sus puestos de trabajo. La información más comentada a esa hora en el monumental Palacio de Justicia del Passeig de Lluís Companys era la concesión, tres días antes, por parte del Consejo de Ministros, de un segundo indulto a cuatro agentes de los Mossos d'Esquadra condenados por torturas. La noticia, que se conoció a primeras horas de la tarde del 23 de noviembre a través de las páginas de los diarios en Internet y los boletines horarios de la radio —cuando las sedes judiciales estaban ya cerradas—, había levantado gran revuelo entre el personal de la administración de Justicia que trabaja en la Ciudad Condal. Jueces y funcionarios tuvieron que esperar al lunes siguiente para compartir impresiones sobre la controvertida decisión del gobierno. Algo había que hacer.

Los hechos delictivos ocurrieron en julio de 2006, cuando cinco mossos detuvieron por error a un ciudadano rumano en Barcelona, le golpearon por todo el cuerpo, le amenazaron y le llegaron a meter una pistola en la boca para hacerle confesar. La Audiencia de Barcelona condenó en 2008 a seis años y siete meses de prisión a tres de los agentes, a otro a dos años y tres meses y al quinto a seis meses de cárcel por los delitos de torturas, lesiones graves, detención ilegal, violación de domicilio, delito contra la integridad moral y maltrato. El Tribunal Supremo rebajó en 2009 en un año y diez meses la condena a los tres principales acusados y, en febrero de 2012, el gobierno concedió a cuatro mossos un indulto parcial que redujo la pena a dos años de cárcel, lo que hacía que los agentes se libraran de entrar en prisión. Sin embargo, la Sección Novena de la Audiencia de Barcelona, en una resolución atípica, ordenó el ingreso en prisión de los policías alegando «razones de prevención general y especial, de peligrosidad criminal, de repulsa y de alarma social». Los mossos d'esquadra, respaldados por el Departamento de Interior, presentaron diversos recursos para retrasar la ejecución de la condena, confiando en que se les concedería un segundo indulto, que también pidieron. El 10 de diciembre de 2012 era la fecha límite: o el gobierno atendía su petición o entraban en la cárcel.

El 23 de noviembre el ejecutivo de Mariano Rajoy conmutó la pena de prisión por una multa con una cuota diaria de 10 euros, durante dos años, lo que supuso pagar 7.200 euros en lugar de la prisión. El Consejo de Ministros no dio cuenta del indulto aquel día, ni en la rueda de prensa posterior ni en la referencia que recoge los acuerdos adoptados. Tuvo que ser una nota de prensa del Ministerio de Justicia —enviada a primera hora de la tarde— la que sirviera para alertar a los medios. En su comunicado, el ministerio que dirige Ruiz-Gallardón explicaba que la medida se concedía tras analizar la amplia documentación e información que contienen los expedientes aportados. Una portavoz del departamento ministerial aclaró horas después que el gobierno se había basado en los mismos informes que estudiaron para conceder el primer indulto: investigaciones policiales posteriores sobre los hechos y el currículo de los agentes.

La Audiencia de Barcelona ya advirtió en un auto en agosto que un segundo indulto sería una suerte de fraude de ley o abuso de derecho y supondría utilizar al antojo de los policías e individualizar a su capricho y mejor acomodo esta figura excepcional de gracia. «Nada más contrario a los principios de igualdad y justicia que como fundamentos de nuestro sistema jurídico penal deben quedar absolutamente preservados de cualquier comportamiento arbitrario, antojadizo y caprichoso como el que sin duda, representa el propio del caso de autos», remachó entonces.

Por eso el enfado entre los jueces de la Audiencia de Barcelona era ese lunes 26 de noviembre monumental. Magistrados como Luis Fernando Martínez Zapater, Santiago Vidal Marsal, Pascual Ortuño, Joan Francesc Uría, Montserrat Comas, Eduardo Navarro, Ana Ingelmo y Francisco Javier Pereda —todos ellos de la Audiencia Provincial de Barcelona— acordaron redactar un manifiesto sumamente crítico con el ejecutivo del Partido Popular. A las pocas horas empezaron a elaborar un borrador, cuyo texto quedó listo al día siguiente. El escrito empezó a circular primero por las sedes judiciales de Barcelona, para extenderse horas después por toda España. Tuvo buena acogida en el Tribunal Supremo —donde fue firmado por los magistrados Joaquín Jiménez García, Perfecto Andrés, María Alicia Millán y Luis Manglano—, la Audiencia Nacional —Ramón Sáez Valcárcel— y el Consejo General del Poder Judicial. En el CGPJ lo suscribieron de inmediato la vocal Margarita Robles y el letrado jefe del Servicio de Relaciones Internacionales, José Miguel García Moreno. En total fueron ciento ochenta los jueces de todo el territorio nacional que firmaron el documento

A primera hora de la mañana del jueves 29 de noviembre se hacía público el manifiesto con el consiguiente revuelo en la opinión pública. Para los magistrados firmantes no existía motivo razonable alguno para un doble indulto como el que el gobierno había concedido. «Los hechos declarados probados —argumentaban— son muy graves y contrarios a la dignidad humana. Conceder un indulto en estas circunstancias supone realizar un uso grosero y desviado de la institución. Al instrumentalizar el indulto para la consecución de fines ajenos a los que lo justifican, el gobierno dinamita la división de poderes y usurpa el papel del poder judicial, trasladando a la judicatura un mensaje inequívoco de desprecio al situarla en una posición subordinada en el orden constitucional. La tortura es uno de los peores actos realizables contra la dignidad de la persona. Esta dignidad es el fundamento de un orden constitucional. El Tribunal Europeo de Derechos Humanos ha condenado al Estado español por no investigar estos hechos. El gobierno ha dado un paso más. Cuando la justicia actúa, investiga y condena, el gobierno indulta. Desde luego, parece difícil explicar ante ese Tribunal Europeo semejante comportamiento. Todas las personas, sin excepción, están sujetas a las leyes. Este signo distintivo del Estado Constitucional marca la diferencia con los regímenes autoritarios, donde los detentadores del poder están exentos del cumplimiento de las normas». Todos estos argumentos servían a los magistrados para concluir que la decisión del gobierno es impropia de un sistema democrático de derecho, ilegítima y éticamente inasumible. «Por ello —añadían— no podemos dejar de manifestar nuestro rechazo a un uso tan desviado de la institución del indulto y advertir que sus efectos, en términos comunicativos, son devastadores».

A partir de la difusión del manifiesto, Margarita Robles —exviceministra de Justicia con Alberto Belloch en el último gobierno de Felipe González— se convirtió, desde su despacho de vocal del Consejo General del Poder Judicial, en punta de lanza contra la política del ejecutivo del PP en materia de indultos. En conversación con la autora de este libro, Margarita Robles aclara que los ciento ochenta jueces entendieron que debían suscribir el documento por una obligación con la sociedad de explicar lo que estaba pasando. «En el caso de los mossos —señala la vocal del CGPJ—, la decisión del gobierno fue muy llamativa porque concedió dos indultos. Evidentemente, la medida de gracia es la decisión del poder ejecutivo. De la misma manera que los jueces pedimos ese respeto para las decisiones judiciales, nosotros somos respetuosos con lo que dice el poder ejecutivo. Pero cuando hay, como en este caso concreto y se me permite decirlo entre comillas, un "abuso" del derecho de gracia con una finalidad clarísima de "sortear", también entre comillas, una resolución judicial, estamos obligados a denunciarlo ante la ciudadanía».

La vocal del Consejo General del Poder Judicial sostiene que cuando se hace una utilización del indulto con carácter no generalizado y no valorando unas circunstancias muy excepcionales y concretas, se produce una imagen de injerencia del poder ejecutivo en el judicial y, sobre todo, una sensación de profunda desigualdad entre los españoles. Para la juez del Supremo en servicios especiales, las consecuencias negativas de la política de indultos se acentúa por el hecho de que se trata de una medida de gracia no motivada. «La conclusión final es la injerencia a la que me refiero, pero también esa sensación de desigualdad de por qué a unos ciudadanos se les concede el indulto y a otros, quizá con unas circunstancias personales y familiares mucho más difíciles y más susceptibles de tutelar, no se les da. Ese hecho produce frustración al ciudadano y, para los jueces, se trata muchas veces de una situación incomprensible. Eso fue lo que llevó a ciento ochenta magistrados a firmar ese manifiesto. Era tal la injerencia en el poder judicial que entendimos que no nos podíamos quedar al margen», señala Margarita Robles.

El documento de los magistrados fue tomado como una afrenta por el ministro de Justicia, en permanente lucha con la judicatura desde que comenzó la legislatura del gobierno del PP. A las pocas horas de conocerse el texto, Ruiz-Gallardón salió a la palestra pública a recordar lo obvio en un Estado de Derecho: «La facultad de conceder indultos corresponde al poder ejecutivo y no al judicial». La norma de 1870, explicó el ministro en los pasillos del Congreso, constituye una de las tradiciones más señeras de nuestro Derecho y otorga al gobierno la facultad de poder modular la aplicación de la ley cuando está justificado. «Hay tres casos en los que no se puede conceder el indulto, y ninguno de ellos coincide con el caso en cuestión». Por tanto, dijo Gallardón, respetando las coincidencias o las discrepancias con lo decidido por el gobierno, «lo que no puede asumir un poder del Estado son las competencias que no tiene, y el indulto no es una facultad del poder judicial, sino del ejecutivo». Por su parte, la vicepresidenta del Gobierno, Soraya Sáenz de Santamaría, aprovechó la rueda de prensa posterior al Consejo de Ministros de aquella semana para hacer hincapié en que los jueces no debían *meter la nariz* en el asunto, puesto que España es un país democrático basado en la división de poderes.

El manifiesto de los ciento ochenta jueces y la posterior réplica del gobierno sirvieron para calentar el debate sobre la política de indultos, tanto en los medios de comunicación como en las redes sociales. El periodista Nacho Escolar publicó en su columna de *El Periódico* una severa crítica contra el gobierno del Partido Popular: «Se supone que el indulto en un Estado democrático es una medida de gracia ocasional y puntual. Será en el extranjero, porque en España hay más indultos que días. Literalmente. De enero a noviembre de 2012 el gobierno de Rajoy ya ha aprobado 444 indultos. No es una excepción, es la norma: somos uno de los países occidentales donde el gobierno más abusa de esta prerrogativa arbitraria. Desde 1977 ya llevamos 17.620 indultos, siempre según l datos del *BOE.* Entre los perdonados está lo mejor de cada casa: golpistas del 23-F, terroristas de los GAL, políticos corruptos, jueces prevaricadores, grandes empresarios y banqueros defraudadores, narcotraficantes... Es una media de 480 al año».

Jueces para la Democracia también contribuyó a aumentar la polémica con un comunicado en el que denunciaba el creciente número de indultos que afectan cada vez más a cargos públicos y a policías, por lo que consideró que la medida de gracia se está convirtiendo en un instrumento para que el poder se exculpe a sí mismo. Esa asociación judicial quiso dejar claro que en un Estado de Derecho no resulta admisible que el poder ejecutivo pueda revisar de forma arbitraria las resoluciones judiciales y que resulta más censurable que el indulto se aplique a conductas que representan un uso inaceptable del poder del propio Estado, cuando se dedica a través de sus agentes a infligir un trato degradante, como en el caso de las torturas.

Las críticas a los indultos del gobierno llegaron también desde los medios de centro-derecha. El exdirector de *ABC*, Luis María Anson, señala que la opinión pública no tiene conciencia clara de hasta dónde ha llegado la frase de Alfonso Guerra que liquidaba a Montesquieu. «Aparte de las presiones del ejecutivo sobre los jueces, de la politización impuesta a algunos órganos clave, del zarandeo al que se somete periódicamente al Tribunal Constitucional, el gobierno se reserva un derecho al indulto cada vez más laxo y escandaloso. Las cifras apabullan: en los últimos 17 años se han decretado 10.158 indultos. La acción de la justicia va por un lado, la del [illegible] de turno por otro». Según Anson, los jueces y [illegible] tencian; los responsables políticos afirman pública- [illegible] rán, como es de rigor, las decisiones de los jueces, [illegible] po muy breve desacatan las sentencias e indultan [illegible] amiguetes, simpatizantes y paniaguados. El derecho al indulto está justificado para subsanar determinadas decisiones de la justicia, que debe ser ciega. Si se abusa de él, el Estado de Derecho se tambalea. Más de diez millares de indultos en los últimos años es una cifra escandalosa. El gobierno se ha convertido en una especie de Tribunal de Casación por encima del Supremo y del Constitucional». El exdirector de *ABC* cree que la primera medida que habría que tomar es la publicación destacada y explicada de cada indulto. «No se puede quedar una decisión de tan grueso calibre perdida en la letra pequeña o en las cuevas del poder. El Estado de Derecho exige, como cuestión primordial, la independencia de la justicia y el respeto a las decisiones judiciales, a las que no se puede hacer burla y escarnio a través del aguacero de los indultos interesados», concluye.

Indignación por la medida de gracia al conductor kamikaze

«Real Decreto 1668/2012, de 7 de diciembre, por el que se indulta a don Ramón Jorge Ríos Salgado. Visto el expediente de indulto de don Ramón Jorge Ríos Salgado, condenado por la Audiencia Provincial de Valencia, sección cuarta, en sentencia de 17 de enero de 2011, como autor de un delito de conducción con grave desprecio para la vida de los demás en concurso ideal con un delito de homicidio, un delito de lesiones, una falta de lesiones y una falta de daños, a la pena de trece años de prisión e inhabilitación especial para el derecho de sufragio pasivo durante el tiempo de la condena, por hechos cometidos en el año 2003, en el que se han considerado los informes del tribunal sentenciador y del Ministerio Fiscal, a propuesta del ministro de Justicia y previa deliberación del Consejo de Ministros en su reunión del día 7 de diciembre de 2012, vengo en conmutar a don Ramón Jorge Ríos Salgado la pena privativa de libertad pendiente de cumplimiento por otra de dos años de multa, que se satisfará en cuotas diarias de seis euros cuyo inicio y forma de cumplimiento serán determinados por el tribunal sentenciador, a condición de que abone las responsabilidades civiles fijadas en la sentencia en el plazo que determine el tribunal sentenciador y no vuelva a cometer delito doloso en el plazo de cinco años desde la publicación del real decreto. Dado en Madrid, el 7 de diciembre de 2012».

Punto kilométrico 547 del tramo Silla-San Juan, término municipal de Polinya de Xúquer y partido judicial de Sueca. Lunes 11 de diciembre de 2003. Siete y media de la tarde.

Era ya noche cerrada y la Guardia Civil de Tráfico se disponía a investigar un aparatoso accidente de tráfico. Acababan de colisionar dos vehículos. Se trataba de un brutal choque que había provocado la muerte en el acto de una persona. El tramo es recto, a nivel y de buena visibilidad. La primera revisión ocular no dejó lugar a dudas: otra vez un maldito conductor kamikaze. Los servicios sanitarios, llegados con inmediatez, solo pudieron certificar la muerte de uno de los conductores, precisamente el que circulaba correctamente por la vía. Como consecuencia del terrible impacto, José Alfredo Dolz España, nacido el 21 de febrero de 1978, falleció debido a un traumatismo craneoencefálico severo, con destrucción de centros vitales. Para su desgracia, en ese momento realizaba un adelantamiento, por lo que no pudo detectar la llegada del vehículo asesino, que literalmente se le echó encima.

Los médicos atendieron a la acompañante del fallecido. Paula Catalina Sarrasqueta Sancho, nacida el 6 de febrero de 1982, sufrió las siguientes lesiones: contusión en región deltoidea izquierda;

fractura estiloides cubital izquierda; contusión en región lateral izquierda del tórax, y herida contusa en el tercio inferior de la región femoral anterior izquierda. Su pronóstico era grave. La joven herida, de veintiún años, era la novia del conductor fallecido, de veinticinco años. Paula tardó un año entero en recuperarse de sus heridas y varios en superar el estrés postraumático crónico y la depresión mayor. El vehículo del conductor kamikaze, Ramón Jorge Ríos Salgado, sufrió daños de consideración, pero él resultó ileso.

Las investigaciones de la Guardia Civil dieron su fruto y pocos días después, tras tomar declaración a los testigos del accidente, presentaron en el juzgado un relato pormenorizado de lo ocurrido. Sobre las siete menos veinte de la tarde del 11 de noviembre de 2003, a la altura de la salida de Torrente-Calicanto de la A-7, el turismo de Ríos Salgado circulaba en dirección a Alicante a gran velocidad. El primero en darse cuenta de la conducción temeraria de Ríos Salgado fue José Gálvez, que en ese momento efectuaba un adelantamiento reglamentario. Sin respetar las más mínimas cautelas sobre distancia de seguridad, el conductor kamikaze alcanzó al turismo de Gálvez, golpeándole en su parte trasera. Pese a ello, Ríos Salgado no disminuyó la velocidad y continuó su circulación pegado a él, hasta el extremo de que le golpeó de nuevo. Tal maniobra obligó a Gálvez, una vez concluido el adelantamiento, a apartarse dejándole paso, para seguidamente detenerse en el arcén. El coche de Ríos Salgado circulaba con total normalidad por el carril izquierdo, como si nada hubiera ocurrido. Con lesiones en la clavícula y hombro izquierdos, Gálvez pudo quedarse con el número de matrícula del coche suicida y dar aviso a los servicios de emergencia.

Minutos después el conductor suicida accedió a la AP-7 por el peaje de Silla, donde recogió el correspondiente ticket. A la altura del punto kilométrico 551-552, detuvo el vehículo en el arcén derecho de la autopista, efectuó un cambio de sentido y comenzó a circular en sentido contrario entre los dos carriles, a gran velocidad. Unos metros más allá dos turismos circulaban en dirección correcta, por ambos carriles. Uno adelantando al otro. Al apercibirse de la maniobra del kamikaze, los conductores intentaron llamar la atención de Ríos Salgados con ráfagas de luces. Pese a ello, este no se detuvo, ni redujo su velocidad, por lo que ambos tuvieron que apartarse abriéndole paso por el centro.

Ríos Salgado continuó circulando a elevada velocidad en sentido contrario, como si lo hiciera con total corrección por una vía rápida. Numerosos conductores que se cruzaban con él le avisaron con señales luminosas y acústicas, a las que el kamikaze hizo caso omiso. El conductor suicida portaba solo las luces de cruce. No encendió las de emergencia, ni empleó ningún otro dispositivo para avisar al resto de usuarios de la vía de su conducción contra sentido. Tampoco efectuó maniobra alguna de evasión para eludir los vehículos que circulaban en sentido correcto. Sin embargo, estos sí se vieron obligados a efectuar maniobras para eludir la colisión. Pese a todo, Ríos Salgado siguió con su marcha homicida por la autopista en dirección contraria, hasta que, sobre las siete y cuarto de la tarde, chocó frontalmente con el vehículo de José Alfredo y su novia Paula.

Más de siete años tuvieron que esperar las víctimas para que llegara la sentencia. El 17 de enero de 2011 la Sección Cuarta de la Audiencia Provincial de Valencia condenó a Ríos Salgado como criminalmente responsable en concepto de autor de un delito de conducción con grave desprecio para la vida de los demás en concurso ideal con un delito de homicidio, otro de lesiones, una falta de lesiones y otra de daños. Aunque los jueces apreciaron la concurrencia de la circunstancia atenuante analógica de dilaciones indebidas, le impusieron la pena de trece años de prisión e inhabilitación especial para el derecho de sufragio pasivo durante el tiempo de la condena. Tras las correspondientes pruebas médicas, el tribunal, que definió la conducta del kamikaze de «libre y voluntaria, tomando la decisión de circular en contradirección [...] en una decisión plenamente consciente y deliberada», rechazó el argumento esgrimido por la defensa de un supuesto ataque de epilepsia que el condenado habría sufrido en el momento de los hechos. «Al procesado durante el mes de octubre de 2005, tras la realización de ciertas pruebas que pudieran apuntar a un problema de epilepsia, le fue prescrito por el servicio de salud de Castilla-La Mancha el específico Lamotricina, que entre otros usos está indicado para el tratamiento de dicha enfermedad. No consta, sin embargo, que en el momento de ocurrir los hechos padeciera cualquier tipo de crisis que, durante el desarrollo de los hechos antes descritos, le hiciera conducir de forma automática, privado totalmente de conciencia y voluntariedad», señala la sentencia de la Audiencia Provincial de Valencia.

El conductor kamikaze recurrió en casación ante el Tribunal Supremo, lo que también hizo Opel España —la empresa fabricante de su vehículo— como responsable civil subsidiario. Según contó Jesús Cacho en el diario digital que dirige —*Voz Pópuli*—, a ambos los defendía un equipo del bufete Uría & Menéndez, uno de los más prestigiosos y caros del país, encabezado por Esteban Astarloa, quien se desplazó en numerosas ocasiones de Madrid a Valencia para dirigir la defensa, y cuya minuta, costosa sin duda, corrió a cargo de Opel España. Cacho apuntaba también que el abogado defensor es hermano de Ignacio Astarloa, diputado del PP, abogado, letrado de las Cortes, exsecretario de Estado de Seguridad y, sobre todo, exsubsecretario de Justicia entre 2000 y 2002. En el bufete Uría, aunque en la oficina de Brasil, trabaja también José Ruiz-Gallardón Utrera, hijo del actual ministro de Justicia.

Ambos recursos fueron desestimados en su totalidad por la Sala Segunda de lo Penal del Supremo, en sentencia de 27 de diciembre de 2011, de la que fue ponente el magistrado Carlos Granados. Convicto y confeso, Ramón ingresó entonces en la cárcel de Alicante para cumplir la pena que le había sido impuesta. Solo permaneció diez meses entre rejas, el tiempo que tardó en tramitarse el indulto que le fue concedido por el gobierno, a propuesta del Ministerio de Justicia, en la reunión del Consejo de Ministros del 7 de diciembre de 2012, que conmutó la pena de prisión por una multa de seis euros diarios durante dos años.

Unos días después de que se conociera el indulto, el ministro de Justicia se vio obligado a dar explicaciones en el Congreso. Durante la sesión de control al gobierno de la cámara baja del 30 de enero de 2013, Ruiz-Gallardón y el diputado socialista Ximo Puig mantuvieron este rifirrafe:

—Señor ministro —le interpeló el parlamentario del PSOE—, que hoy tengamos que formularle esta pregunta en este pleno demuestra cuál es su idea de la democracia y cuál es su idea del respeto a las personas. ¿Cómo es posible que hasta hoy no haya tenido usted —hoy obligado— la más mínima decencia de explicar a los ciudadanos qué ha pasado con este indulto que ha alarmado a la opinión pública? Señoría, un conductor kamikaze acabó con la vida de un joven de veinticinco años de Alcira. Los tribunales le condenaron a trece años de cárcel por un delito de conducción grave con desprecio a la vida de los demás. No había cumplido ni la décima parte de su condena cuando usted graciosamente le concedió la libertad en contra del informe de la Audiencia y en contra del informe de la Fiscalía. Yo le pregunto, ministro, ¿cuáles son las razones que le han llevado a indultar a este conductor kamikaze?

—Señor diputado, como en toda concesión de indulto, se sopesan todos los elementos, incluido, no tenga usted ninguna duda, el sufrimiento de las víctimas o de las familias de las víctimas, cuando se ha producido un resultado de muerte. Pero usted me pregunta por las razones y yo se las doy. Primero, el conductor, sin antecedentes y constatado que no conducía bajo los efectos del alcohol, fue diagnosticado de epilepsia por el Servicio Público de Salud de Castilla-La Mancha, que fue la motivación de la petición del indulto. Segundo, el centro penitenciario en el que estaba ingresado informó favorablemente, constatando que en los nueve años transcurridos desde los hechos y a su ingreso en prisión no había cometido delito alguno, se arrepintió, se reintegró sociolaboralmente y no había pronóstico de reincidencia. Estas fueron las razones, señor diputado.

—Señor ministro, ha hecho usted ahora suyas las posiciones de la defensa. Se ha convertido ahora en juez de jueces. Eso que usted ha planteado lo esgrimió la defensa y el juez en primera instancia y el Tribunal Supremo dijeron que no, que no era así. La Asociación de Víctimas de Accidentes de Tráfico ha dicho que es incomprensible y que es un fraude a la dignidad humana. El presidente del Tribunal Supremo ha mostrado su profundo disgusto. Los ayuntamientos, muchos de ellos gobernados por el Partido Popular, han dicho que debía dar explicaciones y han exigido la revocación. Usted ha dado hoy la versión que dio la defensa, y ese no puede ser jamás el papel del gobierno en el indulto. ¿Por qué concedió este indulto con los informes en contra de la Audiencia y la Fiscalía? ¿Por qué solo diez meses de prisión cuando el delito es de máxima gravedad? ¿Por qué se ha tramitado con esta inusual rapidez? ¿Por qué trece años se convierten en 4.200 euros? ¿Por qué, ministro? ¿Tiene algo que ver con que el despacho que ha tramitado este indulto sea un despacho ligado a familiares directos suyos y también a dirigentes del Partido Popular?

—Señor diputado, le puedo asegurar que el despacho donde trabajan los abogados es una cosa que no figura en los expedientes de indulto ni este ministro lo conocía, ni en este ni en ningún caso. Señoría, si conociese usted cómo funciona un despacho de 530 abogados y cómo funciona el ministerio no tendría ni la más mínima duda. Usted me ha preguntado por qué y yo le voy a contestar. Como en todos los indultos, tuvimos nuestras dudas, y entonces lo que hicimos fue ver qué era lo que se había hecho antes. Yo me fui al último indulto por un delito de seguridad vial, que fue concedido el 16 de septiembre del año 2011, pocos meses antes de que el gobierno presidido por don José Luis Rodríguez Zapatero abandonase sus responsabilidades, y encontré unas coincidencias, señor diputado. En primer lugar, los dos delitos eran por seguridad vial. En segundo lugar, la condena en el primer caso era de doce años y seis meses, y de trece años en el segundo. En tercer lugar, conducción kamikaze los dos; las consecuencias, desgraciadamente para los dos, resultado de muerte. Y las dos alegaciones para petición del indulto, epilepsia de los afectados. Diferencias: que la epilepsia que ha motivado nuestro indulto fue acreditada por el Servicio Público de Salud; que en el caso de nuestro indulto, a diferencia del otro, el condenado no conducía bajos los efectos del alcohol; y por último, que en el caso anterior había un antecedente de delito contra la seguridad vial. Ustedes nos marcaron el camino. ¿Por qué no quieren que hagamos lo mismo que hicieron ustedes?

El ministro de Justicia se refería al indulto concedido por el gobierno socialista de Zapatero a Carlos Anzúlez. La madrugada del 8 de marzo de 1997 Anzúlez condujo treinta y seis kilómetros cerca de Valladolid en dirección contraria, perseguido por la Guardia Civil, y chocó contra otro coche. Murió su conductor, Manuel, y resultaron heridos sus tres acompañantes. El kamikaze sufrió heridas graves. Fue condenado a doce años, seis meses y un día de prisión. Sin embargo, el 16 de septiembre de 2011, el entonces ministro de Justicia, Francisco Caamaño, firmaba su indulto. El diputado socialista Ximo Puig se encargó de recordar, ya en los pasillos del Congreso, cuando terminó la sesión de control al gobierno, que al ministro se le olvidaba un matiz: que el indultado en tiempos del PSOE cumplió dos tercios de la condena. Por su parte, el portavoz socialista en la Comisión de Seguridad Vial de la cámara baja, Carles Corcuera, señaló que, desde hace tiempo, hay una norma no escrita por la que en materia de seguridad vial no se conceden indultos. «Si no hay eximentes —afirmó— es injustificable dárselo a un kamikaze». El gobierno de Rajoy ha concedido ya seis indultos a personas condenadas por delitos de seguridad vial, mientras que en la legislatura anterior —la segunda de Zapatero en el palacio de La Moncloa— se otorgaron cuatro.

El 26 de abril el Tribunal Supremo archivó una denuncia por un presunto delito de prevaricación contra el ministro de Justicia. La denuncia fue presentada por el partido Soberanir del abogado Mazón, en enero, después de que trascendiera que uno de los hijos del ministro trabajaba en el bufete de abogados que defendió al solicitante del indulto. En coincidencia con la Fiscalía, el Tribunal Supremo resolvió abstenerse de tramitar este procedimiento ante la ausencia de ilícito penal alguno y pudiendo ser además revisable el decreto de indulto en vía contencioso-administrativa.

Los políticos sí tienen perdón

«Real Decreto 1024/2012, de 29 de junio, por el que se indulta a don Tomás Gómez Arrabal. Visto el expediente de indulto de don Tomás Gómez Arrabal, condenado por el Juzgado de lo Penal número 9 de Málaga, en sentencia de 20 de octubre de 2009, como autor de tres delitos de prevaricación urbanística, a la pena de seis meses de prisión, con la accesoria de inhabilitación especial para empleo o cargo públicos electivos durante diez años por cada delito; y cuatro delitos continuados de prevaricación urbanística y cinco delitos continuados de prevaricación urbanística, a la pena por cada delito de un año de prisión, con la accesoria de inhabilitación especial para empleo o cargo públicos electivos durante diez años, con el máximo de cumplimiento efectivo conforme al artículo 76 del Código Penal de tres años de prisión, por hechos cometidos en los años 2001-2004, en el que se han considerado los informes del tribunal sentenciador y del Ministerio Fiscal, a propuesta del ministro de Justicia y previa deliberación del Consejo de Ministros en su reunión del día 29 de junio de 2012, vengo en conmutar a don Tomas Gómez Arrabal las penas privativas de libertad impuestas por otra única de dos años de prisión, dejando subsistentes los demás pronunciamientos contenidos en la sentencia, a condición de que no vuelva a cometer delito doloso en el plazo de tres años desde la publicación del real decreto. Dado en Madrid, el 29 de junio de 2012».

Ayuntamiento de Valle de Abdalajís (Málaga). Calle del Viento. Sábado 27 de junio de 2009. Seis de la tarde.

La Plataforma de Lucha por una Justicia Verdadera, en apoyo de su exalcalde, Tomás Gómez Arrabal, del Partido Popular, se mostraba satisfecha. Había logrado reunir a dos mil vecinos en una concentración pacífica a las puertas del consistorio municipal para mostrar su indignación por la condena de tres años de cárcel acordada con la Fiscalía para su anterior regidor y tres de sus ediles por delitos continuados de prevaricación urbanística. Todo estaba saliendo a pedir de boca. Llevaban un mes preparando las pancartas. «No a la injusticia», «Luchamos por ellos y por nuestro pueblo» y «Tomás, Fermín, Antonio y Teresa somos todos», rezaban algunas de ellas.

Aunque Valle de Abdalajís es un pueblo pequeño —ese año 2009 contaba con 2.842 habitantes (1.396 hombres y 1.446 mujeres)—, están acostumbrados a la lucha, las concentraciones y las protestas. No en vano llevan años con sus particulares cruzadas. Su sierra formó parte de la línea de frente en la Guerra Civil y fue la *muralla* que defendió Málaga del avance de las tropas franquistas entre julio de 1936 y febrero de 1937. En el último lustro se han manifestado por multitud de causas —las principales, la falta de suministro de agua potable, el deficiente estado de su carretera, los hundimientos por las obras del AVE y los proyectos de parques eólicos—, mostrando su malestar con diversos organismos públicos, tanto autonómicos como nacionales: la Diputación de Málaga, la Junta de Andalucía, el Ministerio de Fomento y la Administración de Infraestructuras Ferroviarias (Adif). Las protestas suelen estar encabezadas por un vecino llamado Antonio Ruiz, más conocido en el pueblo por el sobrenombre de «Comandante Ramiro», y por su burra *Margarita*, famosa ya en toda la provincia.

Aquella calurosa tarde de sábado de comienzos de verano de 2009 todo el pueblo —incluidos Ramiro y *Margarita*— se mostró indignado, esta vez con la justicia. Entre los concentrados se encontraba el propio Tomás Gómez Arrabal, que no dejó de dar las gracias a todo el que se le acercaba. Su cara denotó la emoción del momento. No esperaba tal reacción de sus paisanos dos años después de perder la alcaldía, que pasó a manos socialistas. «El fiscal —le dijo a los vecinos tras recordar que en su época de alcalde tenía un sueldo de setecientos euros— está siendo durísimo con nosotros. No cabe otra palabra. Cualquiera en el pueblo puede decir que no nos hemos enriquecido con las licencias concedidas a los vecinos. Es más, yo no tengo ni propiedades en el Valle. Solo una casa fuera del pueblo que me dejó mi padre en herencia. Eso demuestra que actuábamos solo pensando en vuestro bien».

Pasadas las seis de la tarde, los organizadores del acto dieron la orden de que se procediera a la lectura de los manifiestos de repulsa por la actuación judicial. El primero en tomar la palabra fue José Méndez, miembro de la plataforma Vecinos del Valle, quien quiso dejar claro que su movimiento «nace del pueblo sin seguir ninguna directriz política, solo para denunciar la injusticia que está ocurriendo en nuestra localidad pequeña, donde el único delito que se ha cometido ha sido beneficiar a la gente dándoles los permisos de obra sin exigirles proyectos». Le siguió Sebastián Gómez, hijo del exalcalde y actual edil del ayuntamiento, que recalcó la misma idea: «Aquí no ha habido ningún lucro, nadie ha robado ni se ha llenado los bolsillos; simplemente se ha ayudado a un pueblo que cuenta con más de setecientos parados para que puedan hacer sus casas y crear empleo».

En una mesa situada a escasos metros de donde hablaban los oradores, otros miembros de la plataforma se afanaban en recoger firmas. En aquel momento llevaban 6.000 entre los vecinos de Valle de Abdalajís y localidades limítrofes. El objetivo era que la corporación municipal celebrase un pleno extraordinario para pedir el indulto. Esta petición, junto con las firmas y las cartas de apoyo de los colectivos sociales, se presentaría en el Juzgado de lo Penal de Málaga que finalmente debía dictar la sentencia siguiendo el acuerdo alcanzado con la Fiscalía.

Mientras tanto, Antonia Gutiérrez, a quien la plataforma vecinal nombró portavoz, hacía corrillo con los periodistas llegados de la capital malagueña para cubrir el acto. «Hace un mes nos reunimos para ver qué tipo de movilización haríamos contra esta condena impuesta a nuestros paisanos y surgió la idea de realizar una concentración a las puertas del ayuntamiento en la que participaran los vecinos del municipio y de las cercanías», explicó a los redactores de información local. Para Gutiérrez, lo ocurrido con Tomás Gómez Arrabal es una injusticia. «Era una forma habitual de proceder en el pueblo: se concedía el permiso de obra sin exigirnos el proyecto y el permiso lo pagábamos en la cuenta del ayuntamiento. La gente que no podía tenía hasta un año para pagarlo. Todo lo ha hecho para que nos ahorráramos un dinero».

Otra vecina se encargó de dejar claro a los periodistas que «nunca se han pagado los permisos de obra en efectivo, ni al exalcalde ni a ningún otro concejal; solo nos han dado facilidades para poder hacer nuestras obras, por eso nos parece excesiva la pena de cárcel». Los periodistas también buscaron al entonces alcalde, el socialista Alfonso García. «La cárcel —comentó este a la prensa— no se la deseo a nadie y aquí no ha habido lucro. Han cometido un delito al dar los permisos con informes en contra, pero considero la prisión una medida drástica».

El objetivo de la plataforma vecinal de apoyo a su exalcalde era abrir el debate en la provincia de Málaga sobre determinadas irregularidades urbanísticas —siempre que no se deban a fines lucrativos o corrupción económica— para que sean juzgadas por la vía administrativa, no por la penal, lo que supondría el pago de una multa y no la cárcel.

A 33,02 kilómetros, en Málaga capital, las asociaciones ecologistas también buscaban a los medios de comunicación para contrarrestar la causa vecinal de Valle de Abdalajís. El coordinador provincial de Ecologistas en Acción, Rafael Yus, explicó en un comunicado dirigido a la prensa que el exalcalde y sus compañeros urdieron una trama política para legitimar la construcción de viviendas en suelo no urbanizable, en un número no determinado, y concedieron licencias a sabiendas de que ello iba en contra de la ley. Yus se encargó de recordar a los periodistas que el fiscal —antes de llegar a un acuerdo para que Tomás Gómez Arrabal y sus tres ediles cumplieran solo tres años de cárcel— había solicitado para los imputados treinta de prisión y ciento once de inhabilitación, considerando que la trama actuó de común acuerdo y con unidad de acción y propósito.

Cuatro meses después de aquel acto de apoyo a su exalcalde se celebró el juicio. Tomás Gómez Arrabal y sus ediles fueron condenados por conceder de manera irregular numerosas licencias de obras. Durante la vista oral el Ministerio Público afirmó en su relato acusatorio que dichas licencias se concedieron a sabiendas de que los expedientes administrativos incoados para ello no se habían tramitado por el procedimiento legalmente establecido. Finalmente, en sentencia dictada el 20 de octubre de 2009, el Juzgado de lo Penal número 9 de Málaga les condenó por un total de 31 delitos de prevaricación urbanística, 17 de ellos continuados, por la concesión de licencias de obras de forma irregular, saltándose la legalidad entre 2001 y 2004. La condena más grave correspondió al exalcalde, condenado por 12 delitos de prevaricación urbanística, 4 de ellos continuados, a 10 años y medio de cárcel y 120 años de inhabilitación para empleo o cargo público electivo. Sin embargo, el tribunal estableció que cumpliera 3 años de cárcel, ya que el Código Penal señala que el límite máximo de cumplimiento no puede exceder del triple del tiempo de la pena más grave (en este caso, de un año). Los otros exconcejales tuvieron condenas por el mismo delito de entre 3 años y 9 meses, y 5 años y 3 meses, aunque el máximo de cumplimiento era de 27 meses.

El *BOE* del 19 de julio de 2012 publicó la resolución del Ministerio de Justicia, con los informes del Tribunal y de la Fiscalía, de conmutar las penas privativas de libertad por otra única de dos años de prisión, dejando subsistentes los demás pronunciamientos contenidos en la sentencia, a condición de que no volvieran a cometer delito doloso en el plazo de tres años desde la publicación del decreto. El PP andaluz salió con rapidez a justificar la decisión del gobierno con el argumento de que la actitud del regidor del Valle de Abdalajís no estuvo marcada por un deseo de enriquecimiento personal, sino que, en algún caso, tuvo un *exceso de generosidad*. Mientras tanto, el Ministerio de Justicia permanecía callado.

El silencio del ejecutivo se rompió meses después, cuando fue interpelado al respecto en el Congreso por el parlamentario de IU Gaspar Llamazares. En una pregunta escrita, el diputado de la izquierda plural quería saber la justificación del gobierno para conceder en fecha de *infausta memoria* como el 18 de julio (Llamazares confundió interesadamente la fecha, cuando en realidad el *BOE* publicó el decreto el día 19) cuatro indultos en un solo día a condenados por prevaricación urbanística a penas graves de prisión. Asimismo requirió al gobierno para que explicase si consideraba que esas medidas de gracia contribuyen a reforzar la lucha contra la corrupción, y si hubo más indultados por ese delito en 2012. En su respuesta, el gobierno comenzó precisando que los indultos se otorgaron el 29 de junio, y no el 18 de julio, y justificó que se dieran los cuatro a la vez en que eran personas que habían sido condenadas en la misma sentencia, por lo que es habitual y lógico que sus peticiones de indulto se resuelvan en la misma fecha. Nada dijo de las razones de los indultos, y se explayó a continuación en explicar —lo que el diputado de IU no había pedido— que los indultos en este caso son conmutaciones de las condenas de prisión por otras menores, pero que subsisten las penas de inhabilitación así como los antecedentes penales, ya que son culpables de un delito que merece reproche social, el cual no es apaciguado por el indulto. El único dato que aportaba es que, a lo largo de 2012, no indultó a más condenados por prevaricación urbanística.

Efectivamente, el gobierno no concedió más indultos por prevaricación urbanística, pero sí por corrupción. Meses antes —en concreto en marzo de 2012— el Ministerio de Justicia había indultado a Josep Maria Servitje, alto cargo en la época de Jordi Pujol al frente de la Generalitat de Cataluña, y a Víctor Manuel Lorenzo Acuña, empresario y excuñado del dirigente de Unió Josep Sánchez Llibre, ambos condenados a penas de prisión por el llamado caso Treball y militantes en el partido democristiano.

El *Boletín Oficial del Estado* publicó el 13 de marzo de 2012 la concesión del indulto a Servitje y a Acuña, cuyas condenas de cuatro años y medio y dos años y tres meses de cárcel, respectivamente, les fueron sustituidas por sendas multas de 3.600 euros. Ambos fueron condenados en marzo de 2009 por la Audiencia de Barcelona, que consideró probado que en 1994 urdieron un plan para desviar 7,6 millones de pesetas del Departamento de Trabajo mediante la contratación de estudios inútiles o plagiados a empresarios afines. Además, Víctor Manuel Lorenzo Acuña tenía una condena anterior por otro caso de desvío de caudales públicos, dado que en 2007 el Tribunal Supremo le impuso un año y un mes de cárcel por la malversación de casi un millón de euros del Consorcio de Turismo de Cataluña. Sin embargo, la Audiencia de Barcelona sustituyó la pena impuesta a Acuña por el llamado caso Turismo por una multa de 9.824 euros precisamente el día siguiente de que se le condenara a dos años y tres meses de prisión por el escándalo Treball. Según el diario *El País*, el tribunal sentenciador —la Audiencia Provincial de Barcelona— se opuso al indulto a Servitje y Acuña.

Tras estos indultos, el periódico de Prisa organizó una durísima campaña contra el gobierno por las medidas de gracia a condenados por corrupción. Bajo el título «Los políticos sí tienen perdón», el *periódico global en español* —muy sensibilizado con el asunto de los indultos tras la medida de gracia que el gobierno de Aznar concedió al juez Javier Gómez de Liaño tras su condena por el caso Sogecable— publicó el 8 de diciembre de 2012 un artículo con el que trataba de demostrar que los delitos contra la administración pública son los que más se perdonan en proporción: desde 2000 han sido indultados 226 reos. *El País* revisó todos los indultos publicados en el *BOE* durante los últimos trece años relativos a las principales infracciones de este tipo y los resultados a los que llegó fueron los siguientes: 25 indultos por prevaricación; 107 por malversación de caudales públicos y 16 por cohecho.

Para saber si era mucho o poco, el diario comparó esas cifras con el número de condenas por estos delitos. Para ello sacó a relucir un estudio del catedrático de Derecho Penal de la Universidad de Alicante, Antonio Doval, publicado, junto a otros cuatro autores, en enero de 2012. Su conclusión fue que los delitos contra la administración pública son, en efecto, los que más se indultan proporcionalmente. Comparando el número de indultos de 2000 a 2008 con el de personas penadas por cada tipo de delito en esos años, las infracciones más indultadas fueron, por este orden: los delitos contra la administración pública (1,6 por ciento de los penados), el homicidio y sus formas (1,5), las falsedades (1,3), los delitos contra el patrimonio (0,4) y las lesiones (0,3).

Por lo general, el indulto es perdón parcial para evitar que el condenado ingrese en prisión. Pero cuando se trata de políticos y funcionarios, en muchas ocasiones va más allá y alcanza también a la pena de inhabilitación o suspensión para empleo o cargo público. El indultado puede volver así a su puesto como si nada hubiera sucedido. Dentro de los indultos analizados por prevaricación, cohecho y malversación de caudales públicos de los últimos trece años, el indulto alcanzó la pena de inhabilitación o suspensión en más de la mitad de los casos.

Expertos consultados señalan que la práctica del indulto se ha ido deformando con el paso de los años. Consideran lógico que se conceda como medida de gracia la eliminación de penas de prisión por motivos humanitarios, pero explican que debería quedar fuera la inhabilitación. Los periodistas de *El País* trataron de ser equitativos y repartieron sus críticas a los últimos gobiernos, tanto del PSOE como del PP. Así, recordaron que cuando llegó al poder, en 2004, Zapatero siguió ejerciendo la facultad de indultar de la misma forma que lo había hecho su predecesor: sin dar explicaciones y sin someterse a ningún control. Durante sus dos legislaturas fueron indultados más de cien delitos contra la administración pública.

Lo que consiguió *El País* fue abrir el debate. Fuerzas políticas como Izquierda Unida y Compromís presentaron en el Congreso medidas para que no se indulten los delitos de corrupción. También lo hizo el PSOE, a pesar de haber gobernado en los últimos ocho años sin haber introducido límite alguno al derecho de gracia. «El indulto se está usando para enmendar la plana a los jueces, cuando debe ser un recurso muy excepcional», explicó Mónica Oltra, diputada autonómica de Compromís. «No puede permitirse —añadió— que el poder lo utilice para perdonar a políticos o a las Fuerzas de Seguridad del Estado. El gobierno no puede ser juez y parte».

Margarita Robles es muy clara en este asunto: «Cuando un político comete un hecho delictivo, salvo que hubiera razones muy excepcionales, no se debe conceder el indulto. La clase política no debería indultarse a sí misma. Porque, si no, da una imagen de corporativismo y terrible de que no todos somos iguales ante la ley y que si uno tiene una profesión o un cargo determinados, posee una carta blanca para cometer determinadas actuaciones que no tiene el resto de los ciudadanos. Yo no digo que no se deban dar indultos a los políticos, porque habrá casos en que alguien ha tomado una decisión política por unas circunstancias absolutamente justificables, pero si se concede el derecho de gracias, explíquese por qué». La vocal del Consejo General del Poder Judicial estima que hay delitos respecto a los cuales tiene que haber tolerancia cero. «Y esos delitos, sin ninguna duda, deben ser las agresiones sexuales, determinados casos de terrorismo y, en el ámbito de la esfera política, los relacionados con la corrupción y la prevaricación. Más allá de que haya una valoración individualizada de conductas concretas o de arrepentimientos o de reparación del daño causado, en delitos políticos la tolerancia debe ser cero y el indulto quedar descartado».

Capítulo VIII

PENAS A MEDIDA PARA DELITOS DE CORRUPCIÓN

El escándalo de las sentencias de conformidad en política

Audiencia Provincial de Barcelona. Passeig de Lluís Companys, número 14. Martes 8 de enero de 2013. Durante la mañana.

Por vez primera en la historia de la democracia española un partido político —Unió Democrática de Catalunya— y sus dirigentes directamente afectados reconocieron en sede judicial haber cometido un delito de corrupción —ellos— y haberse beneficiado —el partido— en el llamado caso Pallerols. Y por primera vez abonaron, en concepto de responsabilidad civil por su financiación ilegal, una cuantiosa reparación. A cambio, los delincuentes —antiguos altos cargos de la Generalitat de Cataluña— no iban a ingresar en prisión.

Tras una tortuosa instrucción de más de trece años, aquel martes debía celebrarse el juicio del escándalo Pallerols, un caso de corrupción política con el que UDC se financió irregularmente a través de las subvenciones de la Unión Europea para la formación de parados. Los hechos se remontan a los años noventa del siglo pasado, cuando el empresario andorrano Fidel Pallerols desarrollaba *cierta actividad política* en torno a Unió y sus empresas empezaron a recibir ayudas de la Generalitat de Cataluña para organizar cursos de formación ocupacional con fondos procedentes de la Unión Europea. La Dirección General de Empleo, cuyo máximo responsable era entonces Lluís Gavaldà, gestionaba las ayudas. El exsecretario de organización del partido, Vicenç Gavaldà, y el exmilitante Santiago Vallvé vieron en las subvenciones una vía para sufragar gastos del partido.

— La Fiscalía sostenía inicialmente que alrededor del 10 por ciento de los 8,8 millones de euros en subvenciones que percibieron las academias de Pallerols se habían desviado a otros fines. Tras un análisis más detallado, se pudo acreditar que los implicados causaron un perjuicio económico de 388.483 euros. La mitad del dinero desviado —en concreto, 197.388 euros— se destinó a la compra de material y mobiliario para las sedes de Unió y a pagar nóminas de militantes del partido que, aunque no realizaban ningún trabajo, figuraban como empleados de las academias de Pallerols.

Tras semanas de negociación, aquel martes 8 de enero de 2013, acusaciones y defensas alcanzaron *in extremis* un pacto en el que los procesados admitieron su culpa: habían desviado fondos de la Unión Europea destinados a cursos de formación para desempleados a través de las sociedades del empresario andorrano Fidel Pallerols. El pacto fue posible después de que el Ministerio Público, que inicialmente solicitaba para los procesados penas de hasta cinco años de prisión —la Audiencia de Barcelona ya rebajó su petición inicial de once años al revocar algunos de los delitos—, se aviniese a rebajar la condena a cuatro de ellos, retirar los cargos a otros dos y reducir las indemnizaciones que planteaba en un principio. De los 388.000 euros, el fiscal reclamó a UDC que respondiese como partícipe a título lucrativo de 200.000 euros y, en calidad de responsable civil subsidiaria, de los 100.000 que desvió su exsecretario de organización Vicenç Gavaldà.

Esa misma mañana, UDC y los cuatro condenados consignaron en el banco 300.000 euros para cubrir la responsabilidad civil, que aunque formalmente figuraba sufragada por las cinco partes, fue abonada íntegramente por el partido democristiano. El pago de la responsabilidad civil por parte de Unió —el primer partido en la historia judicial española que devuelve dinero defraudado a la administración pública— comportó su asunción de que se embolsó parte de las subvenciones europeas que fueron desviadas a través de la trama, y así debía constar en la sentencia de conformidad. Los otros 88.000 euros fueron aportados por UDC y los cuatro condenados, que también pagaron multas que sumaban un total de 260.000 euros. El acuerdo se saldó con penas menores, que permitirían a los cuatro condenados eludir su ingreso en prisión, por carecer de antecedentes: año y medio para el exdirector general de Empleo Lluís Gavaldà y siete meses para el empresario Fidel Pallerols y el alto cargo del partido Vicenç Gavaldà. Para el militante de UDC Santiago Vallvé —que ya tenía una condena de poco más de un año de cárcel por el caso Turismo (relacionado con un delito de malversación de fondos de la Generalitat), que fue suspendida por no tener antecedentes—, el fiscal le dejó la pena en una multa, por lo que evitó su ingreso en prisión. El Ministerio Público retiró los cargos contra Dolors Llorens, funcionaria del Departamento de Trabajo, y María Cruz Guerrero, la esposa de Pallerols, al considerar que su papel en la trama sería subalterno del resto de acusados y no estaría completamente acreditada su participación.

La Fiscalía basó la sustancial rebaja de penas aplicada a los acusados en la aplicación de las atenuantes de reparación del daño, por haber devuelto el dinero defraudado, y dilaciones indebidas en el proceso, que se abrió en 1999 y tardó trece años en llegar a juicio, dado que la causa fue archivada, recurrida y estudiada por el Tribunal Superior de Justicia de Cataluña por la imputación de un aforado. Todo un despropósito. Además, el fiscal, según argumentó después ante la prensa, tuvo en cuenta que el paso de tanto tiempo supuso una debilitación de las pruebas para acreditar la participación de los acusados, con lo que encarar el juicio, que se hubiera prolongado durante cuatro meses, podría no haber tenido eficacia. En efecto, la práctica de diligencias para aclarar los hechos duró nada menos que cinco años. Después, desde 2004 hasta enero de 2013, cuando se llegó a la fecha prevista para el juicio en la Audiencia de Barcelona, se sucedieron infinidad de recursos de las defensas que tuvieron que resolver distintos órganos judiciales. Al final el Tribunal Supremo acordó el archivo provisional sobre las personas aforadas que habían sido imputadas. La causa, además, fue también sobreseída (y vuelta a reabrir), hasta que, por último, se acordó la apertura del juicio oral en el año 2010.

Como era previsible ante tal noticia, los editoriales en la prensa del día siguiente eran pura dinamita contra la sentencia de conformidad. «Nuevamente la corrupción de dirigentes políticos va a quedar impune, porque eso es lo que supone el pacto suscrito entre la Fiscalía de la Audiencia de Barcelona y las defensas de los acusados en el caso Pallerols. Tras varios meses de negociaciones y justo el día en el que debía comenzar el juicio, la Fiscalía llegó a un acuerdo con los abogados para formalizar una sentencia de conformidad no recurrible. Ello implica que no entrarán en prisión. [...] Lo primero que sorprende en este pacto es la escasa cuantía de las penas. Llama también la atención que la instrucción del caso haya durado trece años, con circunstancias que han beneficiado a los imputados. Que la Fiscalía haya aceptado un acuerdo en estos términos supone un escándalo monumental», señaló *El Mundo* en un editorial titulado «Una impunidad que escandaliza a los ciudadanos». Por su parte, *El País* sostuvo que «la tipificación jurídica de los delitos no da suficiente cuenta de hasta qué punto resultan moralmente rechazables y socialmente repugnantes». «La larga duración del proceso —añadió el diario de Prisa— ha provocado la queja de la presidenta del Parlamento catalán, que ha dicho que "esto quema a las personas". Pero mucho más queman las personas de su partido que metieron mano en la caja de la Generalitat». *La Gaceta de los Negocios,* por su parte, bramaba contra la clase política: «Tan lenta es la justicia en nuestro país que ya no es justicia. Resulta bochornoso que un desvío de fondos públicos por valor de 8,8 millones de euros quede *castigado* tres lustros después con la irrisoria cantidad de 388.000 euros. Dirán los más puristas que nuestro ordenamiento jurídico permite la posibilidad de llegar a un acuerdo de conformidad con la Fiscalía, como se presencia a diario en los juzgados de toda España. Es verdad; solo que en casos de corrupción política con riesgo cierto de enjuagues, tal opción debería estar descartada. Si no, habrá que concluir que, además de injusta por lenta, la justicia en España es injusta por definición cuando de juzgar a políticos se trata».

Los periódicos pusieron el dedo en la llaga de las sentencias de conformidad, tan habituales es otros países que, como en Estados Unidos, la justicia parece muchas veces un mercado persa. En los países anglosajones esta fórmula es la vía para resolver el 90 por ciento de los casos. En España, la Ley de Enjuiciamiento Criminal recoge esta posibilidad desde hace tiempo, al permitir dictar sentencia sin necesidad de juicio, siempre que el acusado se reconozca culpable de la más grave de las acusaciones que pesen contra él, pero lo limita a aquellos supuestos en los que la pena máxima sea inferior a seis años de prisión. Es decir, quedan fuera la inmensa mayoría de los delitos graves, tales como homicidio doloso, violación, lesiones agravadas, tráfico de drogas gravemente perjudiciales para la salud, y de ahí para arriba. En cambio, queda un campo libre y fértil para los delitos económicos y de cuello blanco, que suelen tener penas bastante inferiores.

En 2002 se dio carta de naturaleza a esta institución, llamada *plea bargaining* por los anglosajones, y «conformidad previa al juicio» en nuestro Derecho, con una reforma de la Ley de Enjuiciamiento Criminal que potenciaba los acuerdos para delitos de escasa entidad, los que tienen pena inferior a tres años de prisión (por ejemplo, los delitos contra la seguridad vial), creando las «diligencias urgentes», en las que el acusado que se reconozca culpable en el juzgado de guardia se lleva de premio una rebaja de un tercio de la condena.

La sentencia de conformidad es un acto procesal, previsto en la Ley de Enjuiciamiento Criminal, que supone la declaración de voluntad de las partes de poner fin al proceso penal y evitar así la celebración del juicio. Cuando se llega a una conformidad, el acusado reconoce los hechos y se compromete de forma expresa a no recurrir la sentencia y a cumplir la pena que se acuerde. El juez está obligado a aceptar la conformidad, a excepción de aquellos casos en los que el acuerdo no respete la ley. Es una práctica muy habitual —por ejemplo, en la Audiencia Nacional, en los casos de terrorismo callejero o *kale borroka*—, que se produce a diario en los juzgados y tribunales de toda España. Según datos estadísticos en poder del Consejo General del Poder Judicial, en 2011 se dictaron en los distintos órganos judiciales (juzgados de instrucción, juzgados de lo penal y audiencias provinciales) un total de 170.291 sentencias.

En términos porcentuales hay que diferenciar según el órgano que dicte la resolución. Así, los juzgados de instrucción resolvieron con conformidad el 56 por ciento de los juicios rápidos; el 29 por ciento de las sentencias dictadas por los juzgados de lo penal fue de conformidad. Por último, la cifra desciende hasta el 4 por ciento en el caso de las dictadas por las audiencias provinciales. Es decir, cuanto más grave es el delito y más alta la pena solicitada, menos conformidades se producen.

Menos en los casos de corrupción política y delitos de cuello blanco, las sentencias de conformidad resultan muy prácticas. En primer lugar porque evitan la celebración de juicios, que son un mal necesario. Consumen tiempo y dinero, cosas de las que no andamos sobrados. En una mañana de señalamientos, en cualquier pequeña capital de provincias, se pueden celebrar de cinco a diez vistas por un juzgado de lo penal; con sus cinco o diez sentencias, que el juez tiene que cavilar, razonar y redactar, generalmente, por las tardes o los fines de semana; y con sus cinco o diez recursos. Eso genera una montaña de pleitos que atascan nuestro sistema judicial, mal dotado de medios y personal, y lento como él solo. Baste pensar, por ejemplo, en la citación de testigos y peritos para que declaren en la vista oral.

Por otro lado, simplifica la sentencia, ya que, a excepción de los procedimientos ordinarios, el juez queda exento de hacer una valoración de la prueba. También resulta ventajoso para el acusado, porque no va a pasar por el mal trago del juicio y porque va a ver rebajada la pena. Y también para las víctimas, que se garantizan el cobro de la indemnización con más rapidez y en la cuantía que se pacte. También tiene inconvenientes, como es el hecho de que haya abusos, de que la conformidad se utilice, según señalan varios abogados, como arma de chantaje al acusado para que reconozca su culpabilidad a cambio de que la condena le resulte menos gravosa. Y para las víctimas, cuando estas no están personadas en la causa como acusación particular, porque la negociación se lleva a cabo sin su participación.

Suele ser el abogado de la defensa quien promueve la conformidad, aunque en ocasiones la iniciativa puede partir también del fiscal. Lo habitual es que la negociación se produzca el mismo día del juicio, justo antes de que dé comienzo la vista. Si hay acusaciones personadas, es imprescindible que estas también estén de acuerdo. Puede haber diferentes razones por las que una de las partes busque la sentencia de conformidad. Como norma general, le interesará cuando tenga pocas esperanzas de ganar el pleito.

Cuando la conformidad se produce en un procedimiento por juicio rápido, la condición es que la pena solicitada o la suma de todas las que se pidan no supere los dos años de prisión. Si la pena es de distinta naturaleza (inhabilitación, por ejemplo) no podrá superar los diez años. En el caso de las multas, podrá haber conformidad sea cual sea su cuantía. En estos casos el acusado verá rebajada en un tercio la pena solicitada. En el procedimiento abreviado (previsto para delitos castigados con penas de hasta seis años de prisión), la pena pactada no podrá ser inferior a la mínima prevista en el Código Penal para el delito cometido. Es decir, si el fiscal se mueve en una horquilla de entre tres y seis años de cárcel, nunca podrá aceptar una condena a dos.

El que fuera fiscal jefe anticorrupción entre los años 1995 y 2003, Carlos Jiménez Villarejo, publicó un artículo de opinión en *El País* muy crítico con lo ocurrido en la Audiencia Provincial de Barcelona. «Una vez más —afirmó—, los partidos y sus dirigentes son destinatarios de un trato complaciente, cuando no reverencial, de ciertos jueces que, sencillamente, no se atreven a investigarlos y confirman el carácter desigual del Derecho Penal. Ante un caso evidente, como pocos, de financiación ilícita de un partido gobernante, que hoy sigue gobernando como si nada hubiera pasado, las leyes vigentes no contemplan ni siquiera una sanción administrativa que cumpliera, al menos, una función ejemplarizante. Todo parece estar permitido y las consecuencias de tanta impunidad están a la vista. [...] No puede entenderse que el juez no investigase la relación consciente del presidente del partido, Josep Antoni Duran i Lleida, con esa trama y cuesta admitir que desconociera su existencia, sobre todo cuando uno de los acusados fue en esas fechas secretario de organización de Unió».

El pacto de la Fiscalía y las defensas de los acusados del caso Pallerols tenía dos objetivos: por un lado, evitar que el máximo dirigente de Unió, Josep Antoni Duran i Lleida, tuviera que declarar en el juicio y, por otro, evitar que los imputados entraran en prisión, en la confianza de que se aplicaría en este caso lo que es habitual cuando la pena es inferior a dos años y el condenado no tiene antecedentes. Sin embargo, el desenlace del caso Pallerols estaba teniendo un efecto muy corrosivo sobre la confianza de los ciudadanos en la justicia y en la política, ya que no hay nada más descorazonador, en tiempos azotados por el paro y los recortes, que la malversación de fondos públicos quede impune a los ojos de todos. Fue por eso que, dos meses después del acuerdo de conformidad, la Audiencia Provincial de Barcelona ordenó el ingreso en prisión de los acusados por la incuestionable gravedad de los hechos, que se enmarcaban en lo que «coloquialmente se denomina corrupción política a través de una trama organizada». El tribunal argumentó que la corrupción debe castigarse con severidad para que cunda el ejemplo, porque cualquier decisión que no ponga freno a esa lacra sería obscena para unos ciudadanos sometidos al azote del paro y de los recortes.

Los jueces estimaron que en este asunto la pena de cárcel debe servir «para intimidar a todos aquellos ciudadanos/políticos que pudieran sentirse tentados» por la corrupción y para que interioricen la necesidad de ajustar su actuación a criterios de ética política. El ingreso en prisión era necesario, razonan los magistrados, para frenar ese tipo de conductas y fomentar que los servidores públicos «ajusten su actuación a criterios de ética política». Lo contrario equivale a una cuasi impunidad de políticos y poderosos que sucumbieron a las ventajas que proporciona el ejercicio del poder. Sería obsceno que las decisiones de los jueces no sirvieran de cortapisa para evitar el desvío de fondos, sobre todo —añadieron los magistrados de la Audiencia Provincial de Barcelona—, en una época de crisis, con personas que a diario engrosan los dramáticos índices de desempleo, sometidas a continuos recortes en servicios sociales y a una demanda de sacrificios que se ceba en los más débiles. Fue esa una decisión ejemplar, que la Sección Segunda de la Audiencia de Barcelona adoptó por mayoría. El magistrado Javier Arzúa Arrugaeta emitió un voto particular, porque consideraba que no había razones suficientes para denegar el beneficio de la suspensión de pena.

El mismo día que se conoció la decisión de la Audiencia de Barcelona, el Centro de Investigaciones Sociológicas hizo público su barómetro de febrero, que reflejó un cambio de tendencia sobre la percepción que los ciudadanos tienen de la corrupción política. Según el sondeo, la preocupación por la corrupción se disparó en aquel mes y ya era el segundo motivo de inquietud para los españoles en la lista de las cuestiones que más malestar crean a los ciudadanos. Así las cosas, el 40 por ciento de los encuestados consideró que era el principal problema, frente al 17,7 por ciento que pensaba así en enero.

Los periódicos del día siguiente juntaron las dos noticias en sus editoriales. «La preocupación por la corrupción se ha disparado. Así lo recoge la última encuesta del CIS. Los jueces de la Audiencia de Barcelona no conocían esta encuesta al dictar un auto bastante insólito en los usos judiciales españoles, en el que se decreta el ingreso en prisión del empresario Pallerols y dos excargos de Unió condenados a menos de dos años de cárcel. [...] Sin duda han tenido muy en cuenta la indignación ciudadana hacia los corruptos y la tesis muy extendida de que los políticos gozan de un trato de favor.

La finalidad ejemplarizante del auto está justificada en un país en el que existen trescientos políticos implicados en casos de corrupción y en un contexto de muchos sacrificios para los ciudadanos. Probablemente el tribunal haya querido con esta decisión rechazar el pacto de los encausados con el fiscal para eludir la cárcel. Por discutible que sea esta decisión, mucho más grave resulta el afán protector de los partidos hacia sus dirigentes implicados en escándalos de corrupción», concluyó *El Mundo*.

Un mes después la Audiencia de Barcelona confirmó la resolución en la que obligaba al empresario andorrano Fidel Pallerols y a los excargos de UDC Lluís y Vicenç Gavaldà a ingresar en prisión, aunque les dio un plazo de cinco días para que acreditasen haber solicitado ante el Ministerio de Justicia una petición de indulto. El tribunal admitió en su auto que los procesados «están totalmente insertados en la sociedad», pero descartó que su ingreso en prisión suponga un factor criminógeno ni frustre los fines de reinserción de la condena, teniendo en cuenta su edad, educación y estatus socioeconómico. «La finalidad del beneficio de suspensión de la ejecución nunca ha sido ni es evitar el ingreso en prisión de cualquier persona que, condenado a penas menores de dos años, fuere delincuente primario o asimilado», añadió la sala tras insistir en que en este caso debía primar el principio de prevención general. En su auto, el tribunal admitió que la enfermedad cardiovascular grave que alegó el condenado Lluís Gavaldà para recurrir su ingreso en prisión podría servir para justificar la petición de indulto al gobierno.

De todas formas, los tres condenados por el caso Pallerols no pisarán la cárcel, al menos durante un año. La Audiencia Provincial de Barcelona acordó suspender el ingreso en prisión mientras se tramita su petición de indulto, sobre el que debe decidir el gobierno. En un auto dictado el 25 de abril de 2013, la Audiencia de Barcelona aceptó suspender la ejecución de la pena de prisión con dos argumentos. El principal es que las penas impuestas son tan cortas que, si se les obliga a cumplirlas y después reciben el indulto, «la finalidad perseguida pudiera resultar ilusoria». La existencia de dilaciones indebidas fue el segundo motivo que alegaron los magistrados.

El destino de los tres condenados a penas de cárcel está en manos del gobierno de Mariano Rajoy, que deberá darse prisa si pretende conceder la medida de gracia. En su auto la Audiencia de Barcelona advirtió de que podrá acordar su ingreso en prisión «si transcurriese un año sin haber mediado resolución por el gobierno de la Nación». Los magistrados recuerdan que la ley permite entender que el indulto ha sido desestimado si, pasado ese tiempo, no se ha tomado ninguna resolución. La Fiscalía, artífice del pacto a penas mínimas de prisión para los condenados, no recurrió la decisión del tribunal.

«Ustedes tienen un problema que se llama 3 por ciento»

Parlamento de Cataluña. Parque de la Ciudadela, sin número, en Barcelona. Jueves 24 de febrero de 2005. Durante la tarde.

El Parlament vivió aquel día un pleno vergonzoso y lamentable. Allí se pudo escuchar la acusación más directa de cobro de comisiones ilegales por parte de dirigentes políticos en las adjudicaciones de obra pública. Y no pasó nada. El asunto no terminó en los tribunales, como sería lo lógico. La justicia eludió actuar de oficio. Fiscales y jueces no se dieron por enterados.

Fue a propósito de la sesión plenaria monográfica tras el hundimiento del túnel del metro del Carmel. ¿Los protagonistas? El entonces presidente de la Generalitat, Pasqual Maragall, y el jefe de la oposición y líder de Convergència i Unió (CiU), Artur Mas.

Pascual Maragall: La malicia de sus palabras me demuestra que ustedes tienen un problema y que se han sentido atacados por una acusación que de alguna forma ustedes mismos deben notar como verídica porque, de otra manera, no se explicaría que usted haya salido con el tono de falta de respeto que ha usado. [...] Han roto hoy una regla que en este Parlament se había ponderado siempre, que era el respeto entre los diputados. Y en esto, la historia les pasará la factura.

Artur Mas: Me tendría que explicar en qué le hemos faltado al respeto. Lo que pasa es que puede ser que usted tenga la piel tan fina, el orgullo tan lleno y el amor propio tan inflado que al final resulta que cualquier crítica, aunque sea expresada en términos correctos, le molesta. [...] Estoy absolutamente alucinado de que usted se levante en este Parlament en una sesión como la de hoy y hable de todo menos del Carmel.

P. M.: Sí, muy brevemente, porque pienso que efectivamente hemos tocado un punto clave. Ustedes tienen un problema y ese problema se llama 3 por ciento.

A. M.: Usted ha perdido completamente los papeles. Si era para esto, se podía haber ahorrado esta intervención. Yo le pediría una cosa, y se lo digo con toda la modestia. Entre ustedes y nosotros hemos de hacer cosas muy importantes en los próximos meses al servicio de este país. No lo olvide. Para hacer estas cosas importantes es muy necesario que un cierto círculo de confianza entre ustedes y nosotros siga existiendo, [...] y no se rompa, y con su última intervención esto se rompe. Usted envía la legislatura a hacer puñetas. Supongo que es consciente de ello, y le pido formalmente que retire esta última expresión.

P. M.: Accedo a su demanda por una sola razón, porque usted acaba de decir una cosa muy importante, que interesa más el país que todo lo que nos ha dicho antes. [...] Espero que ustedes estén en condiciones de cumplir su parte de obligación en los meses que vendrán en los cuales se jugará el Estatut, la Constitución y, en buena medida, nuestro futuro.

A. M.: Yo le agradezco, señor Maragall, esta rectificación que es buena, no le humilla en absoluto. Pero les vuelvo a decir que si en algún momento ustedes tienen alguna sospecha, al margen de lo que se ha dicho hoy, sobre lo que sea, hagan el favor de ir a los tribunales.

La sombra del 3 por ciento siguió planeando sobre el hemiciclo, hasta el punto de que el propio consejero de Política Territorial, Joaquim Nadal, tuvo que aclarar que el gobierno del que formaba parte no se arredraría por las amenazas de CiU. Sin citar el candente porcentaje, Nadal afirmó: «La transparencia es un compromiso que este gobierno ha asumido y es evidente que el estatuto que elaboremos no puede estar sometido a ninguna presión ni a ningún precio», dijo en clara referencia a las presuntas comisiones ilegales. El principal socio de gobierno del PSC —Esquerra Republicana— también abordó sin complejos la espinosa cuestión y, por boca de su líder, Josep Lluís Carod-Rovira, lanzó una clara advertencia a CiU: «Este parlamento no puede tolerar ninguna expresión por parte de nadie que pueda ser interpretada como moneda de cambio para la elaboración del nuevo Estatut», afirmó, antes de apostillar: «Si no podemos aceptar limitaciones de fuera, tampoco de dentro». «Honradez sí, cuentas claras, también», concluyó Carod.

El popular Josep Piqué ahondó en ese conflictivo porcentaje y reclamó que la comisión de investigación parlamentaria sobre el Carmel abordase el sistema de adjudicación de obras en la anterior administración de CiU. «El clamor de la sociedad catalana se ha confirmado por boca del presidente Maragall, es decir, que las adjudicaciones iban parejas a una comisión. Pues hablemos de ello.

Que se discuta en la comisión», manifestó Piqué. El entonces líder del PP catalán lamentó el «triste y profundamente lamentable» espectáculo que dieron Maragall y Mas en el debate, sobre todo al tratar una cosa tan seria como el estatuto como una serie de intercambios extraños o cambalaches.

El asunto cobró de nuevo interés siete años y medio después, en plena campaña de las elecciones catalanas de noviembre de 2012, cuando *El Mundo* publicó en portada una noticia con el siguiente titular: «La Policía vincula cuentas en Suiza de Pujol y Mas con la corrupción de CiU». El diario se hacía eco de un borrador de la Unidad Central de Delincuencia Económica y Fiscal (UDEF) de la Policía, en el que se revelaba que parte de las comisiones que las empresas pagaban a Convergència Democràtica de Catalunya (CDC) —el 4 por ciento del monto total de cada adjudicación—, a través de la trama del Palau, acabó en depósitos bancarios del país helvético. En dicho documento policial se denunciaba la existencia de cuentas en Suiza y Liechtenstein controladas por el presidente de la Generalitat, Artur Mas, y su padre, así como por Jordi Pujol, su esposa, Marta Ferrusola, y su primogénito, Jordi. En concreto, el borrador de la UDEF, elaborado por la Brigada de Blanqueo de Capitales, explicó que los Pujol disponían de «tres cuentas numeradas y dos cajas de seguridad con número correlativo a la que el propio Félix Millet [responsable del Palau] posee en el mismo establecimiento de Lausana».

Al principió se pensó que el informe de la UDEF formaba parte de las diligencias que se llevaban a cabo para esclarecer el entramado de corrupción que coordinaba Millet a través del Palau de la Música. Los agentes sostuvieron que las comisiones ilegales eran del 4 por ciento sobre el importe total de la adjudicación. De ese porcentaje, un 2,5 revertía en los partidos políticos vinculados a la Generalitat, mientras que el 1,5 restante se destinaba a gastos y comisiones de Millet y sus colaboradores en el Palau y a cuentas privadas de algunos dirigentes políticos y/o de sus familiares directos más allegados.

Las dudas sobre la validez del borrador publicado por *El Mundo* levantaron tal polvareda que la carrera judicial, la Fiscalía, los cuerpos de seguridad, la clase política y los medios de comunicación salieron mal parados. Vamos, todo un mal ejemplo para los que creen en la equidad de la justicia. Al final aquello acabó convirtiéndose en una auténtica batalla campal, tanto en el ámbito político y jurídico como en el mediático. Para empezar, el juez que investigaba el saqueo del Palau de la Música pidió al comisario jefe de la Unidad de Delitos Económicos y Fiscales, Manuel Vázquez, que validase el borrador. El jefe de la UDEF contestó días después que el texto no podía ser validado porque no fue elaborado por su equipo. Mientras tanto, el Sindicato Unificado de Policía (SUP), mayoritario en el cuerpo, entró en escena al denunciar las trabas para investigar casos de corrupción relacionados con políticos y empresarios de relevancia. El sindicato policial entregó al juez una copia del documento publicado por *El Mundo* sobre el supuesto cobro de comisiones ilegales por parte de la cúpula de CDC, que dijo haber recibido de forma anónima, para que se depurasen todas las responsabilidades. El sindicato consideró que el informe se hizo realmente por policías y alguien decidió en el cuerpo que no se incorporara a ninguna causa judicial y se quedara durmiendo en un cajón.

Mientras tanto, el diario *El País* tomó posición y puso en cuestión todas las informaciones publicadas por *El Mundo*. Acusó incluso a miembros de la Policía de trabajar al margen de la ley, aunque amparados por altos dirigentes del gobierno y del PP, con el fin de defender la unidad de España, en peligro por culpa del plan rupturista de los nacionalistas catalanes. *El País* citó como parte de esos apoyos las declaraciones del ministro de Hacienda, Cristóbal Montoro, quien llegó a pedir cuentas a los políticos de CiU acusados por informes policiales «sin firma ni destinatario», realizados, según el diario de Prisa, por un «grupo de policías emboscados en el anonimato» contra los altos dirigentes de Convergència, contra jueces y fiscales que investigan presuntos casos de corrupción. *El Mundo* contestó que «quienes han tenido la frivolidad de titular en su portada que el borrador de la UDEF era un montaje y su contenido una serie de bulos van a tener que tragarse sus palabras».

El Sindicato Unificado de la Policía aportó días después un informe en el que denunció que dos fiscales de Barcelona «no estaban por la labor» de investigar la corrupción de CiU en precampaña. Según el documento, el 29 de octubre de 2012 se mantuvo una reunión en la Fiscalía de Barcelona con los representantes del Ministerio Público, Sánchez Ullet y Bermejo. Por parte de la Policía estuvo el comisario jefe de la Unidad de Asuntos Internos y jefe de la UDEF. Según ese informe, a los fiscales se les enseñó un documento de la situación y se les planteó la necesidad de hacer registros en los domicilios más significativos, entre ellos el del tesorero del CDC, que también lo era de la Fundación Trías Fargas que, al parecer, había alardeado de tener un disco duro con todos los pagos por si le pasaba algo. Los fiscales contestaron que «no estaba el juez por la labor de seguir» y que había que motivar muy mucho esas peticiones, que en época de precampaña lo veían poco factible. En suma, que dedicaran los esfuerzos a otra cosa.

Finalmente, con la intención de esclarecer y dar por zanjado el asunto, el ministro del Interior, Jorge Fernández Díaz, dio a conocer las conclusiones a las que llegó la Unidad de Asuntos Internos de la Policía Nacional sobre el documento publicado por *El Mundo*. Con fecha de 9 de marzo de 2013 el informe policial concluyó, en primer lugar, que en el borrador constan datos que se encuentran judicializados en diversas investigaciones abiertas y vivas sobre presuntos casos de corrupción (investigaciones que desglosa una por una). Además, los investigadores aseguraron que el documento, al tratarse de un borrador, no se corresponde exactamente con ninguno de los textos de la UDEF remitidos a los juzgados. En el tercer punto, Asuntos Internos explicó que es habitual que las unidades policiales lleven a cabo la elaboración de un borrador en el que van volcando todos los datos y solo cuando el mando considera que la información tiene consistencia se remite a los juzgados para su investigación. Es decir, los especialistas aclaran que es un método habitual trabajar sobre un borrador y que es normal que existan varios borradores. Según explicó el ministro durante su comparecencia en la Comisión de Interior del Congreso, la Unidad de Asuntos Internos interrogó a todo aquel que hubiera podido tener relación directa o indirecta con ese borrador y todos negaron su existencia. Los analistas policiales entendieron que la negativa de estos funcionarios se puede interpretar o bien por que efectivamente nada tienen que ver o bien porque interpretan que admitir cualquier relación con el documento puede provocar alguna sanción administrativa y optan por negarlo. El ministro del Interior anunció que al líder del SUP, José Manuel Sánchez Fornet, se le abrió un expediente por difundir el borrador.

A partir de que se conociesen las conclusiones de Asuntos Internos de la Policía, el documento sobre las cuentas en Suiza de la cúpula de Convergència no fue a mayores, pero abrió la espita para que se empezase a investigar, tanto en los juzgados como en los medios de comunicación, a la familia Pujol. Especial interés merece este asunto, porque el caso del dirigente nacionalista que estuvo veintitrés años al frente de la Generalitat de Cataluña se puede calificar de insólito: sus actividades empresariales llevan treinta años bajo sospecha de la justicia sin que se haya encontrado

—por unos motivos o por otros, por el peso, en mayor o menor medida, de personajes con gran capacidad de influencia en los tribunales— la más mínima irregularidad. «En este país soy el único político en activo y con un cargo público importante a quien se le han investigado los bolsillos hasta la última peseta; y no solo a mí, sino también a mi mujer, a mis cuñados, a mi suegra...». Así valoraba Jordi Pujol su implicación en aquella «operación indigna» que, a su juicio, fue Banca Catalana. En 1986 la justicia dio carpetazo al procesamiento de Pujol, al que se acusaba de desviar fondos de aquel intento fallido de crear una banca genuinamente catalana. Cuenta José García Abad en *La soledad del rey* que «Pujol nunca olvidará la intervención de Su Majestad cerca de Felipe González para impedir su procesamiento en la querella contra Banca Catalana, de la que Pujol fue máximo directivo».

En los últimos meses, los negocios de buena parte de sus hijos también están sometidos a la lupa de la opinión pública. Veinticinco años después del carpetazo al caso Banca Catalana, es Oriol quien se encuentra en el epicentro de una trama judicial relacionada con la adjudicación irregular de estaciones de ITV. «Colaborador necesario» de una red clientelar, según un informe de la Agencia Tributaria, el secretario general de CDC fue finalmente inculpado tras más de un año en el que el juez se pensó —y mucho— si actuaba contra él o no. El sumario demostró que el quinto hijo del veterano dirigente convergente cometió el mismo error que su padre y que algunos de sus hermanos: «creer que el apellido Pujol otorga inmunidad a la hora de hacer negocios con oscuros personajes que se desenvolvían bien en el tráfico de influencias», publicó en su día *ABC*.

Tras la imputación y pese a haber dimitido de sus cargos, Oriol Pujol seguía mandando en CDC. Su poder pasó formalmente a manos de Josep Rull y Lluís Corominas. Ambos procuraban que sus decisiones fueran consensuadas con el anterior secretario general. Su influencia se notaba y lo demostró el propio líder del partido. Cuando Artur Mas se reunió en secreto con Rajoy, solo un dirigente de CDC tenía noticia del encuentro, según fuentes del partido: Oriol Pujol. El imputado pasaba los días en la calle de Còrsega, sede de los nacionalistas. Continuó ocupando un despacho en el edificio, si bien dejó la planta que ocupa la dirección. Un privilegio con el que no cuentan la mayoría de diputados de CiU, y mucho menos los que no tienen asignadas funciones de dirección en el grupo parlamentario. Pujol prometió, tras su imputación, que sería un mero militante de base. Convergència Democràtica es el partido más afectado por la corrupción en Cataluña. Aparte de Pujol, otros dos diputados en el Parlament están imputados: Xavier Crespo, por sus relaciones con la mafia rusa; y Ferrán Falcó, como responsable en la época de las comisiones de 3 por ciento. Pero además tiene su sede embargada para cubrir la fianza de 3,3 millones que le impuso el juez por el caso Palau.

Otros dos de los hijos de Jordi Pujol heredaron las *amistades peligrosas* del padre. Este fue el caso de Pere y Jordi Pujol Ferrusola. Ambos se relacionaron con Carles Sumarroca, a quien Javier de la Rosa señaló junto a Carles Vilarrubí como conocedores de unas supuestas cuentas bancarias de la familia Pujol en Suiza. Pere Pujol fue gerente de la desaparecida empresa Entorn, consultoría ambiental a la que el gobierno catalán y varios consejos comarcales gobernados por CiU encargaron informes técnicos. La Fiscalía abrió una investigación en 2005 sobre la adjudicación de obra pública a la empresa Teyco, propiedad de Carles Sumarroca. Por su parte, Jordi Pujol junior fue asesor del grupo Sumarroca. Su primer empleo se lo proporcionó el exsecretario de Presidencia, Lluís Prenafeta, en la empresa Tipel. Prenafeta, que fue hombre de confianza del presidente de la Generalitat, fue detenido por el caso Pretoria, sobre supuesta corrupción inmobiliaria. Jordi Pujol junior mantuvo relaciones con importantes adjudicatarias de obras y contratas para la Generalitat, tanto de obra pública como de asuntos medioambientales, sin que profesionalmente tuviese currículum que lo justificara, y, al parecer, utilizó su influencia política para colarse en grandes proyectos, como la remodelación del aeropuerto de Barcelona.

Jordi Pujol Ferrusola participó en la empresa Hidroplant, creada por su madre, Marta Ferrusola, y la esposa de Carles Sumarroca. La segunda hija del matrimonio, Marta Pujol, también figuraba en Hidroplant, dedicada a la jardinería. Marta es arquitecta y su despacho también se benefició de varias adjudicaciones de la Generalitat. Compartió con varios de sus hermanos y su madre la costumbre de acompañar a Jordi Pujol a varios viajes institucionales, como el que ella misma hizo a Montevideo en 1997. La sospecha de que esas visitas eran aprovechadas por los vástagos de Pujol para hacer negocios siempre estuvieron presentes, pero el propio dirigente catalán lo desmentía, al tiempo que defendía el derecho de sus hijos a realizar trabajos para la Generalitat. Así lo hizo otro de los hijos del *expresident* —Josep Pujol Ferrusola, que amasó un patrimonio inmobiliario de más de nueve millones de euros—, a través de la consultoría Europraxis, pues su hermano Oriol, que entonces era secretario general de Industria, le encargó varios informes de dudosa utilidad. En 2002 el nombre de Europraxis apareció en la investigación de las irregularidades detectadas en el Consorcio de Turismo, pues una filial de esta empresa cobró 124.000 euros por la elaboración de tres estudios. Josep Pujol vendió Europraxis a Indra, operación por la que Hacienda le reclamó dieciocho millones de euros en concepto de impuestos adeudados. En 2007 la Sindicatura de Cuentas denunció la desaparición de doce expedientes de contratación del Instituto Catalán de la Salud con Europraxis e Indra.

Oleguer, el más pequeño de los hermanos, no ha escapado a la lupa con la que se analizan los negocios de la familia. Dedicado al sector inmobiliario, tiene cargos en una veintena de empresas y llevó a cabo una polémica compraventa del complejo de apartamentos Bahía Sur en San Fernando (Cádiz) en 2003 mediante la empresa Cargill. Aunque se hizo más conocido por su participación en la campaña «Freedom for Cataloonia» (Libertad para Cataluña), que se llevó a cabo con motivo de los Juegos Olímpicos de Barcelona. Mireia Pujol compartía con su hermano un sentimiento independentista que canalizó a través de la plataforma Soberania i Progrés, a la que se incorporó en 2006 y que estaba promovida por personas próximas a ERC. Exbailarina —su compañía se benefició de subvenciones públicas—, su último trabajo conocido se centraba en la fisioterapia.

La financiación irregular del partido de *los Pujol* quedó en evidencia —y a la espera de juicio— el 16 de julio de 2013, casi cuatro años después de que la Justicia abriese la instrucción del *Caso Palau*. Ese día el juez José María Pijoan dictó un auto con el que dio por concluida la investigación del saqueo del Palau de la Música, mantuvo la imputación a diecisiete personas y concluyó que Convergència Democràtica de Catalunya cobró 5,1 millones de euros por comisiones a cambio de conceder obra pública en diez años. El instructor puso de relieve que no sabía dónde habían ido a parar más de 9 millones de euros extraídos en cheques de las cuentas del Palau, al tiempo que constató que Ferrovial pagaba un 4 por ciento más del total de la adjudicación destinado a comisiones: entre el 2,5 y 3,5 por ciento para CDC y el resto, para los responsables del Palau. Se quedó cortó Maragall en su intervención parlamentaria de 2005: «El problema no se llama tres por ciento, sino cuatro... Cuatro por ciento en comisiones ilegales».

Financiación de partidos: la mano que mece la cuna

Palacio de Justicia de Pamplona. Calle de San Roque, número 4. Martes 21 de mayo de 2013. Durante la tarde.

El exdiputado de UPN Jaime Ignacio del Burgo acabó de declarar como testigo por videoconferencia en relación de los llamados papeles de Bárcenas. El juez Ruz le había pedido explicaciones sobre varios pagos de 600.000 pesetas (3.600 euros) al exconsejero de Salud del gobierno de Navarra, Calixto Ayesa, a partir de 1991. Según declaró Del Burgo, el pago era para resarcirle de las pérdidas que le ocasionó tener que cerrar su consulta dermatológica tras aceptar el cargo de consejero. A la salida de los juzgados, a Del Burgo le esperaban los periodistas. En el corrillo con los medios de comunicación el exparlamentario de UPN defendió la honestidad del PP y detalló que entregó 3.000 euros a Elena Murillo, concejal de su partido en la localidad de Villava, porque tuvo que dejar su domicilio después de sufrir el 14 de abril de 2001 un atentado de la banda mafiosa ETA. Según explicó a los periodistas, Jaime Ignacio del Burgo había aprovechado su comparecencia ante el juez de la Audiencia Nacional para aclarar cómo llegaba el dinero a los partidos hasta la reforma de 2007. Del Burgo relató cómo el PP intentó desde 1997 reformar la financiación de las fuerzas políticas para suprimir donaciones anónimas y las condonaciones bancarias. A lo primero se opusieron los nacionalistas, porque de los 100 millones de euros ventilados como donativos anónimos entre 1987 y 2007, 44 fueron para CiU y 27 para el PNV. A lo segundo se negó el PSOE, porque los socialistas recibieron entre 50 y 60 millones por la vía del perdón de las deudas con los bancos.

Hoy en día la financiación de los partidos políticos sigue bajo sospecha. No en vano es el origen de numerosos casos de corrupción y germen de la indignación ciudadana, que ve cómo, por ejemplo, en el año 2012 casi 40.000 familias tuvieron que abandonar sus casas por desahucios, mientras esas mismas entidades bancarias condonan deudas a los partidos. Estamos ante un ejemplo más de que la justicia no es igual para todos.

El problema de financiación tiene su origen en los enormes gastos que ocasionan las mastodónticas organizaciones de las dos grandes fuerzas políticas en nuestro país. El PSOE tiene en torno a 4.000 sedes y el PP otras tantas. Sus plantillas, antes de los ajustes de los últimos meses —sobre todo en el Partido Socialista— rondan las 1.500 personas cada uno. Mantener en funcionamiento permanente esa maquinaria supone un gasto anual de varios miles de millones de pesetas. Según los últimos datos que se conocen, el Tribunal de Cuentas acreditó en 1991 unos gastos de personal que en el PSOE rondaban ya ese año los 2.000 millones de pesetas, es decir, un 30 por ciento de los 7.000 millones de gastos totales que presentaba. En el PP las cifras no se alejaban demasiado (1.700 millones en personal). Hoy esas cifras de gasto pueden llegar al doble.

Viejo tema este de la financiación de los partidos políticos, que en España se ha repetido desde los comienzos mismos de la Transición. Recordemos la *deuda histórica* acumulada en los primeros años de la democracia por UCD, AP, lo que se conoció como Operación Roca o el desaparecido CDS, de cuya liquidación nunca se supo. Esta deuda histórica se cifró en algún momento en 23.000 millones de pesetas. El Banco de España dio alguna vez la cifra de 300 millones de euros, que fue el coste total de poner en marcha una democracia de partidos. Bien gastados estuvieron, pero algo hemos hecho mal, porque han pasado más de treinta y cinco años y no hay escándalo de corrupción en España que no tenga como trasfondo la financiación irregular de los partidos políticos.

El problema —bien se puede considerar así por las consecuencias que nos ha traído— de la financiación de los partidos políticos comenzó —por ponerle alguna fecha— el 22 de junio de 1977, cuando el rey, tras las primeras elecciones parlamentarias, escribió una carta al sha de Persia pidiéndole diez millones de dólares para *ponerle* un partido fuerte a Adolfo Suárez ante una encrucijada histórica: las elecciones municipales que se iban a celebrar seis meses después. La carta —escrita en francés, fechada en La Zarzuela, dada a conocer en un libro escrito por el que fuera jefe de la Casa del último sha y cuya autenticidad nunca fue desmentida— justificó tal petición en lo que se llamó el «peligro socialista». La percepción que se tenía entonces, durante los primeros días de la Transición, era que el PSOE, una fuerza política de corte marxista-leninista, podía suponer un riesgo para la Corona. No fue así, como demostraron las excelentes relaciones entre don Juan Carlos y Felipe González, posiblemente el presidente del Gobierno con el que mejor se ha llevado el monarca.

Los socialistas también tuvieron lo suyo con el denominado caso Flick, el mayor escándalo, hasta ahora, de financiación ilegal de los partidos políticos alemanes. La venta de las acciones que tenía Flick de Daimler Benz al emirato de Kuwait se realizó con exenciones del pago de cientos de millones de marcos al fisco. Todo pareció indicar que estos beneficios fiscales se concedieron gracias a los donativos que el consorcio repartió entre todos los partidos del Parlamento federal (Bundestag) de entonces en Bonn: democristianos, socialdemócratas y liberales. Tras una larga investigación parlamentaria, el caso se cerró en los tribunales, que solo condenaron por fraude fiscal a dos exministros liberales de Economía y a un alto directivo del consorcio.

El escándalo también tuvo una ramificación española. Un ejecutivo alemán declaró ante la comisión del Bundestag haber entregado dinero para «estabilizar la democracia en la península Ibérica», acusación que provocó la célebre frase de Felipe González: «No he recibido ni un duro, ni una peseta, ni de Flick ni de Flock». Los implicados admitieron los hechos en la comisión de investigación creada al efecto en el Congreso de los Diputados, pero no tuvieron responsabilidades porque la financiación irregular (por valor de un millón de marcos alemanes) había tenido lugar un año antes de que se prohibiera a los partidos españoles recibir donaciones extranjeras. Finalmente, la cámara baja absolvió a Felipe González con 263 votos a favor, aprobando las conclusiones elaboradas por la comisión acerca de la inexistencia de pruebas y la falsedad de las declaraciones.

El gran problema de la financiación para el PSOE surgió a raíz del referéndum sobre la permanencia de España en la OTAN, celebrado el 12 de marzo de 1986. En contra de lo que ocurre en las elecciones, el Estado no reembolsó ni un duro de la cantidad que cada partido gastó en aquel referéndum a favor o en contra de la Alianza Atlántica. El gasto extraordinario del PSOE —entre 700 y 900 millones de pesetas (de 4 a 5 millones de euros)— vino a agravar su situación financiera, no demasiado boyante. Los socialistas se dirigieron entonces a empresarios y banqueros con el argumento de que la permanencia en la OTAN abría las puertas de la Europa comunitaria y de que ello beneficiaba a la economía española en general, por lo que no era justo que los socialistas cargaran en solitario con el esfuerzo económico de la campaña en favor del «sí». Como reconocen fuentes socialistas conocedoras de aquel proceso, el PSOE pidió a banqueros y empresarios una contribución especial para el partido.

Uno de los financieros a cuya puerta tocaron los dirigentes socialistas se manifestó de acuerdo con la petición, pero reclamó una cobertura, es decir, un mecanismo que legalizara esas donaciones mediante un tráfico comercial. El nombre del financiero se mantuvo en secreto durante más de veinte años, hasta que el exvicepresidente del Gobierno Alfonso Guerra desveló en el tercer volumen de sus memorias —publicadas en mayo de 2013— que se trataba de Alfonso Escámez, el que fuera presidente del Banco Central.

Así nació el caso Filesa, el mayor escándalo de financiación ilegal de partidos políticos en España. La noticia saltó el 29 de mayo de 1991, cuando varios medios de comunicación se hicieron eco de la denuncia del excontable chileno Carlos van Schowen y acusaron al PSOE de financiación irregular a través de las empresas Filesa, Malesa y Time Export. Entre 1988 y 1990 estas sociedades cobraron cientos de millones de pesetas, en concepto de estudios de asesoramiento, a destacados bancos y empresas, informes que nunca llegaron a realizarse. Los fondos fueron empleados, supuestamente, para financiar el coste del referéndum de la OTAN en 1996, y en la campaña electoral del PSOE en 1989. El caso llegó al Tribunal Supremo, que dictó sentencia el 28 de octubre de 1997. Ocho personas fueron condenadas por la trama, que servía como una tapadera para ingresar dinero en las arcas del PSC y, por ende, en las cuentas del PSOE.

En el juicio tuvieron que prestar declaración Felipe González y Alfonso Guerra. El senador socialista Josep María Sala fue condenado, por asociación ilícita y falsedad en documento mercantil, a una pena de tres años de prisión, así como a una multa de 350.000 pesetas. Tras permanecer veinticinco días en la cárcel barcelonesa de Can Brians, Sala fue puesto en libertad provisional mientras se tramitaba el recurso de amparo presentado contra la sentencia. Finalmente se anuló la condena por falsedad en documento mercantil y la pena total se situó en dos años de prisión. En septiembre de 2004 Sala regresó a la dirección del PSC.

Por su parte, al diputado socialista Carlos Navarro y a los responsables de Filesa, Luis Oliveró y Alberto Flores, el Tribunal Supremo les condenó a penas de 11 años de prisión a cada uno, aunque no llegaron a cumplirlas de forma íntegra, ya que obtuvieron en diciembre del año 2000 un indulto parcial, concedido por el ejecutivo de José María Aznar, de tal forma que se redujeron a la mitad las condenas. En aquel momento los tres disfrutaban del tercer grado penitenciario. De nuevo, los dirigentes políticos sí tienen perdón y se van de rositas.

El PP tuvo su caballo de Troya con el llamado caso Naseiro. Poco después de la llegada de José María Aznar a la presidencia de su partido, una investigación rutinaria sobre tráfico de drogas destapó un escándalo político-financiero en el que estaban presuntamente implicados altos cargos del PP. Se trataba de un caso de presunta financiación irregular del partido mediante cobro de comisiones ilegales en torno al Ayuntamiento de Valencia. Un juez instructor de esa ciudad —Luis Manglano— dictó auto de procesamiento contra varios miembros de esa fuerza política, entre los que se encontraban su tesorero, Rosendo Naseiro, y Ángel Sanchís, diputado por Valencia y antiguo tesorero. El caso Naseiro llegó al Tribunal Supremo —debido a la condición de diputado de Sanchís—, donde quedó archivado a causa de algunas irregularidades en la instrucción del sumario. Según el alto tribunal, las escuchas telefónicas se habían ordenado para investigar únicamente el caso de narcotráfico y, por tanto, su utilización en el presunto delito de financiación ilegal no gozaba de supervisión judicial. El Supremo ordenó la posterior destrucción de las cintas.

En España la corrupción ha acompañado siempre a la financiación ilegal y ha estado presente en todos los partidos, aunque estos han querido siempre salvar a sus líderes máximos. El gran problema es que el Código Penal no tipifica como delito la financiación de los partidos políticos, ya que esa conducta se conecta con ilícitos económicos asociados, tales como el cohecho, la malversación de caudales públicos y el blanqueo de capitales. El catedrático Gaspar Ariño considera que son dos las causas que desencadenan periódicamente estos fenómenos de corrupción. «En primer lugar, las ilimitadas necesidades financieras de los partidos políticos, con sus miles de sedes y liberados, a los que hay que proporcionar un buen pasar, si se quieren mantener unos ejércitos disciplinados de burócratas al servicio de unos líderes endiosados; y, en segundo término, un sistema legal de contratación de las administraciones públicas, de ordenación urbanística y comercial, de planificación y gestión del suelo y, en general, de ordenación económica y fiscal, que permite a unos y otros —Estado, comunidades autónomas y ayuntamientos— introducir toda clase de arbitrariedades y favoritismos, a cambio naturalmente de un precio. El 3 por ciento catalán que denunció Maragall, en un arrebato parlamentario, parece una cifra mágica a este respecto. En mi opinión, aunque algunas de estas causas se corrigiesen, mientras se mantenga la incontenible necesidad de dinero de los partidos para sobrevivir y ganar elecciones, subsistirá la corrupción, por unas u otras vías», señaló Ariño en el informe *La financiación de los partidos políticos*, editado por el Foro de la Sociedad Civil.

Luis María Anson me habla de ese apetito voraz de los partidos políticos por el dinero. «Una de las cosas a las que estamos sometidos en España en estos momentos es a la voracidad de los partidos políticos, que están saqueando a los españoles y que, además, se han inventado 300.000 cargos públicos que no sirven para nada. Y no digo esa cifra por casualidad. En España hay 400.000 cargos públicos y en Alemania, que nos dobla en población, hay 200.000, la mitad. Aquí debería haber como mucho 100.000. Se han inventado 300.000 para colocar a sus amigos y parientes. Lo mismo han hecho con las empresas públicas. Tenemos 4.000 empresas públicas deficitarias. El gran problema —y cualquier ciudadano debe considerarlo con mucho cuidado— es que hay que andar con mucho cuidado de que no se cree un clima que haga insostenibles a los partidos políticos, porque eso ocurrió en los años veinte del siglo pasado y produjo el fascismo en Italia, el nazismo en Alemania, el estalinismo en Rusia, el salazarismo en Portugal y el franquismo en España. Por lo tanto, a los partidos políticos hay que embridarlos, pero no destruirlos. El problema que hay con eso es que como en muchos aspectos se tienen que embridar a sí mismos, no están dispuestos a hacerlo para nada».

En este punto Anson hace hincapié en que de las doscientas y pico empresas que dependen de Rajoy, el presidente del Gobierno quiso quedarse con ochenta y «no pudo suprimir ni dos, porque, claro, se le han echado los amigos encima». «Están sus parientes, sus amigos, su entorno... Es una especie de interés creado tanto en la clase política como en la casta sindical que hace muy complicado romper la situación. De ahí nacen las proclamas de indignación que se han producido. Porque no se sabe cómo desmontar el asunto». El exdirector de *ABC* destaca el papel importante de la prensa. «El medio de comunicación, además de informar, tiene que ejercer el contrapoder, que es elogiar al poder cuando este acierta, criticarlo cuando se equivoca y denunciarlo cuando abusa. Por ejemplo, acabo de recibir una carta de la alcaldesa de Madrid a raíz de un artículo mío, inspirado en un digital, en el que denuncié que el ayuntamiento tenía 270 automóviles. En su carta me explica que ha eliminado 150 y que va a suprimir no sé cuántos más. Es un escándalo que un ayuntamiento tenga 270 coches oficiales. Y solo reaccionan cuando alguien se queja. Cuando hay una denuncia, cuando el político va a una cafetería y le gritan "ladrón", cuando va a un restaurante y no puede entrar porque la gente que le ve por la calle le insulta, hace que poco a poco y dentro de lo que cabe vayan replegando algunas velas, no muchas. Al final estamos en una situación de partitocracia y de voracidad de los partidos políticos. Pero lo que no podemos hacer es suprimirlos, porque nos cargamos la democracia y porque iríamos a una fórmula de partido único que es todavía peor. Hay que hacer un esfuerzo para regenerar la vida interna de los partidos, democratizarlos y arreglar la situación poco a poco».

Los partidos, la verdad, han hecho muy poco por arreglar la situación. Felipe González, en 1993, intentó lo que él llamaba «impulso democrático», con el que quería depurar la política española; y Aznar, en 1996, lo hizo suyo también en el marco de aquel proyecto regeneracionista con el que llegó al gobierno. Pero pasaron los años de gobierno de uno y de otro y ninguno introdujo reforma alguna en el sistema de financiación. La vieja norma de 1987 siguió hasta 2007, año en el que entró en vigor una nueva ley orgánica. Veinte años, nada menos. A lo largo de este tiempo, en la Comisión Constitucional del Congreso se sucedieron las ponencias para reformar aquella ley de 1987, cuyos frutos se estaban revelando perversos. Pero la tramitación de los distintos proyectos jamás llegaba a buen fin por falta de acuerdo entre los principales partidos. Quizá lo que existía era un acuerdo tácito, nunca confesado, que consistía en dejar las cosas como estaban, mientras iban incrementándose, año tras año, las dotaciones presupuestarias, con saltos notables de financiación en 1987, en 1993, en 2000 y 2007.

«Aunque todos hablaban de reforma, porque querían quedar bien ante el electorado, siempre surgían entre ellos nuevas discrepancias. Cuando se llegaba a un acuerdo sobre un extremo, aparecían diferencias en otro; las reuniones se interrumpían y se reanudaban, o no, en función de las coyunturas», afirma Gaspar Ariño.

Pero he aquí que en aquel año 2005 se produjo la frase del 3 por ciento que formuló Maragall. Aunque la denuncia quedó en nada, el gobierno de Zapatero se vio obligado a admitir a trámite en el Congreso una proposición de ERC —su socio— para la reforma de la Ley de Financiación, en la que se eliminaban las donaciones anónimas y empresariales. El PSOE tuvo que hacer suya la iniciativa de ERC y presentó su propia ley orgánica en marzo de 2005. Pasaron meses con las discusiones de siempre: donaciones anónimas y empresariales, renegociación y/o condonación de deudas por los bancos y cajas, aumento de la financiación pública, desgravaciones fiscales, mayor control y poder de sanción del Tribunal de Cuentas... En marzo de 2007 el acuerdo entre los dos grandes parecía más cercano: el PSOE había aceptado algunas posiciones del PP, se había encontrado la vía de abrir la mano en las donaciones a las fundaciones de los partidos, para las cuales se elevaban los límites hasta 150.000 euros; se aumentaban en un 20 por ciento las dotaciones presupuestarias públicas, que cubrirían como hasta ahora el 90 por ciento de la financiación; se autorizaba la libre negociación bilateral de la deuda con cajas y bancos «según los usos y costumbres del tráfico mercantil», es decir, vía abierta a la condonación; se preveía la compensación a los partidos por los bienes y derechos incautados en la Guerra Civil, sin necesidad de prueba documental alguna (bastan fotografías).

Y así llegamos a mayo de 2007, mes en el que la nueva ley se votó en el pleno del Congreso y fue sancionada, con la oposición del PP, que finalmente decidió no apoyarla. La ley vigente no vino a significar ningún cambio sustancial respecto del sistema establecido en 1987. En ambas la financiación pública no tiene límite y se sigue guardando un silencio absoluto sobre cualquier criterio de cuantificación de las subvenciones y del gasto de los partidos. Sin embargo, algunas novedades resultaron razonables, como, por ejemplo, la prohibición de donaciones anónimas y aportaciones de empresas públicas o empresas contratistas de las administraciones públicas. La reformada ley sobre financiación de partidos prevé varias formas de financiación para las formaciones electorales: las subvenciones parlamentarias, las cuotas de los afiliados, los beneficios de su propio patrimonio y las herencias o legados. El Tribunal de Cuentas fiscaliza esta ingeniería contable y el castigo se concreta en una multa que dobla la cuantía de la suma irregularmente obtenida.

En octubre de 2012 se presentó el último informe del Tribunal de Cuentas sobre los estados contables de los partidos políticos, correspondiente al año 2007. No deja de ser curioso ese retraso de un lustro que el máximo órgano fiscalizador lleva desde hace décadas a la hora de analizar las cuentas de las fuerzas políticas. Un lustro que coincide con los cinco años de prescripción, en caso de que hubiese delito. En su documento de cuatrocientas páginas, el Tribunal de Cuentas recogía las subvenciones públicas y privadas, así como los préstamos concedidos por entidades financieras. En total, más de 500 millones de euros llegaron por esos conceptos a la tesorería de los partidos. De esa cantidad, 280 millones corresponden a subvenciones. Otros 230 millones son de préstamos que bancos y cajas de ahorros pactaron con las formaciones. El tribunal no informó de si esos créditos se devolvieron o no. Aún hay más: las cuotas de los afiliados de todos los partidos ascendieron ese año a 40 millones de euros. Es decir, solo un 8 por ciento de la financiación que recibieron.

Además el informe dio cuenta de que, en muchos episodios, la transparencia se reveló ausente: las treinta y dos fuerzas políticas analizadas no entregaron el informe de control interno decretado en la Ley de Financiación de Partidos. Según el informe, el PP fue la formación que más dinero recibió aquel año en concepto de subvenciones (70 millones de euros), seguido del PSOE (68), CiU (11), Izquierda Unida (9,5), PNV (7) y ERC (6,4). Además, el tribunal encontró numerosas irregularidades, cuando no infracciones claras de la ley. Así, el Bloc Nacionalista Valencià —hoy Compromís— no entregó sus estados financieros. Izquierda Unida tampoco salió muy bien parada: en cuatro de sus federaciones no entregó sus cuentas, otras cuatro lo hicieron fuera de plazo y hay varios errores en sus libros de contabilidad. IU y CiU recibieron un aviso: debían «ajustar su actividad económica y acomodar su apalancamiento financiero a los ingresos previstos a fin de mantener el patrimonio neto en niveles que aseguren la permanencia de la actividad económica», ya que ambas pierden 8 y 13 millones, respectivamente. Coalición Canaria, Unió Democrática de Catalunya, Ciutadans-Partido para la Ciudadanía y el Partido Andalucista fueron acusados de opacidad, al no incluir toda la información en la memoria.

Con todo, lo que más ampollas levantó ante la opinión pública fue que esos mismos bancos que desahucian de sus casas a ciudadanos que no pueden pagar su hipoteca se dedican a su vez a perdonar deudas a los partidos. El método parece sencillo: las pólizas se aparcan, no se renuncia a cobrarlas, pero tampoco se ejecutan; se dejan dormir durante años, los intereses crecen pero se ignoran, hasta que llega un momento en que se *renegocian*, es decir, se cancelan total o parcialmente y es más fácil para todos borrarlas discretamente. Si el Tribunal de Cuentas pregunta no se le dan demasiadas explicaciones. La cosa se presenta como acuerdos expresos o tácitos de renegociación, según *los usos y costumbres del tráfico mercantil* —dice el partido correspondiente parafraseando la ley— y de un modo satisfactorio para el banco y sus accionistas —dice la entidad bancaria.

Según datos hechos públicos por UPyD en 2008, hasta ese año se habían producido las siguientes condonaciones: el PSOE y el

PSC lograron acuerdos, desde 2004, por un valor superior a los 40 millones de euros (la Caixa perdonó 7,1 millones de euros al PSC en diciembre de 2004; la BBK, 21 millones de euros al PSOE en marzo de ese mismo año; el Santander perdonó 12 millones al PSOE en mayo de 2006, tras diecinueve años de impago); también ERC se benefició tras el gobierno tripartito de una condonación de La Caixa por valor de 2,7 millones; y Caixa Galicia perdonó 2,6 millones al PP cuando este partido llegó al poder en 1996.

El hecho es que el impago de las deudas por parte de los partidos ha sido habitual durante los últimos años. Los bancos jamás ejecutan judicialmente a los partidos, especialmente a los grandes o a los nacionalistas con fuerte implantación territorial. Hay que dejar constancia de que en los últimos años las principales entidades prestamistas de los partidos han sido las cajas de ahorro. Esas mismas cajas cuyo rescate hemos tenido que asumir los ciudadanos con nuestro dinero y el de Europa. Hasta la Ley de Transparencia de 2004, algunos responsables de las más importantes cajas de ahorro se oponían a declarar los préstamos concedidos a los partidos. La ley les obligó a ello —a las cajas, no a los bancos—, saliendo así a la luz que el saldo vivo de los préstamos (y avales o garantías) concedidos era, a finales de 2004, de 80 millones de euros; en 2005 la cifra de créditos acumulados a partidos políticos ascendía a más de 70,2 millones; en 2006 esta cifra subía a casi 100 millones (98,8); y en el año 2007 llegó a los 122,8 millones. Según fuentes de la CNMV, en 2008 el PSOE sumaba una deuda con las cajas de casi 20 millones de euros (19,5), incluyendo en esta cifra la deuda del PSC; el PP, 2,7; IU-ICV, 11,7; CiU (federación y las dos formaciones), 17,6; PNV, 3,5; ERC, 2; BNG, 2; y Coalición Canaria, 0,8.

Algunas formaciones políticas obtienen su financiación básicamente —en muchos casos, exclusivamente— de las cajas de ahorro implantadas en su territorio, en cuyos consejos sentaban a algunos de sus dirigentes. Por ejemplo, CiU y ERC recibían de las cajas catalanas el 98 por ciento; el PNV de las vascas, el BNG de las gallegas y CC de las canarias en un cien por cien; mientras que PSOE, PP e IU recibieron dinero de todas. Es patente la vinculación entre poder político regional y entidad financiera domiciliada en ese territorio.

Los bancos no tienen la obligación de hacer públicos los créditos a los partidos. Eran los propios partidos quienes informaban a medias de su situación al Tribunal de Cuentas, el cual se quejaba siempre, pero tenía escasos poderes de comprobación. Se limitaba a constatar datos y comportamientos respecto de los que nada podía hacer. Naturalmente, el Banco de España tiene los datos, pero no los hace públicos. Es comprensible que tanto cajas como bancos, dadas las regulaciones, inspecciones y autorización de operaciones, dependientes en muchos casos del Ministerio de Economía y últimamente de los gobiernos autonómicos en el caso de las cajas, se muestren dispuestos a otorgar préstamos a los partidos y les resulte difícil ejecutárselos, especialmente cuando están en el poder.

La financiación del Partido Popular está siendo revisada al milímetro tras la publicación de los llamados papeles de Bárcenas. El asunto está judicializado en la Audiencia Nacional y, de momento, poco se sabe de la investigación que lleva a cabo el magistrado Pablo Ruz, aparte de las fotocopias que publicó el diario *El País*. Dentro de la parte que se conoce, destaca un informe de la Unidad de Delitos Económicos y Financieros (UDEF) de la Policía, con la que se cotejó la supuesta «caja B» del PP con la contabilidad oficial de este partido. El documento, de 131 folios y 5 anexos, pone el acento en que los populares, a través de su extesorero Luis Bárcenas, pudieron vulnerar la Ley de Financiación de Partidos Políticos al ingresar en la cuenta especial del Banco de Vitoria (luego Banesto) donaciones ilegales «troceadas en pequeñas cantidades» para evitar que superase el tope legal de los 60.000 euros y esquivar así la labor fiscalizadora del Tribunal de Cuentas. La ley orgánica que estuvo vigente desde 1987 hasta 2007 —prácticamente toda la etapa que recogen los manuscritos de Bárcenas—, señalaba que «los partidos no podrán recibir, directa o indirectamente, aportaciones procedentes de una misma persona física o jurídica superiores a la cantidad de 10.000.000 de pesetas al año [60.000 euros]». La UDEF concluyó que «se observa una actuación persistente en el tiempo consistente en transformar donaciones nominales por encima del límite legal en ingresos en la cuenta de donativos anónimos, dividiendo la cuantía en múltiples partes por valor inferior, con lo que es imposible verificar si se incumplen los límites máximos de aportación».

La ley de 1987 prohibía, además, que empresas donantes de dinero a partidos pudieran contratar con la administración. La Policía analizó las contratas que recibieron catorce de las empresas que figuran como donantes en los papeles de Bárcenas. Y cita varios ejemplos en los que sus gestores dieron donativos y recibieron obras públicas, aunque en ningún caso la Policía llega a relacionar las entregas de dinero con la adjudicación de contratos, puesto que en muchos casos recibieron obras de administraciones gobernadas por distintos partidos políticos y no existen pruebas en la investigación abierta de relación directa entre el pago y la obra adjudicada. Los únicos indicios a este respecto figuran en el sumario del caso Gürtel vinculados a Constructora Hispánica. En cualquier caso, la UDEF no ha incluido en su informe los contratos millonarios que también recibieron esas mismas empresas constructoras de ayuntamientos, comunidades y gobierno central del PSOE.

Días después *ABC* desveló que los constructores imputados en la pieza separada del caso Gürtel que investiga la supuesta contabilidad B de Luis Bárcenas obtuvieron una cifra de negocio muy superior con Fomento en la etapa de José Luis Rodríguez Zapatero respecto a la de José María Aznar. Así se desprende de la información que el gobierno remitió al Congreso de los Diputados en respuesta a una pregunta del Grupo Socialista. Según la documentación, cinco empresas implicadas —Sacyr Vallehermoso, Grupo Sando, FCC, Grupo Azvi y Aldesa— facturaron a Fomento en la etapa del PP 5.507,77 millones de euros, mientras que en el periodo de gobierno del PSOE la cifra ascendió hasta los 14.501,82 millones de euros.

Por otra parte, la investigación judicial sobre los papeles de Bárcenas originó en marzo de 2013 uno de los episodios más bochornosos que se recuerdan en la Audiencia Nacional, donde no se vivía algo igual desde los tiempos de Garzón y Gómez de Liaño. Esta vez los protagonistas fueron los titulares de los Juzgados de Instrucción números 3 y 5 —Javier Gómez Bermúdez y Pablo Ruz, respectivamente—, que mantuvieron una pugna extenuante por la competencia en aclarar la contabilidad secreta del extesorero del PP. Ruz se encargó de investigar la trama Gürtel, mientras Bermúdez asumió las pesquisas sobre los papeles de Bárcenas a raíz de una querella de Izquierda Unida que «recayó» en su Juzgado.

Finalmente, un escueto oficio —el grado más básico de las comunicaciones escritas de la Administración— sirvió el 1 de abril como epílogo a la pugna entre los jueces de la Audiencia. A mediodía de aquella jornada, Gómez Bermúdez enviaba a su colega del Juzgado Central de Instrucción número 5 el escrito por el que le traspasaba el conjunto de lo investigado por él. Así lo había decidido la semana anterior, por dos votos a uno, la Sala de lo Penal de la Audiencia Nacional, que estimó que para garantizar «la correcta progresión de la investigación» debía ser Ruz quien asumiera los papeles de Bárcenas en el marco de una pieza separada del sumario sobre la trama Gürtel, dado el distinto estadio procesal de ambos casos.

Capítulo IX

LOS DESPILFARRADORES SE VAN DE ROSITAS

Las mentiras de Zapatero con el déficit

Palacio de La Moncloa. Avenida Puerta de Hierro, sin número, en Madrid. Miércoles 28 de diciembre de 2011. Durante la tarde.

Mariano Rajoy, que seis días antes había jurado su cargo de presidente del Gobierno en el palacio de La Zarzuela, convocó al equipo económico del gabinete a una especie de comité de crisis. A la reunión asistieron la vicepresidenta del ejecutivo, Soraya Sáenz de Santamaría, los ministros de Economía y Hacienda, Luis de Guindos y Cristóbal Montoro, y el jefe de la oficina económica de La Moncloa, Álvaro Nadal. Dos días antes De Guindos había recibido el informe preliminar sobre el déficit público en 2012. Estaba en torno al 8 por ciento. Tal vez unas décimas más. Como mínimo dos puntos más que el objetivo comprometido del 6 por ciento. Sin embargo, aquel día el foco informativo estaba en el sueldo del rey. No se hablaba de otra cosa en España. Don Juan Carlos había hecho públicos los gastos de su Casa en un gesto de transparencia sin precedentes en treinta y seis años de reinado. Su Majestad, según los datos facilitados, recibía entonces 292.000 euros al año, cuatro veces más que el presidente del Gobierno. El príncipe de Asturias cobraba la mitad, mientras doña

Sofía, las infantas y Letizia Ortiz se repartían hasta 375.000 euros al año.

El mini gabinete de crisis tuvo sobre la mesa la decisión del anterior gobierno —transmitida por la vicepresidenta económica, Elena Salgado—, por la cual se había dispuesto ya el bloqueo de 9.000 millones de euros en el capítulo de gastos para el ejercicio de 2012. De Guindos señaló que, junto a ese bloqueo de gastos, era necesario anunciar importantes medidas de ingresos. Se hizo un análisis de lo que podían dar de sí algunos impuestos. Sin muchas más consideraciones, se aprobaron subidas en los impuestos de Bienes Inmuebles (IBI) y sobre la Renta de las Personas Físicas (IRPF). Con ambos incrementos se recaudarían 6.275 millones de euros más. Se plantearon esas subidas como *recargos temporales* y aunque la decisión violaba flagrantemente y en tiempo record el programa con el que el Partido Popular concurrió a las elecciones generales de un mes antes, el acuerdo se adoptó con rapidez.

El escándalo estalló en abril, cuando Bruselas ratificó que España había cerrado 2011 con un déficit del 8,5 por ciento, la misma cifra calculada por el gobierno de Mariano Rajoy con altas dosis de controversia. La Comisión Europea se había quejado de que el anterior gobierno socialista les dijo en noviembre que el déficit estaría entre el 6 y el 7 por ciento, mientras que el ejecutivo de Mariano Rajoy revisó esta cifra hasta el 8 nada más tomar posesión en diciembre. Semanas más tarde volvió a elevarlo hasta el 8,5. De hecho, la agencia Reuters publicó que Bruselas creía que España había inflado la cifra de déficit de 2011 para que los resultados de los recortes de 2012 parecieran mejores. Aquel día de abril la Comisión Europea constató que Zapatero había ocultado hasta el último día el déficit real y lo rebajó hasta el 6 cuando en realidad era del 8,5. La secretaria general del PP, María Dolores de Cospedal, se encargó de proclamar a los cuatro vientos desde

Madrid que las cifras de Eurostat confirmaron el engaño del gabinete Zapatero e insistió en que la herencia dejada por el ejecutivo socialista era la peor recibida nunca por un gobierno en España.

Bajo el título «La mentira socialista arruina a España», *ABC* publicó un editorial en términos muy duros contra Zapatero: «El ejecutivo de Mariano Rajoy no va a disponer eternamente del argumento de la herencia socialista, pero pasará mucho tiempo antes de que España se libere de las consecuencias de ese legado, verdaderamente ruinoso. Rajoy dijo la verdad que el ejecutivo de Zapatero quiso ocultar y esa desviación le ha supuesto a España un coste de más de 26.000 millones de euros, lo que ahora hay que aplicar a todas las políticas públicas de todas las administraciones. Este balance de auténtica quiebra debería aconsejar más prudencia a los socialistas cuando acusan a Rajoy de aplicar un programa oculto. Lo que estaba oculto era el déficit creado en época del PSOE».

El estado de opinión crítico con el anterior gobierno socialista animó a mi cliente, Manos Limpias, a presentar en el juzgado el 30 de abril de 2012 una denuncia contra el expresidente del Gobierno, don José Luis Rodríguez Zapatero, su vicepresidenta económica, Elena Salgado Méndez, y el jefe de la Intervención General del Estado, José Alberto Pérez, por presuntos delitos de falsedad en documento público y daños a la economía nacional, los dos primeros como cooperadores e inductores necesarios y el tercero como autor material que causó un gran estado de alarma social. Según Manos Limpias, los denunciados ocultaron ese déficit haciendo creer a la opinión pública que se había cumplido con el 6 por ciento comprometido con Bruselas, acusando, además, al actual gobierno de España de que se habían inflado los datos. «En definitiva —se sostiene en el escrito de la demanda—, se maquillaron y falsearon presuntamente los informes de la Intervención

General del Estado, causando además un daño gravísimo a los intereses económicos de España y de los españoles».

En la denuncia presentada en el juzgado, el colectivo de funcionarios recuerda que el artículo 390 del Código Penal establece que «la autoridad o funcionario público, comete falsedad documental: alterando un documento en alguno de sus elementos o requisitos de carácter esencial; simulando un documento en todo o en parte, de manera que induzca a error sobre su autenticidad; suponiendo en un acto la intervención de personas que no la han tenido; o atribuyendo a las que han intervenido en él, declaraciones o manifestaciones diferentes de las que hubieran hecho». A tenor de lo preceptuado en el artículo9 391 del Código Penal, «la autoridad o funcionario público será castigado cuando por imprudencia grave incurriere en alguna de las falsedades previstas en el artículo anterior».

A tenor de lo preceptuado en el artículo 14 del Código Penal, el error invencible sobre un hecho constitutivo de infracción penal excluiría la responsabilidad penal. Si el error fuera vencible la infracción sería castigada como imprudencia. Del informe de Eurostat podía colegirse y queda acreditado que ni hubo error de hecho (*error facti*) ni error de derecho (*error iuris*), que correspondería a la ignorancia. De la misma forma, no se produjo error de tipo (afecta al hecho típico, a la conducta típica) ni error de prohibición (que supone el conocimiento o desconocimiento de las normas penales). No cabía invocar el error cuando se utilizan vías de hecho desautorizadas por el ordenamiento jurídico, que todo el mundo sabe y a todos consta que están prohibidas. Descartada la posibilidad de una conducta errónea, los hechos denunciados incidían, según mi cliente, en un presunto delito de falsedad en documento público y en un delito de daños a la economía nacional. Manos Limpias quería que el juez tuviera en cuenta, en primer lugar, que el Tribunal Supremo había manifestado reiteradamente que lo que se protege es la fe pública y la confianza de la sociedad en el valor probatorio de los documentos, o en su valor constitutivo; en segundo lugar, que se causó un daño efectivo para el tráfico jurídico; y en tercer término, que se produjeron daños directos o colaterales a la economía nacional y a los ciudadanos españoles, que sufrieron un perjuicio económico al adoptarse medidas urgentes y extraordinarias al respecto, entre otras, la reducción de salarios, el aumento considerable de expedientes de regulación de empleo, el incremento del paro, la reducción de prestaciones sociales, etcétera.

No cabe duda de que mi cliente se inspiró en el ejemplo de Islandia. En el primer caso de este tipo en el mundo, el exprimer ministro conservador Geeir H. Haarde afrontó un juicio en el que estaba acusado de negligencia grave por su gestión de la crisis. Los bancos islandeses quebraron en octubre de 2008, el fatídico mes del colapso de Lehman Brothers, y metieron a Islandia en una profunda crisis de la que aún no ha salido, y que ha provocado fuertes subidas de impuestos, un severo recorte del gasto público y un corralito que impide a los islandeses disfrutar con libertad de sus ahorros. El ejecutivo islandés se vio obligado a pedir ayuda al FMI. Una cuarta parte de la población se echó a la calle para pedir la dimisión de Haarde tras la bancarrota, y el primer ministro presentó su renuncia apenas dos meses después. Los socialdemócratas ganaron las elecciones posteriores. La imputación del exmandatario islandés llegó en septiembre de 2011, con el visto bueno del Parlamento —por un escaso margen—, tras el informe realizado por una comisión de investigación para determinar responsabilidades. La Fiscalía le acusó de incumplimientos de sus responsabilidades «cometidos desde febrero a principios de octubre de 2008 por negligencia grave», al desoír las advertencias que recibió sobre una inminente crisis de los bancos.

El conservador Haarde, jefe de Gobierno entre 2006 y 2009, se arriesgaba a una pena máxima de dos años de cárcel en caso de ser condenado por negligencia, o bien a una multa. Ninguno de los más de cuarenta testigos que declararon en el proceso, casi todos pertenecientes a la élite política y económica del país, culpó directamente a Haarde de haber cometido algún delito grave. Finalmente la sentencia le absolvió de tres de los cuatro puntos de la acusación —los más graves—, que aludían a su responsabilidad directa por no impedir o reducir los efectos de la crisis financiera y no haber obligado a los bancos islandeses —cuyo volumen de negocio llegó a ser diez veces el PIB del país— a disminuir su tamaño. Pero Haarde fue condenado por un delito menor (con el voto a favor de nueve de los quince miembros del tribunal), el que hacía referencia a la obligación de los ministros de convocar reuniones específicas para tratar temas importantes. Esa condena menor no se tradujo en ninguna pena para Haarde, que tampoco tuvo que pagar las costas del juicio, 24 millones de coronas islandesas (unos 143.000 euros), que recayeron en el Estado.

Hay, al menos, una diferencia de calado entre el exprimer ministro islandés y el anterior presidente del Gobierno español, a la hora de enfrentar sus responsabilidades por las ruinas económicas de sus respectivos países. La primera es que el gobernante nórdico se sentó en el banquillo por negligencia grave al desoír las advertencias sobre la crisis de los bancos islandeses, mientras Zapatero no solo negó la crisis, sino que ocultó y falseó ante Bruselas las cuentas del déficit, según datos del gabinete de Rajoy que más tarde fueron ratificados por la Comisión Europea.

Centrémonos en la negación de la crisis. Todos los expertos coinciden en que tanto Zapatero como su entonces vicepresidente económico, Pedro Solbes, se rindieron a la realidad de la crisis el 15 de septiembre de 2008, cuando cayó el banco norteamericano

Lehman Brothers. Hasta que el elefante no entró en la cacharrería, el diagnóstico fue que la economía española asistía a una desaceleración más o menos temporal. Pero aun así, Zapatero y su equipo económico omitieron intencionadamente que los elementos fundamentales de la crisis eran de cosecha propia. El aterrizaje suave fue sustituido por un durísimo estallido de la burbuja inmobiliaria.

Pero ¿qué pasó desde un año antes para que se llegara a esa situación? La respuesta la da Ernesto Ekaizer en su libro *Indecentes, crónica de un atraco perfecto* (publicado por Espasa Libros en 2012). Cuenta Ekaizer que el primero en darse cuenta de la situación fue el entonces director de la Oficina Económica de la Presidencia del Gobierno, David Taguas, que comenzó a seguir los rastros de la crisis durante el verano de 2007, mucho antes de la aparición de los síntomas más visibles en Estados Unidos. «Taguas —cuenta el periodista en su obra— empieza a creer que la crisis está cada vez más cerca de España. El presidente que encara los últimos nueve meses de legislatura se agobia ante una visión que ve como catastrofista, ya que tanto su ministro de Economía y Hacienda, Pedro Solbes, como el gobernador del Banco de España, Miguel Ángel Fernández Ordóñez, están en las antípodas. En aquellos días de julio de 2007, mientras despachan en La Moncloa, el presidente, de pie, desesperado por saber quién de verdad tiene razón, si Taguas, Solbes o Fernández Ordóñez, levanta la voz y se desgañita a solas ante su asesor económico de confianza. "Me gustaría ver lo que tú ves y que nadie más que tú ve", le dijo».

A finales de agosto se produjo la siguiente conversación telefónica entre Taguas y Miguel Sebastián, otro de los gurús económicos del *zapaterismo*, que había dejado la Oficina Económica para competir en las elecciones al Ayuntamiento de Madrid y que, después de la victoria socialista en las elecciones generales de 2008, fue nombrado ministro de Industria por el líder socialista.

—Miguel, viene una crisis muy gorda. Estos del Banco de España no se enteran o no quieren enterarse. Las tensiones en los mercados son tremendas para nuestro sistema financiero.

—No sé, David, estoy algo alejado. No leo mucho la prensa. Pero me parece que exageras. Mira, recuerda lo que pasó en 1998. Esto se parece al constipado ruso. Hasta nos puede venir bien para enfriar un poco la economía española.

Ekaizer narra otra conversación parecida días después en una comida en el palacio de La Moncloa, en la que estaba presente Zapatero. Las discrepancias también llegaron a mediados de septiembre en una cena en la casa del empresario Luis del Rivero, a la que asistieron, además de Taguas y Sebastián, el vicesecretario general del PSOE, José Blanco, y el amigo personal del presidente del Gobierno, Javier de Paz. Sebastián sacó a relucir la crisis, el asunto central de la charla.

—¿Dónde coño ves la crisis, David? Que nos hundimos, ¿no? ¿Te has mirado las matriculaciones de coches de lujo? Van como un tiro.

—¿Y eso qué nos dice? También la bolsa está en máximos y el euro como nunca. ¿Qué tiene eso que ver? O hacemos algo o esto se nos va…

El debate, según Ekaizer, se tornó agrio. El amigo del presidente tomó la palabra para aliarse con Sebastián.

—La verdad es que la información que nos llega de grandes superficies y centros comerciales es buena. El consumo de pollo, por ejemplo, está aumentando mucho. Yo tampoco veo razones para dramatizar.

José Blanco siguió la conversación sin intervenir. Quien sí lo hizo fue el anfitrión, para fijar posición a favor de Taguas.

—El mercado de la vivienda y la construcción están en clara desaceleración. Y estoy de acuerdo con David: aquí tiene que haber un plan o las cosas pueden ir a peor.

Zapatero comenzó a entender lo que Taguas le decía cuando se produjo la quiebra de Lehman Brothers. No obstante, seguía el asunto como si fuese una típica reyerta entre economistas. Para el presidente y su ministro de Economía se trataba de una crisis básicamente importada, cuyo alcance sería limitado. La idea era que la economía atravesaba un bache, que 2008 y 2009 iban a ser dos años difíciles y que se remontaría el vuelo a través de un plan de estímulo fiscal: la devolución de cuatrocientos euros en la declaración de la renta, el cheque-bebé y, sobre todo, el Plan E de obras públicas.

José García Abad resume en su libro *El hundimiento socialista* (publicado por Planeta en 2012) que Zapatero llegó a La Moncloa inesperadamente, a la primera, tras la impresión provocada por los atentados de Atocha y los intentos del gobierno de Aznar de atribuirlos al terrorismo etarra. «Durante el primer cuatrienio, instalado sobre la euforia de la burbuja inmobiliaria, el inexperto gobernante pudo tirar de talonario despreocupadamente para financiar mejoras sociales, al tiempo que promovía la extensión de derechos a mujeres y homosexuales. En marzo de 2008 vuelve a ganar las elecciones, aunque con menos escaños de los que esperaban los socialistas. El verano anterior había estallado la burbuja inmobiliaria y empieza a notarse su efecto en la economía real. Zapatero niega la crisis y promete una desgravación de cuatrocientos euros por cada contribuyente, independientemente de su renta, que unida al cheque-bebé —otorgado a todos los padres, sea cual fuere su capacidad económica— y a la supresión del impuesto sobre el patrimonio detraen del Tesoro Público 8.000 millones de euros que tan necesarios habrían sido para reducir el déficit del Estado. La catástrofe está pues servida desde el principio de la legislatura. Es evidente que la causa fundamental de la caída fue la gestión de la crisis económica, mal llevada por José Luis Rodríguez Zapatero».

La denuncia de Manos Limpias cayó en el Juzgado de Instrucción número 40 de Madrid, cuyo titular —Enrique de la Hoz García— dictó una providencia, fechada el 4 de junio y notificada a las partes el día 7, por la que acordó abrir diligencias previas en el procedimiento abreviado 1895/2012 contra el exjefe del ejecutivo y su vicepresidenta económica y dio traslado de los hechos denunciados al Ministerio Fiscal para que presentase el preceptivo informe. En la misma resolución judicial se comunicó al sindicato de funcionarios que el escrito de denuncia debía transformarlo en querella, al tiempo que le exigía que depositase una fianza de 3.000 euros. El secretario general de Manos Limpias montó en cólera cuando conoció la cuantía de la fianza. «No somos el Banco de España. En el caso de los fraudes de los ERE de Andalucía la juez Alaya nos pidió 300 euros y en el escándalo Gürtel el juez Pedreira nos solicitó 1.500», dijo Bernad a los periodistas para justificar su intención de impugnar la cuantía de la fianza por *excesiva y desproporcionada*. Eso sí, como es habitual en el colectivo, Manos Limpias animó a los ciudadanos a que les ayudasen a cubrir los 3.000 euros. Para ello, colgó en su página web un número de cuenta de Banesto en el que los ciudadanos debían ingresar sus donativos.

«Ciertamente —escribió Luis María Anson en la columna que publica en el diario *El Mundo* a mediados de septiembre de 2011— Zapatero ha dilapidado la suculenta herencia que le dejó Aznar. Recibió un paro dominado y en retroceso, en el entorno de los 2.000.000. Se mueve ahora por la frontera de los 5.000.000. Le dejaron el déficit público a cero y lo elevó por encima de los dos dígitos. Se benefició de una deuda de las más bajas de Europa y la ha puesto al galope desbocado. Le trasvasaron un sólido tejido empresarial y ha cerrado cerca de 400.000 empresas, amén los incontables eres que se han promovido».

El Plan E, el mayor derroche de la historia

Congreso de los Diputados. Calle de Floridablanca, sin número, en Madrid. Jueves 27 de noviembre de 2008. Cuatro horas y cinco minutos de la tarde.

El presidente del Gobierno, José Luis Rodríguez Zapatero, subió con paso lento los cinco escalones que dan acceso a la tribuna de oradores del hemiciclo. En su mano derecha, una carpeta con documentos. Dentro estaban el guión de su discurso y los informes que le prepararon varios de sus ministros. Se trataba de dar a conocer a la cámara baja, a petición propia, su enésimo proyecto anticrisis, más conocido en la jerga periodística como el Plan E. Tras condenar los atentados terroristas de Bombay (India) que se produjeron aquel día, y después de un breve análisis sobre la situación económica por la que atravesaba España, el jefe del ejecutivo socialista entró en materia de lo que iba a anunciar en las Cortes.

—El gobierno va a aprobar en el Consejo de Ministros de mañana un real decreto-ley con una dotación extraordinaria de 11.000 millones de euros para inversión en obra pública, en equipamientos públicos vinculados especialmente a los ayuntamientos y con los que esperamos conseguir la generación de 300.000 puestos de trabajo el próximo año.

La bancada socialista interrumpió a su líder con aplausos, los primeros de toda la intervención del presidente del Gobierno.

—Son 11.000 millones de euros que, como saben, representan un esfuerzo del 1,1 por ciento del PIB de nuestro país; 11.000 millones de euros a través de un crédito extraordinario con cargo al presupuesto de 2008. Como primera actuación, con cargo a este crédito extraordinario, el gobierno va a poner en marcha con carácter de urgencia un fondo extraordinario de inversión pública en el ámbito local destinado a la realización de obras de nueva planificación y ejecución inmediata que sean de competencia local, que tengan lógicamente el objetivo de generar empleo, capitalizar nuestras ciudades y pueblos y, por supuesto, contribuir a la economía productiva. Serán obras de construcción, adecuación, rehabilitación y mejora de entornos o espacios públicos urbanos, infraestructuras, instalaciones o edificios públicos, así como de promoción industrial; construcción, adecuación, rehabilitación, mejora de edificios y equipamientos sociales, sanitarios, educativos o deportivos. El fondo será gestionado por el Ministerio de Administraciones Públicas y estará dotado con 8.000 millones de euros para todos los ayuntamientos de nuestro país para inversión en obra pública.

Los diputados socialistas volvieron a irrumpir con una nueva ovación. El presidente del Gobierno se calló durante unos segundos, para a continuación proseguir con su discurso.

—Para que se den cuenta de lo que esta cifra supone, les diré que representa aproximadamente el doble de la inversión prevista por los ayuntamientos en el año 2009. El objetivo del fondo es movilizar trabajadores, empleos y recursos que previsiblemente procederán en buena medida de los excedentes a que ha dado lugar el ajuste tan brusco en el sector de la construcción que nuestra economía viene experimentando. En concreto, solo con este fondo de inversión pública esperamos crear alrededor de 300.000 puestos de trabajo en 2009. Además permitirá sostener la viabilidad y el empleo de muchas pequeñas y medianas empresas relacionadas con la construcción y actividades anexas como maquinaria, equipamiento, ingeniería o transporte. El fondo va a suponer también un impulso de primer orden a la inversión municipal —el mayor que se haya hecho en la historia de España— y, por tanto, a mejorar las dotaciones de capital precisamente en un momento en que las entidades locales gozan de un menor margen de actuación en este terreno. Es, pues, un impulso extraordinario a la cooperación local desarrollada por el Estado, que da respuesta a la situación también extraordinaria por la que las entidades locales atraviesan. [...] Hoy, sin perder ni un día, y en sintonía con las propuestas anunciadas por la Comisión Europea, les acabo de exponer las nuevas iniciativas que vamos a adoptar de inmediato y que están llamadas a tener un gran impacto a corto plazo sobre la actividad económica y el empleo en nuestro país. Con ellas se completa un plan de actuación global contra la crisis que opera sobre todos los escenarios donde es posible impulsar la demanda, que atiende a los problemas específicos de la economía española y, muy en particular, al empleo. Constituyen, señorías, un poderoso arsenal, seguramente inédito por su magnitud, para contrarrestar el descenso de la actividad, y estoy seguro de que sus efectos se van a apreciar con nitidez en los próximos meses, porque comportan un estímulo fiscal extraordinariamente amplio; inciden y actúan sobre todos los ámbitos donde, a juicio del gobierno, es posible y necesario combatir las consecuencias de la crisis; integran, junto a los presupuestos para 2009, un plan global de acción frente a ella; un plan global, el plan español para el estímulo de la economía y del empleo.

El presidente del Gobierno comprobó aquel día en el Congreso de los Diputados el nivel del desgaste político sufrido no tanto por los efectos de la crisis, sino por su empeño en negarla primero y en minimizarla después, para, al final, aceptar que existía y que era grave. La contundente réplica del entonces líder de la oposición, Mariano Rajoy, se aproximó más al diagnóstico del ciudadano que al optimismo impenitente de Zapatero.

—Señorías, después de escuchar al presidente del Gobierno, todo parece indicar que, por fin, ha descubierto la crisis en casi toda su dimensión. Debemos felicitarnos porque es un paso muy importante en la dirección correcta. Cualquiera pudo verla venir de lejos, pero él no quiso, por razones electorales, y comenzó negándola. Desde entonces ha recorrido todo el abanico de posibilidades diagnósticas, desde: «no pasa nada» a «pasa pero poco»; luego: «pasa algo, pero no nos afecta»; después: «nos afecta, pero nuestra posición es muy sólida»; más tarde: «esto es un poco más grave y parece que va a ser largo», etcétera. Previsiones todas de una precisión tan elástica que se parecen a las de aquel que afirmaba: este verano probablemente hará calor y el próximo invierno es posible que haga frío.

Se pudieron escuchar risas en la banca popular y silencio en el resto del hemiciclo.

—Hoy nos trae otro paquete de medidas. Escuchen, señorías, lo que decía el presidente del Gobierno en esta cámara el pasado 10 de septiembre: «El grueso de las medidas que dependen del gobierno está ya aprobado y en desarrollo y tendrán en su caso su oportuna plasmación en el proyecto de presupuestos que remitiremos a esta cámara. Por eso no esperen una nueva batería de anuncios o propuestas. No tiene sentido improvisar o aprobar todos los días nuevas iniciativas». Fin de la cita. Teniendo en cuenta lo que hoy se nos anuncia y los dos paquetes de medidas previas presentados ya desde aquella fecha, puede estar tranquilo, señor Rodríguez Zapatero, si lo que pretendía era dejar de ser previsible y crear el desconcierto. Puede usted tener la seguridad de que lo ha conseguido. Ha generado usted un enorme desconcierto, porque lo cierto es que, desde el debate de investidura hasta hoy, nos ha presentado usted siete paquetes de medidas para, según su tesis, combatir la crisis, frenar el desempleo y asegurar la cohesión social. Unas cuantas.

Unas cuantas irregularidades —y gravísimas, por cierto— fueron las que encontró el Tribunal de Cuentas en su examen del

Fondo Estatal de Inversión Local (FEIL). Según el duro informe del principal órgano fiscalizador del Estado, presentado en el Congreso en diciembre de 2012, casi tres de cada cuatro obras y proyectos ejecutados en el marco del primer Plan E de Zapatero, en el año 2009, no acreditaron ser inversiones de necesidad pública para los municipios en los que se realizaron. El documento concluye que el 70 por ciento de los proyectos financiados incumplió con lo que era un requisito básico para la adjudicación de los fondos invertidos, en total 8.000 millones de euros que suponían el 0,8 por ciento del PIB de España en el año 2009. El estudio elaborado por el Tribunal de Cuentas se desarrolla sobre una muestra de 1.270 proyectos llevados a cabo en 700 ayuntamientos y mancomunidades y pone en entredicho dos de las principales bases sobre las que se articuló ese primer plan de estímulo de la economía con el que se intentó atajar los efectos del pinchazo de la burbuja inmobiliaria: el fondo no sirvió para crear empleo estable a largo plazo (solo el 4 por ciento de los trabajadores contratados seguían trabajando en la empresa a finales de 2011) ni desarrolló obras consideradas de necesidad básica para los municipios que, en su mayoría, aprovecharon el Plan E para llevar a cabo obras ya previstas con anterioridad y no ejecutadas por falta de fondos.

Así, y según las conclusiones del Tribunal de Cuentas, solo el 26 por ciento de las entidades analizadas (179 municipios) manifestó haber establecido las necesidades públicas de la localidad como criterio para seleccionar los proyectos que se presentaron después al Ministerio de Administraciones Públicas para su aprobación. El órgano fiscalizador destaca, en este sentido, que si bien la mayoría de las corporaciones manifestó su intención de satisfacer cuestiones básicas, solamente un número reducido utilizó el orden de prelación de las necesidades del municipio para presentar al ministerio unos proyectos y no otros y llevó a cabo un proceso interno de selección de proyectos en base a criterios preestablecidos. Además la propuesta se acompañó de una justificación de la necesidad pública a satisfacer. Es más, el 37 por ciento de las entidades consultadas no incluyeron tampoco en la propuesta del proyecto una motivación razonada que justificase la necesidad de la inversión, «lo que supone —según el Tribunal— una debilidad del proceso de selección, en tanto en cuanto el momento en el que se propone la realización de un proyecto es el más oportuno para justificar su necesidad y la unidad proponente es quien mejor conoce las razones de la propuesta».

El Fondo Estatal de Inversión Local (FEIL) fue creado en el marco del Plan E para favorecer aquellas inversiones de ejecución inmediata que contribuyesen, a su vez, a dinamizar a corto plazo la actividad económica e influyeran directamente en la creación de empleo. En la solicitud de financiación los ayuntamientos debían indicar obligatoriamente el número de personas que se preveía serían ocupadas con dichos proyectos, si bien en la práctica dichas comunicaciones fueron, casi en la mitad de los casos, meras estimaciones que luego se quedaron lejos de la realidad o no se cumplieron por parte de las empresas adjudicatarias. Según las conclusiones a las que llegó el Tribunal de Cuentas, las empresas adjudicatarias incumplieron el compromiso de contratación de desempleados en el 11 por ciento de los contratos suscritos. Este incumplimiento afectó a 14.206 desempleados que podrían haber encontrado trabajo a raíz del Plan E. Otro 12 por ciento de los proyectos fue adjudicado a empresas que no se comprometieron a la contratación de ningún trabajador procedente del desempleo, mientras que el 8 por ciento de los contratos no incluyó siquiera la condición especial de que el nuevo personal que el contratista necesitase emplear se encontrase en situación de desempleo. Por todo ello el órgano fiscalizador concluyó que los ayuntamientos no consideraron la creación de empleo como una prioridad a la hora de elegir los proyectos, lo que da más bazas todavía a la tesis de que muchos de ellos aprovecharon el canal de financiación abierto por el gobierno para ejecutar obras ya previstas con antelación.

Así las cosas, la mayoría de los trabajadores empleados en las obras del Plan E formaban parte de sus respectivas empresas antes de que se ejecutasen los proyectos financiados por el FEIL. Solo el 4 por ciento de los que fueron contratados específicamente para dicho plan continuaban trabajando en las empresas durante el segundo semestre de 2011. Lejos, muy lejos, quedaron los 300.000 empleos que Zapatero prometió en su intervención parlamentaria de noviembre de 2008.

Las críticas del Tribunal de Cuentas fueron respondidas por el dirigente socialista Gaspar Zarrías, que fue secretario de Estado de Cooperación Territorial cuando se ejecutaba el plan. A su juicio, la puesta en marcha de este programa fue «una decisión política en un paisaje de contexto social y económico dramático» y llevada a cabo por un gobierno que entendía «el valor de las políticas públicas como herramienta para cambiar las cosas, y no ser meros espectadores». Durante el debate sobre el informe que tuvo lugar a finales de diciembre en la Comisión Mixta de Relaciones con el Tribunal de Cuentas del Congreso y Senado, Zarrías quiso hacer hincapié en que ningún alcalde puso el grito en el cielo ni rechazó el dinero que llegaba del Estado. Desde el PP, su portavoz en la comisión, Eloy Suárez, indicó que «más que un plan, fue una ocurrencia de 8.000 millones que ha dejado muchas cargas». «Esta es parte de la herencia envenenada del PSOE», comentó tras asegurar que el hecho de que solo el 4 por ciento de los contratados por el Plan E siguieran trabajando en el segundo semestre del año demuestra el absoluto fracaso del programa en lo relativo a la creación de empleo. Llegados a este punto, conviene recordar las palabras que le dijo Rajoy al entonces jefe del ejecutivo durante la sesión plenaria del 27 de noviembre de 2007.

—Señorías, desbarajuste, señor Rodríguez Zapatero. Esa es la expresión que mejor define la actuación del presidente del Gobierno en este terreno. Un puro desbarajuste. Pero ¿para qué insistir? Juzguemos estas medidas como desea el señor Rodríguez Zapatero que se juzguen: por su capacidad para crear empleo y reducir el paro. [...] Señor presidente del Gobierno, a veces tengo la impresión de que usted hace cosas por hacer, porque alguien le ha dicho que tiene que liderar algo, pero esta no es la forma de gobernar este país.

Ahora falta depurar las responsabilidades ante los Tribunales de Justicia. De momento —y aunque la investigación todavía se encuentra en una fase inicial—, el Tribunal de Cuentas considera que hay materia suficiente para entrar a fondo en la gestión de once ayuntamientos y ha puesto los hechos en conocimiento de su Fiscalía. Los municipios son los siguientes: Burgos, Gijón, Dos Hermanas (Sevilla), Gerona, Villajoyosa (Alicante), Móstoles (Madrid), La Carolina (Jaén), Bembibre (León), Telde (Canarias), Bigastro (Alicante) y Hazas de Cesto (Cantabria). En los años que se concedieron las ayudas económicas, cinco de esas corporaciones estaban gobernadas por el PSOE (Gijón, Dos Hermanas, Gerona, Bembibre y Bigastro); cuatro, por el PP (Burgos, Móstoles, Villajoyosa y La Carolina, estas dos últimas en coalición con candidaturas independientes); mientras que en Telde gobernaba Nueva Canarias y en Hazas de Cesto el Partido Regionalista de Cantabria (entonces dirigido por Miguel Ángel Revilla).

Una vez tomada la decisión, el Tribunal de Cuentas nombró a un delegado instructor para que realizara las diligencias que considerase oportunas, principalmente las de recabar toda la documentación relativa a las obras y/o contratos, para determinar si todos los aspectos estaban justificados y adecuados a la legalidad. Posteriormente hará lo que se conoce como «acta de liquidación provisional», que puede ser positiva o negativa. En el primero de esos casos determinaría que no existe una justificación en esa materia, por lo que devolvería el expediente al Tribunal de Cuentas para que abriese el correspondiente procedimiento de reintegro, con los trámites previstos en el mismo (demanda, contradicción, etcétera). Este proceso iría dirigido a exigir una responsabilidad contable y lograr la devolución a las arcas públicas de ese dinero no justificado.

Pero, además, si en el transcurso de la investigación se comprobase que no solo ha existido una falta de justificación, sino que se ha podido incurrir en algún tipo de delito —por ejemplo, malversación de caudales públicos— se daría cuenta de ello a la Fiscalía del Tribunal de Cuentas para que, a su vez, lo pusiese en conocimiento del Ministerio Público de la jurisdicción correspondiente para que iniciase, si lo considerase oportuno, las acciones legales pertinentes contra quienes hubiesen podido incurrir en esos delitos (esto es lo que ha ocurrido recientemente respecto a una investigación abierta por el Tribunal de Cuentas, en la que se comprobó que se habían vendido bienes que estaban embargados judicialmente).

Al muñidor del proyecto —el expresidente del Gobierno José Luis Rodríguez Zapatero— no le alcanza ningún tipo de responsabilidad judicial. Mientras tanto, todos los expertos en la materia, tanto políticos como económicos, coinciden en que el Plan E fue el mayor derroche de dinero público de toda la historia en España.

Burguillos, el pueblo más endeudado de España

Ayuntamiento de Burguillos (Sevilla). Plaza de la Constitución, número 1. Lunes 22 de junio de 2009. Durante la tarde.

Un grupo de ciento sesenta pequeños empresarios celebraron una asamblea en el salón de plenos del consistorio. Estaban desesperados. El ayuntamiento les adeudaba más de catorce millones de euros por proyectos, obras y suministros. No sabían qué podían hacer para cobrar lo que se les debía. Durante la reunión empezaron a surgir ideas. Desde llevar a cabo una nueva manifestación —unos meses antes convocaron una que no les sirvió de mucho— hasta la asistencia masiva a los plenos para reventar las sesiones, incluyendo el boicot al acceso a los edificios públicos. El enfado era enorme y se palpaba en el ambiente. Habían invitado a la alcaldesa, la socialista Mariana Pérez González, y a sus concejales al objeto de debatir la situación de la deuda, si bien nadie del equipo de gobierno se dignó a acudir. «Estamos muy quemados», no paraban de repetir los empresarios.

Burguillos es un pueblo de la provincia de Sevilla, en pleno cruce de caminos de la antigua ruta hacia Córdoba que pasaba por Cazalla de la Sierra. En el año 2011 fueron censados un total de 6.286 habitantes, siendo su vècina más ilustre la tonadillera Marifé de Triana, fallecida el 16 de febrero de 2013.

Pese al plantón de la junta de gobierno del municipio, los pequeños empresarios no estaban indignados con la nueva alcaldesa, sino con su predecesor, el también socialista Juan José López, que había dejado el cargo dos meses antes, según decía, por la «bestial campaña» en contra que estaba sufriendo. La realidad es que había sido condenado a ocho años de inhabilitación para ostentar cargo público por dar una licencia de obra que autorizaba una planta más en un bloque, obviando los informes técnicos y sin esperar a que se aprobara la innovación del Plan de Ordenación Urbana que solicitó la promotora del proyecto. Así quedó recogido en un fallo que hizo público el Partido Popular, el grupo municipal que denunció el caso. El titular del Juzgado de lo Penal número 12 de Sevilla consideró que López era autor de un delito contra la ordenación del territorio, por lo que le impuso una multa de 4.500 euros y las costas del juicio. La pena de ocho años de inhabilitación estaba próxima al mínimo legalmente previsto, según se explicó en el fallo, ya que el juez consideró que la actuación del edil no tuvo una trascendencia significativa, porque la construcción pudo ser legalizada, al tiempo que valoró el hecho de que el acusado carecía de antecedentes.

Lo cierto era que el exalcalde siempre tuvo varias denuncias en los juzgados por presuntas irregularidades urbanísticas y trato de favor a una sociedad empresarial vinculada a los socialistas de esa localidad. Meses antes había declarado como imputado ante el Juzgado de Instrucción número 3 de Sevilla por la compra —en beneficio de la empresa de un primo suyo y de miembros del PSOE de Burguillos— de una finca de 59.475 metros cuadrados calificada como rústica y pagada en parte con dinero negro. Los atemorizados vendedores, cuatro hermanos vecinos del pueblo nada acostumbrados a pasar por el juzgado —y menos como imputados—, no tuvieron más remedio que reconocer que la compraventa se cerró en 75 millones de pesetas, pero solo se hicieron constar 20 millones. «Los compradores nos dijeron que eso había que hacerlo así. Además nos dejaron claro que por allí iba a pasar una carretera y que si no vendíamos, aquello no iba a valer nada con el paso del tiempo», le dijeron al juez. A día de hoy allí no hay carretera, solo viviendas. Por su parte, el alcalde —todavía lo era por aquellas fechas— manifestó en el juzgado que la finca se compró por una «emergencia social», ya que causaba, según dijo, problemas al municipio. La juez encargada del caso tras la denuncia del PP dio por hecho que la compra de los terrenos se efectuó con dinero negro, pero archivó el caso por prescripción forzosa.

Lo que más indignaba a los pequeños empresarios que no podían cobrar lo que les adeudaba el ayuntamiento no era la caja B municipal, sino el sueldo del regidor López, uno de los más altos de España, por encima del jefe del Gobierno de la nación, el presidente de la Junta de Andalucía y el alcalde de Madrid. Según había denunciado el PP, el primer edil cobraba 8.400 euros mensuales, que suponían al año la desorbitada cifra de 100.800 euros, a los que había que sumar remuneraciones por la asistencia a los consejos de administración de las nada menos que cuatro empresas públicas del municipio. El Partido Popular dijo conocer solo lo que el regidor percibía por la asistencia a uno de esos consejos —el de Burguillos Natural—, a razón de 200 euros por reunión de los directivos.

Las primeras irregularidades en la gestión de Juan José López comenzaron a aparecer en la prensa —en concreto en la edición sevillana del diario *ABC*— a mediados de 2006. El entonces alcalde las negó todas. Incluso llegó a remitir una extensa nota de rectificación al periódico, cuyo párrafo final era todo un elogio a su honradez. «Quiero expresamente constar: como quiera que el interés de este alcalde es y ha sido siempre el de actuar en lo público con la mejor honestidad y transparencia, excuso decir que cualquier documentación que pudiera aclarar aún más dicho extremo será diligentemente aportada a protocolarización, así como manifestar que me pongo a disposición de la justicia para todo lo que esta precise, como he estado siempre tanto en mi trayectoria personal como pública».

Que Juan José López tenía delirios de grandeza —a costa, eso sí, de las arcas municipales— lo prueba la idea que se le ocurrió a finales del siglo pasado para construir un aeropuerto en el pueblo, de la cual ha quedado constancia en los archivos del ayuntamiento. Dinero —no suyo, sino de la corporación municipal— parece que tenía debido a los convenios urbanísticos. Según la documentación en poder del consistorio, el alcalde ya había escogidos los terrenos y diseñado el proyecto. Para ello hubo que pagar —con cargo, por supuesto, al bolsillo de los ciudadanos— los honorarios de la casa de patentes de Boadilla del Monte, en Madrid, que se encargó de registrar el logotipo y al arquitecto que reflejó en planos el aeródromo, la terminal, los hangares (incluidos los privados de pago) y sus alrededores, donde estaba previsto construir un sector universitario para que los estudiantes de aeronáutica realizaran prácticas, una residencia para estos, con zona deportiva, naturalmente, y un proyecto residencial con viviendas unifamiliares. Ese era uno de los puntos clave de la idea, ya que el alcalde —a imagen y semejanza de lo que buscaba Francisco Hernando, el Pocero, con su urbanización de Seseña— pretendía que el pueblo pasase de algo más de 6.000 habitantes a 24.000 en solo diez años. Según el desglose que se conserva en el ayuntamiento, el proyecto tenía un coste inicial de 6.293 millones de pesetas (unos 38 millones de euros), es decir, un millón por cada vecino: 5.800 para la obra en sí y el resto para licencias y honorarios varios. En el desglose se detallan todos los gastos, desde los movimientos de tierras hasta la urbanización, pasando por los jardines, la pista y la terminal. Además se adjunta un amplio anexo con los costes laborales de los puestos a crear: cuatro controladores, técnicos, jefes, dos vicedirectores, dos directores, un gerente y una treintena de profesores, que se encargarían de la instrucción de los estudiantes de aeronáutica.

Pasaron los años y llegaron las elecciones municipales de mayo de 2011. La principal consecuencia de aquellos comicios para Burguillos fue que el PSOE perdió el poder y pasó a la oposición. El PP se hizo con la alcaldía y su primera decisión fue levantar todas las alfombras del consistorio. La suciedad que salió de allí ha dejado a media España con la boca abierta. Pero vayamos por partes. La primera noticia del asunto se conoció el 23 de marzo de 2013, cuando Burguillos saltó a las primeras de los periódicos al darse a conocer que el pleno ordinario del ayuntamiento había declarado la inviabilidad del Consistorio ante la imposibilidad de afrontar una deuda de 70 millones de euros. Tal era la quiebra, que los ediles solicitaron auxilio a la Diputación de Sevilla, a la Junta de Andalucía y al gobierno. Como no podía ser de otra manera, Domingo Delgado, el actual alcalde de Burguillos, echaba la culpa de las enormes deudas municipales al anterior equipo de gobierno socialista, que abocó al pueblo a la más absoluta ruina económica. Si los vecinos tuvieran que sufragar la deuda municipal, debería abonar cada uno de ellos 11.000 euros, una cifra que es más del doble de la que motivó el famoso rescate del ayuntamiento de Jerez y multiplica por cuatro y cinco las de La Línea o Barbate. Además, esos 11.000 euros por cabeza hacen que Burguillos se sitúe en el primer lugar de la lista de los municipios más endeudados de España. A mucha distancia le siguen Monasterio de la Sierra, en Burgos, con 8.520 euros de deuda por habitante; Aguilar de Segarra, en Barcelona, con 8.344; Navajas, en Castellón, con 6.757; Puebla de la Sierra, en Madrid, con 6.464; San Torcuato, en La Rioja, con 6.308; Capolat, en Barcelona, con 6.303; y Pleitas, en Zaragoza, con 5.349. La deuda total de los municipios españoles ascendió el 31 de diciembre de 2012 a más de 35.163 millones de euros, con lo que la media por habitante se situó en 744 euros.

Burguillos era el primer ayuntamiento de España que se declaraba inviable por las deudas, y además por unanimidad de los partidos. El ayuntamiento tenía en 2013 un total de 3,5 millones de euros de ingresos anuales, con lo que deberían pasar veinte años y pico para poder pagar la deuda. En mayo de 2010 el anterior gobierno local socialista se convirtió también en el primero de

España en pedir su disolución porque no podía afrontar nóminas y servicios básicos. La junta de Griñán y el gobierno de Zapatero hicieron oídos sordos a esas reclamaciones.

Tras las municipales de mayo y el cambio de gobierno, el ayuntamiento se vio cercado por los jueces, que reclamaban el pago de condenas por escándalos anteriores al mandato del PP. De los más de 70 millones de euros de deuda, 2 millones iban a cubrir responsabilidades por sentencias firmes, de imposible cumplimiento dada la falta de liquidez del consistorio. Pero es que, además, el ayuntamiento se enfrentaba a continuas reclamaciones de la Diputación de Sevilla y de la Junta de Andalucía para que devolviese los dos millones de euros otorgados en subvenciones al anterior equipo municipal. Además esas reclamaciones se plantearon con unos intereses y recargos absolutamente usureros e inadmisibles, teniendo en cuenta la situación en la que se encuentra el consistorio. Por último, la junta tenía embargado el cien por cien de los tributos municipales, lo que impide mantener en marcha el ayuntamiento. La asfixia municipal se complicó porque la administración local tenía que dar suministro eléctrico a unas 300 viviendas a través de generadores, cuyo consumo de gas-oil le costaba 30.000 euros al mes, debido a que el anterior alcalde concedió licencias de primera ocupación sin que una urbanización estuviese terminada.

No quedó ahí la cosa. Por aquellos días también se supo que la empresa de Manuel Caramé, marido de la consejera de Hacienda y Administración Pública de la Junta de Andalucía, Carmen Martínez Aguayo, recibió 52.000 euros en pagarés mensuales facilitados por el ayuntamiento socialista. Según denunció el PP, la relación *laboral* de Caramé con Burguillos se mantuvo entre noviembre de 2004 y julio de 2008, la etapa de mayor expansión urbanística en el municipio sevillano. Lo curioso es que, aunque constan los pagarés del ayuntamiento de unos 900 euros mensuales a nombre de Caramé, en el consistorio no hay ni un solo informe, documento o escrito firmado por él. Por si fuera poco, el empresario carecía de la titulación necesaria que le habilitara para firmar proyectos urbanísticos. Y para más *inri* el ayuntamiento contrató los servicios del marido de la consejera incumpliendo un informe del interventor, Rafael Francisco Galán, que especificaba que no se podía contratar a un asesor externo de urbanismo, ya que eran funciones que resultaban idóneas para un funcionario público.

Al nuevo equipo de gobierno del ayuntamiento le faltaba por revisar los gastos del regidor López y su equipo de concejales, es decir, el examen de las facturas pagadas durante los años que dirigieron el consistorio. Aquello sí que fue una auditoría de infarto, porque el análisis ofreció un resultado bochornoso: el exalcalde de Burguillos se había gastado entre los años 2005 y 2008 un total de 174.721,22 euros en comidas abonadas con las tarjetas Visa y American Express del ayuntamiento, con las que también se pagaron diversos viajes, entre ellos uno a Bucarest (Rumanía), y numerosas compras de artículos de relojería, papelería y telefonía en unos grandes almacenes. Las tarjetas eran utilizadas de manera indistinta por el regidor socialista, que gobernó la localidad entre 1995 y 2009, y por el gerente de la sociedad municipal Burguillos Natural, Jacinto Rosas, entre los años 2003 y 2009, fecha en la que la empresa local entró en concurso de acreedores.

Entre las facturas abonadas destaca una comida por importe de 479,32 euros en el restaurante La Isla, de Sevilla, que tuvo lugar el 12 de mayo de 2006 y en la que los comensales tomaron langostinos, percebes, ostras, lenguado y merluza, entre otros manjares. Esa factura fue pagada con la Visa Oro de López, como refleja el extracto de la entidad bancaria. Otra factura hace referencia a un gasto en 13 consumiciones alcohólicas en el hotel La Alquería, de fecha 7 de septiembre de 2005 y por un importe de 44,50 euros. La nota fue pagada por Burguillos Natural e incluía combinados de whisky, ron o ginebra. En total, las cuentas del ayuntamiento de Burguillos reflejaron un gasto de 25.501,66 euros en comidas en el año 2005; cantidad que se duplicó en 2006, año en el que el gasto se disparó a 52.720,92 euros; y siguió creciendo en 2007, hasta alcanzar los 63.518,33 euros.

El ayuntamiento y la sociedad municipal que ahora está en quiebra no solo realizaron esos ingentes gastos en ágapes. Con las tarjetas de estas entidades también se realizaron diversos pagos en compras en El Corte Inglés de artículos de relojería, telefonía, papelería y marroquinería. El 27 de febrero de 2007 se contabilizó un pago de 4.220 euros en artículos de relojería por parte de Burguillos Natural. Otra factura, de 27 de diciembre de ese mismo año y que asciende a 4.118 euros, incluye la compra de material de relojería, papelería, bisutería y telefonía. Del 21 de noviembre de 2005 aparece la compra, también por parte de Burguillos Natural, de un libro electrónico valorado en 350 euros, y el 7 de septiembre de 2006 la entidad local compró artículos de telefonía valorados en otros 649 euros. Otra factura, de 23 de junio de 2005, refleja un gasto de 559,80 euros en material de fotografía. Burguillos Natural también compró tres juegos de escritura y material de marroquinería por valor de 2.862 euros el 11 de diciembre de 2006, según la factura emitida por los grandes almacenes. También figura la compra de varios ordenadores portátiles.

Además de esos artículos, Burguillos Natural pagó unos billetes de avión de Madrid a Bucarest (Rumanía), valorados en 2.642,71 euros, el 27 de octubre de 2003. Con fecha 4 de abril de 2006 se pagaron billetes de Renfe para un trayecto Sevilla-Madrid-Sevilla por importe de 440 euros, y también hay otro gasto de 439,20 euros a Renfe por un viaje a Barcelona, y facturas por estancias en hoteles de La Valette, Niza y Valencia con fecha 5 de septiembre de 2006. En la contabilidad municipal también aparecen gastos no justificados en el año 2005 como los realizados por 9.058,50 euros en Leroy Merlin en 2006, en El Corte Inglés por otros 2.268,19 euros, y pagos con tarjeta por otros 3.484,84 euros. En 2007 entre las partidas no justificadas aparecen compras en El Corte Inglés por 4.975,55 euros, pagos con tarjeta por 2.504,60 y otros 1.308,93 en Leroy Merlin. En el ejercicio 2008 se detectaron gastos no justificados por 14.316,77 euros de distintas tarjetas, compras en Urende por 6.333 euros, en El Corte Inglés por 4.662 y en La Alquería por 2.415,18 euros. En el año 2004 hay gastos no justificados por valor de 34.298,05 euros y otros 12.539,04 en la contabilidad del año 2003. La guinda del pastel fue el hecho conocido de que el alcalde socialista había pagado durante aquellos años con la Visa municipal su carnet del Real Betis Balompié.

Finalmente, el 22 de abril de 2013, la titular del Juzgado de Instrucción número 23 de Sevilla, María José Moreno, cerró la investigación por la concesión presuntamente ilegal de licencias de construcción de viviendas en la zona Norte Residencial 2 de Burguillos con dos imputados: Juan José López, al que el juez atribuye dos delitos, uno de malversación de caudales públicos y otro contra la ordenación urbanística; y Federico A. G, exarquitecto municipal, a quien también se imputa el segundo de los delitos. Según el auto ordenado y mandado aquel día, el exalcalde comenzó a dictar resoluciones y a firmar decretos concediendo licencias pese a los reparos de los informes técnicos y jurídicos, que lo desaconsejaban. López hizo caso omiso a estas recomendaciones y siguió otorgando dichas licencias en contra de la ley. De hecho, y ante el aluvión de informes desfavorables, el exregidor, en lugar de atenerse a ellos, buscó la valoración del antiguo arquitecto municipal, quien nunca encontró motivos para frenar la cesión de permisos. La magistrada detalló cómo el entonces alcalde concedió licencia de obra de urbanización en junio de 2004, pese a que en tal fecha no estaba aprobado el proyecto de parcelación ni el proyecto de urbanización. Además, iniciados estos trabajos, López otorgó licencias de ocupación aunque no estaban concluidas las obras de suministro eléctrico, de soterramiento del arroyo El Chorrito ni haber ejecutado la rotonda de acceso en el sector.

Paralelamente, López firmó un convenio urbanístico de gestión con la empresa Promociones Dovamar S. L., que le hizo dos pagos. El primero ascendió a 80.447,30 euros, que debían ser destinados a la construcción de la rotonda de acceso a la nueva urbanización, más el saneamiento, abastecimiento de agua y convenio con la red eléctrica Endesa. Posteriormente, la sociedad entregó al ayuntamiento de Burguillos un aval por 159.979,40 euros para las obras de urbanización. Pues bien, según la juez, estos trabajos no se ejecutaron.

Tres semanas después de aquel auto, el ayuntamiento de Burguillos presentó un recurso de aclaración en el que reclama 4,37 millones de euros al exalcalde. El consistorio pretendió ejercer la acción civil de reclamación de daños y perjuicios causados a la Hacienda Pública como consecuencia de los gastos que tuvo que soportar en gasóleo para la producción de energía eléctrica (casi un millón de euros), en las obras para dotar de servicios a la viviendas (905.000 euros) y en la cantidad presupuestada para las que quedan por hacer (2,5 millones). Asimismo consideró que en el relato de hechos punibles se obvian y omiten hechos con relevancia penal que constan acreditados documentalmente en autos y que pretendía que fueran objeto de enjuiciamiento.

De momento no hay actuación judicial ante el ingente derroche durante la gestión del regidor López. Pese al despilfarro de dinero público, con el consiguiente perjuicio a las arcas municipales, el exalcalde socialista de Burguillos se va de rositas. Ningún reproche penal ni para él, ni para la Diputación de Sevilla, ni para la Junta de Andalucía, que permitieron todo ese dispendio.

Capítulo X

JUSTICIA SOLO PARA RICOS Y PODEROSOS

Camino vecinal a precio de autopista

El trámite de presentar un recurso ante el TC parece sencillo. Ustedes han podido ver muchas veces a dirigentes políticos, sobre todo si son de los dos partidos mayoritarios, entrar en la sede de la calle Doménico Scarlatti, dirigirse al registro de la planta baja del edificio, entregar el escrito al funcionario —que lo sella— y salir minutos después a la puerta, donde les suelen esperar cámaras y micrófonos para realizar, de pie, unas breves declaraciones ante un corrillo con periodistas. Los políticos lo tienen fácil. Según el artículo 32 de la ley orgánica 3/79, de 3 de octubre, están legitimados para presentar un recurso de inconstitucionalidad el presidente del Gobierno, el Defensor del Pueblo, cincuenta diputados, cincuenta senadores o, cuando se trata de normas estatales que puedan afectar al ámbito de su autonomía, los órganos colegiados ejecutivos y las asambleas de las comunidades autónomas, previo acuerdo adoptado al efecto.

El resto de los mortales lo tenemos más difícil. No obstante, un frío lunes de diciembre, Javier María Pérez-Roldán y yo, en nombre de la asociación de abogados Ius et Fides, presentamos ante el Tribunal Constitucional un recurso contra la ley 10/2012, de 20 de noviembre, por la que se establecen determinadas tasas en el ámbito de la Administración de Justicia. Lo hicimos sin tener claro que nuestra iniciativa fuese a prosperar. Aquel fue, sin embargo, el primer escrito que se presentó en la sede del TC contra la controvertida norma que lleva el sello del ministro de Justicia, Alberto Ruiz-Gallardón. De lo que sí estábamos convencidos —y lo seguimos estando meses después de la entrada en vigor de la norma— era de nuestra rotunda y radical oposición a la ley aprobada por el Parlamento, porque antes de que el Estado se embolse dinero por administrar justicia, debe adoptar medidas que la mejoren. Es evidente, en nuestra opinión, que no se puede cobrar peaje de autopista por el uso de un camino vecinal, que muchas veces aparece cortado.

He afirmado que no es fácil llegar al TC para plantear la inconstitucionalidad de una ley, si no se forma parte de un grupo parlamentario de los llamados mayoritarios. Por eso Ius et Fides tuvo que echar imaginación al asunto y plantear su escrito como *un recurso de amparo directo*, por ser una *norma autoaplicativa*, siendo su entrada en vigor la que produce una lesión a los derechos fundamentales reconocidos en la Constitución. Pero, ¿qué es una norma autoaplicativa? La también llamada por la doctrina norma operativa o de eficacia inmediata hace referencia a una ley que adquiere vigencia plena en el mismo momento de su entrada en vigor. O dicho en otras palabras, es la propia vigencia de la norma la que genera consecuencias en el ámbito subjetivo de los particulares, al despreciarse en dicha ley el derecho a la tutela judicial efectiva (en su vertiente de acceso a la Justicia) que establece el artículo 24 de la Constitución. En el caso de las llamadas normas autoaplicativas se han de dar dos condiciones para que estas puedan ser impugnables directamente: que la violación de derechos fundamentales sea cierta y de inmediata realización.

A las puertas de la sede del Tribunal Constitucional nos esperaban los periodistas. «Hemos demostrado que ante las medidas del actual gobierno es necesario reivindicar la imaginación jurídica, el conocimiento profundo del derecho y rescatar del olvido viejas instituciones jurídicas para defender los derechos de los ciudadanos», señaló Pérez-Roldán ante micrófonos y cámaras. «En el recurso contencioso administrativo —que también presentamos ese mismo día ante la Audiencia Nacional— se denuncia que el gobierno ha incumplido el deber previo, antes de publicar tal disposición, de dar un trámite de audiencia de quince días a todos los colectivos afectados. La ausencia de este requisito determina su nulidad», afirmé yo.

La motivación a la hora presentar el recurso era clara: las tasas de Gallardón vulneran el derecho de igualdad de todos los ciudadanos ante la ley, el derecho a la tutela judicial efectiva, el principio de capacidad contributiva y la jurisprudencia. En nuestra opinión —y así quedó reflejado en el recurso—, la ley 10/2012 es inconstitucional porque vulnera, *inter alia*, los siguientes preceptos de la de la Carta Magna: artículo 24.1 («todas las personas tienen derecho a obtener tutela judicial efectiva de los jueces y tribunales en el ejercicio de sus derechos e intereses legítimos sin que, en ningún caso, pueda producirse indefensión), artículo 14 («los españoles son iguales ante la ley, sin que pueda prevalecer discriminación por razón de nacimiento... o cualquier otra condición o circunstancia personal o social») y artículo 119 («la Justicia será gratuita cuando así lo disponga la ley y, en todo caso, respecto de quienes acrediten insuficiencia de recursos para litigar»).

La ley de Gallardón vino a generalizar la práctica del pago de tasa para poder recurrir a la Justicia, salvando dos órdenes jurisdiccionales —el penal y el militar—, de manera tal que sin su abono previo para las actuaciones previstas en la ley, la secretaría de los órganos judiciales no da curso a demandas, escritos o pretensiones deducidas. La tasa es de aplicación universal, pues afecta tanto a las personas físicas como jurídicas y con el único límite —con carácter general— de aquellas que sean defendidas bajo el amparo de la ley de Justicia gratuita, siempre y cuando actúen por medio los profesionales designados por los turnos correspondientes, sin que exista la posibilidad, como hasta ahora, de poder elegir a un abogado de confianza que prometiera o jurara ante el colegio respectivo que actuaría sin minutar su actuación. Nosotros consideramos que la ley de tasas judiciales, por el importe que se establece a las mismas, crea graves perjuicios a la clase media, pues vienen a configurarse como una clara barrera al acceso a la Justicia. Solo aquellos que por su situación de carencia de medios están amparados por la Justicia gratuita o aquellos que por tener medios de sobra pueden hacer frente al importe de la tasa accederán a los órganos jurisdiccionales, tal y como establece el artículo 24 de la Constitución. Por eso se puede decir que la cuantificación de la tasa alcanza importes *expropiatorios*.

Precisamente aquel frío lunes de diciembre comenzó a aplicarse la nueva ley de tasas judiciales, tras la publicación el sábado anterior en el Boletín Oficial del Estado (BOE) de la orden ministerial que regula el procedimiento de liquidación y cobro. La orden recogía los dos modelos para la autoliquidación y la solicitud de devolución por solución extrajudicial de tasas judiciales.

La norma, tramitada con el carácter de urgencia en las Cortes Generales, salió adelante durante una jornada de la huelga general —14 de noviembre de 2012— con los votos en solitario del PP en el Senado. «El derecho a la tutela judicial efectiva no debe ser confundido con el derecho a la justicia gratuita», señala el preámbulo de la norma, ante el amplio rechazo que ha recogido por parte de los grupos de la oposición y del conjunto de operadores jurídicos, que consideran que la subida generalizada de las tasas dificulta el acceso a los tribunales y tendrá un efecto disuasorio. Así, las subidas más destacadas que introduce la nueva ley se producen en los casos de apelación del ámbito civil y contencioso-administrativo, que se incrementan en 500 euros, y en la casación de esos mismos órdenes, que pasan de 600 a 1.200 euros. En fase de apelación, se deberán pagar 800 euros en ambos órdenes. El orden social contempla un coste de 500 euros en suplicación y de 750 en casación ante el Supremo. El Congreso modificó levemente el proyecto original al eximir a los trabajadores del pago del 60 por ciento de la tasa prevista en los recursos de suplicación y casación en lo social. Además, se liberó del pago de la tasa a los procedimientos verbales o monitorios cuando la cuantía de la reclamación sea inferior a 2.000 euros. Un procedimiento abreviado costará 200 euros y uno ordinario llegará a 350 euros en lo contencioso. En el orden jurisdiccional civil, la tasa es de 150 euros para un procedimiento verbal y cambiario, 300 euros para un proceso ordinario, 100 euros en un monitorio europeo y una demanda incidental en el proceso concursal, y 200 euros en un concurso necesario.

Las tasas alcanzan no solo a las personas jurídicas, sino también a las personas físicas. Están exentos del pago quienes acrediten insuficiencia de recursos para litigar y sean beneficiarios de la Justicia gratuita, al igual que el Ministerio Fiscal, las administraciones públicas, las Cortes Generales y las asambleas legislativas de las comunidades autónomas.

El nuevo marco de la tasa parte, por un lado, de que su gestión económica corresponde al Ministerio de Hacienda y Administraciones Públicas. Por otro, tiene en cuenta la puesta en marcha de la oficina judicial y las competencias del secretario judicial, que «comprobará en cada caso si efectivamente se ha producido el pago de la tasa, previéndose para el caso de que no se haya efectuado que no dé curso a la actuación procesal que se solicite», según la ley.

Analizando el incremento y la cuantía de las nuevas tasas judiciales, se puede concluir que estas no cumplen con el principio de capacidad económica, ya que su hecho imponible —el ejercicio de la potestad jurisdiccional— y su base imponible —la cuantía del procedimiento— no están relacionados con la capacidad económica real del sujeto pasivo, máxime cuando el devengo de la tasa judicial se produce en el momento en que, con carácter general, se inicia el procedimiento (y no cuando finaliza). Cuando el sujeto pasivo ejercita la potestad jurisdiccional no demuestra renta o riqueza que justifique la cuantía actual, que, en todo caso, podrá ser futura y, desde luego, contingente (de ahí la necesidad del ejercicio de la potestad jurisdiccional por parte de dicho sujeto).

La medida contó con el rechazo de un amplio sector judicial. Asociaciones de abogados, jueces, fiscales y representantes de la ciudadanía exigieron al presidente del Gobierno, Mariano Rajoy, que se sentase a negociar con ellos para conversar *de poder a poder*, es decir, desde el poder ejecutivo al poder judicial, debido al fracaso de las negociaciones con Alberto Ruiz-Gallardón. Sin embargo, Rajoy otorgó su apoyo al ministro. «Ha hecho un esfuerzo para hablar, desde luego cuenta con el respaldo del gobierno y de su presidente», señaló el jefe del Ejecutivo en referencia al titular de Justicia, añadiendo que la decisión sobre las tasas es «sensata y equilibrada». Según Rajoy, los usuarios españoles de la Justicia van a pagar el 10 por ciento de lo que cuesta esta, mientras que el 90 por ciento restante lo van a pagar los contribuyentes sean o no usuarios del servicio de la Justicia.

Sin embargo, lo que no ha querido ver el gobierno del PP es que el 70 por ciento de los clientes de los abogados —nuestros clientes— ha renunciado a interponer una demanda o un recurso judicial, según refleja el informe sobre el estado de la Justicia correspondiente al año 2013 que preparó el Colegio de Abogados de Barcelona (ICAB). En una rueda de prensa para presentar el informe, el decano Pedro Yúfera no tuvo reparos en asegurar que esa cifra demuestra que las tasas son un «impedimento para que los ciudadanos puedan ejercer su derecho a acudir a los tribunales». Para el decano de los abogados de Barcelona, el dato es «muy grave» porque demuestra la dificultad del ciudadano de acceder a la tutela judicial efectiva, y más teniendo en cuenta que las tasas en la segunda instancia son más elevadas, pese a que un 40 por ciento de las sentencias son revocadas en apelación.

Más datos sobre la aplicación de la ley: los pleitos de particulares contra las administraciones se reducen en tono al 40 por ciento —aunque en algunas comunidades autónomas esta cifra supera el 60— porque los ciudadanos no pueden hacer frente a las tasas judiciales. Así lo refleja un estudio realizado por el Consejo General de la Abogacía Española, con datos de los 83 colegios de toda España y en el que detallan un centenar de casos de ciudadanos que no pudieron interponer procedimientos porque no disponían del dinero que se les reclamaba en concepto de tasas. A la vista de los datos, el presidente del Consejo, Carlos Carnicer, puso la luz roja en el hecho de que los procedimientos se están criminalizando, ya que muchos ciudadanos se decantan por esa vía debido a que en la jurisdicción penal no existen tasas. Según recordó Carnicer, un pleito puede costarle a un particular entre 3.000 y 4.000 euros si tiene que llegar hasta el alto tribunal. Los ciudadanos señalan en los servicios de orientación jurídica que no disponen de las cantidades que se les exigen para presentar las acciones judiciales, por ejemplo, por multas de ayuntamientos o expropiaciones. «La ley hace advertir al cliente que tiene que acopiar ese dinero para los recursos, si se produce en primera o en segunda instancia hay que depositar la tasa, si no se pierde el derecho», indicó Carnicer. Los abogados apuntan que la reducción de las tasas solo beneficia a las empresas y a personas jurídicas, pero no a los particulares para los que mantiene las cuotas fijas.

El artículo 2.2 de la Ley General Tributaria establece que «las tasas son los tributos cuyo hecho imponible consiste en la utilización privativa o el aprovechamiento especial del dominio público, la prestación de servicios o la realización de actividades en régimen de derecho público que se refieran, afecten o beneficien de modo particular al obligado tributario, cuando los servicios o actividades no sean de solicitud o recepción voluntaria para los obligados tributarios o no se presten o realicen por el sector privado». Históricamente, la tasa judicial consistía en el devengo de ciertas cantidades de dinero por las actuaciones judiciales con cargo a quien las promovía. La ley 25/86, de 24 de diciembre las suprimió, dándose la circunstancia de que uno de sus principales valladares de la misma en el Congreso de los Diputados fue José María Ruiz-Gallardón, padre del actual ministro de Justicia.

Mal puede encajar legalmente una tasa conforme a lo discutido en la actual ley si resulta que el objeto y naturaleza jurídica de esta tiene como presupuesto fáctico la prestación de un servicio, cuando resulta, según el artículo 11 de la propia norma Gallardón —don Alberto—, que «la tasa judicial se considerará vinculada al sistema de Justicia gratuita en los términos establecidos en la Ley de Presupuestos Generales del Estado de cada ejercicio» y, a tenor del artículo 4.2 de la ley (exenciones subjetivas de la tasa), «están en todo caso exentos a) las personas a las que se les haya reconocido el derecho a la asistencia jurídica gratuita». Dice la Ley

General Tributaria, en su artículo 16.1, que «serán sujetos pasivos de las tasas las personas físicas o jurídicas beneficiarias de la utilización privativa o aprovechamiento especial del dominio público o a quienes afecten o beneficien, personalmente o en sus bienes, los servicios o actividades públicas que constituyen su hecho imponible». Resulta evidente que los obligados a pagar las tasas no entran dentro del concepto de sujeto pasivo que ofrece la Ley General Tributaria y que lo recaudado mediante la implantación del nuevo sistema de tasas no podrá destinarse a financiar la Justicia gratuita, como erróneamente se afirma en la exposición de motivos de la norma Gallardón. La Justicia gratuita es un servicio público que, como tal, solo puede ser financiado mediante impuestos generales, nunca mediante una tasa que se impone a un ciudadano concreto, que, además, no se está beneficiando de ese servicio, porque él no entra dentro de los supuestos de exclusión subjetiva contemplados en la ley, de conformidad con lo que se dispone en la legislación tributaria. Por lo tanto, es a todas luces injusto y contrario a derecho que un ciudadano que acude a la Justicia ordinaria con sus propios medios tenga que financiar, además, un servicio de Justicia del que no se beneficia. Por si fuera poco, el Tribunal Europeo de Derecho Humanos ha establecido con reiteración que es exclusivamente al Estado, a través de sus Presupuestos Generales, a quien corresponde abonar al abogado y procurador sus servicios de asesoramiento, defensa y representación cuando actúan prestando el servicio público de Justicia gratuita.

La nueva norma sobre tasas judiciales podría vulnerar también los artículos 7 y 8 de la ley 8/89, de 13 de abril, sobre tasas y precios públicos. Dice el primero de esos preceptos: «Las tasas tenderán a cubrir el coste del servicio o de la actividad que constituya su hecho imponible». El segundo establece: «En la fijación de las tasas se tendrá en cuenta, cuando lo permitan las características del tributo, la capacidad económica de las personas que tendrán que satisfacerlas». Es evidente que el legislador, cuando redactó la ley cuya constitucionalidad se discute, obvió el cumplimiento de esos artículos. Ni cubren el coste del servicio, porque se le hace recaer en quien no disfruta del mismo —lo paga para que lo disfrute un tercero, en este caso, el beneficiario de la Justicia gratuita— o, lo que resulta más sarcástico, el resto de los excluidos subjetivos por la ley: el Ministerio Fiscal, las Cortes Generales, la Administración General del Estado, las comunidades autónomas y sus asambleas legislativas y las entidades locales.

Pasemos ahora de los argumentos jurídicos al ámbito político. El 22 de octubre de 2012, durante el debate de totalidad del entonces proyecto de ley de tasas judiciales, el ministro de Justicia trató de convencer a los grupos de la oposición en el Congreso de los Diputados de las *bondades* de su proyecto de ley, sin ningún éxito, por cierto, ya que el PP terminó quedándose solo en la votación. Gallardón quiso dejar claro que el fundamento último de la ley es de naturaleza eminentemente social. «Señorías, lo que esta ley persigue —y les puedo asegurar que va a conseguirlo— es garantizar el sostenimiento de la Justicia gratuita en España para aquellos ciudadanos que carezcan de recursos para litigar, que desgraciadamente cada día son más como consecuencia de la crisis», sostuvo el que fuera alcalde de Madrid. La oposición, por su parte, le echó en cara que la auténtica razón de ser de la iniciativa legislativa es exclusivamente recaudatoria. En el hemiciclo de la Cámara Baja se pudo oír cómo todos los grupos que no apoyan al gobierno le decían a gritos al ministro que la Justicia es igual para todos y que su proyecto de ley no contribuye a que se haga efectivo ese primer mandamiento jurídico.

El argumento que más se escuchó en la bancada de la oposición fue que Gallardón pretende una Justicia solo para ricos mediante unas tasas que garantizan a los más pudientes el uso casi exclusivo del sistema judicial. La oposición consideró inaceptable que un trabajador que pretenda recurrir una sentencia por despido tenga que pagar una tasa de 500 euros para recurrir o de 750 euros —más que el Salario Mínimo Interprofesional— si lo hace en casación, o que en la jurisdicción civil un ciudadano que considere vulnerados sus derechos como consumidor deba abonar 115 euros para interponer una demanda u 815 para recurrirla.

Algunos datos que ofreció la oposición no pudieron ser rebatidos por el ministro, como, por ejemplo, las referencias a las tasas que se pagan en países de nuestro entorno europeo. Por comparación, en la jurisdicción francesa y británica hay tasas mucho más accesibles y adaptadas a la cuantía económica sobre la que trata el litigio. En el caso británico existen tasas cercanas a los 30 y 40 euros en función del medio de pago. Y lo mismo ocurre en la jurisdicción francesa, donde las costas a pagar están en torno a los 35 euros, bien es cierto que se añaden a posteriori nuevas cuantías en función de las necesidades del proceso judicial. Extremadamente duro con el proyecto de ley se mostró el diputado socialista Antonio Camacho, extitular de Interior y, como Gallardón, fiscal en excedencia. «Señor ministro, ¿usted considera que entra dentro de los márgenes del Estado democrático que un ciudadano tenga que pagar 450 euros por recurrir una multa de tráfico de 200 más la retirada de puntos? Señor ministro, si lleva la ley a la realidad tal y como la ha diseñado pondrá a una parte importante de la ciudadanía española de rodillas, aquella que no pueda acudir a los tribunales de Justicia para reclamar la aplicación de esa justicia», sostuvo Camacho. Después del debate tuvo lugar la votación: Sufragios emitidos, 306 (faltaron 44 diputados aquel día); a favor de las enmiendas de totalidad, 130 (los de toda la oposición); en contra, 176 (los del Grupo Popular).

Obligado por la Defensora del Pueblo, Soledad Becerril, y bajo la amenaza de que la ley de tasas podría terminar en el Tribunal Constitucional, el ministro de Justicia no tuvo más remedio que dar marcha atrás —parcial, eso sí— y anunciar una serie de reformas solo dos meses después de la entrada en vigor del proyecto. Becerril propuso a Gallardón que redujese la cuantía en los casos de primera instancia civil y contencioso-administrativa, al tiempo que pidió la supresión de las tasas que se devengan cuando se enjuician los procedimientos sancionadores; las de los procedimientos de ejecución hipotecaria; las de los recursos de suplicación y casación en el orden social, y las de ejecución de resoluciones arbitrales de consumo. Por último, recomendó devolver las tasas ya cobradas a las personas que resulten beneficiarias, según la nueva normativa de asistencia jurídica gratuita, además de reducir las de primera instancia y que se module la cuantía en función de la capacidad económica en el caso de las personas jurídicas. Gallardón mantuvo en todos sus términos la filosofía de su ley, pero aceptó rebajar hasta un 80 por ciento las tasas variables aplicadas a los pleitos, eliminar las tarifas en casos de desahucios de viviendas habituales y en la ejecución de laudos arbitrales de consumo, y reducir las tarifas en procesos por multas de tráfico.

Por nuestra parte y como era previsible, el Tribunal Constitucional no admitió a trámite el recurso de Ius et Fides que firmé junto a Pérez-Roldán, con el argumento de que carecíamos de legitimidad activa para presentarlo. Vamos, nos vino a decir que no somos nadie para acudir al TC. La negativa del tribunal que presidía Pascual Sala ha servido para que acudamos directamente al Tribunal Europeo de Derechos Humanos, pues entendemos que no se puede obligar a un ciudadano a agotar los procedimientos ordinarios para ir al TC cuando precisamente para agotar estos procedimientos ordinarios se ve obligado a pagar una tasa que económicamente le es inasumible.

En cambio, el Constitucional sí admitió los tres recursos presentados por cincuenta diputados del Grupo Parlamentario Socialista en el Congreso, el Gobierno de la Generalitat de Cataluña y el Consejo de Gobierno de la Junta de Andalucía. Y lo hizo el mismo día —el 21 de marzo de 2013— en que el Consejo General del Poder Judicial aprobó un duro informe contra la reforma. En ese documento, el CGPJ tildó de «supuesto» el aumento del acceso a la Justicia gratuita, al tiempo que dudó de la viabilidad económica de la nueva ley de tasas judiciales.

Donde sí tuvimos más suerte fue en la Audiencia, ya que a mediados de enero fue admitido a trámite el recurso contencioso-administrativo de Ius et Fides contra la orden del Ministerio de Hacienda y Administraciones Públicas por la que se aprobó el modelo 696 de autoliquidación y el 695 de solicitud de devolución por solución extrajudicial del litigio. Además, la Audiencia Nacional requirió al departamento ministerial que dirige Cristóbal Montoro para que en el plazo de veinte días presentase ante el órgano judicial el expediente administrativo completo.

El presidente Ius et Fides, Juan Bautista Sanz-Gadea, consideró muy relevante que la propia Audiencia Nacional haya resuelto en el sentido de formar pieza separada con respecto a la petición de medidas cautelares, con lo que la asociación de abogados manifiesta su entera satisfacción. En declaraciones efectuadas a los periodistas aquel día que presentamos los recursos, Sanz-Gadea sostuvo que «la sociedad civil puede estar satisfecha, pues aunque resulte excepcional, parece que la Audiencia Nacional ha actuado con la celeridad que la causa merece y nos podemos encontrar cerca de la suspensión de la ley de tasas».

Por su parte, mi compañero Javier Pérez-Roldán señaló: «Con estos recursos hemos dotado a los abogados y a la sociedad civil de instrumentos idóneos para enfrentarse a la ley de tasas. Es evidente igualmente que seguiremos profundizando en las acciones jurídicas y movilizaciones sociales necesarias para conseguir la derogación de la citada norma». Y añadió, como ya apunté: «Hemos demostrado que ante las medidas del actual gobierno es necesario reivindicar la imaginación jurídica, el conocimiento profundo del derecho, y rescatar del olvido viejas instituciones jurídicas para defender los derechos de los ciudadanos». En el recurso admitido denunciamos, entre otras cosas, que «el gobierno incumplió el deber previo antes de publicar tal disposición de dar un trámite de audiencia de quince días a todos los colectivos afectados, determinando la ausencia de este requisito su nulidad».

La democracia con más aforados del mundo

Periódico ABC. *Calle de Juan Ignacio Luca de Tena, número 7, en Madrid. Jueves 23 de marzo de 1995. Al filo de la medianoche.*

Sonó el teléfono en la mesa de continuidad. Al otro lado de la línea, como casi todas las noches, estaba el director del diario, Luis María Anson. Las órdenes fueron muchas, aunque concisas y dictadas de manera telegráfica. El redactor jefe de noche, bolígrafo en mano, se apresuró a tomar notas. Casi ni habló. Estaba atento a lo que le decía Anson. Lo único que se le oían eran escuetos monosílabos. La conversación duró escasamente dos minutos. Colgó el aparato y miró a su derecha, donde entonces se encontraba la sección de Nacional. Hasta allí se acercó con paso rápido.

—Ha llamado el jefe.

—¿Algo grave? ¿En qué hemos metido la pata esta vez?

—Hay que cambiar la primera de tipografía entera. Ya he llamado al taller para que estén atentos y a rotativas, para que paren las máquinas.

—Pero si lo que llevamos es una exclusiva y de las buenas... El *tebeo* ha quedado muy bien en arrancada.

—Ya lo sé. Pero hay que matizarlo. Vamos a hacer cambios. Abre la página en el ordenador y te voy dictando.

El redactor encargado del turno de noche en la sección de Nacional borró el titular que *ABC* llevaba en su arrancada: «Un anteproyecto de ley del Ministerio de Administraciones Públicas pretende extender el aforamiento a los secretarios de Estado y exministros».

—Borrado. ¿Cuál es el nuevo titular?

—«Fuerte colisión entre los ministros Belloch y Saavedra por el proyecto de ley del Gobierno».

—Me parece que el titular de Justicia e Interior ha visto la primera edición y ha vuelto a llamar a Anson.

—Copia los sumarios. El primero: «Administraciones Públicas envío el texto al Consejo del Poder Judicial sin pasar por el filtro de Justicia».

—Ya tenemos bronca entre los ministros de Felipe González. ¡Vaya legislatura!

—Toma nota del segundo sumario: «El Departamento de Justicia e Interior se muestra en desacuerdo total con la extensión del aforamiento».

—¿En desacuerdo total? ¡Menuda bronca! Y nos la queríamos perder...

—Ahora la entradilla: «Un proyecto del Ministerio de Administraciones Públicas pretende extender el fuero especial del que gozan los miembros del Gobierno a los secretarios de Estado y exministros. De esta forma, las responsabilidades penales de los miembros del Gobierno —presidente, vicepresidentes, ministros y, como novedad, secretarios de Estado— se exigirán ante el Supremo, aunque ya hayan cesado en sus puestos, según establece el último anteproyecto de ley del Gobierno de la Nación, al que ha tenido acceso *ABC*. El Departamento de Justicia e Interior, que dirige Juan Alberto Belloch, está, sin embargo, en absoluto desacuerdo con la extensión del fuero».

—¿En absoluto desacuerdo?

—Te dicto un par de párrafos con los que arrancar la crónica. El resto lo cambias tú. «La aparición de los casos GAL y fondos reservados ha influido notablemente en la redacción de este anteproyecto que ha preparado el Ministerio para las Administraciones Públicas y que ya ha sido debatido en líneas generales por el Consejo de Ministros, según confirmó recientemente Jerónimo Saavedra en el Congreso de los Diputados. Sin embargo, no existe unanimidad en el seno del Gobierno sobre la extensión del fuero para sus miembros. El Ministerio de Justicia e Interior se ha mostrado en completo desacuerdo con esta extensión del fuero penal que, en su opinión, debe ser restrictivo».

—En completo desacuerdo...

—Sigo: «Fuentes del Departamento que dirige Juan Alberto Belloch han asegurado que el texto concreto del anteproyecto de Administraciones Públicas ni siquiera ha pasado por la Comisión de Subsecretarios. Además, criticaron el hecho de que el ministerio de Saavedra haya enviado el texto al Consejo General del Poder Judicial —que debe dictaminarlo— sin pasar por el cauce de Justicia e Interior, que es el departamento ministerial que se relaciona con el órgano de gobierno de los jueces».

—Y este párrafo que dice: «Si el anteproyecto hubiera estado aprobado antes de la instrucción del sumario de los GAL realizada por el juez Garzón, este no hubiera podido actuar contra el exsecretario de Estado Rafael Vera o el exdirector general con rango de secretario de Estado, Julián San Cristóbal, ni podría hacerlo contra el exministro del Interior José Luis Corcuera». ¿Lo dejo?

—Sí, sí. Claro

Al día siguiente se pudo comprobar que *ABC* no era el único periódico en llevar la exclusiva. También lo hizo *El País*, cuyo editorial titulado: «Curarse en salud», descalificaba la postura del gobierno socialista de Felipe González. Aquella fue una crítica insólita tratándose del diario *felipista*. «La sombra de la responsabilidad penal —opinaba *El País*— se cierne en estos momentos, aunque sea en lontananza, sobre algunos miembros en activo del Gobierno y sobre otros que lo han sido. Un antiguo secretario de Estado para la Seguridad se encuentra en prisión bajo graves imputaciones en el sumario de los GAL. En estas circunstancias, un mínimo de prudencia política —y de pudor— y sensibilidad frente a la irritación de la opinión pública hubiera aconsejado al Gobierno abstenerse de propugnar reformas legales sospechosas de favorecer el fuero procesal de sus integrantes en el ámbito penal. No ha sido así. A rebufo de la llamada Ley del Gobierno —un viejo proyecto gubernamental que dormía en algún armario ministerial— se pretende ampliar el fuero procesal de los ministros y de los secretarios de Estado hasta límites que sobrepasan en mucho los criterios restrictivos establecidos por la jurisprudencia del Tribunal Constitucional y del Supremo. Por primera vez se integra de manera expresa a los secretarios de Estado en el ámbito del Gobierno; se extiende también expresamente la competencia de la Sala Segunda del Supremo para juzgar a los ministros y secretarios de Estado cesantes, siempre que los hechos que se les imputan hayan estado relacionados con el ejercicio de sus cargos; y se otorga carácter retroactivo a la reforma, de modo que pueda afectar a los procesos no concluidos en el momento de su entrada en vigor. Tal pretensión, en las actuales circunstancias, no solo tiene mucho de descaro. Es un auténtico escándalo».

Al final, con la oposición a Jerónimo Saavedra, González terminó dando la razón a Belloch y la extensión del fuero a los secretarios de Estado y exministros no entró en la ley del gobierno. Desde entonces no ha habido más intentos por ampliar ese privilegio para poderosos. Pero ¿qué es el aforamiento? Para aquellos que no lo sepan, es un fuero especial jurisdiccional que tienen los diputados de las cámaras, que implica que las causas que se puedan seguir contra ellos solo las pueda conocer un tribunal concreto: el Superior de Justicia para los diputados autonómicos o el Supremo para los estatales. Los dirigentes políticos no son los únicos que gozan de esa figura. Si buscamos en los textos legales, podemos distinguir dos grandes grupos: los miembros de las cámaras parlamentarias y del poder judicial.

Respecto al primer grupo, la Constitución establece que la responsabilidad penal del presidente de Gobierno y de los demás miembros del ejecutivo solo será exigible, en su caso, ante la Sala de lo Penal del Tribunal Supremo. Del mismo modo, la Carta Magna establece que esa misma Sala Segunda del Alto Tribunal será la competente para conocer de las causas contra diputados y senadores. Además, los estatutos autonómicos determinan también el aforamiento de los diputados del Parlamento, que deben ser juzgados directamente en el Tribunal Superior de Justicia de la autonomía correspondiente. Algunos estatutos extienden esta medida hasta al Defensor del Pueblo autonómico. Por otro lado, la Ley Orgánica del Poder Judicial deja en manos de la Sala Penal del Supremo el posible enjuiciamiento del presidente del CGPJ, el Tribunal Constitucional, el propio Supremo, los vocales del CGPJ, magistrados del Supremo y el Constitucional, el presidente y los magistrados de la Audiencia Nacional y de cualquiera de sus salas y los de los diferentes tribunales superiores de Justicia, el fiscal general del Estado, los fiscales de Sala del Supremo, el presidente y consejeros del Tribunal de Cuentas y del Consejo de Estado y el Defensor del Pueblo. Además deja la puerta abierta a que sean aforados «aquellos que determinen los estatutos de autonomía».

España es la democracia con mayor número de aforados del mundo. Se calcula que en la actualidad hay diez mil ciudadanos con una protección jurídica especial, según señalan dos estudiosos de la materia, Juan Luis López Colomer e Iñaki Esparza, en su trabajo *Tratado jurisprudencial de aforamientos procesales*. Un volumen que genera enormes disfunciones en el sistema judicial y que ampara privilegios con difícil encaje en una Constitución que en su artículo 14 proclama que «los españoles son iguales ante la ley, sin que pueda prevalecer discriminación alguna por razón de nacimiento, raza, sexo, religión, opinión o cualquier otra condición o circunstancia personal o social». A mediados de mayo de 2013, Unión, Progreso y Democracia presentó una proposición no de ley en el Congreso de los Diputados para que se debatiese en el pleno la reducción al mínimo de los beneficiarios de esta protección, al considerar que se trata de un «privilegio arcaico», incompatible con los principios que deben regir los Estados contemporáneos y democráticos. La formación que lidera Rosa Díez denunció que, «lejos de restringirse esta protección, ha sufrido una extraordinaria expansión sin precedentes al calor del desarrollo del Estado de las Autonomías y de la colonización de los partidos políticos de todas las instituciones del Estado, comenzando por la Justicia».

Según se encargó de recordar Unión Progreso y Democracia, los privilegios o prerrogativas parlamentarias encuentran sus primeros antecedentes en el parlamentarismo medieval inglés, y entre ellos podemos encontrar a sus dos manifestaciones más características: la inviolabilidad (*freedom of speech*), que impide la apertura de cualquier clase de procedimiento que tenga por objeto exigir responsabilidad a los diputados o senadores por las opiniones manifestadas en el ejercicio de sus funciones, y la inmunidad (*freedom from arrest or molestation*), que somete determinados procesos al requisito de la autorización de la cámara legislativa respectiva (el conocido hoy en día como «suplicatorio»). A dichas instituciones podemos añadir la del aforamiento que, *stricto sensu* (dejando aparte la materia civil) implica alterar las reglas de competencia judicial penal (objetiva, funcional y territorial) en beneficio de determinadas personas, que tienen derecho a ser encausadas y juzgadas por determinados tribunales previamente señalados. El constitucionalismo histórico español fue receptivo a las indicadas prerrogativas parlamentarias, aunque la Constitución de Cádiz de 1812 dejara traslucir una cierta prevención frente a tales figuras, limitándose a contemplar expresamente la prerrogativa de la inviolabilidad.

Lo que a lo largo de la historia nació como una garantía para hacer efectiva la separación de poderes y evitar que los jueces —como miembros del poder judicial— actuaran contra el ejecutivo o el legislativo, se ha convertido en un privilegio de los políticos del que se benefician miles de cargos públicos. Las prerrogativas de las altas autoridades del Estado —entre ellos diputados y senadores— están fijadas en la Constitución y solo podrán desaparecer con una reforma de la Carta Magna, que UPyD reclama. Pero este —en principio excepcional— privilegio se ha extendido en leyes posteriores a miles de personas más. Y esas normas sí podrían ser modificadas por decisión del Congreso. Por eso la proposición no de ley del partido de Rosa Díez planteó que en una próxima reforma constitucional se revisen los privilegios o prerrogativas parlamentarias de la inviolabilidad, inmunidad y aforamiento. Mientras, Díez pidió también al pleno que, hasta que se revise la Constitución, en un plazo máximo de tres meses se debían suprimir «todos y cada uno de los supuestos de inviolabilidad, inmunidad y aforamiento que han proliferado en distintas leyes», sobre todo en las administraciones autonómicas. Para UPyD, en un Estado que se define como social y democrático de Derecho, no tienen cabida los privilegios y menos los que obstaculizan la lucha contra la corrupción política. En casi todos los países de nuestro entorno estas prebendas se han ido reduciendo con la consolidación de la democracia. En Portugal e Italia no existe más aforado que el jefe del Estado (ante el Supremo y el Tribunal Constitucional, respectivamente). En Francia, hay entre diez y quince aforados (solo el presidente, el primer ministro y los ministros). Y en Alemania o el Reino Unido —país donde se creó la figura en la Edad Media—, ya no existe ningún aforado en la actualidad. Además, en ninguno de los países citados los parlamentarios nacionales —y menos los regionales— están aforados.

En España, las tres prerrogativas que contemplan los tres primeros apartados del artículo 71 de la Constitución, con rasgos propios cada una de ellas, son: proteger a los legítimos representantes del pueblo de acciones penales con las que se pretenda coartar su libertad de opinión (en el caso de la inviolabilidad); impedir indebida y fraudulentamente su participación en la formación de la voluntad de la cámara, poniéndolos al abrigo de querellas insidiosas o políticas que intenten hacer una utilización inadecuada de los procesos judiciales (inmunidad); y proteger la independencia del órgano y el ejercicio de las funciones del cargo constitucionalmente relevantes (aforamiento).

En lo que respecta a la inviolabilidad, aunque el texto constitucional no menciona a los parlamentarios autonómicos, los estatutos de autonomía reconocieron la misma a los miembros de estas asambleas y, por si fuera poco, lo mismo se acordó respecto a los integrantes de las Juntas Generales de los llamados territorios históricos vascos. Dicho privilegio fue extendido también al Defensor del Pueblo y sus adjuntos, a los que se reconoce en términos extraordinariamente amplios (art. 6 de la ley orgánica 3/1981, de 6 de abril, del Defensor del Pueblo) y sus homólogos autonómicos (a los que se extiende el privilegio a través de la ley 36/1985, de 6 de noviembre, por la que se regulan las relaciones entre la Institución del Defensor del Pueblo y las figuras similares en las distintas comunidades autónomas). En esa línea cabe señalar la inviolabilidad de los magistrados del Tribunal Constitucional, de la que no gozan, en cambio, jueces y magistrados integrados en el poder judicial, a los que se ha otorgado independencia, imparcialidad e inamovilidad, pero no inviolabilidad por las opiniones expresadas en el ejercicio de su cargo. Por otro lado, la Constitución de 1978 recoge lo que se ha venido a denominar inmunidad plena o completa, que comprende tanto la prohibición de detención como la necesidad de obtener autorización de la cámara (suplicatorio) para proceder contra un parlamentario.

La inmunidad es una prerrogativa que ha sido criticada desde hace mucho tiempo, siendo tildada de instrumento que favorece los abusos, rompe el principio de igualdad y propicia prácticas corporativas de autoprotección, y que niega a los ciudadanos el acceso a uno de los pilares fundamentales del moderno Estado de Derecho, que no es otro que el de la tutela judicial. Sin embargo, el privilegio de la inmunidad ha vivido en nuestro país (a diferencia de otros países) un periodo expansivo sin precedentes. Así, el Defensor del Pueblo y sus adjuntos, mientras permanezcan en el ejercicio de sus funciones no podrán ser detenidos ni retenidos, sino en caso de flagrante delito, y los jueces y magistrados en servicio activo no pueden ser sometidos a detención gubernativa salvo caso también de flagrante delito, ni pueden ser objeto de intimación o citación por autoridades gubernativas. Pero, sin duda, el supuesto que resultó más controvertido fue el relativo a los parlamentarios autonómicos que, conforme a sus estatutos, no podrán ser detenidos ni retenidos salvo en caso de flagrante delito, régimen que también resulta aplicable a los comisionados autonómicos.

Para Iñaki Esparza, catedrático de la Universidad del País Vasco, «el número de aforados que hay en España es a todas luces excesivo, pero también se trata de un problema cualitativo por el hecho de que haya personas a las que se les juzgue de forma distinta». «En ocasiones —advirtió en declaraciones a *El Confidencial*— se puede perjudicar al beneficiario porque es muy discutible que un diputado al que se haya detenido por conducir ebrio, algo que ya ha ocurrido, tenga que ser juzgado en el Tribunal Supremo por un asunto de este tipo, con la notoriedad añadida que este hecho supone». En su opinión, que tribunales superiores de Justicia o el Tribunal Supremo tengan que actuar como instructores de los casos que afecten a aforados, como ocurre por ejemplo en el caso del diputado socialista José Blanco, solo provoca disfunciones graves en el sistema judicial. «Lo que se está haciendo es sobrecargar la labor de tribunales que tienen que estar dedicados a la revisión de sentencias y que no están preparados para actuar como juzgados ordinarios de instrucción», afirmó Esparza tras poner como ejemplo el caso del Tribunal de Justicia de la Comunidad Valenciana, saturado por los diez diputados autonómicos del PP inmersos en diferentes causas de corrupción. «Probablemente, ese Tribunal Superior tenga más trabajo incluso que algún juzgado de primera instancia. Y eso no tiene ningún sentido».

En similares términos se manifestó su compañero Juan Luis López Colomer. En su opinión, la situación de España «es una vergüenza en el ámbito internacional, pues muchos países punteros no conocen ningún aforamiento, como ocurre en Estados Unidos o Alemania, sino un procedimiento político de destitución del presidente de la nación y otros muy elevados cargos (*impeachment*), que es algo muy distinto». Para el catedrático de Derecho Procesal de la Universidad Jaume I, esta prerrogativa viola claramente el principio de igualdad. Gómez Colomer cree que la inmunidad que concede España a sus parlamentarios y autoridades es exacerbada y exagerada. «Si queremos ser un país moderno y plenamente respetuoso con el principio de igualdad y el derecho al libre acceso a los tribunales de Justicia, el aforamiento debe desaparecer; pero ello no ocurrirá en España, al menos de momento, porque quienes tienen que aprobar la ley que suprima los aforamientos son los mejor aforados hoy», concluyó el profesor.

Álvaro Martín, de la Asociación Profesional de la Magistratura, declaró en un reportaje publicado en la web Diario Jurídico que existe una distinción muy clara entre el aforamiento de los miembros del poder judicial y el de los políticos. En el primer caso cree que sí está justificado porque argumenta que «es el sujeto del enjuiciamiento el que lo hace difícil». En el caso, por ejemplo, de los magistrados, ve comprensible establecer un proceso diferente para evitar, por ejemplo, que a un magistrado del Supremo le acabe enjuiciando un órgano inferior ante el cual eventualmente se dé una revisión que vaya al tribunal en el que este magistrado desempeña su trabajo. «Es decir, hay una razón de índole técnica que en el caso de los políticos, en cambio, parece excesiva en algunos supuestos».

La verdad es que el aforamiento produce circunstancias peculiares. Como se ha dicho, no solo son tribunales especiales quienes pueden juzgar a los aforados, sino que ya en el momento de la imputación debe ser el Tribunal Superior de Justicia o el Tribunal Supremo quien decida si se imputa a esa persona o no. Es decir, que si una Audiencia Provincial —por poner un ejemplo— ve que en una causa hay un aforado, debe remitir toda la documentación sobre esa persona al tribunal correspondiente para que decida si se le imputa. Hemos visto varios ejemplos en los últimos años. El juez que investiga la supuesta trama de corrupción conocida como caso Mercurio, que tiene su epicentro en el ayuntamiento de Sabadell, quiso imputar al diputado del PSC Daniel Fernández. Pero como no pudo hacerlo él, porque Fernández goza de su condición de aforado, debió remitir los indicios al Tribunal Superior de Justicia de Cataluña para que sea este quien decida.

Además, una misma causa debe enjuiciarse de manera conjunta, con lo cual acababan yendo directamente a los tribunales superiores de Justicia y el Supremo no solo los aforados, sino todos los que han podido cometer el delito. Un caso paradigmático es el del exmagistrado Estevill, juzgado y condenado en el año 2005 por su implicación en casos de corrupción. Contaba con la colaboración del abogado Juan Piqué Vidal —letrado que defendió al expresidente catalán, Jordi Pujol, en el caso Banca Catalana—, que fue condenado también a siete años de prisión por un delito de cohecho continuado. Al ser Estevill aforado, y ante la imposibilidad de juzgar de forma separada un mismo caso, también el abogado fue juzgado por el Tribunal Superior de Justicia de Cataluña.

Pero hay otra cuestión que, en opinión de los expertos, supone uno de los problemas más graves de la figura: los aforados que son juzgados directamente en el Tribunal Supremo pierden la doble instancia. «Cuando ha resuelto el Supremo ya no queda ningún recurso posible —señala González Armengol—, solo queda un recurso de amparo, pero eso no es un recurso ordinario en el ámbito de la jurisdicción ordinaria. Eso, de hecho, ya ha sido sancionado por instituciones internacionales», concluye. De hecho, Joaquim Bosch, portavoz de Jueces para la Democracia, asegura que nuestro país «está en el punto de mira de varias instancias internacionales porque no respeta esta doble instancia». Y es que si nos fijamos, por ejemplo, en el artículo 14.5 del Pacto Internacional de Derechos Civiles y Políticos, se establece claramente que «toda persona declarada culpable de un delito tendrá derecho a que el fallo condenatorio y la pena que se le haya impuesto sean sometidos a un tribunal superior, conforme a lo prescrito por la ley».

Esta falta de doble instancia es un arma de doble filo. Es decir, puede llegar a ser beneficioso para alguien que ha sido absuelto y cuya sentencia no será revisada, pero ¿qué ocurre cuando hay sentencia condenatoria? Un claro ejemplo es el caso Garzón. El exmagistrado fue juzgado y condenado a once años de inhabilitación —lo que en la práctica supone decir adiós a la carrera judicial— por las escuchas en el caso Gürtel. El fallo se adoptó por unanimidad de los miembros de la Sala de lo Penal del Tribunal Supremo. Y contra la sentencia no hay recurso. «Eso es una desventaja para cualquier sistema procesal penal», dice Joaquim Bosch. Para que un sistema sea justo debe haber una doble instancia que vuelva a evaluar lo que se ha dictado en la primera. Es un problema que se puede ver desde ángulos distintos, pero al final es un problema del sistema.

Capítulo XI

JUEGO SUCIO
EN EL COLEGIO DE ABOGADOS

Gumpert unió a todos contra ella

Palacio de Congresos de Madrid. Paseo de la Castellana, número 99. Miércoles 19 de diciembre de 2012. Cinco y cuarto de la madrugada.

Los cinco miembros de la Comisión Electoral del Ilustre Colegio de Abogados de Madrid dieron por finalizada la tensa reunión que habían mantenido a puerta cerrada desde horas antes. Hubo «fumata blanca». Llegaron a un acuerdo y se dispusieron a hacerlo público. Tomaron asiento en la sala donde les esperábamos alrededor de medio centenar de personas. Los candidatos hicimos lo mismo. A la izquierda de la comisión, Sonia Gumpert, acompañada de algunos miembros de su lista. A la derecha, el resto de los candidatos, todos juntos. Los rostros de los presentes reflejaban cansancio, mucho cansancio. La mayoría de nosotros llevábamos allí desde las nueve de la mañana del día anterior. Más de veinte horas de tensa y dura jornada electoral en la que ocurrió de todo: nervios, gritos, empujones y hasta un conato de pelea. La intervención de una patrulla de la policía nacional evitó que la cosa fuera a mayores. Uno de los miembros de la comisión empezó a dar lectura al acuerdo adoptado:

«Se ha recibido por los representantes de las candidaturas verbalmente y por los interventores de diversas mesas electorales, así como posteriormente un comunicado conjunto de siete candidatos denunciando presuntas irregularidades acaecidas durante el proceso electoral y la jornada de votación relativos al menos a: realización de actos de propaganda el día de las elecciones en el colegio electoral, en sus inmediaciones y en algunas de las salas de abogados en los juzgados y tribunales de Madrid; empleo de mecanismos de presión sobre los electores para votar en favor de una determinada candidatura; ofrecimiento de medios económicos y materiales para conseguir que los electores acudieran a votar a una determinada candidatura; entrega a los electores de sobres con papeleta electoral por representantes de alguna candidatura en la sede electoral y en sus inmediaciones; cotejo de la lista de votantes de la mesa electoral con los listados propios elaborado por una candidatura, para su transmisión a una suerte de "opción electoral" que se encontraba en el propio salón, para su volcado en un ordenador portátil a efectos de comprobar los que habían ejercicio el voto y los que aún no lo habían hecho; ordenadores portátiles que pretendieron ser sacados de la sede electoral por un ciudadano y que dieron lugar a una denuncia ante el juzgado de guardia, no autorizando su titular el acceso a los contenidos del mismo; suscripción de pactos previos a la presentación de la candidatura que pueden afectar a materias indisponibles desde el punto de vista legal y estatutario, incluyendo el compromiso de aportación de votos; y por último, hojas en las que figuran nombres de electores junto con la persona presuntamente encargada de la captación de su voto, incluyendo datos personales y la misión de llamar o no llamar».

El rosario de irregularidades, según se iban leyendo una a una, fue acogido con exclamaciones de desaprobación por parte de los miembros de la candidatura de Sonia Gumpert allí presentes. «¡Qué barbaridad! Eso es mentira», se les oía mascullar. Sin embargo, a nadie de los allí presentes se nos escapó que lo que había ocurrido durante la jornada electoral no era ni medio normal, sobre todo a partir de las seis de la tarde y hasta las ocho, hora de cierre de la votación. El trasiego de los compañeros de Sonia Gumpert yendo y viniendo a las puertas del palacio para esperar a los abogados y acompañarlos a las urnas. O los dos ordenadores que los miembros de esa candidatura habían instalado en un rincón del salón de votaciones, utilizados por varias personas, que trabajaban con ellos a toda velocidad y con indisimulada tensión. ¿Qué estaba pasando? Pues que los interventores de esa candidatura, a la vista de todos, transmitían los listados a las personas que manejaban los ordenadores. Esas listas contenían la relación de los abogados, con nombres, apellidos y número de colegiado, que habían votado. Esa información se volcaba a los portátiles y se creaba un fichero de datos informatizado. Desde los mencionados ordenadores se cruzaban los datos introducidos con otras bases de datos, lo cual permitía, a pocas horas del cierre electoral, saber qué abogados habían ejercitado su derecho a voto y los que faltaban por hacerlo. De esta manera, la candidatura de Sonia Gumpert Melgosa, a través de estos ficheros de datos, llevaba a cabo llamadas masivas a los abogados que no habían ejercitado su derecho al sufragio, convocando al voto desde la propia sala donde se celebraban las elecciones, con presuntas invitaciones a pagarles el taxi, a recogerles en vehículo privado e, incluso, a invitarles a tomar un café a su llegada. Algunas fuentes apuntaron que el compromiso era regalarles un bolígrafo de la marca Montblanc, según señaló la candidatura del decano saliente, Hernández Gil, en su escrito de alegaciones.

Efectivamente, a partir de las seis de la tarde, cientos de abogados de Madrid empezaron a recibir llamadas insistentes desde la candidatura de Sonia Gumpert invitándoles a acudir a las urnas y recordándoles, según su caso, cómo afectaba su condición de «no votante» respecto a su futuro en el turno de oficio. El modelo utilizado era absolutamente metódico y sistemático. De todo ello me alertó uno de mis compañeros de candidatura, durante aquella jornada electoral del 18 de diciembre.

—Me acaba de avisar un compañero del turno de oficio que a eso de las seis ha recibido una llamada telefónica por parte de miembros de la candidatura de la Gumpert para decirle: «Eres del turno de oficio y no has votado. Te mandamos un taxi».

Todos los allí presentes pudimos ver cómo un miembro de la candidatura de Sonia Gumpert, Juan Ignacio Sánchez Puig, daba órdenes constantes a sus colaboradores, repartía instrucciones, iba y venía a las mesas electorales donde daba recomendaciones a sus interventores sobre dónde tenían que sentarse para escuchar bien los nombres de los electores que habían votado. Presuntamente existía una trama dentro del colegio electoral en claro ejercicio de captación de voto el mismo día de la jornada de elecciones. En un momento dado me crucé con Hernández-Gil, decano en funciones y candidato a la reelección.

—Antonio, ¿has visto lo que está pasado?

—Sí, sí… Aquí hay mucho juego sucio.

—¿Y vas a hacer algo? Esto no puede seguir así.

Me miró y siguió su camino. Era un manojo de nervios. El momento más crítico se vivió al cierre de las urnas, cuando un individuo trató de llevarse los famosos ordenadores en bolsas de plástico. Tuvo que ser un miembro de mi candidatura quien impidiera la desaparición de lo que parecía la prueba del delito. Le agarró del brazo y le dijo: «Tú no te vas hasta que no veamos lo que tienen esos portátiles». Los compañeros de Gumpert intentaron defenderle. Se armó un gran revuelo. Gritos, insultos y empujones. La comisión tuvo que mediar, reteniendo los ordenadores y llamando a la policía, que acudió al Palacio de Congresos de inmediato. A continuación se convocó una reunión de urgencia de todas las candidaturas, a excepción de la de Sonia Gumpert. Una reunión que sirvió para que todos redactáramos un escrito denunciando los hechos acontecidos y solicitando a la Comisión Electoral que adoptase una decisión esa misma noche.

Comenzó el recuento de votos, mientras se reunía el órgano del ICAM competente para velar por el buen desarrollo de los comicios. A partir de ahí, llegaron horas de espera. La única nota destacable fue el *tweet* que la candidata a decana del Colegio de Abogados de Madrid escribía al filo de la medianoche al circular el rumor infundado de que los resultados iban a ser anulados y las elecciones debían repetirse: «@soniagumpert arrasa. Llamamiento abogados que han apoyado a Sonia Gumpert. Anulan las elecciones ICAM. Por favor venid al Palacio de Congresos».

A eso de las cinco y media de la madrugada el presidente de la Comisión Electoral seguía con la lectura del acuerdo adoptado:

«Teniendo en cuenta el deber de esta comisión de velar por el mantenimiento de un proceso electoral limpio y democrático basado en los principios de publicidad, transparencia, corrección y decoro; a la vista de la competencia de la Comisión Electoral de resolución de las reclamaciones que, como en este caso, se han presentado durante el proceso electoral; teniendo en cuenta que todas las candidaturas han de ser debidamente oídas con la oportunidad de aportar los medios de prueba a los que se han comprometido, esta comisión acuerda: suspender la proclamación de los resultados electorales; custodiar en sobres lacrados los resultados electorales, que se guardan en la caja fuerte del ICAM, dando al presidente de la Comisión Electoral la llave de la misma; remitir copia de la denuncia formulada ante el juzgado de guardia por los graves hechos acaecidos durante la jornada electoral; exigir a todas las candidaturas que se abstengan de realizar cualquier medida de presión sobre esta Comisión Electoral o sobre alguno de sus miembros y recordarles que, ante la gravedad de los hechos, deben extremar el celo en la defensa del buen nombre de la profesión y de la institución colegial».

En opinión de nuestra candidatura —y así lo hicimos constar en el escrito de alegaciones remitido días después a la Comisión Electoral del ICAM— se cometieron numerosas vulneraciones de la legislación aplicable por parte de los miembros de la candidatura de Sonia Gumpert Melgosa, de manera premeditada y organizada, de forma tal que invalidarían el proceso electoral, habiendo traspasado incluso la línea de las meras irregularidades administrativas y entrando de lleno en los tipos penales, por lo que se interpuso la correspondiente denuncia por presunto delito electoral.

«¡Vaya jardín en el que me he metido!», pensé aquella jornada electoral. Con alguna duda al principio y mucha ilusión después, decidí presentarme a los comicios al Ilustre Colegio de Abogados de Madrid tras la llamada de un compañero, cuya identidad guardo por confidencialidad, que me propuso para que encabezase la candidatura que iban a presentar las asociaciones Ius et Fides y Unión de Abogados. No tenía claro que mis obligaciones laborales me dejaran el tiempo necesario que tan importante empresa requería. Me convencieron sus argumentos: «Somos la candidatura del abogado de a pie, del artesano del derecho. No nos mueven los intereses de los grandes despachos. Si conseguimos vencer, desde el colegio defenderemos los derechos de nuestros compañeros, sin concesiones de ningún tipo a intereses económicos ni políticos». Le pedí dos días para pensármelo y tras el puente de la festividad de Todos los Santos dije que sí. Quedaba por delante mucho trabajo por hacer en solo mes y medio para la cita con las urnas y nos pusimos manos a la obra con muchas ganas. El programa electoral con el que concurríamos a las elecciones salió adelante rápidamente. Tuvimos claro desde el principio lo que queríamos: lo primero, la defensa de nuestros compañeros del turno de oficio, que llevaban meses sin cobrar; después, un manifiesto sobre la función social del abogado, con especial atención a los letrados que sufren el impacto de la crisis económica; y por último, la defensa de un colegio independiente, que dejase de ser correa de transmisión de un partido político u otro. Uno de los puntos clave del programa fue la declaración por la unidad jurídica de España como bien intrínseco de la abogacía, que fue copiado por algún candidato y al que luego se sumó el resto.

Nos enfrentamos a la larga campaña electoral con escasos medios debido al pequeño presupuesto con el que contábamos: alrededor de mil quinientos euros (abonados a escote por cada uno de nosotros) para cartelería, un video casero para difundir el programa y un par de sesiones de fotos, que fueron colgadas en nuestra artesanal página web con el objetivo de que los electores pusieran cara a los compañeros de lista. La financiación de la que disponíamos nada tenía que ver con el despliegue de medios de otras candidaturas: caros sondeos con intención de voto, anuncios en prensa y hasta barra libre para los colegiados en algunos selectos locales de copas.

La campaña electoral, a nuestro parecer, fue sucia desde el principio. Además de copiarnos parte del programa, se nos insultó en redes sociales, nos vetaron entrevistas en los medios de comunicación y nos excluyeron de los debates. No nos dejaron acudir a ningún cara a cara: ni al de la Cadena Ser, ni al de *Expansión*, ni al del Ateneo de Madrid, organizado por la asociación de juristas Scevola. Parecía que los principales candidatos ya se habían comido la tarta sin esperar siquiera a que empezase la fiesta de cumpleaños. Evidentemente no concurríamos en situación de igualdad. El poderoso en medios económicos y contactos tiene una vez más el terreno abonado. Al único debate que nos permitieron acudir fue al que organizó el decano en funciones: un peculiar enfrentamiento en Twitter moderado por el periodista Manuel Campo Vidal. Debido a la novedad del formato, no se pudieron confrontar ideas y aquello se convirtió en un caos debido a los mensajes cruzados y a la falta de respuesta a las acusaciones lanzadas.

Nos dejaron poco margen mediático. En la primera entrevista a la que acudí —en Gestiona Radio— pude defender nuestro programa y denunciar lo que era un secreto a voces: que el decano en funciones Hernández-Gil estaba apoyado por los grandes despachos, que al otro aspirante —Javier Cremades— le respaldaban las grandes empresas y que la tercera gran candidata en liza —Sonia Gumpert— trabajaba en Madrid para un despacho con sede social en Cataluña y, lo más importante, podía representar intereses ajenos al Colegio de Abogados de la capital. Gumpert quiso dar la vuelta a la tortilla y en un peculiar comunicado difundido en su web denunció que se le atacaba por su supuesta procedencia catalana, que ella negaba tajantemente. «Yo soy nacida en Madrid, al igual que todos los miembros de mi candidatura», decía en la nota que llevaba el curioso título de «Caza de brujas». Aquello levantó una gran polvareda en Cataluña, una comunidad autónoma sumida entonces en el más intenso debate sobre la independencia, alimentado por fuerzas políticas de corte nacionalista y secesionista.

Lo que conscientemente ocultó la candidatura de Sonia Gumpert desde el principio es que tras su apuesta —apoyándola en todos los sentidos, incluido el económico y el mediático— se encontraba el Instituto Superior de Derecho y Economía, ISDE, una *lawyer school* nacida en Barcelona y propiedad de la familia Pintó, que había organizado desde dos años antes una operación logística y mediática en toda regla para tomar el control del colegio de Madrid, que cuenta con más de 65.000 miembros, entre abogados ejercientes y no ejercientes. Un asunto que preocupaba, y con razón, a buena parte de la abogacía madrileña.

La candidatura de ALA, encabezada por Lorena Ruiz-Huerta y apoyada por medios de izquierda, también había hecho sus investigaciones. Lorena aprovechó el debate en el Ateneo de Madrid a principios de diciembre de 2012 para echar en cara el asunto a Sonia Gumpert. ALA denunció también que la única encuesta que hasta la fecha se había hecho pública y que daba la mayoría en las elecciones a la candidatura de Gumpert fue elaborada y cocinada en Cima, una de las empresas del *holding* ISDE. Mi intención era sacar a relucir el caso, pero mi exclusión del debate de Scevola impidió que pudiera hacerlo.

En una columna publicada por *El Confidencial*, el periodista Federico Quevedo señaló, citando fuentes del colegio, los dos motivos de esa preocupación entre los abogados madrileños: el primero, que la de Gumpert era una candidatura férreamente organizada y controlada por una organización mercantil que vive exclusivamente de la abogacía y que aspira a controlar el organismo que la regula; y el segundo, la cercanía y connivencia de la familia propietaria del ISDE con el nacionalismo catalán. «Es de sobra conocida —apuntó Quevedo— la conexión de Pintó Ruiz, presidente de honor del ISDE, con CiU. Pintó fue, después de su paso por el decanato de la Ciudad Condal, presidente de la Caixa de Barcelona y hombre clave en la sociedad civil próxima a la familia Pujol. Incluso hoy es conocida la cercanía de él y sus hijos a hombres como Xavier Trias, alcalde de Barcelona, u Oriol Pujol, el heredero del nuevo nacionalismo convergente. Es frecuente ver en actos del ISDE a otros personajes como Eugeni Gay, antiguo presidente del Consejo General de la Abogacía y magistrado del Constitucional, que votó a favor de que

Bildu pudiera concurrir a las elecciones vascas. De talante moderado, su cercanía al nacionalismo catalán no había tenido consecuencias en Madrid, donde habían conseguido un cierto prestigio, pero lo acontecido en las semanas previas a las elecciones catalanas, en las que el Colegio de Abogados que ellos controlan desde hace años realizó una apuesta sin fisuras por la deriva nacionalista de Artur Mas, ha hecho saltar todas las alarmas entre los notables de la abogacía madrileña».

Pero ¿qué es el ISDE? Se trata de un centro de formación jurídica fundado en 1992 por Alejandro Pintó Sala, en el que trabaja buena parte de su familia ocupando puestos de dirección. La dirección general está en manos del considerado estratega de su expansión, Juan José Sánchez Puig. El instituto se ha convertido en un conglomerado de empresas vinculadas al derecho que, además de impartir más de veinticuatro másteres, incluye una editorial, el despacho de abogados —que funciona en el mismo edificio de la sede social de Madrid— y la comercialización de una potente, y posiblemente única, base de datos de abogados. Nacido en Barcelona, el ISDE rápidamente vio su espacio en Madrid. La intención de ocupar y controlar la junta de gobierno de un colegio de abogados no era nueva, hasta lo intentaron en Barcelona. «¿Por qué necesita el ISDE controlar el colegio de Madrid?», le pregunto a Federico Quevedo. «La respuesta es sencilla: todos los productos y servicios que su conglomerado empresarial produce son susceptibles de ser vendidos al colegio, y su base de datos, sumamente interesante para despachar cualquier producto a los letrados, sirve también para competir con ventaja en cualquier elección a decano», me cuenta.

Durante aquellos días previos a los comicios surgieron dudas en dos direcciones sobre la legalidad de la campaña que estaba llevando a cabo la candidatura de Sonia Gumpert. Por un lado, la posibilidad de que se hubieran cometido irregularidades en el voto por correo; y por otro, la supuesta ocultación de pactos electorales. En cuanto a la primera, nuestros simpatizantes nos hicieron llegar la información de que empresarios de la noche madrileña podían estar haciendo labores de captación del voto por correo en las fiestas que la citada candidatura organizaba en ciertos bares de copas. Nuestra candidatura tuvo acceso a un *e-mail* enviado a abogados desde una cuenta de correo perteneciente al propietario de una de las discotecas con el siguiente tenor:

«Estimado/a...

Me pongo en contacto contigo para presentarte la candidatura de Sonia Gumpert y solicitarte, a ser posible, el voto por correo. Me gustaría saber si puedes ayudarnos. Para ello necesitaría que me enviaras escaneado tu carnet de colegiado o el DNI y el escrito de solicitud de voto para el Colegio de Abogados que te adjunto, firmado y escaneado. De esta manera facilitaríamos los datos al notario, el cual los compulsará, y se los entregaremos al colegio en tu nombre. Así no tendrás que desplazarte y perder el tiempo el 18 de diciembre para votar, o ahora, para ir a solicitar el voto a Serrano».

El sistema de captación de voto sugerido en el mensaje constituye, en sí mismo, una irregularidad gravísima porque no queda garantizada la identidad del votante ni la cadena de custodia del sufragio. Así lo pusimos de manifiesto en un escrito remitido a la Comisión Electoral del Colegio de Abogados.

El segundo bloque de presuntas irregularidades se centró en el pacto que suscribieron el 30 de septiembre de 2012 la candidatura de Sonia Gumpert y la Asociación de Letrados por un Turno de Oficio Digno (ALTODO). Una simple lectura de ese acuerdo ponía de manifiesto un claro atentado contra principios y valores fundamentales del proceso electoral y del colegio como corporación de derecho público. Así, por ejemplo, la asociación ALTODO se atribuía la capacidad de aportar «al menos» novecientos votos a la candidatura de Sonia Gumpert, en contra de la naturaleza esencialmente individual, libre y secreta del sufragio. Además, en el escrito había un reparto de cargos en el caso de que la citada lista ganase los comicios. Así, los tres miembros de ALTODO se quedarían con la dirección del turno de oficio por encima del equipo profesional responsable de este servicio en el ICAM y al candidato a vicedecano y firmante del pacto en nombre de su asociación se le asignaría «el control y la supervisión de la Comisión de Deontología» para incrementar el peso político del turno de oficio en ese área. Por último, el pacto avanzaba decisiones sobre la gestión del servicio público de justicia gratuita que no pueden ser objeto de ningún contrato privado y que, además, comprometen el patrimonio del ICAM. Todos estos hechos, constitutivos en nuestra opinión de manifiestas irregularidades, fueron puestos en conocimiento de la Comisión Electoral, que zanjó el asunto solicitando, como es preceptivo, que todas las candidaturas hicieran públicos sus pactos electorales. La lista de Gumpert se apresuró a dar publicidad a su acuerdo con ALTODO, sin justificar siquiera los novecientos votos comprometidos ni el reparto de cargos. En cuanto a las irregularidades en el voto por correo, la comisión dio carpetazo a la denuncia sin entrar en más detalles.

Los resultados de la jornada electoral supusieron una aplastante victoria para Sonia Gumpert. La ganadora de los comicios consiguió 6.426 votos, frente a los 3.293 de Antonio Hernández-Gil, los 2.769 de Javier Cremades, los 1.574 de Lorena Ruiz-Huerta y los 1.550 de Ignacio Peláez, y los 916 de Josefa García Lorente. Yo me quedé con 397 sufragios.

A fecha de hoy, el asunto está *sub iudice* al mantener las candidaturas las acciones judiciales entabladas en el orden administrativo y penal. Estoy convencida de que Gumpert no habría necesitado este comportamiento de su entonces equipo para obtener el éxito en las urnas. En todo caso, el tiempo y la justicia tendrán la última palabra.

Delito de revelación de secretos

Juzgado de Instrucción número 9 de Madrid. Plaza de Castilla, número 1. Martes 2 de abril de 2013. Durante la mañana.

El caso de las irregularidades en las elecciones del Colegio de Abogados dio un vuelco inesperado. El magistrado Elpidio José Silva Pacheco —el juez que semanas después envió a la cárcel al expresidente de Caja Madrid, Miguel Blesa— mandó y firmó un auto por el que se imputaba a la decana y a toda su junta directiva merced a la denuncia que presentamos el resto de candidatos por los incidentes registrados en la jornada electoral, en la que tuvo que irrumpir la policía. El juez revocó el sobreseimiento libre del caso, que permitió a Gumpert y a su equipo tomar posesión, y ordenó que se siguiese tramitando la causa por la posible comisión de un delito de descubrimiento y revelación de secretos.

El 21 de diciembre la jueza que sustituía al magistrado Silva Pacheco dictó un auto por el que acordó el sobreseimiento libre y el archivo de la denuncia al estimar que los hechos que se produjeron, vinculados a la candidatura de Sonia Gumpert, no constituían infracción penal alguna. La decisión de la jueza sustituta se adoptó a toda prisa —apenas tres días después de la celebración de las elecciones— y sin examinar siquiera los dos ordenadores requisados a la lista vencedora. Fue por ello que, tanto el equipo encabezado por el decano saliente como el nuestro, decidimos recurrir.

Lo que hizo el magistrado Silva en su auto, filtrado a los medios de comunicación, fue enmendarle la plana a su sustituta como pocas veces se ha visto: «En el presente caso no nos hallamos ante los presupuestos indispensables para que, apreciando el principio de intervención mínima, proceda el sobreseimiento libre de la causa; y ello esencialmente en virtud de los hechos que se han puesto de manifiesto, integrando las alegaciones invocadas en los recursos de reforma formulados; pero con todo, ya desde la denuncia inicial, de ningún modo puede compartirse que procediera el sobreseimiento libre de la causa, por cuanto siquiera de forma sumamente esquemática, la denuncia inicial ya puso de manifiesto la existencia de un posible hecho con relevancia penal, atinente al manejo o apoderamiento de datos de carácter personal de los votantes que podrían obrar en poder de la candidatura de una de las imputadas. Por tanto, nos hallaríamos, más bien, en el supuesto del apartado primero del artículo 641 de la ley de Enjuiciamiento Criminal ("Procederá el sobreseimiento provisional cuando no resulte debidamente justificada la perpetración del delito que haya dado motivo a la formulación de la causa"); y, en absoluto, ante uno de los supuestos contemplados en el artículo 637 de la misma ley procesal. Por ello, hubiera sido procedente acordar el sobreseimiento provisional de las actuaciones, en vez del sobreseimiento libre acordado en el auto recurrido, lo que ya, de por sí, implicaría la necesaria estimación parcial de los recursos formulados».

No se quedó ahí el juez Silva. Fue más allá y razonó los argumentos para la estimación plena de los recursos: «Debe reseñarse que en la fase instructora del procedimiento penal se proyecta a la investigación de hechos aparentemente delictivos, de modo que cuando ni siquiera presentan tal carácter aparente o indiciario debe procederse al archivo de las actuaciones, tal como expresamente se desprende de lo contemplado en el artículo 269 de la Ley de Enjuiciamiento criminal. Salvado este control inicial, la instrucción deberá encaminarse al esclarecimiento de los hechos con cuantas circunstancias puedan influir en su calificación, así como la identificación de las personas que en los mismos puedan haber participado. Las resoluciones de archivo adoptadas tras la puesta en marcha de la instrucción penal, en las que no se efectúa un mero análisis preventivo de un escrito de denuncia o querella, sino en las que, ante una inicial configuración delictual se valore el resultado de las diligencias de investigación practicadas, pueden consistir o bien en el sobreseimiento libre de los tres supuestos del artículo 637 de la Ley de Enjuiciamiento Criminal, o bien en el sobreseimiento provisional del artículo 641.

»La diferencia es de suma significación, por cuanto el sobreseimiento libre se equipara a las sentencias por su efecto sobre cosa juzgada material, imposibilitándose, devenido y firme, ulteriores procedimientos contra la misma persona y hechos. Y, aunque ciertamente debe utilizarse con moderación la facultad de sobreseer las actuaciones (para evitar la llamada "pena de banquillo"), cuando la base de diligencias probatorias de contenido incriminatorio resulte objetivamente endeble, debe optimizarse la facultad de sobreseer; pues de lo contrario, con la mera manifestación inculpatoria del denunciante, el inculpado se vería abocado a un juicio oral, que podría quedar instrumentalizado sobre la base de falsas o temerarias imputaciones. Por ello debe posibilitarse que el instructor pueda valorar y ponderar este tipo de diligencias, máxime porque, pese a su papel rector de la investigación, debe posicionarse ante la misma con la adecuada imparcialidad y objetividad, con sometimiento al imperio de la ley, dado que su función no es ni acusar ni posibilitar el juicio de acusación, sino, más bien, descubrir la verdad de lo acontecido, ya favorezca o ya perjudique al imputado.

»Ahora bien, los términos en que ha recaído auto de sobreseimiento libre en la presente causa son inasumibles, desde cualquier consideración ponderada o proporcional del proceso y de tal facultad de sobreseer, pues se acuerda el sobreseimiento libre de la causa *prima facie*, casi de plano, bajo un fondo de racionamiento meramente formal, moderadamente sucinto, y que no aborda en absoluto los indicios que se contienen en la denuncia inicial, contrastados bajo la mención de los documentos que se aportan junto a la misma. Ya el sobreseimiento provisional habría sido forzado; pero la consideración de sobreseimiento libre, bajo el citado alcance del mismo y ante la inexplicable tenencia de los documentos que se mencionan en la denuncia inicial, no se halla debidamente fundada ni ajustada al canon procesal aplicable, por lo demás, reiteradamente por este juzgado».

Magistral lección de derecho del juez Silva. Pero ahora cabe preguntarse: ¿Por qué ante tal cúmulo de circunstancias indiciarias se dictó un auto de sobreseimiento libre cuando cualquier otro juzgado habría abierto diligencias previas de investigación? ¿Por qué lo hizo una jueza sustituta? ¿Por qué en tiempo récord, a los tres días de presentarse la denuncia? ¿Por qué no se efectuó prueba alguna? ¿Por qué no se analizaron los ordenadores requisados? ¿A quién benefició tal decisión? Lo que es evidente es que el auto de archivo posibilitó que al día siguiente la Comisión Electoral del Colegio de Abogados de Madrid se apresurase a desestimar las reclamaciones presentadas por las candidaturas perdedoras y a proclamar como nueva decana electa a Sonia Gumpert, aunque reconoció, no obstante, que se produjeron irregularidades durante la celebración de los comicios. En su dictamen los cinco abogados que componen el órgano electoral del ICAM consideraron que ninguna de las anomalías detectadas les permitía afirmar que el resultado electoral habría sido diferente y aseguraron que no les correspondía valorar los efectos sobre la mayor o mejor legitimidad de la candidatura ganadora. En concreto, la comisión admitió que se produjeron una serie de hechos irregulares como la «no revelación de un pacto de coalición previamente a la proclamación de las candidaturas, sin perjuicio de que no afecte a la elegibilidad de los candidatos que lo suscribieron o a la totalidad de la candidatura». También denunció «la inclusión en el colegio electoral de colaboradores o voluntarios sin informar previamente a la Comisión Electoral sobre su identidad y funciones», así como la utilización «sistemática y organizada» de los datos personales de votación para proceder al cotejo con ficheros de datos de supuestos simpatizantes que tenían un voto presuntamente comprometido. En la misma dirección aceptó que se realizaron llamadas telefónicas a los colegiados de forma «sistemática y organizada», que habían comprometido de alguna forma su voto con anterioridad. En este sentido, la comisión continúa explicando que su trabajo es determinar, conforme a un juicio de relevancia y proporcionalidad, si las irregularidades detectadas pudieron tener una relación de causa-efecto sobre el resultado de las elecciones, además de si en ausencia de dichas irregularidades habría podido ser diferente. Su conclusión es que no, y de hecho añadió que si es posible afirmar que la jornada electoral se llevó a cabo en parte de forma indecorosa, nada autoriza a la comisión a introducir criterios subjetivos de esta naturaleza para invalidar unas elecciones válidamente celebradas. Así, los cinco abogados advirtieron de que nadie pone en cuestión la validez de los votos emitidos en la jornada electoral y que, en este sentido, hay que respetar el fundamento democrático inherente al funcionamiento del ICAM. Además insistieron en que consideraron «hasta qué punto» las circunstancias reconocidas pudieron afectar al resultado electoral y concluyeron que «no es el caso».

En cuanto al pacto entre la candidatura de Gumpert con ALTODO, la comisión valoró que incluso si detrajeran el voto comprometido de los electores miembros de la asociación firmante (novecientos sufragios), el resultado electoral no habría quedado afectado. Respecto a las demás irregularidades producidas durante la jornada electoral, tampoco apreció que las mismas tuvieran la capacidad para alterar el resultado. «No puede la Comisión Electoral presumir que las irregularidades detectadas tuvieran un reflejo en el nivel de participación en las elecciones», concluyó. Por todo ello, el órgano electoral del Colegio de Abogados resolvió desestimar todas las reclamaciones de las candidaturas y, de conformidad con el artículo 32.3 de los estatutos, proclamar los resultados electorales producidos el 18 de diciembre. Conclusión: la comisión admitió que hubo irregularidades, pero prefirió orillarlas y no tenerlas en cuenta. Flaco favor hicieron al esclarecimiento de los hechos y a la justicia en general.

Llegados a este punto del relato, cabe hablar de que uno de los cinco miembros de la Comisión Electoral, Enrique Arnaldo Alcubilla, no es un abogado cualquiera, es el secretario del órgano colegiado. Lo curioso del asunto es que, además de secretario de la Comisión Electoral del ICAM, pertenece como árbitro a la Asociación Europea de Arbitraje y Equidad (AEADE), la corte de arbitraje con sede en Madrid, cuyo secretario general es Javier Íscar Hoyos, a la sazón número cuatro de la candidatura Gumpert. Evidente conflicto de intereses, en virtud del cual debería haberse abstenido, *prima facie,* en la composición de dicho órgano, y en todo caso, del conocimiento, deliberación y fallo del acuerdo en el que se proclamaron los resultados de las elecciones. Pues bien, lejos de abstenerse, el miembro en cuestión, experto en materia electoral, participó activamente en la toma de decisiones de la Comisión Electoral, no solo en cuanto al acuerdo impugnado se refiere, sino respecto de otras impugnaciones que se formularon (voto por correo, pacto secreto con ALTODO, etcétera), en el que ya se anticiparon determinados hechos que debieran haberle infundido algún ánimo en su decisión de abstenerse. Así las cosas, hay una dependencia económica, profesional, y jerárquica en el seno de la AEADE hasta tal punto que se puede pensar que esa asociación tiene un interés en la Corte de Arbitraje y en el Centro de Mediación del Ilustre Colegio de Abogados de Madrid de manera similar al apego del ISDE por los cursos de formación. Existió, por lo tanto, una contraposición de intereses en la persona de Enrique Arnaldo Alcubilla que le hizo no idónea para deliberar, votar y fallar con equidad e imparcialidad en el seno de la Comisión Electoral.

Hecho este paréntesis, cabe decir que el acuerdo del órgano electoral del ICAM abrió la puerta para que Gumpert y su candidatura juraran el cargo y tomaran posesión. La primera, como decana; la segunda, como Junta Directiva. Lo hicieron el 15 de enero con la pompa y el boato habitual en ese tipo de actos. Asistieron autoridades de Madrid y de la Justicia, como el portavoz del gobierno regional y consejero de Presidencia y Justicia, Salvador Victoria; la delegada del Gobierno en Madrid, Cristina Cifuentes; la abogada general del Estado, Marta Silva; el presidente del Consejo General de la Abogacía Española, Carlos Carnicer; el juez decano de Madrid, José Luis Armengol; el presidente del Tribunal Superior de Justicia de Madrid, Francisco Javier Vieira; el presidente del Consejo General de los Procuradores, Juan Carlos Estévez; el decano del Colegio de Abogados de Barcelona, Pedro Yúfera; el fiscal de Madrid Manuel Moix, y abogados de grandes bufetes como Antonio Garrigues, Pedro Pérez-Llorca, Javier Cremades, Sebastián Albella, Luis Fernando Guerra, José María Alonso y Gaspar Ariño. También hizo acto de presencia la presidenta del PP en Madrid, Esperanza Aguirre, que manifestó que aquel era un día histórico para la abogacía madrileña, porque una mujer accedía al cargo de la institución centenaria. En una abarrotada biblioteca del Ilustre Colegio de Abogados de Madrid se escenificó aquella mañana el traspaso de poder entre la junta saliente, que presidió durante cinco años Antonio Hernández-Gil, y la junta entrante. Tras unas primeras palabras del decano en funciones, Hernández-Gil colgó del cuello de Gumpert la medalla que la acredita como la abogada número uno del colegio para los siguientes cinco años. Gumpert, que fue ovacionada por un auditorio repleto, expresó su gratitud a los letrados madrileños por elegirla en las elecciones con mayor índice de participación de la historia. «Quiero que esta nueva etapa tenga como protagonista al colegiado, y que sea de rigor y de transparencia», afirmó.

Transparencia en su elección fue lo que no encontró el juez Silva en el auto —al que tuvo acceso Efe y legible en la página diariojurídico.com— contra Gumpert y su Junta Directiva por la posible comisión de un delito de descubrimiento y revelación de secreto. «En los términos en que se concreta, de imputación en la presente causa —señala el magistrado en su escrito—, los posibles sujetos activos del delito desvelaron y procedieron al descubrimiento de datos secretos o reservados, a los que pudieron tener acceso "para los fines indiciariamente instrumentados" (manipulación del proceso electoral a favor de una de las imputadas, como se viene a formular en algunos de los recursos formulados), revelándose así aspectos personales de los sujetos afectados (los votantes), lo que se conculca sin su consentimiento y con el daño consiguiente a su derecho a mantenerlos ocultos (intimidad), lo que integra el "perjuicio" exigido. Por lo demás, según uno de los recurrentes, los propios imputados habrían reconocido extremos atinentes a tal indebida utilización de datos bajo un fin eminentemente desviado, revelándose un aspecto secreto o reservado del voto durante el proceso electoral relacionado con "el derecho a no ejercer el voto" (abstención); y ello, bajo el despliegue de medios informáticos y bajo el supuesto reconocimiento en una página web que exigen ineludiblemente la práctica de diligencias de investigación para apreciar el alcance de los indicios volcados imputatoriamente. Sobre el carácter reservado de los datos a los que supuestamente acceden los imputados, debe aclararse que el censo de abogados votantes recae en el contenido del artículo 2.1 de la Ley de Protección de Datos de Carácter Personal. Tal cuerpo legal se halla respaldado por la Constitución española, artículo 18.1 y, el Convenio del Consejo de Europa del 28 de enero de 1981 de protección de las personas respecto al tratamiento automatizado de datos personales, y la directiva 46 de la Unión Europea, del 24 de octubre de 1995. Y en el marco de este concepto normativo lo que debe reseñarse es que, en todo caso, la información disponible solo debe utilizarse para fines lícitos y concretos que no volatilicen la debida reserva del dato. Respecto del término "reservados" referido a los datos, todos los datos personales son sensibles, una vez introducidos en el fichero automatizado, porque la citada ley orgánica 15/1999 no distingue a la hora de ofrecerles protección. No existen, por consiguiente, datos personales automatizados reservados y no reservados, por lo que debe interpretarse que todos los datos personales automatizados quedan protegidos por la conminación punitiva del artículo 197.2 del Código Penal. [...]

»Respecto de todo ello, cobra especial significación el contenido del acuerdo de la Comisión Electoral del Ilustre Colegio de Abogados de Madrid, por cuyo tenor se evidencia que la información relativa a los abogados votantes, o no votantes, constituye un dato personal, razonándose en ese acuerdo que tales datos se instrumentaron, se trataron o movilizaron desviadamente. Debe destacarse, tal como se desprende del tenor del atestado policial obrante en las actuaciones, que una de las imputadas se negó a poner a disposición de la Comisión Electoral referenciada el contenido de los ordenadores intervenidos en la presente causa, lo que hubiera despejado, muy fácil e indudablemente, toda sospecha o indicio incriminador de entre los que recae en la presente causa según lo razonado; por todo lo cual, en virtud de lo expuesto y estimando los recursos de reforma formulados contra el auto del 21 de diciembre de 2012, recaído en la presente causa acordando el sobreseimiento libre de la misma, procede revocar la resolución recurrida, debiéndose continuar la instrucción del presente procedimiento, practicándose cuantas diligencias han sido instadas por los denunciantes, así como las que resulten indispensables conforme avance, en su caso, la instrucción de la presente causa. Respecto al requisito contenido en el artículo 201 del Código Penal, debe entenderse salvada la procedibilidad persecutoria de rango criminal, habida cuenta de que resulta manifiesto que la presente causa afecta al interés general, proyectado a variadas conductas que, incluso, pudieron afectar, no solo al bien jurídico protegido, sino al propio proceso electoral atinente al ICAM; amén de que el título imputatorio, exartículo 201.2 del Código Penal, se extiende, afecta o perjudica a una pluralidad de personas; y ello, sin descontar que alguno de entre los denunciantes pudieron resultar direccionalmente afectados por los hechos que se imputan. Vistos los preceptos legales citados y los demás de general y pertinente aplicación, acuerdo: revocando el sobreseimiento libre de las presentes actuaciones acordado por el auto de 21 de diciembre de 2012, procede que se continúe tramitando la presente causa por la posible comisión de un delito de descubrimiento o revelación de secretos, imputado a Sonia Gumpert Melgosa, Manuel Valero Yáñez, Ignacio Gordillo Álvarez-Valdés, Javier Fernando Íscar Hoyos, María Begoña Castro Jover, Alejando Alonso Dregi, Santiago Luengo Martín, Juan José Sánchez Puig, María Teresa Nadal Charco, Carmen Pérez Andújar, María Soledad Mesas Peiró, Elena Ruiz de Angulo Gómez y José Manuel Pradas Poveda; debiéndose practicar cuantas diligencias se instan en los recursos de reforma que se estiman por la presente resolución».

Tras la notificación del auto del juez Silva, el mensaje que quiso lanzar el entorno de la decana, en palabras del abogado Manuel Méndez, director del bufete jurídico Manuel Méndez & Asociados, fue: «Catorce letrados se hallan imputados como presuntos autores de un delito de revelación de secretos, acontecido en el Colegio de Abogados, durante la sesión electoral. Se podría afirmar pues, que han vencido en el juzgado, aun de manera provisionalísima, aquellos que perdieron las elecciones de manera estruendosa y por ello optaron por criminalizarlos. Pretender aplicar el tipo penal a los hechos enjuiciados resulta, a nuestro juicio, inasumible, tanto como para el instructor entender el sobreseimiento libre acordado por su predecesora». Por su parte, la Junta de Gobierno de Gumpert tachó de muy endeble la imputación y cargó contra los denunciantes. «Los perdedores en las pasadas elecciones nos están buscando las vueltas. No van a parar porque no han aceptado la derrota. No hay revelación de secretos por ningún lado y ni un solo abogado de los quince mil que participaron en las elecciones que haya denunciado haber sido intimidado, coaccionado o amenazado, ya que votaron libre y democráticamente», sostuvieron algunos diputados del ICAM en declaraciones a varios medios de comunicación.

Mentiras, traiciones y pactos secretos

Consejo de Colegios de Abogados de la Comunidad de Madrid. Calle de Núñez de Balboa, número 12. Martes 7 de mayo de 2013. Durante la mañana.

Con sello de entrada número 810, se registró en el consejo un escrito firmado por Alejandro Pintó Sala y un documento anexo, según se encargó de publicar *La Razón*. El Consejo del Colegios de Abogados de la Comunidad de Madrid investiga los pactos electorales secretos entre Gumpert con terceros por si se determinara que violaron la legalidad al no declararse a instancias de la Comisión Electoral. Con su aportación y su salida a la luz ahora, el presidente del Instituto Superior de Derecho y Economía (ISDE) daba cumplimiento así a la resolución del 22 de abril, que le requirió para que en el plazo de diez días aportase la documentación obrante en su poder relacionada con posibles irregularidades cometidas por la candidatura de Sonia Gumpert durante la campaña y la jornada electoral del 18 de diciembre del año anterior. Se trata de un expediente abierto por el Consejo del Colegio de Abogados de la Comunidad de Madrid a raíz de sendos recursos firmados por Antonio Hernández-Gil y por mí, en los que pedimos que se investigaran los pactos electorales «que pudieran existir y que no se hicieron públicos como obliga la normativa legal».

El contrato aportado por Pintó Sala al expediente es de vital importancia, ya que arroja luz sobre las presuntas irregularidades cometidas por la candidatura ganadora en los comicios. «Aunque en dicho documento quienes los suscribimos no pactamos ni reflejamos en el mismo cláusula de confidencialidad, quiero manifestar expresamente ante el colegio que no he hecho uso del mismo, ni he difundido ni facilitado copia del mismo a nadie en ninguna ocasión, y que únicamente lo aporto ante el consejo en cumplimiento del requerimiento pactado», explica Pintó en su escrito.

En el documento anexo, con fecha del 25 de octubre de 2011, puede leerse:

REUNIDOS: D. Alejandro Pintó Sala (en calidad de presidente de APRA), D. Jorge Tomás Pintó Sala (vocal), D. Juan José Sánchez Puig (vocal) y Dña. Sonia Gumpert Melgosa (secretaria de APRA).

COMPONEN: Los reunidos declaran ser miembros de la denominada Agrupación Pro Abogacía (en adelante APRA). Los miembros que componen APRA quieren contribuir con lo mucho que han recibido de la sociedad aportando todo su conocimiento y saber al objeto de que Madrid disponga de un colegio de abogados que sea efectivo y útil a los colegiados y todo desinteresadamente. APRA tiene interés en mejorar la gestión del Ilustre Colegio de Abogados de Madrid para que los colegiados puedan disfrutar de un mejor servicio. APRA se presentará a las próximas elecciones del Ilustre Colegio de Abogados de Madrid.

DICEN: Que APRA está interesada en presentarse a las próximas elecciones al Decanato y a la Junta de Gobierno del Ilustre Colegio de Abogados de Madrid al objeto de poder aplicar el programa electoral que se recoge en el anexo. Que APRA está interesada en que se llegue a aplicar el mentado programa por considerar que implicará importantes mejoras para la abogacía madrileña. Que el mentado programa electoral ha sido realizado por APRA. Que los reunidos reconocen que APRA tiene un conocimiento profundo de las necesidades de la abogacía.

PACTAN:

Primero.- Que APRA está interesada en dirigir la campaña electoral, al objeto de conseguir que la mayoría de abogados de Madrid puedan conocer el programa, valorarlo y en su caso votarlo durante las próximas elecciones al Decanato y a la Junta de Gobierno del ICAM.

Segundo.- APRA designa director de campaña a D. Alejandro Pintó Sala, el cual se obliga a invertir el tiempo necesario que le requieren y realizar sus mejores esfuerzos para la mejor dirección y organización de la campaña.

Tercero.- APRA designa a Dña. Sonia Gumpert Melgosa como candidata a decana del ICAM, la cual se obliga a dedicar el tiempo necesario que se le requiere y realizar sus mejores esfuerzos para presentar el programa electoral que se adjunta en anexo.

Cuarto.- APRA trabajará para conseguir ganar las elecciones y poder así cumplir la finalidad de este contrato, tal cual es servir conjuntamente y gratuitamente a los colegiados durante los cinco años que dura el mandato volcando todo su conocimiento y saber en favor de estos.

Quinto.- APRA designa como *sponsor* a Difusión Jurídica, la cual aportará íntegramente todos los costes derivados de la campaña electoral.

Sexto.- Corresponderá a APRA la elección de miembros que formarán candidatura junto a la decana, así como el área de responsabilidad que ocuparán en la Junta de Gobierno (vicedecano, bibliotecario, secretario y diputados).

Séptimo.- Tanto para la elección del resto de miembros que componen la candidatura APRA como para cualquier cambio en el programa electoral, se utilizará el sistema de votación por mayoría simple entre los reunidos que componen APRA (el voto del presidente en caso de empate será doble).

Octavo.- El nombre que adoptará la candidatura será el de la propia aspirante a decana (Candidatura Sonia Gumpert). El eslogan de campaña será decidido también por APRA.

Noveno.- Los reunidos para el supuesto de que ganen las elecciones se obligan frente a APRA a cumplir el programa, y en este sentido y con esa finalidad a cumplir las instrucciones de APRA.

Décimo.- Una vez ganadas las elecciones, APRA se reunirá semestralmente con objeto de analizar nuevas necesidades de la abogacía madrileña y dar seguimiento al cumplimiento del programa electoral. Y en señal de conformidad, los reunidos firman un único ejemplar del presente documento que quedará archivado y custodiado en la Secretaría de Campaña.

En Madrid, a 25 de octubre de 2011.

A continuación se pueden leer las firmas de los cuatro reunidos.

Dicho en román paladino, APRA —cuyo máximo responsable, Alejandro Pintó Sala, es también el presidente del Consejo Rector de ISDE— se comprometió a dirigir la campaña, redactar el programa, elegir a sus miembros y sufragar económicamente la candidatura de Sonia Gumpert. A la vista del pacto oculto entre la candidatura Gumpert y APRA, cabe recordar la entrevista que la actual decana del Colegio de Abogados de Madrid concedió a la web *Diario Jurídico* el 9 de enero de 2013, días antes de su toma de posición en el ICAM. El periodista del diario digital le preguntó por la presunta financiación de ISDE a su campaña electoral, a lo que ella contestó: «No hay tal financiación. Yo he presumido desde el principio de la campaña de ser profesora en varias instituciones, una de ellas el ISDE, cuyo director, que también es abogado, es diputado (en referencia a Juan José Sánchez Puig). Otra cuestión que no es correcta es que exista un pacto secreto. No hay pacto secreto con nadie, con ninguna institución, ni con ISDE. La presencia de ISDE se debe, primero, a que el diputado es profesor de ISDE, como yo soy socia de mi despacho y otros son miembros de otras asociaciones. Es decir, de secreto, nada. Y segundo, de financiación tampoco nada. La financiación ha venido de manos de los diputados que hemos asumido los gastos. Lo de la influencia me parece de una hipocresía máxima por parte de las otras candidaturas. De hecho, la que está en funciones ha tenido al decano del Instituto de Empresa, que es todavía diputado en funciones y nadie ha supuesto que habría ningún fin oscuro en esto. Que ahora mismo se nos reproche eso me parece… Además, hay otra candidatura que tiene una escuela de formación muy importante. Oigo estas cosas y no doy crédito». Sin palabras. Solo recordar, que como dice el refrán, antes se coge a un mentiroso que a un cojo.

Si eso fuera poco, el Consejo de Colegios de Abogados de la Comunidad de Madrid investiga otros dos pactos secretos de la candidatura de Gumpert. El primero de ellos hace referencia al acuerdo suscrito con la lista encabezada por el abogado Emilio Ramírez Matos, que renunció a concurrir a los comicios y solicitó el voto para Gumpert a través de un *e-mail* interno remitido al ICAM. Se trata de un pacto que la propia Comisión Electoral validó el 17 de diciembre, mediante un escrito en el que daba por «apartada dicha candidatura». A pesar de que este pacto de apoyo a la lista que finalmente resultó ganadora sí cumplió con lo requerido en los estatutos del ICAM, su documentación ha sido incorporada al proceso. La razón de la investigación en este punto está ligada al incumplimiento de algunos de los compromisos que Gumpert habría suscrito con la lista retirada. Además, Emilio Ramírez aporta al expediente un correo electrónico remitido la víspera de los comicios por Sonia Gumpert a él y a otros destinatarios más (entre ellos, Alejandro Pintó Sala y Juan José Sánchez Puig) en el que se pueden constatar las presuntas irregularidades cometidas durante la jornada electoral.

El *e-mail* dice así: «Queridos, es imperioso que consigamos más voluntarios para mañana y que estén a disposición de la candidatura mañana todo el día, pues el ir y venir va a ser tremendo y no hemos alcanzado el número que estimamos que cubriría las necesidades de telefonear, transporte, etcétera... Por favor, hagamos un último esfuerzo para que mañana podamos atender todas las eventualidades con las manos suficientes. Cualquier noticia, p. f. contactad con Julio, que coordina esta parte. Un fuerte abrazo.

Sonia Gumpert Melgosa. Abogada. Monereo Meyer Marinel-lo Abogados».

Otro de los pactos que no tuvieron publicidad fue el que la actual decana suscribió con el colegiado no ejerciente Ricardo García García. En un escrito enviado al Consejo de Colegios a finales de abril, ese abogado manifiesta: «Que la actual decana Sonia Gumpert alcanzó un compromiso conmigo por el cual, en el caso de ser elegida como decana, me propondría para ocupar el puesto de Defensor del Abogado en el ICAM, a cambio de mi apoyo para su candidatura por medio de la divulgación de su programa, el trabajo en su candidatura desde finales de febrero de 2012 y la captación de votos. El nombramiento estaría sujeto a mi disponibilidad y a mi aceptación definitiva y ese pacto se me ofreció a tenor de mi experiencia profesional y formación jurídica previa. Que dicho acuerdo no fue divulgado a terceros, aunque sí era conocido por los miembros de la candidatura y por los hoy miembros de la Junta de Gobierno del ICAM, por lo que considero que este dato puede tener trascendencia para la investigación que se está llevando a cabo. Igualmente, he sido testigo de otros compromisos con otras personas para el desempeño de cargos en el ICAM. Todos ellos contaban igualmente con una formación y experiencia específica previa para las ocupaciones ofrecidas».

El Consejo de Colegios de Abogados de la Comunidad de Madrid recibió esta documentación durante la segunda semana de mayo. En caso de considerar los pactos con APRA, Emilio Ramírez y Ricardo García se les debió comunicar que, el Consejo podría anular los resultados de las elecciones del 18 de diciembre y convocar nuevos comicios.

No me cabe duda de que Sonia Gumpert llevaba en la cuerda floja desde el mismo instante en que juró el cargo de decana del Colegio de Abogados, el 15 de enero de 2013. Las crisis sufridas por la institución en esos meses —que fueron muchas y variadas— no estuvieron bien gestionadas, ni siquiera se explicaron bien a los colegiados. El primer problema serio llegó el 24 de enero, cuando dimitió el primer secretario de la Junta de Gobierno, Francisco de Asís Esteban Gómez. La noticia se pudo saber cinco días después de que hubiera acaecido y no gracias al colegio, sino a un medio de comunicación independiente. Fue entonces cuando el ICAM emitió un escueto comunicado sin aclarar cuáles fueron los motivos de tal renuncia. Días después, el diario *Expansión* contó que: «Esteban Gómez tuvo problemas con algunas de las primeras decisiones de la decana al frente de la institución y tampoco quería perjudicar a su empresa por el daño de imagen que podía ocasionar estar en una junta cuestionada en los tribunales por hacer supuestamente trampas en los comicios». El diputado más joven, Juan José Sánchez Puig, ocupó su lugar, según establecen los estatutos del colegio.

Una nueva polémica llegó a mediados de marzo, cuando una delegación del colegio encabezada por la decana, Sonia Gumpert, viajó a Uruguay, Argentina y Brasil para firmar convenios y «estrechar los lazos» con esos países iberoamericanos. Integraron la comisión el diputado de la Junta de Gobierno, Javier Íscar, y el presidente de la Unión Iberoamericana de Colegios de Abogados y exdecano del ICAM, Luis Martí Mingarro. La agenda contemplaba, entre otras actividades, la firma de un convenio con el Colegio de Abogados de Uruguay, una reunión de trabajo con el Centro Iberoamericano de Arbitraje, un encuentro con miembros de la Federación Argentina de Colegios de Abogados, una reunión con el presidente de la Ordem dos Advogados do Brasil, la asistencia a la toma de posesión del presidente de esa orden, Marcus Vinicius Coêlho, y una reunión con el embajador de España en la antigua colonia portuguesa, Manuel de la Cámara. El debate sobre aquel viaje se abrió pocos días después en las redes sociales. «Ya que pago (obligado), me gustaría saber la justificación coste/beneficio de la gira iberoamericana de Sonia Gumpert», escribió en Twitter Javier Muñoz Pereira, fundador de la página *online* iAbogado.com. «Qué vergüenza... Beneficio para sus propios negocios y vidorra padre a costa de los colegiados», contestó en otro *tweet* el abogado Miquel Roca (no confundir con el político de CiU y defensor de la infanta Cristina en el caso Nóos).

La réplica de Gumpert llegó a la mañana siguiente: «Tan falso como fácil este *tweet*. Increíble que siendo abogado hables sin cotejar. La información está disponible». «Le brindo el cotejo: ¿han pagado usted y el señor Íscar su viaje? ¿O lo han pagado los colegiados?», contestó Miquel Roca, para a continuación, escribir un nuevo mensaje: «Si lo que digo es falso, agradecería su rectificación. Gracias». «Es falso y sus insinuaciones son inadmisibles», respondió Gumpert. A renglón seguido terció Íscar: «Miquel, ¿qué te pasa? ¿Enfadado? ¿De verdad crees que se ha ido a promocionar AEADE [la Asociación Europea de Arbitraje y Equidad, cuyo secretario general es el propio Íscar y a la que en ese momento pertenecía Roca]? Si así lo crees, date de baja». Roca respondió instantes después: «¿Me ofreces darme de baja para que así deje de preguntar? Javi, sabes que te aprecio en lo personal, pero...». Semanas después de ese intercambio de *tweets*, Miquel Roca abandonó AEADE.

Pocos días después estalló un nuevo conflicto. Bajo el título: «Sonia Gumpert utiliza el Colegio de Abogados de Madrid en favor de su bufete», el periodista Ramón Roca escribía en *Economía Digital*: «El escándalo continúa en el Ilustre Colegio de Abogados de Madrid (ICAM). La decana Sonia Gumpert ha dado trato de favor a su bufete a través del colegio. Según ha podido saber *Economía Digital*, Gumpert organizó en la sede del ICAM un encuentro de empresarios y bufetes austriacos en el cual participó el despacho del que es socia, Monereo, Meyer & Marinel-lo (MMMM). La jornada, organizada por el ICAM y la Oficina Comercial de la Embajada de Austria en España (Advantage Austria), se realizó los pasados 26, 27 y 28 de febrero. El despacho de Gumpert es el principal bufete que asesora a la embajada austriaca. De los tres días, hubo una jornada pública para los abogados madrileños. En ella participaron además de la decana el agregado comercial de la Embajada de Austria, Andreas Baumgartner, dos representantes de la Asociación Hispano-Austriaca de Juristas y ocho abogados de firmas centroeuropeas. Lo que no se hizo público fue el resto de jornadas. Es ahí donde participó activamente el bufete de la decana del ICAM. [...] Entre la Oficina Comercial y el ICAM decidieron quién participaba en las reuniones. Monereo, Meyer & Marinel-lo estuvo y se vio con distintos despachos austriacos y empresarios con intereses tanto en Europa del Este como en Latinoamérica. Además, los dos socios del bufete dieron una ponencia cada uno enmarcadas en el tema de la colaboración práctica con despachos de abogados españoles. El intercambio de trabajo fue constante entre los presentes. [...] Todo el flujo de negocio se realizó en las instalaciones del Colegio de Abogados. El ICAM, además de poner la sede (algunas de las reuniones fueron en la sala de juntas), corrió con los gastos del encuentro. El bufete Monereo, Meyer & Marinel-lo no ha querido dar ninguna explicación al respecto. La Oficina Comercial de la Embajada de Austria reconoce que el bufete es uno de sus asesores y participó en las jornadas que eran de ámbito privado. Además, una portavoz de la oficina explica que el encuentro se organizó antes de que llegara Gumpert al ICAM. Este medio se ha puesto en contacto con el Colegio de Abogados de Madrid que, en el momento de publicar este artículo, no había dado respuesta».

No hubo respuesta en ese momento, pero sí al día siguiente, cuando tanto la decana como sus socios salieron en tromba a descalificar la información de *Economía Digital* con sendos burofaxes invocando el derecho de rectificación. «Es rotundamente falso el contenido», decía la decana, mientras que el bufete negó haber recibido «trato de favor» por parte de Gumpert. El diario digital explicó que el titular de la noticia se basaba en el programa real de las jornadas que envió la Oficina de Comercio de la Embajada de Austria a los bufetes austriacos interesados. Está en alemán y en él se ve la participación de MMMM en la jornada matutina. Tanto la decana como el bufete aseguraron que «ni Sonia Gumpert ni el ICAM organizaron el evento». El programa dice que la organización corrió a cargo de la oficina comercial, pero el folleto asegura que se organizó en colaboración de esta con el ICAM.

La información de *Economía Digital* describió la participación de la decana en las jornadas. Gumpert afirmó que la oficina comercial «solicitó el uso de las instalaciones colegiales para la última jornada, el día 27 de febrero de 2013, invitando a esta decana para su clausura». El bufete reconoció que, «evidentemente, la decana dirigió unas palabras de bienvenida a todos los participantes». Bienvenida o clausura, lo cierto es que el programa lo aclaró todo. La decana participó en la apertura de la sesión de la mañana. Volvió a participar en el turno de tarde. También dio un discurso de presentación. Como si se tratase de dos eventos distintos. Además, la decana reconoció que hubo varias jornadas cuando solo una se hizo pública. La información de *Economía Digital* indicó que se iniciaron los trámites del acto durante el mandato de la anterior junta. Gumpert insistió en que la jornada fue planificada por la oficina comercial «entre los meses de septiembre y noviembre, en tiempo muy anterior a la toma de posesión del cargo por parte de esta decana». MMMM aseguró que la participación de la decana fue «con independencia de que la organización de este evento se iniciara con el equipo del anterior decano». Los hechos son claros. La organización del evento se inició con la anterior junta, pero se celebró con la actual. Según *Economía Digital*, Gumpert tuvo que dar el visto bueno al acto, ya que fue invitada al mismo. Además, lo que nadie explica es por qué razón no se celebró en noviembre con la anterior junta.

Discrepancias al margen entre la decana y un medio de comunicación, lo que más daño hizo a Gumpert fue la dimisión de más miembros de su Junta de Gobierno. Durante la celebración de la Junta General ordinaria —la primera con el nuevo equipo de gobierno—, dos de los diputados con más peso en la directiva —el secretario, Juan José Sánchez Puig, y la tesorera, Elena Ruiz de Angulo— presentaron su renuncia como diputados «por no estar de acuerdo con la política de la nueva decana». Los propios dimisionarios, por voz del secretario —ya que la tesorera no estuvo presente—, hicieron pública su decisión durante la celebración de la Junta General, que tenía como principales cuestiones en el orden del día aprobar las cuentas relativas al ejercicio 2012 y la propuesta de presupuesto para 2013. En el transcurso de la tensa reunión se produjeron varias críticas a la decisión de la Junta de Gobierno actual de presentar unos presupuestos iniciados por el anterior equipo directivo, y también por conceptos y partidas presupuestarias que no se entendían, o con las que no se estaba de acuerdo. La nueva decana presentó un presupuesto para 2013 poco austero, que dejaba sin superávit al ICAM y que ponía fin a la política financiera de la junta anterior, que apostaba por mantener un excedente de tesorería para posibles imprevistos. La web Libremercado publicó una noticia en la que destacaba que las promesas de austeridad de la nueva Junta de Gobierno han quedado también en papel mojado. «Según fuentes cercanas al ICAM, Gumpert ha incrementado la partida de salarios en más de medio millón de euros». «Por otro lado, pese a que en 2012 el anterior decano logró un superávit de más de 6.000 euros por captación de donaciones en la partida de responsabilidad social, Gumpert presupuestó un gasto de 250.000 euros para el ejercicio de 2013», señaló Libremercado. Tanto las cuentas del ejercicio de 2012 como los presupuestos para 2013 fueron aprobados por un total de 499 votos a favor, 53 en contra y 32 abstenciones.

Así las cosas, en menos de tres meses de mandato, la abogacía madrileña volvía a estar abierta en canal. *El Confidencial* publicó el 15 de abril de 2013 un exhaustivo análisis de la situación con el siguiente título: «Sonia Gumpert reniega de su padrino y encanalla a la abogacía de Madrid». «La salida precipitada de importantes pesos pesados de la Junta de Gobierno presidida por la decana Sonia Gumpert a finales de marzo —señalaba el periódico digital— fue solo el preámbulo de lo que está por llegar. [...] La noche electoral de marras, en vísperas navideñas, Juan José Sánchez Puig vivió de manera muy acalorada el desenlace del recuento. El más joven de los integrantes del equipo encabezado por Gumpert había sido el muñidor de una candidatura parida en el seno de ISDE, la escuela jurídica de postgrado de la que el joven abogado madrileño es director ejecutivo y donde la entonces candidata era profesora del demandado curso de Secretariado Jurídico. Todo estaba medido para que ese proyecto de laboratorio triunfara, apoyado con la potencia de recursos de Cima, la agencia de comunicación y marketing jurídico que tiene la institución académica. [...] Los reproches al equipo de gobierno han traspasado las paredes del ICAM. Las redes sociales han recogido ya parte de la corriente de opinión crítica generada contra la decana Gumpert y su escudero Íscar, llegando incluso a destruirse apoyos y relaciones profesionales anteriores a causa de las críticas por la gestión al frente de los abogados de Madrid. Así ha ocurrido con el episodio protagonizado por el abogado Miquel Roca, que ha renunciado al cargo que desempeñaba en la Asociación Europea de Arbitraje tras reprobar de manera pública los sospechosos viajes llevados a cabo por los dos dirigentes del colegio profesional. En este sentido, Gumpert está comprobando cómo el marcaje más severo viene de la trinchera de sus antiguos mentores. A través de la web *Informativo Jurídico*, controlada por Difusión Jurídica (división editorial del ISDE), se conocen detalles polémicos sobre la decana, que ha aparcado algunas de sus principales promesas electorales como el seguro médico, la política de gastos y contratación y el sistema de voto. El cambio de sentido en las relaciones es tal que todo el aparataje anterior empleado para llegar al ICAM se ha reciclado ahora como punta de lanza de la oposición desde la Plataforma para la Defensa de la Abogacía Madrileña. [...] La presión existente para que algunos de los diputados con más peso profesional abandonen, como ocurre con el exfiscal Ignacio Gordillo o el abogado Alejandro Alonso, puede precipitar la ruptura definitiva. Mientras tanto, en paralelo, empieza a fraguarse una posible moción de censura, que podrá presentarse transcurridos los primeros seis meses de gobierno si cuenta con un apoyo del diez por ciento de los abogados. ¿Redentora o impostora?»

Por aquellos días de abril, la guerra entre Sánchez Puig e Íscar era ya cruenta. El diputado dimisionario presentó ante el Consejo de Colegios de Abogados de la Comunidad de Madrid un escrito de denuncia contra su excompañero en el que le acusaba de una falta grave prevista en el artículo 85 del Estatuto General de la Abogacía y pedía que se depurasen las responsabilidades disciplinarias que se derivan de la misma. Sánchez Puig señaló en su queja que el 20 de marzo a las 1.54 horas de la madrugada recibió un *e-mail* de Íscar, con copia a todos los demás miembros de la Junta de Gobierno del ICAM, «en el que se vierten una serie de descalificaciones personales y profesionales hacia mi persona».

Abiertas las hostilidades, todos los medios de comunicación dependientes de la familia Pintó se convirtieron en singular ariete contra Sonia Gumpert y el equipo que le queda al frente del Colegio de Abogados de Madrid. El diario digital *Informativo Jurídico*, que tanto apoyó a la candidata para que ganase las elecciones del 18 de diciembre, no dejaba pasar la oportunidad de reproducir las noticias negativas para la decana que publicaban otros medios, mientras la web de la plataforma Defensa de la Abogacía Madrileña era un monográfico contra su gestión y la de su escudero Íscar: «En círculos de la abogacía madrileña no deja de sorprender el poder que está acaparando el diputado Javier Íscar, que en ocasiones parece ostentar funciones de decano ejecutivo. Por el contrario, otras figuras como el vicedecano y otros diputados, parecen tener muy poco protagonismo en las decisiones y actos representativos de la Junta de Gobierno», se podía leer el 10 de abril en la mencionada web. En otro artículo, los enemigos de Gumpert apuntaron directamente a la falta de transparencia de su equipo: «Nos hemos de preguntar: por qué no quieren que se sepa qué diputados están todo el día en el colegio; qué es lo que hacen, con qué proveedores y por qué contratan directamente nuevo personal y, además, por un plazo de tiempo indefinido, es decir, más allá del propio mandato de la decana y de su junta; y por qué no informan de los viajes y de su finalidad, así como de los detalles de los gastos. Sonia, antes decías que el colegio es de todos y que no se puede convertir en un cortijo. Y es que la falta de transparencia puede dar lugar a que pensemos lo que a lo mejor no pasa. Por esto, desde esta plataforma seguiremos luchando para acabar con la opacidad y con todas aquellas prácticas que se apartan de la más pura ética, hasta que el colegio sea absolutamente transparente».

Además de la falta de transparencia, los antiguos mentores de la decana le reprochan su cambio de criterio tanto en el asunto del servicio médico como la delegación del voto. En cuanto al primero de los puntos, la plataforma Defensa de la Abogacía Madrileña recordó que todos los que le apoyaron en su campaña electoral empezaron a creer en ella a partir de la lucha que lideró por debatir la decisión de la anterior junta de sustituir el servicio médico del colegio por la creación de una mutua independiente de la institución colegial. Muchos colegiados madrileños confiaron en la propuesta de la candidata Gumpert de convocar una Junta General extraordinaria para debatir el tema del servicio médico al amparo del artículo 38.3 de los estatutos del colegio. Recuerdan en este sentido que consiguió más de 1.200 firmas de abogados, cifra que triplicó el mínimo exigido estatutariamente para poder solicitar tal convocatoria. Una vez llegó al poder, el asunto pasó al olvido y la convocatoria de Junta Extraordinaria que —antes de ser elegida, sostenía debía celebrase con urgencia— ni se mencionaba. «Sin el menor rubor, en la junta del pasado mes de marzo no se incluyen en el orden del día los puntos que cuando era candidata defendió con el apoyo de miles de abogados madrileños. ¿Cómo se puede argumentar este cambio de conducta sin entrar en contradicción con los actos propios, con el respeto a los compromisos asumidos individualmente por todos y cada uno de los miembros de la candidatura? Tampoco cabe, frente a este incumplimiento, la excusa del tiempo. Lo que se exigió a la anterior junta aún ahora era más fácil de realizar habiendo aprovechado la junta de marzo último. De verdad, objetivamente, no hay excusa para haber incumplido este compromiso electoral que era claro y preciso y cuya ejecución ya estaba absolutamente definida», señaló la plataforma Defensa de la Abogacía Madrileña en su demoledora crítica a la decana.

En cuanto al segundo foco de crítica, la candidata Gumpert defendía en marzo de 2012 que la limitación de la delegación del voto a tres en las juntas generales era contraria a los estatutos del colegio y añadía refiriéndose al anterior equipo de gobierno de Hernández-Gil: «En ningún caso es admisible que quien debe ser ejemplo de actuación vulnere de esta manera reiterada los estatutos». Pues bien, lo que hacía unos meses era inadmisible, en la primera junta celebrada bajo su mandato, pasó a ser admisible. La decana no solo no impidió la limitación de la delegación del voto a tres, sino que, además, la promovió y utilizó en la primera Junta General presidida por ella. «En este incumplimiento del compromiso electoral tampoco nada ha tenido que ver el tiempo. Han pasado meses desde que Gumpert es decana, pero para no utilizar una limitación de la delegación de voto, que ella proclamó que era ilegal, no necesitaba tiempo. Era una decisión fácil, que para cumplirla solo necesitaba ser fiel a su palabra de compromiso con los electores, que también era el compromiso del resto de miembros de su junta», apuntaba la web de la Defensa de la Abogacía Madrileña.

Una noticia aparecida en *ABC* a doble página y con gran realce tipográfico sirvió para alimentar, todavía más, la polémica. Según se relata en la información —firmada por el periodista Miguel Oliver—, el diario monárquico tuvo acceso a un correo electrónico en el que Javier Íscar se dirige en su calidad de diputado del colegio a un abogado de una gran firma multinacional para decirle que estaba pensando incluirle en una comisión arbitral del ICAM, lo que siempre es importante para el prestigio profesional de cualquier letrado. Asimismo —y más importante—, en ese *e-mail* Íscar solicita al abogado en cuestión que incluya en los contratos que redacten en su firma una cláusula de sumisión a AEADE —la asociación privada de arbitraje que el propio Íscar dirige—, en vez de remitirse a la cláusula arbitral del propio Colegio de Abogados de Madrid. Con ello, AEADE cobraría honorarios de administración por los arbitrajes que recibiría de esa firma multinacional. Si el *e-mail* que reprodujo *ABC* es auténtico, el miembro de la Junta de Gobierno y mano derecha de la decana Gumpert incurriría en un claro conflicto de intereses con el colegio, ya que, «al ofertar los servicios de su asociación», privó al ICAM de un arbitraje y benefició «sus intereses particulares, aprovechándose de su condición de diputado».

El diario *Expansión* pidió explicaciones a la decana sobre este asunto días después. «El *e-mail* será el que sea —que además es respuesta a otro correo—, pero es falso que alguien se esté aprovechando de la Corte de Arbitraje del Colegio de Abogados de Madrid. No hay arbitrajes dudosos». Además, Gumpert explicó que Javier Íscar está en la Comisión de Arbitraje del ICAM porque «es el diputado de la junta que más sabe de ello y sería absurdo no contar con él». «¿Por qué, por ejemplo, nadie me reprocha que en la comisión del turno de oficio haya abogados que se dedican a eso, al turno de oficio?» Respecto de los arbitrajes, la decana aseguró que, a diferencia del anterior decano —Antonio Hernández-Gil—, que donaba al colegio el dinero que percibía por los honorarios que le correspondían por su puesto, ella tenía intención de cobrarlos. «Entiendo que ese trabajo jurídico es profesional y debería estar retribuido. Si el anterior decano lo regalaba porque su situación económica o sus convicciones le aconsejaban hacer otra cosa, me parece fenomenal, pero no lo comparto».

Epílogo

Vivimos una época convulsa. Casi todas las instituciones del país, de la jefatura del Estado hacia abajo, se encuentran sumidas en una profunda crisis. La corona y la presidencia del Gobierno sobreviven como pueden a la extorsión de presuntos delincuentes; la oposición socialista también sufre su vía crucis particular, tras ser expulsada sin contemplaciones del poder por los ciudadanos; los empresarios tienen a su anterior líder en la cárcel a la espera de juicio; y los sindicatos de clase son acusados del mayor pecado que pueden cometer: quedarse con el dinero de los parados. La lacra de la corrupción lo ha inundado todo, mientras la mirada de la opinión pública se dirige, un día sí y el otro también, hacia lo que ocurre en los tribunales de justicia. La solución para sacarnos de este crítico estado puede y debe venir de la mano de jueces y magistrados, ministerio público y abogacía. Pero cabe preguntarse: ¿goza la justicia en España de buena salud? Los más escépticos niegan la mayor y aseguran que ni siquiera hay justicia en este país. Yo no diría tanto, aunque lo cierto, a mi parecer, es que con los mimbres que tenemos es difícil hacer un buen cesto.

Si echamos la vista atrás, lo ocurrido en estos años de democracia no ofrecen razones para el optimismo. Montesquieu murió hace ya bastantes años y, sin duda, no hay división de poderes. A nadie se le escapa que los jueces intentan hacer méritos ante la clase política, que es quien decide los ascensos y destinos a través del politizado Consejo General del Poder Judicial, cuyos miembros son elegidos por el poder legislativo (diez en el Congreso y otros diez en el Senado) y cuyo presidente es el máximo representante del Tribunal Supremo. Resulta, en definitiva, que el órgano que debe velar por la garantía de independencia de los jueces y magistrados frente a los demás poderes del estado tiene como progenitor al propio poder legislativo. Y cómo vamos a pensar que este órgano colegiado autónomo vela por el buen estado de la justicia cuando fue necesario más de un mes de presiones para que el que fuera presidente del CGPJ y del Supremo, Carlos Dívar, dimitiera por el escándalo de sus viajes particulares con cargo al erario público «sin tener conciencia de haber hecho algo malo», provocando lo que sería el inicio de la crisis más profunda del órgano de gobierno de jueces y magistrados.

El jueves 18 de julio de 2013 fue un día clave para entender algunas cosas. Aquella jornada, por casualidades de la vida —yo, la verdad, no creo en casualidades, sino en causalidades—, coincidieron dos hechos que pueden ser interpretados como termómetros de la verdadera salud de nuestra justicia. Por la mañana nos desayunábamos con la noticia en el diario *El País* sobre la circunstancia oculta del presidente del Tribunal Constitucional, Francisco Pérez de los Cobos, de haber sido militante del Partido Popular desde 2008 a 2011. Ese descubrimiento agravó aún más la crisis de credibilidad de esa alta institución. Si bien la noticia fue utilizada con fines electorales por el PSOE por concurrir en Pérez de los Cobos la condición de ser afín al PP, dicha información puso de manifiesto, una vez más, la necesidad de acabar con la politización del Tribunal Constitucional, del que unos y otros, sin distinción, han hecho uso partidista, mediante la cuota de designación (4 nombramientos por el Congreso, 4 por el Senado, 2 por el Gobierno y otros 2 por el CGPJ). Los políticos no pueden ni deben aspirar a controlarlo todo. En este país falta una cultura política de honorabilidad en el nombramiento de los magistrados del Tribunal Constitucional. No todo vale. Hay que prestigiar las instituciones. Los políticos, amén de pensar en el interés general, deben tener grandeza de miras y humildad, ya que la verdadera democracia precisa, justamente, de una gran formación en valores democráticos y eso conlleva una autolimitación. Es difícil que los ciudadanos entiendan que ni el Constitucional ni sus miembros forman parte del Poder Judicial cuando resulta que el Tribunal es el intérprete supremo de la Carta Magna y sus magistrados desempeñan una función jurisdiccional. Es el denominado *poder corrector*, es decir, puede corregir para que se respete la máxima norma jurídica tanto al legislativo como al ejecutivo e incluso al judicial. Pero, sobre todo, resuelve los recursos presentados por los partidos políticos y por el Gobierno. Esta naturaleza jurídica del Constitucional no es baladí, ya que sus magistrados solo están sometidos a la Carta Magna y a la ley orgánica del Tribunal Constitucional, de 3 de octubre de 1979, por la cual —y por ese juego maligno de aplicación prioritaria de ley especial o especifica respecto a otra genérica— a los miembros del TC únicamente se les impide ocupar cargos de carácter directivo dentro de las fuerzas políticas y toda clase de empleo al servicio de los mismas.

El debate jurídico-ético y político está servido: ¿debe admitirse que un miembro del Tribunal Constitucional milite en un partido? ¿Debió anunciarlo Pérez de los Cobos en la Comisión de Nombramientos del Senado cuando compareció ante ella, en el año 2010? ¿Debemos ceñirnos a la letra de la Constitución y las Leyes o hay que aplicar también la necesaria independencia de los magistrados del máximo garante constitucional? Como abogada

—y en puridad jurídica— no tengo más remedio que reconocer el hecho de que la afiliación política de un magistrado del Tribunal Constitucional es legal. Pero aceptando ese indeseable aserto (no entiendo porque un juez de instrucción de un pueblo no puede estar afiliado a un partido político y un magistrado del Tribunal Constitucional, sí), lo cierto es que, al permitir una ley especial, la militancia de sus magistrados supone comprometer la imagen de imparcialidad del órgano. La ley no prohíbe la afiliación, pero sí exige independencia, lo que nos lleva a pensar que la militancia en un partido político y la condición de magistrado del TC son cuestiones incompatibles, ya que lo contrario afectaría a la tutela judicial efectiva, a la que tenemos derecho todos los ciudadanos. De todas formas, insisto: con estos mimbres es difícil hacer un buen cesto.

El mismo día que salió a la luz la noticia sobre Francisco Pérez de los Cobos, los medios de comunicación se hacían eco de otra información judicial no menos controvertida que la anterior: el Tribunal Supremo decidía archivar la causa contra José Blanco, exministro de Fomento y antiguo número dos del PSOE en la etapa de José Luis Rodríguez Zapatero, por presunto delito de tráfico de influencias en la pieza separada del escándalo Campeón. Blanco, que nunca presentó la renuncia a su escaño de diputado acogiéndose a la presunción de inocencia —aunque no la pedía para cualquier miembro del PP que hubiera sido imputado o estuviera bajo sospecha—, sacaba pecho esa misma tarde compareciendo ante los medios de comunicación para decir que «había sido víctima de un infundio político». Al margen de la doble vara de medir de determinados dirigentes políticos (que exigen para sí lo que no otorgan para otros), lo cierto es que el auto de la Sala de lo Penal del Tribunal Supremo por el que se archivó unánimemente el procedimiento contra José Blanco merece un análisis detallado, sin caer en la primera impresión de entender la cuestión como una *vendetta* de los jueces del Supremo que, cansados de que los magistrados del Constitucional les enmienden la plana y resuelvan asuntos de enjundia con arreglo al encargo del partido político de turno que le designó, se liaron la manta a la cabeza y decidieron hacer del caso Campeón una decisión de campeonato.

Más allá de la primera lectura, el auto es jurídicamente criticable porque resulta del todo improcedente que un ministro haga saber a un Ayuntamiento que está interesado en que se otorgue una licencia al empresario José Antonio Orozco, que casualmente resultó ser amigo del alto cargo socialista. El núcleo central de la argumentación del Supremo fue que no hubo delito de tráfico de influencias, ya que ello requiere que «se ejerza predominio o fuerza moral sobre un sujeto pasivo, de manera que su resolución sea debida a la presión ejercida» y eso no sucedió. Tampoco hubo «abuso de la situación de superioridad», dado que, según sostuvieron los magistrados, Blanco actuó como un mero intermediario para lograr que Orozco fuera escuchado. Curiosa decisión si se tiene en cuenta que los propios funcionarios del Ayuntamiento modificaron la instancia de Orozco para adaptarla a sus requisitos y que un dictamen de la Policía Judicial señaló que el empresario amigo de José Blanco se limitó a cambiar la nomenclatura sin realizar ninguna modificación del proyecto, por lo que no existía justificación para que los técnicos municipales revocaran sus decisiones. La investigación judicial dejó al margen la investigación del delito de cohecho, al no haber pruebas fehacientes de la entrega de 200.000 euros a Blanco en una gasolinera. Tampoco quiso aclarar el sospechoso patrimonio del exministro de Fomento. Con todo, lo más grave de la resolución del Supremo fue que vació la propia tipificación del delito al considerar que la intervención del ministro para favorecer a un amigo no era un hecho punible. Así las cosas, el alto tribunal puso el listón muy alto para condenar a los políticos que incurran de ahora en adelante en este tipo de conductas delictivas. Volvemos a lo mismo: con estos mimbres es muy difícil hacer un buen cesto que acabe con la corrupción política.

Si 2012 fue el año de las reformas del Ejecutivo, del ajuste más duro de la democracia, de la subida de impuestos, del incontrolable ascenso del paro, del estallido de la prima de riesgo, de las protestas que toman la calle, del rescate bancario, del tasazo judicial, 2013 —lejos de parar esa sangría— nos está dejando decisiones judiciales apegadas a la ley pero no exentas de controversia. La justicia, sin lugar a dudas, se la juega en casos como el de Nóos. No es ningún secreto que 2012 fue el *annus horribilis* de la Monarquía: el accidente de don Juan Carlos en Botsuana el 14 de abril con fractura de cadera incluida y las declaraciones ante el juez del yerno del Rey, acusado de los delitos de malversación de caudales públicos, prevaricación y fraude fiscal. 2013 también está siendo un año complicado, debido a la histórica imputación de la infanta Cristina, posteriormente desimputada al estimarse el recurso del fiscal, que casualmente interpuso contra la decisión del propio juez Castro con manifiesta obstaculización en la instrucción judicial. Aparentemente este magistrado está haciendo un buen trabajo. La cuestión clave es saber cómo cierra la instrucción del sumario. Será entonces cuando podrá calibrarse, en este caso de referencia, si la justicia es igual para todos. Por lo que se conoce hasta ahora —según ha quedado explicado en el capítulo correspondiente—, soy pesimista en ese extremo.

Precisamente, la pregunta a la que trata de dar respuesta la obra que el lector tiene entre sus manos es si la justicia es igual para todos. Mi opinión es que no y ninguna de las personalidades que he entrevistado para la elaboración de este libro me ha convencido de lo contrario. Luis María Anson fue el menos escéptico de todos ellos: «En España —me dijo— se está haciendo un enorme esfuerzo, que es el esfuerzo de la democracia, para que, efectivamente, la justicia sea igual para todos. Es algo casi inalcanzable, pero hay algunas naciones, como es el caso de Inglaterra, Austria, Finlandia y España, que estamos muy cerca de conseguir ese objetivo. Aunque sea un objetivo ideal, estamos muy cerca de lograrlo». El periodista José García Abad, en las antípodas ideológicas de Anson, opina no obstante algo similar: «Claro que no es igual para todos, pese a que se está produciendo una reacción, aunque sea parcial de algunos jueces, para que ese principio básico de la democracia tenga una plasmación más real».

No cuestiono que en términos abstractos, es decir, en lo estrictamente formal, podemos convenir en que sí lo es. Sin embargo, en la aplicación práctica del Derecho, en lo ateniente a la contienda cotidiana entre las partes, es obvio que no. En primer lugar, porque aquel que dispone de mayores recursos materiales podrá estar en mejores condiciones que quien esté escaso de tales recursos; y porque el que tiene más resortes de poder en sus manos (singularmente, la Administración Pública), también se hallará en situación de ventaja. De hecho, en lo tocante al Derecho Administrativo, en tanto no se implanten las costas por vencimiento objetivo contra la Administración perdedora de un pleito y, más aún, la deducibilidad de responsabilidad para el funcionario que, por obstinación, por imprudencia o por simple negligencia, da lugar a un pleito innecesario, hasta ese momento la Administración Pública seguirá siendo una parte con privilegios respecto del particular. Finalmente, mientras no recuperemos una estricta separación de poderes, es decir, en tanto Montesquieu siga sin ser resucitado, los pleitos de gran trascendencia política o social que hayan de verse en la segunda instancia, ante el Tribunal Supremo —y no digamos ante el Tribunal Constitucional—, no tendrán garantías plenas de total y absoluta equidad en todos los casos. El nombramiento de los jueces ha de poder hacerse mediante un procedimiento que garantice su total independencia y su plena separación de intereses particulares; y eso, por desgracia, en este país no es así.

Hablaba Victor Hugo en *Los miserables* de «esa gran cosa humana que se llama ley y esa gran cosa divina que se llama justicia». Habrá entonces que seguir rezando para que las cosas cambien en España.

Índice onomástico